U0959937

高等院校财经类应用型专业系列教材

审计实务教程

主 编 陈 利

天津大学出版社
TIANJIN UNIVERSITY PRESS

内 容 提 要

本书是为满足应用型本科院校的审计学课程的教学需要，在吸收审计教学的最新成果、总结审计教学经验的基础上组织富有教学经验的一线教师编写而成的。

全书正文内容共十五章，第一章至第六章主要介绍了审计的基本理论和方法；第七章至第十一章按照业务内容介绍了业务活动、凭证和记录、内部控制及其测试、涉及的主要报表项目等；第十二章介绍了如何完成审计工作和审计报告的编写方法；第十三章至第十五章分别介绍了经济效益审计、计算机审计和特殊审计领域。为突出应用型本科教学的特点，本书在审计实务部分增加了案例的介绍，包括一般举例和综合案例。每章开始设有引言，章后附有本章小结、关键术语、同步练习，以便学生复习和巩固所学的知识。

本书适用于高等学校财经类审计、会计、财务专业学生学习，也可作为企业审计、财会人员及财经类院校教师的参考用书。

图书在版编目(CIP)数据

审计实务教程 / 陈利主编. -- 天津 : 天津大学出版社, 2022.12 (2025.8重印)
高等院校财经类应用型专业系列教材
ISBN 978-7-5618-7395-3

Ⅰ. ①审… Ⅱ. ①陈… Ⅲ. ①审计学－高等学校－教材 Ⅳ. ①F239.0

中国国家版本馆CIP数据核字(2023)第007274号

出版发行　天津大学出版社
地　　址　天津市卫津路92号天津大学内（邮编:300072）
电　　话　发行部:022-27403647
网　　址　www.tjupress.com.cn
印　　刷　廊坊市海涛印刷有限公司
经　　销　全国各地新华书店
开　　本　787毫米×1092毫米　1/16
印　　张　23.75
字　　数　593千
版　　次　2022年12月第1版
印　　次　2025年8月第2次
定　　价　57.80元

本书编委会

主　编　陈　利
副主编　马　艳
参　编　郝北平　朱胜利　孙　柳

前　　言

中华人民共和国审计署原审计长李金华曾形容“审计是国家财产的看门狗”；内部审计是“企业的卫士和保健医生”；社会审计是“证券市场不吃皇粮的经济警察”。

当前，经济社会发展深度变革，民主法治建设快速推进，我国正处于改革开放的攻坚期、经济发展的战略期和社会矛盾的凸现期，经济全球化和信息化已成发展的大趋势。

党中央、国务院历来高度重视审计工作。2014年10月9日，国务院印发《关于加强审计工作的意见》（国发〔2014〕48号），提出发挥审计促进国家重大决策部署落实的保障作用，并于2018年成立中央审计委员会。中共中央办公厅、国务院办公厅印发的《党政主要领导干部和国有企事业单位主要领导人员经济责任审计规定》中指出，审计工作要紧紧围绕科学发展主题；以加快转变经济发展方式为主线，把推进法治、维护民生、推动改革、促进发展作为审计工作的出发点和落脚点，充分发挥审计保障经济社会健康运行的“免疫系统”功能，推动深化改革和完善国家治理方面迈上新台阶。

习近平总书记在二十大报告中关于企业改革发展提出深化国资国企改革，加快国有经济布局优化和结构调整，推动国有资本和国有企业做强做优做大，提升企业核心竞争力。完善中国特色现代企业制度，弘扬企业家精神，加快建设世界一流企业。审计正置身企业并购重组的浪潮。2023年是贯彻落实党的二十大精神的开局之年，是实施“十四五”规划承上启下的关键之年。国家、省、自治区、直辖市都在制定新一轮企业改革行动方案，有的直接叫《三年行动计划（2023—2025）》，各个企业也都在谋划自己的改革与发展。企业更加聚焦提升竞争力，扎实推进战略性重组；更加注重重组质量效果，加快推进内部资源重组；更加着力发挥产业协同作用，稳步推进企业重组整合；更加关注产业发展方向，积极推进新业态新领域重组并购。通过强强联合、拆分重组、混合参股、关停并转、出资购买等多种方式实施重组整合。收购、出售、合并、重组、整合成为改革行动方案的关键词。我国审计工作的方向当然要随之调整。

习近平总书记在党的二十大报告中深刻阐释了新时代坚持和发展中国特色社会主义的一系列重大理论和实践问题,为新时代新征程推进党和国家事业发展、实现第二个百年奋斗目标确立了行动指南,也为审计工作指明了前进方向。深思细悟习近平新时代中国特色社会主义思想的世界观、方法论和贯穿其中的立场观点方法,我们深刻体会到,习近平新时代中国特色社会主义思想对审计事业发展具有决定性意义,特别是关于党的全面领导、党的自我革命、中国式现代化的重要思想,决定了审计的体制变革、地位作用和价值取向。第一,坚持和加强党的全面领导决定了审计体制变革。第二,全面从严治党、推进党的自我革命决定了审计在党和国家监督体系中的地位和作用。第三,以中国式现代化全面推进中华民族伟大复兴决定了审计工作的价值取向。

2023 年是全面贯彻党的二十大精神的开局之年,也是审计机关成立 40 周年。抚今追昔,我们要倍加珍惜一代代审计人接续奋斗取得的成绩,不忘初心、砥砺前行,更加紧密地团结在以习近平同志为核心的党中央周围,全面贯彻习近平新时代中国特色社会主义思想,弘扬伟大建党精神,牢记“三个务必”,踔厉奋发、勇毅创新,不断开创审计事业高质量发展新局面,为全面建设社会主义现代化国家、全面推进中华民族伟大复兴作出更大贡献!

由此可见,审计为经济保驾护航是历史的必然和现实的选择,而审计作用的发挥离不开审计人员素质的提高。高等院校作为培养财务、审计人才的主要渠道,积极开展关于会计准则与审计准则的培训是义不容辞的责任。人才的培养离不开教材的建设,目前应用型本科开始蓬勃发展,但与之相适应的教材还比较欠缺,也正由于这个原因笔者编写了本教材。

本教材为西安培华学院自编教材,有如下特点。

(1)突出重点。以注册会计师审计为主线,比较全面地介绍了注册会计师审计的职业规范、审计程序、业务循环和审计报告,兼顾国家审计和内部审计。

(2)理论联系实际。理论部分做到内容讲够,使学生全面把握审计内容;实务部分做到案例讲透,便于学生理解和应用。

(3)注重实用。本书每章由引言、案例导入、正文、本章小结、关键术语、同步练习构成,便于学生掌握和深入钻研。其中同步练习收录了部分往年注册会计师的测试题,对学生具有一定的导向作用。

本书由陈利担任主编,具体编写分工如下。陈利(西安培华学院)编写第一、二、五、七、八、九、十、十一、十五章,郝北平(陕西能源职业技术学院)编写第六章,马艳(西安培华学院)编写第三、四、十四章,孙柳(西安培华学院)编写第十三章,朱胜利(西安培华学院)编写第十二章。全书由陈利总纂定稿。

本书可作为应用型高等院校财经类审计、会计专业以及有关经济管理专业的教材,也可作为企事业单位相关工作人员的业务学习参考书。

本书在编写过程中得到了西安培华学院会计与金融学院、陕西能源职业技术学院经管系的大力支持,同时我们参考了大量的相关著作、网络资料、教材和文献,吸取和借鉴了同行的相关成果,在此谨向有关单位和作者表示诚挚的谢意。

由于时间仓促和编者水平有限,书中难免存在疏漏和错误,恳请广大读者批评指正。

编者

2022 年 6 月 28 日

目　录

第一章　总论

引言

审计作为一种经济监督活动，伴随着社会经济的发展而产生，又伴随着社会经济的发展而发展。就其产生而言，是人类社会经济活动发展到一定阶段的产物；就其发展而言，是为适应经济活动发展变化对审计的要求而不断变革与完善自身的过程。只有深刻地了解审计产生和发展的过程，才能深刻地认识审计的本质及审计所具有的经济监督、经济鉴证和经济评价等社会功能，以及审计发展过程中形成的不同类别。

本章主要介绍了审计的产生与发展；审计的含义和属性；审计的目标和对象；审计的职能和作用；审计环境和审计专业判断；审计管理的一般内容。

通过本章的学习要求掌握审计的定义和属性；了解审计与会计的关系；掌握审计的对象、职能并了解审计的作用；掌握审计分类的依据、主要的审计种类；了解审计的产生与发展。

本章重点：审计的含义；审计的属性；审计的职能；审计的分类。

本章难点：审计的职能；审计与会计的关系。

案例导入

英国审计假账第一案：南海公司破产事件

1711 年，英国政府为了向南美洲进行贸易扩张，专门成立了一家公司——南海公司（特许贸易公司）。然而，公司成立之后的 8 年间，除了无休止地向南美洲贩运黑奴之外，几乎没干过一件能够赢利的事情。公司成立后的 8 年间经济效益一直不好，为了挽救公司不让公司破产，公司董事会决定采用欺骗的手法，以虚假的会计信息诱骗投资人增加投资和吸收新的投资人。当时英国的国家债务总额也已经累积到了 3100 万英镑。为了迅速筹集还债资金，不堪重负的英国政府做出了一个大胆的决定，把南海公司的股票卖给公众。为了取信于投资者和社会民众，在政府的默许下，南海公司管理层为南海公司编造了一个又一个美妙的故事。他们通过当时的报纸大量散布“在南海地区发现了什么金矿、银矿，香料怎么怎么赚钱”“年底将有大量的利润可实现，预计 1720 年圣诞节可按面值的百分之六十支付股利”……于是，南海公司海市蜃楼般的利润前景，唤起了英国人超乎寻常的热情。在当时的英国，一场全国性的投机由此爆发了……在南海公司泡沫事件中，人们认为南海公司简直就是一部造钱的机器，他们失去了平时应有的理智和判断，不断地投资，尽管当时并没有事实或者是足够的信息来支持公司对投资者们做出的承诺。失去理性的大众的狂热使南海公司的股价飙升。据历史记载，该公司的股票价格从 1719 年的 114 英镑上升到 1720 年 3 月份的300英镑,而后又于1720年7月份上升到1050英镑。

在人们争先恐后购买股票,在股价越涨越高的时候,当时的政府官员——他们也许可以而被称为最早的内幕交易者却卖掉了所持的股票,他们的大举抛售,引发了南海泡沫的破灭。1720年英国颁布了《泡沫公司取缔法》,许多公司纷纷破产倒闭。南海公司的股票也一落千丈,英国政府开始对南海公司的资产进行清查,随后该公司宣布破产,数以万计的股东、投资者和债权人一下子从神话般的美梦中惊醒,蒙受了巨大的经济损失。他们向英国议会提出要严惩南海公司这种欺诈行为并要求获得赔偿以弥补经济损失。英国议会因此专门成立了一个“特别委员会”,并聘请了一位名叫“查尔斯·斯内尔”的资深会计师对该公司的经济业务和会计资料进行审查。通过审计发现该公司存在重大的虚假行为,大量的会计资料不真实。审计后“查尔斯·斯内尔”以“会计师”的名义向英国议会提交了“查账报告书”。由此“查尔斯·斯内尔”开创了世界注册会计师的先河,从而宣告了独立会计师即注册会计师的诞生。

南海公司泡沫的破灭让英国政府的信用也随之破产,在英国没人再敢问津股票。从那以后,这条著名的交易街清静了整整100年,其间英国没有发行过一只股票,为发达的英国股市历史留下了一段耐人寻味的空白。英国伦敦中央银行历史博物馆记载了英国金融市场发展的主要过程,曾为英国乃至于整个世界所震惊的“南海事件”,也在其中被完整记录下来。

第一节　审计的产生和发展

审计的历史可谓源远流长,世界上几个历史悠久的文明古国的史料都有关于审计工作和担任审计职务官员的记载。审计之所以能在古代不同地区相继出现,绝非巧合,是符合经济发展规律、带有共性的客观必然性的反映。

一、政府审计的产生与发展

(一)国外政府审计发展概说

古埃及于公元前3 000多年就设有监督官审查财务收支。古罗马在公元前400多年,就由元老院及其他所属的监督官对国库和地方财政收支进行监督。古希腊距今2 000多年前,也设有审计官对离任官员的经济责任进行检查监督。这些都是国外政府早期的审计活动。

至中世纪,随着社会经济的发展,西欧国家的政府审计有所加强。例如,英国于11世纪在财政部门内设立上院和下院,前者为收支监督机构,对后者编制的会计账簿进行检查监督。法国于13世纪设立审计厅,对国库和地方财政收支进行检查监督。

步入近代以后,西方国家的政府审计也有较大发展。1921年,美国依据公布的《预算及会计条例》正式设立了隶属于国会的联邦总审计署,该机构一直沿用至今。英国在1866年颁布《国库和审计部法案》之后,成立了代表议会,是独立于政府之外的国家审计机构。

（二）我国政府审计的产生与发展

我国的审计经历了一个漫长的发展过程，大体可分为六个阶段。

我国政府审计起源于西周时期，这是审计的萌芽阶段。其主要标志是“宰夫”一职的出现。

秦汉时期审计从会计中分离出来，进入独立的阶段。秦代实行御史制度，国家设御史大夫直接辅佐皇帝，掌管监察全国的民政、财政以及财物审计事项，行使对国家的政治和财物审计大权。汉承秦制，由御史大夫兼上计之职，行使监察大权，并制定了有关上计实行办法的《上计律》，从而使我国审计与法律相联系，成为我国审计立法的开端。

隋唐宋时期是审计日臻健全的阶段。隋唐两代，刑部下设独立的审计组织——比部，掌管国家的财计监督，行使司法审计监察权。宋代，除在刑部之下设有比部外，北宋初还专门设置“审计司”，后改为“审计院”，从此，“审计”一词得以正式命名，并成了我国财政财务监督的专用名词。

元明清时期，政府审计处于停滞不前的阶段。元朝取消了比部，会计报告由户部兼审。明初又恢复比部，但不久后又被取消，后设都察院，负责审察中央财计。到了清代，都察院成为全国最高的监察、监督、弹劾和建议机关，其职能具有一揽子性质，财计监督和政府审计职能被严重削弱。元明清时期审计的最大特点是基本上未设专门的审计机构。

民国时期，我国的政府审计得到一定的发展。民国初年，北洋政府在国务院下设“中央审计处”，并出台《审计处暂行规定》《暂行审计规则》等审计法规。民国三年，国民政府改“审计处”为“审计院”，颁布《审计法》《审计法实施规则》；民国十七年，颁布《审计院组织法》；民国二十年，改“审计院”为“审计部”，规定其隶属于监察院。民国时期审计的最重要特点是颁布了大量涉及审计各个方面的审计法规，形成了审计法规体系。

中华人民共和国在成立之后的较长时期内，由于实行的是苏联的计划经济体制，国家未设立独立审计机构，以会计检查取代了审计。十一届三中全会以后，随着经济体制改革的深入，建立社会主义的审计制度、完善社会主义的经济监督体系受到了高度重视。1982 年 12 月，第五届全国人民代表大会第五次会议通过的《中华人民共和国宪法》，正式以最高法律的形式规定在我国实行审计监督制度。1983 年 9 月 15 日，审计署作为国务院的一个部级部门正式成立，县以上的各级政府也相继成立了审计厅（局），独立行使审计监督权。1984 年 12 月 17 日，中国审计学会成立。1985 年 8 月公布了《国务院关于审计工作的暂行规定》，同年 10 月又公布了《审计工作试行程序》。1988 年 11 月，国务院颁布了《中华人民共和国审计条例》。1994 年第八届全国人大常委会第九次会议通过了《中华人民共和国审计法》，2006 年 2 月第十届全国人大常委会第二十次会议通过了《关于修改〈中华人民共和国审计法〉的决定》（第一次修正），对原《中华人民共和国审计法》做了大量修订，自 2006 年 6 月 1 日起实施。至此，我国政府审计进入了振兴阶段。

二、内部审计的产生与发展

一般认为，内部审计是伴随着政府审计逐步形成和发展的，古代政府审计与内部审计很难截然分开。直到进入中世纪之后,内部审计才具有较为完整的形态,如寺院审计、宫廷审计、城市审计、银行审计、庄园审计等。

(一)国外内部审计的产生与发展

随着西方国家经济的发展,企业生产规模日益扩大,管理机构和层次增多,为了保证经营方针和管理制度的贯彻执行,保证财产安全完整,实现经营目标,内部审计随之获得发展契机并逐步健全、完善。如德国克虏伯公司于1875年实行内部审计制度;美国铁道部于19世纪初期开始对铁路系统进行内部财务审计与经营审计。20世纪中期,由于对内部审计呼声的不断提高,美国最早建立了"内部审计师协会",并取得了内部审计理论研究的系列成果,内部审计取得了长足发展。20世纪中期,美国内部审计师协会制定了《内部审计师职责条例》,并于后期不断修订。内部审计师实务标准的制定、修订使内部审计的发展进入了高潮阶段。

目前在美国和世界很多地区都实行注册内部审计师计划。美国内部审计师协会于1981年颁布了美国第一个职业资格证书,凡是通过考试的人均被授予"内部审计师协会会员"(MIIA)职业资格。

从国外内部审计的情况来看,近代内部审计的发展经历了三个阶段:①以保护财产、查错防弊为主要目标,以事后监督为主要内容,这是近代内部审计发展的初级阶段;②以加强企业内部控制制度为主要目标,以评价活动为主要内容,这是近代内部审计的发展阶段;③以提高企业经营管理水平和经济效益为主要目标,以经营及效益评价为主要内容,这是近代内部审计发展的新阶段。在近代内部审计的发展中,逐渐形成了经营审计、管理审计和效益审计。

(二)我国内部审计的产生与发展

我国现在的内部审计是伴随着政府审计的恢复和重建而产生与发展的。为了全面开展审计工作,完善审计体系,加强部门、单位内部经济监督和管理,我国于1984年在部门单位内部成立了审计机构,实行内部审计监督;同年成立中国内部审计学会。2002年经民政部批准,该学会更名为中国内部审计协会,其成为对企业、行政机关和其他事业组织的内审机构,也是进行行业自律管理的全国性社会团体组织。截至2011年4月,中国内部审计协会有地方会员35个、其他单位会员283个,另有一些行业内部审计协会。

我国于1985年颁布了《审计署关于内部审计工作的若干规定》,2003年颁布了《审计署关于内部审计工作的规定》,2005年开始实行《中国内部审计准则》。

三、民间审计的产生与发展

(一)国外民间审计的产生与发展

国外民间审计起源于16世纪的意大利,当时由于以威尼斯为代表的地中海沿岸城市商品贸易的发展及经营规模的扩大,单个业主的资金难以满足商业经营的资金需求,于是产生了合伙制企业。在当时的合伙制企业中,有的合伙人既出资又参与企业的经营管理,有的合伙人只出资不参与企业的经营管理而委托他人经营管理,这就导致了财产所有者与经营权的分离,由此产生了对民间审计的需求，当时便有部分财产所有者聘请会计工作者来负责对企业进行监督检查。

民间审计正式形成于18世纪的英国,其“催产剂”是1721年英国“南海公司事件”。1853年世界上第一个注册会计师的专业团体——爱丁堡会计师协会在苏格兰的爱丁堡成立了，这标志着注册会计师职业的诞生。英国早期民间审计的审计对象是会计账目，审计的目的是查错防弊，审计方法是对账簿记录进行逐笔详细审查,后来称为“英国式审计”。

19世纪后半叶,随着英国资本大量输入美国，英国的民间审计也传入了美国。1887年“美国公共会计师协会”成立，1916年改名为“美国注册会计师协会”,这个协会已成为当今世界上最大的会计师专业团体。20世纪初,由于金融资本对产业资本的广泛渗透，美国产生了资产负债表审计，即“美国式审计”。美国式审计的审计对象由会计账目扩大到资产负债表审计;审计的目的是判断企业的信用状况,审计的方法已从英国式的详细审查逐步转向抽样审查。1929年的经济危机震撼了美国政府，美国开始重视对投资者利益的保护，产生了对企业收益表审计的要求。1933年美国颁布了《证券法》,规定在证券交易所上市的公司的会计报表必须经过注册会计师审查鉴证,这就促使了会计报表审计的诞生。此时，民间审计的审计对象是以资产负债表和收益表为核心的整个会计报表及有关财务资料;审计的主要目的是对会计报表发表审计意见，以确定会计报表的可信性;审计的范围已扩大到测试相关的内部控制，并广泛采用抽样审计。审计准则开始拟订,审计逐步走向标准化、规范化。

20世纪40年代以后,国外民间审计进入现代审计阶段。跨国公司的发展带动了注册会计师审计的跨国发展,以美国为代表的西方国家成立了一批国际会计师事务所。在此阶段，许多国家先后制定了独立审计准则,审计工作已经标准化和规范化，抽样审计方法得到普遍运用，制度基础审计方法得到推广,计算机辅助审计技术得到广泛采用,注册会计师的业务得到较大拓宽,开始向管理咨询领域深入。

(二)我国民间审计的简单回顾

随着资本主义工商业在我国的发展,民间审计具备了社会基础。1918年9月北洋政府农商部颁布了我国第一部民间审计法规——《会计师暂行章程》,同年批准了谢霖成为我国第一名注册会计师；1921年在上海成立了我国第一家会计师事务所——正则会计师事务所，正式接受委托执行审计业务。此后,又先后颁布了《会计师条例》《公司法》等,并在部分地区成立了一批会计师事务所,批准了许多人为注册会计师，从而促进了民间审计的发展。

经济体制改革前,我国一直未能恢复民间审计,随着改革开放,财政部于1980年12月23日颁布《关于成立会计顾问处的暂行规定》,标志着我国注册会计师审计的恢复，1981年1月1日上海会计师事务所正式成立。1986年国务院颁布了《中华人民共和国注册会计师条例》。1988年,在财政部领导下,经政府批准中国注册会计师协会成立。中国注册会计师协会的宗旨是:以经济建设为中心,坚持四项基本原则,坚持改革开放,引导注册会计师在工作中正确执行国家的法律法规,不断完善注册会计师队伍的自身建设,维护合法的职业权益，交流工作经验，沟通业务信息，增进国内外交往，促进注册会计师事业的发展，为建设社会主义服务。中国注册会计师协会的最高权力机构是全国会员代表大会，凡重大事项，必须经全国会员代表大会讨论决定。1993 年 10 月 31 日第八届全国人大常委会第四次会议通过了《中华人民共和国注册会计师法》。1996 年 10 月 4 日，中国注册会计师协会加入亚太会计师联合会，并于 1997 年 4 月在亚太会计师联合会第 48 次理事会上当选为理事。1997 年 5 月 8 日，国际会计师联合会全票通过，接纳中国注册会计师协会为正式会员。按照国际会计师联合会章程的规定，中国注册会计师协会同时成为国际会计准则委员会的正式成员。截至 2018 年 9 月 30 日，中国注册会计师协会有执业会员 106 020 人、非执业会员 141 548 人，个人会员总数达到 247 568 人；会计师事务所 8 847 家，会计师事务所从业人员超过 30 万人。

四、审计的产生与发展的客观依据

审计的产生与发展有其客观的依据。

（一）受托经济责任关系是审计赖以产生和发展的客观基础

从一般意义上来说，不论是在中国还是在国外，审计都是在一定的经济关系下基于经济监督的需要而产生的。具体来说，随着经济的发展，财产有了一定的积累，即出现了私有制，当财产的所有者将其财产的经营管理权委托给他人时，他们之间就形成了一种经济责任关系。受托者对委托者负有真实、合法、有效地经营这些财产的经济责任，这种经济责任是审计赖以产生的客观基础。在这种情况下，委托者必然要检查监督受托者履行经济责任的情况，但他们又缺乏专门的检查监督的知识和技能，于是授权给专门从事检查监督的第三方来进行，从而产生了审计机构和审计人员。

（二）加强经济管理和控制是审计发展的动力

任何社会的生产活动中总有这样一个要求，投入产出比要尽可能大，这是企业生存和发展的前提。要实现这一目标，就要求对生产过程和一切经济活动进行严格的控制和管理，以使其最大限度地增加收入和降低消耗，而审计作为独立的经济监督活动，对企业内部控制制度和经济活动进行客观公正的评价，提出一些积极的、建设性的意见和建议，帮助被审核单位克服薄弱环节、提高经济效益，从而促进整个社会的发展。

（三）现代科学管理为审计的发展提供了方法和手段

早期的审计在内容上、方法上、范围上都是比较简单的，随着社会经济的发展和企业规模、业务范围的日益扩大，传统的审计方法已很难担当此任，这时大量的现代管理方法被应用到审计中。例如，财务审计中的审计抽样法，经济效益审计中的经济活动分析法、投入产出法等。所以，现代管理方法的采用为审计工作的发展提供了手段。

第二节 审计的概念

一、审计的含义

我国“审计”一词最早见于《宋史》。从词义上解释，“审”为审查，“计”为会计账目，由此可见，早期的审计就是审查会计账目。审计这一定义是与当时的社会经济条件相适应的。在审计一词产生时，由于社会生产力不发达，企业经营管理活动很简单，记录和反映社会生产经营活动情况的只有会计记录。因此，此时的审计就是审查账簿记录，审计的对象仅为反映经济活动的账簿记录，审计的目的是查错防弊，审计的方法是对会计账目进行逐项详细审查。人们由此误认为审计就是查账，其实查账只是审计取得审计证据的方法之一。随着社会经济的发展，对审计提出了新的要求，使审计逐步超越了查账的范畴，开始由查错防弊转向判断企业的偿债能力、赢利能力和鉴证企业的财务报表能否合法、公允地反映企业的财务状况、经营成果和现金流量，并向企业管理领域深入和发展。审计的对象由账簿记录扩大到财务报表及其他有关资料，审计的方法由详细审计发展到抽样审计。

现代审计的定义并未统一，国内外学者众说纷纭。我们认为审计是由专职机构和人员，依法对被审计单位的财政财务收支及其有关经济活动的真实性、合法性和效益性进行审查，评价经济责任，用以维护财经法纪、改善经营管理、提高经济效益、促进宏观调控的独立性经济监督活动。其目的在于确定或解除被审计单位的受托经济责任。

上述审计的定义揭示了如下问题。

(1)审计是由专职机构和人员实施的。即只有国家审计机关、内部审计机构、社会审计组织及其成员所从事的审查活动，才可称为“审计”。

(2)审计是依法进行的。即各种审计组织所进行的审查监督活动，都是依据国家法律、法规、制度要求来办理的。

(3)审计的客体是被审计单位的财政财务收支及有关经济活动。

(4)审计的目标是监督上述内容的真实性、合法性和效益性，审查鉴证财政财务状况和经营成果的优劣，评价经济责任。

(5)审计的目的是通过查错防弊，维护财经法纪，改善经营管理，提高经济效益，促进加强宏观调控。

(6)审计的性质是一项具有独立性的经济监督活动。

二、审计的目标

审计的目标是指在特定历史环境下，审计组织和人员通过审计工作所期望达到的最终结果，它包括审计的总目标和具体目标两个层次。

(一)审计的总目标

就注册会计师审计而言，自从其诞生以来，其总目标已经历了四次大的演变。

（1）20世纪初以前的详细审计阶段，委托人的关注焦点是财产的安全完整性。注册会计师受托执行审计主要是通过对被审计单位一定时期内的会计记录的逐笔审查，来判定有无技术错误和舞弊行为。此时的审计总目标是查错防弊。

（2）20世纪初至20世纪30年代，资产负债表审计盛行。在此阶段，注册会计师是通过对被审计单位及借款企业一定时点的资产负债表重要项目余额的真实性审查，来判断其财务状况和偿债能力的。此时审计的总目标主要转向鉴证企业资产负债表的公允性。

（3）20世纪30年代至80年代是会计报表审计阶段，审计的总目标是判定被审计单位一定时期内的会计报表是否公允地反映其财务状况和经营成果，以及所采用的会计政策和会计处理方法是否符合本国的会计准则，并在出具审计报告的同时，提出改进内部控制的意见。在此阶段，审计由静态发展到动态，并且增加了"管理审计"的内容。审计的总目标也不再局限于查错防弊和提供鉴证，而是向管理领域有所深入和发展。同时，在此阶段也形成了一套较为完整的审计理论和方法。

（4）20世纪80年代以后，随着大量舞弊行为的出现，公众纷纷要求注册会计师承担检查和揭露舞弊的责任。一系列审计诉讼案件的发生也引发了对注册会计师职业的信任危机。于是，注册会计师重新又将揭露舞弊行为确定为审计的重要目标。而根据我国独立审计准则，注册会计师执行独立审计的目标是对被审计单位会计报表的合法性、公允性及会计处理方法的一贯性表示意见。其中合法性是指被审计单位会计报表的编报是否符合《企业会计准则》及国家其他财务会计法规的规定；公允性是指被审计单位会计报表在所有重大方面是否公允地反映了被审计单位的财务状况、经营成果和资金变动情况；一贯性则是指被审计单位会计处理方法的选用是否符合一贯性原则。

（二）审计的具体目标

审计的具体目标则是审计的总目标的进一步具体化，需要根据审计的总目标和被审计单位管理当局对其会计报表的认定来确定。这里将分别介绍被审计单位管理当局对财务报表的认定、审计目标、审计程序、审计证据和审计工作底稿，以及它们之间的关系。管理当局对财务报表的认定是指被审计单位管理当局对其财务报表所做的断言或声明。当管理当局呈递财务报表时，报表资料或明确地或含蓄地阐述了该企业的财务状况和经营状况。例如，资产负债表中"应收账款"项目余额为50万元，表明管理当局认定，由于销售产品或服务而产生的应收账款在资产负债表确实存在，且价值为50万元。对于不同的账户，管理当局的认定是不尽相同的。一般说来，管理当局对财务报表的认定具体可分为以下五类。

1. 存在与发生认定

存在与发生认定是指资产负债表所列示的资产、负债、权益在资产负债表日确实存在，损益表所列示的各项收入与费用在会计期间确实发生。该认定与财务报表有关项目的高估、虚计，即真实性有关。

2. 完整性认定

完整性认定是指所有应该在会计报表中列示的交易和项目都确实列入了。例如，管理当局认定：资产负债表中的"应收账款"项目余额50万元，包括了资产负债表日企业所有的此类应收账款。同存在与发生认定相反，完整性认定与财务报表有关项目的低估、少计、隐瞒等有关。

3. 权利与义务认定

权利与义务认定是指会计报表中记录的各项资产确属公司所有或控制，而会计报表中记录的各项负债确属公司应履行的义务。从以上定义可以看出，权利与义务认定只与资产负债表项目有关，这是与上述两项认定的不同之处。

4. 估价或分摊认定

估价或分摊认定是指各项资产、负债、所有者权益、收入和费用等要素均按适当的金额列入会计报表。所谓“适当的金额”是指这一金额的确定不仅遵循了一般公认的会计准则，而且在数学上的处理也正确无误。遵守一般的公认会计准则是指被审计单位适当地运用了成本、配比及一贯性等会计原则。数学上的正确性则不仅包括各种账簿的登记和数字加总正确，还包括有关项目（如应计利息、固定资产折旧等）计算的正确性和会计估计（如坏账准备、存货跌价准备计提）的合理性。因此，估价或分摊认定包括会计计量的正确性、会计估计的合理性和数学上的精确性三层含义。

5. 表达与披露认定

表达与披露认定是指会计报表中各项目分类正确，会计原则选用适当，信息披露充分。例如，如果企业的某些资产已被抵押，则必须在会计报表附注中加以披露，否则就违反了该认定的要求。审计人员必须深入了解管理当局对财务报表的认定，因为这些认定是确定具体审计目标和制定审计程序的出发点和落脚点。审计人员的基本职责就是确定被审计单位管理当局对其会计报表的认定是否有理由。因此，具体审计目标应该针对特定账户余额或交易类别，以确认管理当局对财务报表的每一个认定收集和评价证据。

审计的具体目标为获得审计证据来证明被审计单位管理当局对其会计报表的认定，审计人员必须针对每一项认定制定具体的审计目标。一旦为实现审计具体目标取得了足够的证据，则审计人员就有理由确认被审计单位管理当局的认定是合理的。表 1-1 列出了每一项认定对应的具体目标，即总体合理性、真实性、完整性、所有权、估价、截止、机械准确性、披露和分类等，同时以存货为例说明了其含义。值得注意的是，管理当局的认定与具体审计目标之间并非一一对应的关系，而是要多一些，这样便于为审计人员收集审计证据提供更直接、详细的指导。

表 1-1　管理当局认定与适用于存货的具体审计目标

管理当局认定	具体审计目标	
	一般审计目标	适用于存货的项目审计目标
	总体合理性	全部存货及销售成本合理，无重要错报
	其他特定目标	
存在与发生认定	真实性	资产负债表日已记录的全部存货均存在
完整性认定	完整性	现有存货盘点并计入存货总额

续表

权利与义务认定	所有权	公司对所有存货均拥有所有权； 存货作为抵押
估价或分摊认定	估价	账面存货量与实物数量相等，用于估价的存货的价格无重大错误，单价与数量的乘积正确，详细数据的加总正确； 当存货的可实现性减少时，已冲减存货价值
	截止	年末采购截止是恰当的； 年末销售截止是恰当的
	机械准确性	存货项目的总计数与总账一致
表达与披露认定	披露	存货主要种类和估价已揭示； 存货的抵押或转让已揭示
	分类	存货已恰当地分为原材料、在产品和产成品等

三、审计的基本特征

从审计的定义可以看出审计具有以下特征。

(一)独立性

独立性是保证审计工作顺利进行的必要条件。只有具备独立性，才能保证审计人员站在客观公正的立场上进行经济监督，审计工作才能得到社会的信任，审计意见、审计结论才有价值。

审计的独立性可以从两个方面来理解。

1. 形式上的独立性

形式上的独立性主要表现在以下几个方面。

1)机构独立

审计机构单独设置，不隶属于被审计单位。

2)行政独立

审计人员保持独立性，不受被审计单位领导，否则难以做到客观与公正。

3)业务独立

审计人员不能事先参与被审计单位的任何经济活动。曾在委托单位任职，离职后未满两年的，注册会计师应主动回避。

4)经济独立

审计机构或人员不能与被审计单位有任何债权与债务关系。更不能接受被审计单位的任何馈赠。

5)伦理独立

与委托单位的负责人和主管人员、董事或委托事项的当事人有近亲戚关系，如注册会计师的直系亲戚(配偶、子女、父母)在委托单位有经济利益，注册会计师应主动回避。

2. 实质上的独立性

实质上的独立性存在于审计人员的思想、感情、精神之中。这是无形的独立性，要求审计人员执行审计业务时,必须按照审计范围、审计内容、审计程序进行独立思考,坚持客观公正、实事求是的精神,做出公允、合理的评价和结论,不受任何部门、单位和个人的干涉。这需要靠审计人员的职业道德来约束,它比形式上的独立性更难把握。

(二)权威性

审计的权威性是保证审计机构和审计人员有效行使审计权力的必要条件,是审计监督职能正常发挥的保证。审计的权威性与审计的独立性密切相关,它主要是由审计机构的独立性和审计人员的执业独立性决定的。审计的权威性主要体现在以下两个方面。

1. 审计机构和审计人员依法行使审计权力受法律保护

国家法律法规对我国审计制度的实行、审计机构的建立以及审计机构和审计人员的地位和权力做出了明确的规定,这就使审计机构和审计人员具有法律的权威性。具体来说,《中华人民共和国审计法》(简称《审计法》)规定国家审计制度的实行、国家审计机关的建立以及国家审计机关和国家审计人员的地位和权力;《审计署关于内部审计工作的规定》对我国内部审计制度的实行、内部审计机构的建立以及内部审计机构的地位和权力做了明文规定;《中华人民共和国注册会计师法》(简称《注册会计师法》)对会计师事务所的设立和注册会计师的地位和权力做了明文规定。《审计法》规定,国家实行审计监督制度,国务院和县级以上的人民政府设立审计机关。《审计法》还规定,审计机关有要求报送资料权、检查权、调查取证权、采取临时强制措施权、建议纠正权、通报公布权、处理处罚权等权力;审计人员依法行使审计权时受法律保护,任何单位或个人不得拒绝、阻碍审计人员依法执行业务,不得打击报复审计人员。

2. 审计结论或审计报告的权威性

审计人员具备与所从事的审计工作相适应的较高专业知识、专业经验和专业判断能力,通晓会计、审计、财务管理等学科的理论和方法,熟悉经济法规、会计准则、会计制度、审计准则,他们依照审计准则独立、客观、公正地对被审计单位进行审计后,形成的审计结论一般是正确的,并且他们出具的审计报告是具有法律效力的。因此,审计结论或审计报告具有较高的权威性,能取信于审计的委托人和社会公众。审计的权威性是保证审计机构和审计人员有效行使审计权力的必要条件,是审计监督职能正常发挥的保证。

(三)公正性

审计的公正性是审计工作的基本要求,审计如果不具有公正性,就失去了意义。审计的公正性与审计的权威性密切相关,公正性是权威性的重要保障。从某种意义上讲,没有公正性,也就没有权威性。要保证审计的公正性,审计人员必须以第三者的立场进行实事求是的审查,做出不带任何偏见的符合客观实际的判断,并做出公正的评价和进行公正的处理。

四、审计与会计的关系

为进一步理解审计的含义和基本特征,有必要了解审计与会计的关系。概括来说,审计与会计之间的关系是:既有联系,又有区别。

(一)审计与会计的联系

审计与会计的联系主要表现在两者相互依存、两者相互渗透、两者目的一致上。

1. 两者相互依存

两者互相依存,是指两者的工作对象都是会计资料,特别是传统审计。会计通过会计凭证、会计账簿、会计报表等会计资料反映资金运动情况,审计也要通过会计资料验证其真实性、合法性和公允性。一般来说,会计是产生审计的基础,审计是会计的质量保证。没有会计,无须实施审计;没有审计,无法保证会计的质量。

2. 两者相互渗透

两者相互渗透,是指审计和会计虽然都是各自独立的学科,但在基本理论和基本方法上都存在相互渗透的地方。例如,审计标准、审计证据对会计资料的形成有重要的影响,审计标准的制定和审计证据的取得也是离不开会计资料的。会计的发展变化必然引起审计方法、审计标准的变化。

3. 两者目的一致

两者目的一致,是指审计与会计尽管各自业务性质不同,但两者都是以维护财经法纪、加强经营管理、提高经济效益为最终目的的。

审计与会计的联系如图 1-1 所示。

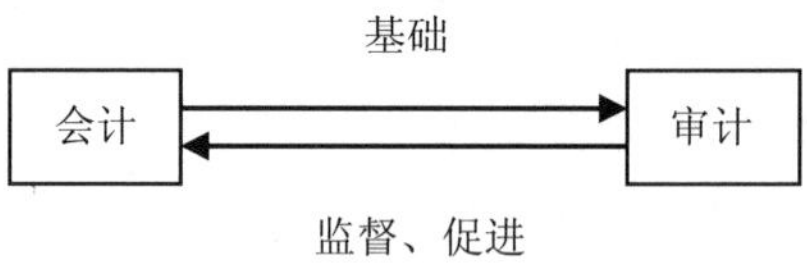

图 1-1 审计与会计的关系

(二)审计与会计的区别

审计与会计的区别如下。

1. 组织形式不同

会计是经济管理的一种形式,会计工作是会计部门根据自己设计的会计制度组织会计核算和进行经济监督,它属于日常业务监督;审计是经济监督的一种形式,它是对他人已经完成或正在处理的会计工作、会计资料及所反映的经济活动进行审核和稽查,以达到促进改善经营管理、提高经济效益的目的。

2. 职能不同

会计的职能包括反映和监督两个职能,其中反映职能是它的基本职能,监督职能是建立在反映职能基础之上的;而审计的职能包括监督、评价和鉴证三个职能,其中监督职能是审计的基本职能,其他两个职能是在监督职能基础上派生出来的。审计与会计都有监督职能,但两者的监督在监督方法、对象、范围等方面是有区别的。审计监督是建立在会计监督基础上的再监督。

3. 范围不同

会计只对本单位的资金和资金的运动进行核算和监督；审计除了对会计资料进行审查外，还涉及生产经营活动和管理活动。

4. 方法、程序不同

会计的核算方法包括：设置会计科目、复式记账、填制和审核凭证、登记账簿、成本计算、财产清查、编制会计报表等；而审计的方法则包括：审阅、调节、查询、函证、观察、复算、抽样、分析性复核等。会计按照原始凭证、记账凭证、会计账簿、会计报表的程序处理；审计有计划阶段、实施阶段、报告阶段三个过程。

5. 职责权限不同

会计部门的权限是一种经济管理权；而审计部门是一种经济监督权，并且有一定的处置权。

第三节　审计的对象、职能和作用

一、审计的对象

审计的对象是指审计监督的客体，一般是指被审计单位的财政财务收支及有关的经济活动。它包括两方面的内容：一是审计的主体，即审谁的问题；二是审计的范围，即审什么的问题。具体可概括为如图 1-2 所示的内容。

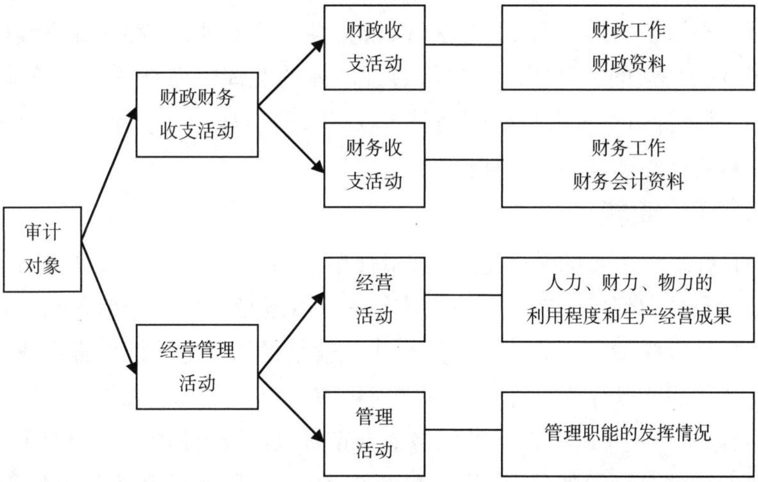

图 1-2　审计的对象

二、审计的职能

2018 年 5 月 23 日中央审计委员会第一次会议召开，中共中央总书记、国家主席、中央军委主席、中央审计委员会主任习近平主持会议,并发表重要讲话。中央审计委员会的成立,是推进国家治理体系和治理能力现代化的一场深刻变革,是推进审计管理体制改革的伟大创举,也是我国审计改革和发展的里程碑,对加强党对审计工作的全面领导、做好新时代审计工作具有重大的现实意义和深远的历史意义。我国审计迎来了前所未有的发展机遇期,党和国家对审计的发展提出了新要求,需要审计的新发展。审计的职能指的是审计在经济管理工作中应具有的功能。审计的职能是审计的本质属性,是不受人们主观意志支配的,它客观地存在于审计工作中。但审计的职能不是一成不变的,它随着经济的发展而发展变化。根据我国目前审计的特点,审计的职能主要有经济监督职能、经济鉴证职能、经济评价职能。

(一)经济监督职能

经济监督职能是审计最基本的职能,但不是唯一的职能。经济监督是指审计机构或审计人员监察和督促被审计单位的财政财务收支及有关经济活动,使之符合国家法律法规的规定,并在正常的轨道上运行,如被审计单位有"越轨"之处,应予以充分揭露,并做出处理决定。审计发挥经济监督职能要具备两个条件:一是审计掌握在权力机关手中;二是要有严格的客观标准,是非界限明确。在我国,不同的审计主体其监督的地位和监督的方式不同,政府审计和内部审计是具有强制性的直接监督,而注册会计师审计是以接受委托的方式实现对被审计单位的经济监督。

经济监督是一个体系,它包括审计监督、会计监督、税务监督、统计监督、工商监督等,除审计监督外的其他各种经济监督,都是利用其工作过程完成对经济业务的监督的。而审计监督是对其他监督的再监督,是更高层次的监督。

(二)经济鉴证职能

经济鉴证是指审计机构或审计人员通过对被审计单位经济活动和有关资料的审查验证,以确定其财务状况和经营成果的合法性、公允性和真实性,并就其可信赖程度出具书面证明以取信于社会公众的一种职能。经济鉴证职能的发挥应当具备两个条件:一是审计组织的权威性;二是审计组织要有良好的信誉。权威和信誉是互为前提、相辅相成的。审计的鉴证职能是注册会计师审计的主要职能。

(三)经济评价职能

经济评价是在审核检查的基础上,对被审计单位的经济决策、财政财务收支、经济效益、经济责任的履行及其内部控制制度等方面进行评定和建议。经济评价包括评定和建议两个方面。评定就是肯定成绩、发现问题的过程;建议就是根据评定的结果提出改进意见和建议的过程。经济评价职能既体现在注册会计师对被审计单位内部控制制度情况的管理建议之中,还以突出的地位存在于政府审计的经济效益审计、经济责任审计和内部审计的经营管理审计之中。要发挥经济评价职能,应当具备两个条件:一是不断提高审计人员素质和构成;二是力求评价方法先进可行。

三、审计的作用

审计的作用是指履行审计职能、实现审计目标过程中所产生的社会效果。审计主要有防护性和促进性两大作用。

(一)防护性作用

防护性作用是指通过对被审计单位的财务收支及其有关经营管理活动进行审查、监督和鉴证,在确保财经法规和财务制度得到遵守和执行方面所起到的防护和制约作用。在市场经济条件下,被审计单位报出的各种信息资料真实性、准确性、可靠性,会直接涉及国家、企业、投资人和债权人的经济利益。审计依其独立的身份对被审计单位报出的财务报表等资料进行审核、验证,可揭露出各种错误与舞弊行为,以确保被审计单位对国家法律、法规、企业计划和预算的贯彻执行,以及报出的财务资料及其他资料的真实性、可靠性。这也是审计应发挥的最基本的作用。审计制度可以对违法和违纪行为形成制约和威慑,从而对维护国家财经法纪、保护所有者的权益、保证会计资料的正确和可靠起到防护性作用。

(二)促进性作用

促进性作用是指通过对被审计单位的经营管理活动和经营管理制度进行审查和评价,对被审计单位建立和健全内部控制制度、改善经营管理、提高经济效益以及加强宏观调控起到建设性的促进作用。通过审查和评价,确定被审计单位取得的成绩,并总结经验,提出进一步奋斗的方向;揭示经营管理活动效益低下的方面和内部控制中的薄弱环节,并深入分析原因,提出改进意见和建议,从而促使被审计单位克服缺陷,提高经营管理水平,提高经济效益。审计职能的发挥也可以促进加强宏观经济调控。通过政府审计直接进行经济监督,可以揭示宏观调控方面的失误或不足,从而促进国民经济的综合平衡。民间审计也具有促进宏观经济调控的作用。民间审计在完成对被审计单位的审查验证之后,要出具鉴证报告,以证实被审计单位报出的信息资料是否合法、是否公允以及是否与以前会计期间保持一致,这样就会提高被审计单位信息资料的可靠性,使整个社会经济活动能够建立在真实、可靠的信息基础之上,从而取信于投资者、债权人及社会各方利害关系人,让市场经济按宏观调控的要求健康、有序运行。

第四节　审计的分类

参照国际审计分类惯例,结合我国经济类型和审计特点,我国的审计类型主要包括以下几种。

一、审计的基本分类

审计的基本分类是以审计的本质属性为标准进行的分类,包括按审计主体分类和按审计内容及目的分类两种。

(一)按审计主体分类

1. 政府审计

政府审计是指由国家审计机关对政府部门、国有企事业单位的财政财务收支及其有关经济活动的真实性、合法性和效益性所进行的审计。其特点就在于它是一种法定的审计,具有强制性和无偿性。

2. 民间审计

民间审计,又称"注册会计师审计""社会审计""独立审计",是指由经国家有关部门审核批准成立的社会审计组织所进行的审计。在我国,民间审计组织一般为会计师事务所和审计师事务所。民间审计的主要特点是受托有偿审计,主要发挥鉴证职能,服务对象基本不受限制。

3. 内部审计

内部审计,也称"部门审计""单位审计",是指单位内部的专职审计机构和审计人员对本单位部门及其下属组织进行的审计。它是在本部门、本单位主要负责人的领导下,对部门、单位的财政财务收支及其内部管理制度的执行情况进行审核检查,以改善经营管理与控制,提高经济效益,保护部门、单位的合法权益。

(二)按审计内容及目的分类

1. 财政财务审计

财政财务审计是指对被审计单位的会计报表和其他有关资料的公允性及其所反映的财政财务收支的合法性和合规性所进行的审计;其主要目的在于审查财政财务收支活动的合法性、合规性和有效性,会计资料的真实性、准确性,并做出相应的评价。

2. 财经法纪审计

财经法纪审计是指对被审计单位或个人违反法律、法规和财经纪律的行为所进行的审计;其主要目的是保护被审计单位财产安全完整、维护国家和人民的利益、维护国家正常的经济秩序。

3. 经济效益审计

经济效益审计是对被审计单位财务收支及经济活动的经济性和效益性所进行的审计;其主要目的是促进被审计单位完善内部控制制度、改善经营管理、提高经济效益。

4. 经济责任审计

经济责任审计指对经济管理负责人经济责任履行情况进行审查和评价;其主要目的在于落实经济责任、正确评价经济管理负责人任职期间的业绩,为有关部门考核、调整、使用干部提供客观依据。

二、审计的其他分类

(一)按审计实施时间分类

1. 事前审计

事前审计是在被审计单位经济业务发生以前所进行的审计,如对未正式签订的合同、未收付的原始凭证、初步拟定的可行性研究报告等的审计。事前审计能收到"防患于未然"的效果。传统审计主要是事后审计,随着经济管理对审计要求的提高,现代审计中事前审计的比重越来越高。

2. 事中审计

事中审计是指在被审计单位经济活动发生过程中所进行的审计,如对工期较长的基本建设项目和承包合同执行情况所进行的审计。事中审计具有实时控制的作用,有利于及时发现问题并采取相应的改进措施,防止事态扩大化。在国家审计和内部审计中,事中审计越来越受到重视。

3. 事后审计

事后审计是指在被审计单位经济业务完成以后所进行的审计,其主要目的是监督、评价和鉴证已发生的经济活动的真实性、合法性和效益性,如财务报表审计就是事后审计。事后审计是一种传统的、常规的审计形式。

(二)按审计的范围分类

1. 全部审计

全部审计是指对被审计单位一定时期内的全部经济活动及相关资料所进行的审计。全部审计由于审查范围广泛,审查详细彻底,有利于全面、准确地评价被审计单位的经济活动。但全面审计的工作量大、费时费力,适用于规模小、业务较少的单位。

2. 局部审计

局部审计是指对被审计单位一定时期内的部分经济活动及相关资料所进行的审计。局部审计的范围较小,只涉及被审计单位的部分经济活动及部分会计资料和其他有关资料。因此,局部审计的工作量较小、时间较短、审计成本较低。

3. 专题审计

专题审计是指对被审计单位一定时期内经济活动的某一特定事项所进行的审计。这种审计的范围更小、针对性更强。

(三)按审计执行地点分类

1. 就地审计

就地审计是指审计机构派出审计人员到被审计单位所在地进行的审计。按就地审计的具体情况,又可分为常驻审计、专程审计和巡回审计三种。

(1)常驻审计是指审计机构委派审计人员常驻被审计单位进行的审计。

(2)专程审计是指审计机构为查明有关问题而委派审计人员到被审计单位所进行的审计。

(3)巡回审计是指审计机构委派审计人员轮流对若干被审计单位所进行的审计。

2. 报送审计

报送审计是指审计机构按照审计法规的规定对被审计单位按期报送审计机构的会计资料及其他有关资料进行的审计。报送审计主要适用于规模较小、经济业务量较小、凭证资料不多的单位。

（四）按审计动机分类

1. 强制审计

强制审计是指法律、法规规定对被审计单位行使审计监督权而进行的审计。如依宪法赋予的权力，对国务院各部门、地方各级政府的财政收支实行的审计；依国家有关《中华人民共和国公司法》（简称《公司法》）、《中华人民共和国证券法》（简称《证券法》）及其他经济法规的规定对国有企事业、金融机构和股份制企业实施的审计等。这种审计不管被审计单位是否愿意接受审计都必须依法进行。

2. 任意审计

任意审计是指由被审计单位根据自身经营管理活动的需要，要求审计组织对其进行的审计。如企业为了改善经营管理委托审计机构对其进行审计。任意审计一般由民间审计组织接受被审计单位的委托进行审计。

（五）按审计是否通知被审计单位分类

1. 预告审计

预告审计是指审计组织在审计之前，把将要审计的目的及主要内容等事先通知被审计单位所进行的审计。使用这种审计方式可以使被审计单位有时间做好充分准备，以利于审计工作顺利进行。

2. 突击审计

突击审计是指审计组织在审计之前，不预先把审计的目的及主要内容等事先通知被审计单位，而是采取突然袭击的方式所进行的审计；其目的是防止被审计单位和人员进行掩盖和弥补。

第五节　审计环境和审计判断

一、审计环境

审计环境是指一定的时空状况下，审计主体对审计客体实施审计时所面临的各种对审计工作产生影响的内部和外部因素之和，是审计生存和发展的基础。主要包括以下几方面。

（一）政治环境

政治环境体现一国领导集团的方针、政策、措施等。政治需要国家审计，但在如何发挥审计职能方面，各国采取的方式却不完全相同，由此出现了各国不同的审计管理模式。不同的审计模式又直接而具体地制约了国家审计的审计行为和审计效果。

（二）法律环境

法律环境是指一国法律的完善程度、执法力度和社会的法律意识。国家审计必须依据法律开展工作、履行职责并强制被审计单位接受、配合审计，因此需要良好的法律环境和完善的法律体系支持，以发挥其在国家治理中的重要作用。

（三）经济环境

经济环境是指一国一定时期的生产力发展水平。回顾审计史，我们可以看到审计是经济发展到一定阶段的必然产物，其发展也受到经济发展的制约。

（四）社会环境

社会环境包括科学技术水平，社会传统文化，公民道德素质，信仰及民众对审计职业的认识，对审计结果公允性、可靠性的看法等。目前我国社会环境制约国家审计主要体现在两个方面：一方面表现在审计科学技术水平上，另一方面表现在诚信、人情、人治对于审计实践的制约上。

（五）国家审计组织内部环境

国家审计组织内部环境主要包括审计管理、审计资源、审计信息和审计后勤保障等方面。

二、审计判断

审计判断是指审计人员为了实现审计目标，依据有关标准，在审计实践和感性认识的基础上，通过一系列思维过程，对客观审计对象和主观审计行为所做出的某种认定、评价和决断。可见，审计判断是一个复杂的心理过程。审计判断的主要内容包括如下方面。

（一）估计重要性水平的高低

审计的重要性是指被审计单位会计报表中错报或漏报的严重程度，这一严重程度在特定环境下可能影响会计报表使用者的判断或决策。其在量上表现为审计重要性水平。在现实生活中，并不是每一项错报和漏报都是重要的。就某一特定单位的会计报表而言，其重要性水平是客观存在的，但它是一个抽象的标准，只能由审计人员做出专业判断，而判断的准确性有赖于审计人员的判断能力、方法和专业经验。

（二）确定审计证据的充分性和适当性

受客观条件和成本效益的限制，审计人员不得不考虑审计证据的充分性和适当性。审计人员必须进行专业判断以确定审计证据是否充分和适当。

（三）评估审计项目的风险

任何一个项目的固有风险、控制风险、抽样风险、非抽样风险都是难以精确测定的。因此，合理确定审计项目的风险水平就成为审计判断的主要内容之一。

（四）判断被审计单位内部控制的可信赖程度

内部控制的评价是现代审计不可缺少的一个环节，它的健全性、有效性、风险性都离不开审计人员的专业判断。

（五）确定适当的审计程序和方法

在审计工作中，不同的审计对象有不同的审计内容，需要用到的审计程序和方法也会有差别，需要审计人员运用专业判断来确定审计程序和方法。

（六）确定发表恰当的审计意见

审计判断还需要判断被审计单位会计报表的编制是否符合企业会计准则和有关财务制度的规定，判断会计处理方法的选用是否符合一贯性原则，判断会计报表是否公允地反映了被审计单位的财务状况、经营成果和现金流量情况，判断出具何种类型的审计意见报告。

第六节　审计管理

一、审计管理的概念和特征

（一）审计管理的概念

所谓“审计管理”，是指审计机构为了有效地实现既定的审计目标而进行的计划、决策、组织、指挥、协调和控制活动。它包括审计业务管理、审计行政管理、审计组织管理等。

（二）审计管理的主体和客体

审计管理的主体是国家机关、内部审计机构和社会审计组织。对于每一类审计组织而言，其管理主体是指它的决策机构或领导机构。

审计管理的客体，即审计管理的对象，是指审计业务活动及其相关的职能活动，即从审计计划的制定、审计项目的实施、审计报告的编制、做出审计处理与处罚、审计资料的归档等审计业务活动，以及与审计业务相关的人力资源、审计质量控制、审计组织业绩管理等一系列活动。

（三）审计管理的特征

1. 审计管理要服从审计目标

审计管理是对经济监督活动的管理，是为了完成审计工作任务而进行的管理。审计目标和审计任务不同、执行审计的机构不同，其审计管理内容和方法也就有所不同。随着经济发展对审计需求和审计目标的变化，审计管理也会随之发展变化。

2. 审计管理要注重对审计人员的管理

实施审计业务要靠审计人员、审计业务的质量高低和审计工作效率的高低在很大程度上取决于审计人员的素质高低，所以提高审计人员的素质、培养其对工作的责任感、发挥审计人员的主观能动性，是审计管理中至关重要的内容。

3. 审计管理要贯穿于审计业务活动的始终

审计管理不能仅限于审计活动的某一个方面或审计过程中的某一个阶段，审计计划、审计组织、审计实施、审计报告、审计归档等各项工作，均需要进行严密、科学的管理，只有这样才能保证审计工作的高效和优质。

4. 审计管理的目的是提高审计工作的质量和效率

审计活动与其他工作一样，需要在保证质量的前提下，尽量提高工作效率，降低工作成本。审计管理的内容、范围和方法都应针对审计管理的这一根本目的来加以确定。

二、审计管理的主要内容

审计管理的内容取决于审计管理的对象，随着审计事业的发展，审计管理的内容会不断充实和增加。当前审计管理的基本内容如下。

（一）审计计划管理

审计计划管理包括审计计划的制定，审计计划执行情况的检查、考核和计划执行结果的评价。制定审计计划，不仅明确了审计目标，也为检查和评价审计活动提供了依据。

（二）审计质量管理

审计结论的公正性、正确性，以及审计的权威性和审计职业的生存和发展，都要受到审计质量的影响，因此加强审计质量管理至关重要。

（三）审计风险管理

审计风险客观地存在于审计工作之中，如果疏于管理，可能导致审计组织和审计人员因承担相应责任而产生物质和精神损失。因此，审计组织应识别来自各项工作中的潜在风险，充分估计各种风险及可能导致风险的各种因素，采取有效措施来加以防范和控制，以便将审计风险降至最低水平。

（四）审计档案管理

审计档案是审计活动的历史记录，是审计工作的信息库，也是界定责任、应对审计诉讼的重要证据来源。审计档案的有效利用，有利于审计工作质量的控制、有利于以后审计计划的规定、有利于审计工作经验的总结和交流，有利于审计教学和科研。因此，对审计档案的立卷、归档、保管和借阅进行规范管理是非常重要的一项审计管理活动。

三、审计管理的基础工作

审计管理的基础工作是做好审计管理的必要条件，一般来说应关注以下几个方面：

（1）审计人员的管理；

（2）审计方法的开发与管理；

（3）审计手段的开发与管理；

（4）审计信息管理；

（5）审计统计管理；

（6）审计法制管理。

【本章小结】

审计是伴随着经济的发展而产生和发展的，其产生的根本原因是财产所有权与经营管理权的分离及委托和受托经济责任关系的形成。我国政府审计起源于西周时期，其主要标志是“宰夫”一职的出现。西方国家的社会审计起源于意大利，正式形成于英国，发展和完善于美国。

审计的定义有多种，但一般应从主体、客体、依据、目标、目的、性质等方面界定。

审计主要有独立性、权威性和公正性三个特征，主要有经济监督、经济评价和经济鉴证三项职能，主要有制约和促进两种作用。会计是审计的基础，审计促进了会计信息的准确披露。

审计的对象为被审计单位一定时期内财政收支、财务收支和有关经营管理活动以及作为提供财政收支、财务收支和有关经营管理活动信息载体的会计资料和其他有关资料。独立审计的总目标是对被审计单位会计报表的合法性、公允性发表审计意见。具体审计目标是根据被审计单位管理当局的认定和审计总目标来确定的。

常见的审计分类是按审计主体、审计内容和目的、审计施行时间、审计范围、执行审计的地点、执行审计的动机等分类的。

【关键术语】

审计，国家审计，民间审计，经济监督，经济评价，经济鉴证，财政财务审计，事后审计，强制审计，任意审计，审计目标，审计判断，审计管理。

【同步练习】

一、单项选择题

1. 我国审计正式命名的标志是(　　)“审计院”的建立。

A. 秦朝　　B. 宋朝　　C. 汉朝　　D. 唐朝

2. 注册会计师审计起源于(　　)。

A.16 世纪的意大利　　B.16 世纪的英国

C.16 世纪的美国　　D.17 世纪的美国

3. 审计的对象，可以高度概括为被审计单位的(　　)。

A. 财务会计资料　　B. 经营管理活动

C. 财务收支活动　　D. 经济活动

4. 注册会计师审计最主要的职能是(　　)。

A. 经济监督　　B. 经济评价

C. 经济鉴证　　D. 经济咨询

5. 注册会计师在对某股份有限责任公司 2021 年财务报表进行审计时发现，被审计单位未将其一年内到期的长期负债在流动负债账下单独列示，注册会计师对该项目审计目标的相关认定是(　　)。

A. 存在　　B. 完整性

C. 计价和分摊　　D. 分类与可理解性

6. 在 20 世纪初期，审计对象由会计账目扩大到资产负债表数据的审查，判断企业信用状况;审计方法从详细审计初步转向抽样审查;审计报告使用人为(　　)。

A. 企业股东　B. 企业债权人

C. 除企业股东外,更突出了债权人　D. 社会公众

7. 审计产生和发展的客观依据是(　　)。

A. 加强财政经济监督　B. 打击经济犯罪

C. 维系受托经济责任关系　D. 巩固统治阶级地位

8. 审计按执行地点分类,可以分为(　　)。

A. 定期审计与不定期审计　B. 期中审计与期末审计

C. 内部审计与外部审计　D. 报送审计与就地审计

9. 审计目的的确定,主要受(　　)的制约。

A. 审计对象　B. 审计程序

C. 审计主体　D. 审计方法

10. 中国第一家会计师事务所是(　　)。

A. 正则会计师事务所　B. 立信会计师事务所

C. 高威会计师事务所　D. 上海会计师事务所

二、多项选择题

1. 按目的和内容分类, 审计可以分为(　　)。

A. 财政财务审计　B. 经济效益审计

C. 经济活动审计　D. 财经法纪审计

2. 一般来说, 具体审计目标是根据(　　)来确定的。

A. 审计范围　B. 审计总目标

C. 管理当局的认定　D. 审计准则

3. 关于注册会计师审计的表述正确的是(　　)。

A. 在独立性上表现为双向独立　B. 属于强制性审计

C. 可根据审计结果做出审计决定　D. 属于有偿审计

4. 审计形式上的独立性主要表现在(　　)等。

A. 机构独立　B. 人员独立

C. 工作独立　D. 经济独立

5. 审计与会计的区别主要表现在(　　)。

A. 产生的基础不同　B. 方法不用

C. 工作程序不同　D. 职能不同

6. 审计的作用主要包括(　　)。

A. 制约作用　B. 监督作用

C. 促进作用　D. 评价作用

7. 下列不属于审计客体的是(　　)。

A. 国家机关　　B. 事业单位
C. 内部审计机构　　D. 民间审计组织

8. 审计环境主要包括(　　)。
A. 政治环境　　B. 法律环境
C. 经济环境　　D. 社会环境

9. 注册会计师在审计被审计单位存货账户中是否将他人寄售商品列入其中，与此相关的审计目标是(　　)。
A. 权利　　B. 义务
C. 存在　　D. 计价和分摊

10. 注册会计师在对“固定资产”账户余额的认定审计时，应首先考虑验证的三项审计目标是(　　)。
A. 存在　　B. 完整性
C. 权利和义务　　D. 计价和分摊

三、判断题

1. 审计就是查账。　(　　)
2. 审计是会计的一个分支。(　　)
3. 1918 年北洋政府批准谢霖成为中国第一位注册会计师。　(　　)
4. 注册会计师审计形成于英国，主要开展以查错防弊为目的的详细审计。(　　)
5. 在审计过程中，难以做到绝对肯定。(　　)
6. 在世界各国，政府审计早于民间审计和内部审计。　(　　)
7. 财务报表的合法性是指被审计单位财务报表的编制是否符合《××会计准则》的规定。(　　)
8. 加强经济管理和控制是审计发展的动力。　(　　)
9. 审计是一种直接的经济监督活动。　(　　)
10. 审计的职能不是一成不变的，它是随着经济的发展而发展变化的。(　　)

四、思考题

1. 简述我国政府审计的产生与发展。
2. 你认为审计与会计有何区别？
3. 如何理解审计的独立性？
4. 审计的职能有哪些？
5. 审计如何分类？哪几种分类属于审计的基本分类？

第二章　审计方法与程序

引言

明确审计的概念，要达到预期的审计目的，必须按照相应的审计程序，借助一定的手段进行审计。审计活动的目的是对被审计单位的会计报表发表意见，做出审计结论，这种意见、结论必须有相应的证据支持，而要取得审计证据，又必须使用各种不同的审计方法，特别是审计取证的技术方法。

本章主要介绍了审计的技术方法、抽样技术在审计中的应用、审计的程序。

通过本章的学习要求了解审计方法的体系、掌握主要的审计方法、掌握审计的基本程序。

本章重点：审阅法、核对法、顺查法、逆查法、盘点法、调节法；属性抽样、变量抽样；民间审计程序。

本章难点：审阅法；属性抽样；变量抽样

案例导入

审计方法的选择

审计人员王胜和李明接受A公司董事会的委托，对本公司经理于某实施离任审计。A公司是一家拥有5 000名员工的大中型企业，于某任职5年，该公司内部制度较为健全、有效，公司效益逐年递增，经营业绩较为显著，于某也得到了董事会及员工的一致好评。在上述背景下，王胜和李明从于某上任的年度开始，对所有部门的所有业务采取以会计凭证、会计账簿、会计报表为主线的审查方法，尽管两人付出了辛勤的劳动，但在审计约定书规定的1个月时间内只审查了一年的业务，于是A公司董事会与王胜和李明的会计师事务所解除了合同。

第一节　审计方法

一、审计方法概述

（一）审计方法的意义

审计方法是指审计人员为完成审计工作、实现审计目标而采取的各种方式、手段和技术的总称。审计方法是从审计实践中总结出来的，它随着审计对象的日趋复杂、社会对审计信息质量要求的不断提高和科学技术的不断发展而逐步改进、完善和发展,形成了较完善的审计方法体系。

正确运用审计方法,对正确提高审计工作质量和效益,顺利完成审计任务具有重要意义。

1. 正确运用审计方法,可以提高审计工作质量

审计人员采用方法正确,可以有效、及时查清问题,取得充分有效的审计证据,在此基础上正确选择最为有效的审计标准,以事实为证据,以标准为准绳,运用科学的分析、推理和判断方法,将与被审事项相关的各个因素及相互关系进行分解、综合和分析,保证审计人员做出客观、公正的审计评价和决定。

2. 正确运用审计方法,可以提高审计效益

在审计工作中,审计人员根据审计目的、审计方式和被审计单位的实际情况,恰当地选用审计方法,便于合理使用审计资源,以较小的审计投入,取得较好的审计结果,不断提高审计的效率和效益。

3. 正确运用审计方法,是审计人员顺利完成审计工作的保证

审计方法是贯穿于审计工作的始终,衔接各项具体工作的纽带。在审计过程中只有将各种审计方法结合起来运用,发挥各种方法的优势,形成合力,才能保证各项具体工作有条不紊地进行,以顺利完成审计任务。

(二)审计方法体系

从审计产生和发展的历史来看,现代审计方法已经从传统的事后查账技术,发展成了广泛运用审计调查、审计分析及审计抽样等技术方法,并日趋多样化和现代化的完整审计方法体系。

在审计方法体系中,就其技术方法而言,从计划的编制到风险的评价,从审计工作方案的编制到审计证据的收集,从审计工作底稿的编制到审计报告的编制和复核,审计方法贯穿于任何一个审计项目审计过程的各个阶段。就审计实施中的常规审计方法而言,有审计检查的方法、审计调查的方法和审计分析的方法。如此种种构成了现代审计方法体系。

二、审计检查方法

审计检查方法,是指在审计项目实施过程中所采用的各种检验、查证的方法。按其检查的对象不同,可以分为资料检查法和实物检查法。

(一)资料检查法

资料检查法是指对会计凭证、账簿、报表以及其他有关资料进行检查的方法,包括审阅法、核对法、顺查法、逆查法、详查法和抽查法。

1. 审阅法

审阅法是指通过审查和阅读被审计单位一定时期内的会计资料和其他有关资料来获取审计证据的方法。审阅法在财政财务审计中得到广泛应用,主要审阅会计凭证、会计账簿、会计报表以及其他有关资料。

1)原始凭证的审阅

对原始凭证的审阅主要包括如下几个方面。

(1)审阅原始凭证所反映的经济业务是否合法、合理。

(2)审阅原始凭证的格式是否规范化,是否有统一的税务登记,开出凭证的单位名称和地址是否注明,凭证的编号是否连续,有无单位的公章和经手人的签章。

(3)审阅原始凭证的项目包括抬头、日期、数量、单价、金额等是否填写齐全,数字计算是否正确,字迹有无涂改。

2)记账凭证的审阅

对记账凭证的审阅主要包括如下几个方面。

(1)记账凭证上所注明的附件张数是否与所附原始凭证张数相符,记账凭证的内容是否与原始凭证相符。

(2)记账凭证的填制手续是否完备,有无制单人、复核人和主管人员的签章。

(3)记账凭证上所编制的分录、其应用的账户和账户对应关系是否正确。

3)会计账簿的审阅

会计账簿,即审阅总账、明细账、日记账和各种辅助账簿等,其中以审阅明细账和日记账为重点。审阅账簿时应注意如下几点。

(1)各种明细账与总账有关账户的记录是否相符,有无重登和漏登情况。尤其应注意各类账户的月初和月末金额的变化情况是否正常。如果变化异常,就应注意企业经营管理方面有无不正常的现象。

(2)账簿记录是否符合记账规则,有无涂改和刮擦等情况,账簿登记错误是否按规定的错误更正办法进行更正。

(3)更换账页或启用新账簿时,特别应注意承上启下的数字是否一致。因为在更换账页或启用新账簿时,故意夸大或缩小结转金额,是一般不法分子的常用手法。

(4)根据摘要内容,审阅账簿所登记的经济业务是否正常,如有疑问应进一步核对凭证。对于那些容易发生问题的账户,如应收应付账款、材料成本差异、预提费用、待摊费用、管理费用、制造费用、营业费用、财务费用等,审阅时应特别予以注意。

4)报表的审阅

审阅报表应以审阅资产负债表、利润表、现金流量表为重点。审阅时应注意如下几点。

(1)报表中应填写的项目是否填列齐全,有无遗漏,有关项目的对应关系是否正确。特别是在审阅资产负债表时,应注意资产总额与负债及所有者权益总额是否平衡,资产与负债项目之间的对应关系是否正常等。

(2)报表是否按会计制度编制,编制手续是否完备,有无编表人、审核人等的签字盖章。报表中的合计、总计等计算是否准确,应填列的数据有无漏填、漏列或伪造。

(3)报表的附注也应予以审阅,因为附注资料是报表有关项目的补充说明,不可忽略。

5)其他资料的审阅

除上述审阅的内容以外，审计人员还可以通过审阅其他资料，如计划资料、合同和其他有关经济活动资料等，以进一步获取审计证据。例如，审阅银行借款合同可以确定银行借款的真实性。

运用审阅法时，要注意运用审阅技巧，特别要留意被审计单位以下几个方面有无问题：有关数据的增减变动数是否出现异常；有关账户间对应关系是否出现异常；时间上是否出现异常；购销活动是否出现异常等。审阅时，还应与其他审计技术方法（如核对、分析等）结合起来使用，以便取得更好的审计效果。

2. 核对法

核对法是指将反映在不同而又相互关联的凭证、账簿、账表上的资料进行对照验证，借以查明证证、账证、账账、账表、表表之间是否一致的方法。采用核对法审核会计资料，一般须核对以下内容。

1)证证核对

证证核对是指对原始凭证、原始凭证汇总表、记账凭证等凭证进行的核对，根据其所列要素，核对其日期、内容、数量、单价、金额等是否相符。

2)账证核对

账证核对是指核对记账凭证（原始凭证）是否已记入有关明细账及总账，并核对其内容、日期、金额、科目名称、借贷方向是否相符。

3)账账核对

账账核对主要是核对日记账、各明细账户的余额合计数与总账中有关账户的余额是否相符，总账各账户的期初余额、本期发生额和期末余额的计算是否正确，各账户的借贷方余额合计是否平衡。

4)账实核对

账实核对是指有关账簿与其相对应的实物的核对，以保证账实一致。

5)账表核对

账表核对是指对会计报表的有关数字与总账余额或明细账余额是否相符而进行的核对。

6)表表核对

表表核对是指对各报表之间相关数字是否相符进行的核对，包括对不同报表中具有钩稽关系的项目等进行核对。

通过上述核对如发现会计资料中存在差错，则应进一步分析其原因，判明是一般性工作差错，还是违法乱纪行为。运用核对法进行审查时，应认真细致、有条不紊地进行。为防止重复或遗漏，常常需要采用一些核对标记，核对标记可依据个人习惯来确定。

3. 顺查法

顺查法又称“正查法”。它是一种按照会计核算的处理程序，依次对凭证、账簿和报表各个环节审核检查的审计方法。顺查法以审查原始凭证为出发点，通过证证核对、证账核对、账账核对、账表核对、表表核对来查明经济业务各个环节中存在的问题。它是一种由原因查结果、由点到面的审查方式。

顺查法的优点是全面、系统，便于理解，避免遗漏，查证方便；缺点是平均使用力量，重点不突出，如果凭证繁多，会造成工作量过大，时间、人力耗费多。顺查法一般适用于对经济业务较简单或问题严重的单位的审计。

4. 逆查法

逆查法又称"倒查法"。它是一种按照会计核算的处理程序的相反次序，依次对报表、账簿、凭证各个环节审核检查的审计方法。逆查法是先审查分析报表，从中发现异常和有错误的项目，据此确定可疑账簿、凭证，以找出所发现的错误项目的根源。它是一种由面到点、由结果查原因的审查方式。

逆查法的优点是先通过审查会计报表找出审计重点，再进行有选择、有目的的审查，往往能一举突破取得成功，同时又省时省力；其缺点是当审计人员对审查的重点问题判断失误，审计风险便会加大；又因为逆查法采取了有选择、有重点的审查，就不能全面审查问题，容易发生遗漏。

逆查法适用于对规模较大、业务较多的大中型企业单位和凭证较多的行政事业单位的审计。

顺查法和逆查法常结合使用，通常多使用逆查法，而在某些问题上才采用顺查法。要指出的是，不论是顺查法还是逆查法，不一定要进行查报表、查账簿再查凭证，或查凭证、查账簿再查报表的完整审查，从会计核算处理程序的任何一个环节开始到任何另一个环节终止都是可以的。

5. 详查法

详查法又称"细查法"。它是一种对被审计单位一定时期内的所有凭证、账簿、报表或某一项目的全部会计资料进行详细审查的审计方法。详查法的优点是能全面查清被审计单位会计资料中存在的问题，一般不会发生遗漏，审计质量能在较大程度上得到保证；其缺点是耗费人力多、时间长，一般不宜采用这种方法。只有在对某些问题严重，如有重大贪污或其他严重违反财经法纪嫌疑而非彻底查明不可的单位，以及对一些管理上极端混乱，账目极为不清，必须查清账目正本清源的单位，才使用详查法。此外，对那些经济业务较少的小型单位也可以采用详查法。

6. 抽查法

抽查法是指从被审计单位一定时期内的全部会计资料中抽取其中一部分进行审查，并根据审查结果推断总体有无错弊的一种审计方法。抽查法的思路是根据部分样本的审查结果来推算判断审计对象总体的正确性。抽查法的优点是根据审计的目的和要求，以及审计对象总体的具体情况，通过审计进行专业判断，有目的、有重点地从总体中选取能代表总体特征的样本，从而达到审计成本低、效率高、事半功倍之功效；其缺点是要使抽取的样本有一定的代表性有一定难度。由于抽查法在很大程度上是通过审计人员的专业知识来进行判断的，如果样本抽取不当，所抽取的样本不具备或缺乏总体代表性，抽查结果就不能发现问题，由此做出的结论也必然是错误的，特别是对于发生频率较低的舞弊行为较难发现。因此，抽查法样本只能运用于内部控制制度较健全、会计核算质量较高的单位。

（二）实物检查法

实物检查法是搜集书面资料以外的信息及载体，证实书面资料及其所反映的经济活动的真实性和合法性的一种方法。实物检查法包括盘存法、鉴定法和调节法等。

1. 盘存法

盘存法也称“实物清查法”。它是一种对被审计单位各项财产物资进行实物清查，确定其数量、品种、规格及金额等实际状况，并与其实物账户的余额核对验证是否相等的审计方法。盘存法可分为直接盘点和监督盘点两种。

1）直接盘点

直接盘点是指审计人员亲自到现场盘点实物，证实有关财产物资与书面资料是否相符的方法。在审计实务中，直接盘点应用比较少，一般只对数量较少但又贵重的物资，如贵重金属、珠宝等实施直接盘点。

2）监督盘点

监督盘点是指审计人员在现场观察，由被审计单位有关人员进行实物盘点清查，以证实实物与书面资料是否相符的方法。在监督盘点下，如果审计人员发现问题，可以要求复点核实。监督盘点一般用于数量较多的实物，如材料或大件物资（厂房、机器设备）等。对财产物资进行实地盘点清查，可事先通知经管财产物资的人员将在什么时候盘点，也可在不事先通知的情况下采取突击性盘点。突击性盘点主要运用于以下几种情况：

（1）对库存现金、银行存款、有价证券、贵重物资进行盘点；

（2）对有舞弊嫌疑的仓库物资进行盘点；

（3）对管理极为混乱部门的物资进行盘点。

对各类财产物资进行盘点清查，可根据审计要求和被审计单位具体情况实施全面盘点或抽查盘点。

不论是直接盘点还是监督盘点，也不论是预告盘点还是突击盘点，在实施盘点时，都要求审计人员、被审计单位财产物资的经管人员和有关负责人均到场。

2. 鉴定法

鉴定法是指运用专门技术对被审计单位有关书面资料、实物和经济活动等进行技术鉴定的一种审计方法。鉴定法可以应用于财政财务审计、财政法纪审计和经济效益审计，如对书面资料真伪的鉴定，对实物性能、质量、价值的鉴定，对经济活动合理性和有效性的鉴定等。对某些项目的鉴定超过了一般审计人员的能力和知识水平的审计，即需要邀请有关专门部门或人员进行鉴定识别，如发现伪造凭证而伪造凭证者不承认时，可通过公安部门对其笔迹进行鉴定，以确定其违法行为等。

3. 调节法

调节法是指审查某一项目时，当现成数据与所需证实数据在表面上不一致的情况下，通过对某些应增减的业务内容予以调整，从而求得所需证实数据的审计方法。如审查银行存款实有数时，通常运用调节法对企业银行存款日记账与开户银行提供的银行对账单所发生的“未达账项”予以增减调整，编制银行存款余额调节表，来证实实际存款数与账面余额是否相符。在证实财产物资账实是否相符时，当盘点日期与书面资料结存日期不同时，结合实物盘点，将盘点日期与结存日期之前新发生的出入数量与结存日期有关财产物资的结存数量进行调节，以验证和/或推算结存日期的有关财产物资的应结存数。其计算公式如下：

结存日（书面资料日期）数量 = 盘存日盘存数量 ± 结存日至盘存日发出数量 ∓ 结存日至盘存日收入数量

【例 2-1】某公司 2021 年 12 月 31 日账面结存 A 材料 1 500 kg，通过审阅核对未发现错弊。2022 年 1 月 1 日至 1 月 20 日期间收入的 A 材料 53 700 kg，发出的 A 材料 54 600 kg，2022 年 1 月 1 日期初余额及上述收入发出数量经审核均无误。审计人员于 2022 年 1 月 20 日营业结束后对该公司的 A 材料实施监督盘点，盘点数量为 1 600 kg。

【解答】

根据上述资料调节计算如下：

结存日数量 = 1 600 + 54 600−53 700 = 2 500（kg）

经过调节计算 2021 年 12 月 31 日的实存数为 2 500 kg，而其账面记录为 1 500 kg，说明 2021 年 12 月 31 日账面 A 材料虚减 1 000 kg，审计人员应要求有关人员说明原因，并进行查账核实。如有舞弊行为，应进一步查明有关责任，并追究其责任。

三、审计调查方法

审计调查方法是指审计人员通过调查，对被审计单位的会计资料和有关事项进行查证的方法，其具体方法包括查询法和观察法。

（一）查询法

查询法是指审计人员对审计过程中所发现的疑点和问题，通过调查询问的方式弄清事实真相并取得审计证据的一种方法。查询法是审计工作中常用的一种方法，一般又分为面询和函询两种方式。

1. 面询

面询是由审计人员向被审计单位内外的有关人员当面征询意见、核实情况的一种查询方法，可以采用面谈，也可以采用书面形式征答，由审计人员预先拟好调查表，要求被询问人对要求调查的问题做出书面回答。

2. 函询

函询是通过向有关单位发函的方式来了解情况、取得证据的一种查询方法。函询又称“询证法”，它主要用于对往来款项的查证。函询按对方单位答复方式的不同可分为肯定式函询和否定式函询。肯定式函询也称“积极式函询”，它要求收函人接到函询信件后对认证的被查事项无论“是”与“否”均需回函答复，如无回函可再次发函催问或派人前往进行面询，以便取得审计证据。否定式函询也称“消极式函询”，它要求收函人在对认证事项有异议时才回函答复，一定时间未回函则被视为确认无异。这种方法不能排除收函单位由于疏漏等原因而未回函的情况。在一般情况下,大多采用肯定式函询。

(二)观察法

观察法是指审计人员对被审计单位的生产经营管理工作、财产物资的保管、内部控制制度的执行等情况进行实地观察,借以收集审计证据的一种方法。比如在进行资产审计时,审计人员深入到被审计单位的仓库、车间、工地等现场,对有关内部控制制度的遵守情况,财产物资的保管利用情况,劳动纪律、劳动态度情况等进行直接观察,从中了解和发现存在的问题。观察法应与查询法等其他审计方法结合运用以取得更好的效果。必要时,也可根据需要将摄影录像等作为取证手段。观察法应用方便、灵活,能了解书面资料中难以查明的一些问题,是常用的审计方法之一。

四、审计分析方法

审计分析方法是指审计人员利用各种分析技术,对被审事项进行比较、分析和评价的一种方法。这种方法主要用来查找可疑事项的线索,验证和评价各种经济资料所反映的经济活动的真实性、合法性和效益性。目前,常见的具体方法主要有账户分析法、账龄分析法等。

(一)账户分析法

账户分析法是根据账户对应关系的原理,查明账户记录是否正确的一种方法。这种方法的特点是不审查报表和凭证,而直接在账面上检查,以便发现可疑账项,为进一步审查提供线索。在运用账户分析法时,要注意从以下三个方面着手。

(1)按账户借贷方对应关系进行分析,查明是否有不正常、不合理的对应关系。

(2)对账户的本期发生额和余额进行分析,以查明内容是否正确、合理,有无错弊和异常现象。

(3)把两个以上账户内容结合起来进行分析,审查账务处理是否合规、正确。

采用账户分析法,对于发现会计原理运用上的错误、会计分录上的错误和记账中的错误甚为有效。

(二)账龄分析法

账龄分析法是指根据应收账款的时间长短进行估计分析,进而发现问题的一种方法。账龄分析法主要用于对坏账损失的分析,其账龄是指债务人所欠账款的期限。账款拖欠时间越长,发生坏账的可能性越大。

在采用这种方法时,一般先根据应收账款期限编制账龄分析表,然后对拖欠时间长、金额大的重点账款逐笔审查。在审查时,要注意分析账目中所涉及业务的时间、摘要、内容、对应科目和发生额等有无异常现象,并进一步查明拖欠原因,提出建议,以促使被审计单位采取措施,抓紧催收,避免或减少坏账损失。

第二节　审计抽样方法

一、审计抽样方法概述

(一)审计抽样的定义

《独立审计具体准则第4号——审计抽样》(简称《审计抽样准则》)第二条规定:本准则所称审计抽样,是指注册会计师在实施审计程序时,从审计对象总体中选取一定数量的样本进行测试,并根据测试结果,推断总体特征。在审计历史上,先后出现过任意抽样、判断抽样和统计抽样三种类型。

1. 任意抽样

任意抽样是当审计从详查法向抽样法演变时最先运用的一种方法。当时审计人员运用这种抽样方法纯粹是为了减少工作量,而对于抽样的规模、技术和内容等均无规律可循,只是任意抽取样本。由于任意抽样是任意抽取样本,故审查结果缺乏科学性和可靠性,所以这一方法不久就被判断抽样所取代。

2. 判断抽样

判断抽样是根据审计人员的经验,有目的地从审计对象总体中抽查部分样本进行审查,并以样本的审查结果来推断总体的结果。由于判断抽样只凭审计人员的经验和主观判断,判断正确了,就会有成效;判断不准、缺乏客观性就会影响审计效果。

3. 统计抽样

统计抽样是审计人员运用概率论原理,遵循随机原则从审计对象总体中抽取一部分有效样本进行审查,然后以样本的审查结果推断总体的抽样方法。现代审计常使用统计抽样法。统计抽样的基本程序如图2-1所示。

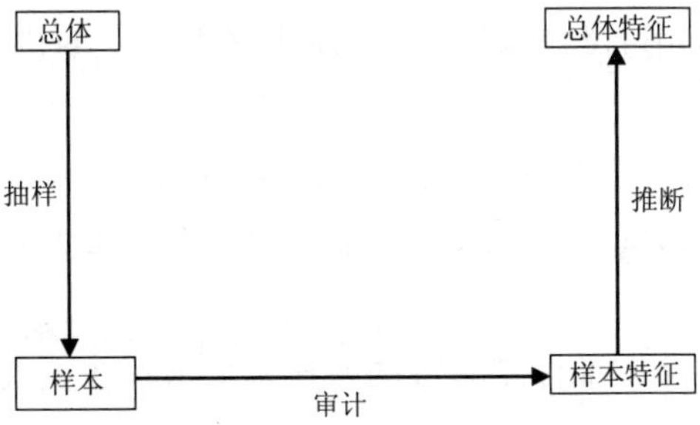

图2-1　统计抽样的基本程序

尽管统计抽样有诸多优点,但统计抽样的产生并不意味着判断抽样的消亡。因为在运用统计抽样时,存在许多不确定的因素,要凭审计人员的正确判断来加以确定,所以统计抽样决不能排斥审计人员的判断。在实际工作中,往往把统计抽样和判断抽样结合起来使用,才能收到更好的审计效果。

(二)审计抽样的步骤

1. 样本设计

围绕样本的性质、样本量、抽样组织方式、抽样工作质量要求所进行的计划工作称为“样本设计”。注册会计师在设计样本时,应考虑到的基本因素主要有:审计目标、审计对象总体和抽样单位、抽样风险与非抽样风险、预期总体误差、可容忍误差、可信赖程度和分层。

1)审计目标

注册会计师应当根据具体审计目标,考虑所要获取审计证据的特征及构成偏差的条件,确定采用何种审计抽样方法,并据此设计样本。例如,如果审计人员对销售发运货物进行控制测试,那么样本总体就是所有的销售货物发运记录,包括货运单据、发货单等。

2)审计对象总体和抽样单位

审计对象总体是指注册会计师为形成审计结论,拟采用抽样方法审计的有关会计或其他资料的全部项目。抽样单位则是构成审计对象总体的个体项目。注册会计师在确定审计对象总体时,应保证其具有相关性和完整性。

3)抽样风险与非抽样风险

抽样审计难以做到百分之百精确,审计人员运用抽样审计并推断审计对象总体所得出的审计结论与审计对象总体的真实情况可能不一致,存在着一定的误差,这一个误差就是风险。其误差越大就意味着风险越大,当误差超过一定限度,审计人员据此就可能得出不恰当的审计结论。

(1)抽样风险。抽样风险是指审计人员依据抽样结果推断总体所得出审计结论与总体特征不相符合的可能性。一般来说,抽取的样本量减少,抽样风险增高;抽取的样本量增加,抽样风险降低。两者成反比例关系。

①审计人员在进行符合性测试时,应注意以下抽样风险。

a. 信赖不足风险。信赖不足风险即抽样结果使审计人员没有充分信赖实际上应予信赖的内部控制的可能性。

b. 信赖过度风险。信赖过度风险即抽样结果使审计人员对内部控制的信赖超过了其实际上可予信赖的可能性。

②审计人员在进行实质性测试时,应注意以下抽样风险。

a. 误拒风险。误拒风险即抽样结果表明账户余额存在重大错误,而实际上并不存在重大错误的可能性。

b. 误受风险。误受风险即抽样结果表明账户余额不存在重大错误,而实际上存在重大错误的可能性。

上述信赖不足风险和误拒风险一般会导致审计人员执行额外的审计程序,从而降低审计效率,信赖过度风险和误受风险很可能导致审计人员得出不正确的审计结论,审计人员对此应予以特别关注。

(2)非抽样风险。非抽样风险是审计人员因采用不恰当审计程序或方法,误解审计证据等而未能发现重大误差的可能性。这是人为错误所造成的,是无法用统计方式来加以控制的。审计人员应当通过适当的计划、指导和监督等来有效降低非抽样风险。

4）预期总体误差

预期总体误差指注册会计师预计从样本中发现有关总体的偏差率。注册会计师可以根据往年的抽样结果来估计本年的预期总体偏差，也可以根据注册会计师的经验来估计或通过对小规模样本进行测试，将测试的差错发生率作为预期总体偏差。预期总体偏差与样本量成正比，即预期总体偏差越大，所需要的样本量就越大。

5）可容忍误差

可容忍误差是注册会计师认为抽样结果可以达到审计目的所愿意接受的审计对象总体的最大偏差。如预计误差为 3%，精确度为 2%，则精确度上限 5% 就是可容忍误差。可容忍误差与样本量成反比。

6）可信赖程度

审计抽样结论的可信赖程度一般用预计抽样结果能够代表审计对象特征的百分比来表示。例如，若可信赖程度为 98%，这就是说抽样结果有 98% 的可能性代表了总体的特征，有 2% 的可能性没有代表总体的特征。可信赖程度与样本量成正比，即对可信赖程度要求越高，所需选取的样本量就越大。

7）分层

分层是将某一审计对象总体划分为若干具有相似特征的次级总体的过程。分出的每个层次都单独进行抽样，对样本结果可以单独评价，也可以综合起来评价，从而估计出总体的特征。分层使注册会计师能够着重审查可能会出现重大错误的项目，从而提高审计效率，减少审计成本。

2. 样本规模的确定

根据样本规模的影响因素，审计人员可通过查阅样本量测试表、样本量计算公式，结合审计人员的职业判断确定样本量。

3. 样本选取的方法

审计人员所选取的样本项目必须能够代表总体。单个样本是否具有代表性，关键在于所选择的抽样方法是否恰当。常用的样本选取方法有随机数表法、系统抽样法、分层抽样法，整群抽样法、PPS 拍样法等。

1）随机数表法

采用随机抽样方法，总体中的每个个体都有均等的机会被选中。随机选样通常运用随机数表或由计算机生成的随机数来进行。随机数表如表 2-1 所示。

表 2-1　随机数表（部分列示）

	1	2	3	4	5	6	7	8	9	10
1	32 044	69 037	29 655	92 114	81 034	40 582	01 584	77 184	85 762	46 505
2	23 821	96 070	82 592	81 642	08 971	07 411	09 037	81 530	56 195	98 425
3	82 383	94 987	66 441	28 677	95 961	78 346	37 916	09 416	42 438	48 432

续表

	1	2	3	4	5	6	7	8	9	10
4	68 310	21 792	71 635	86 089	38 157	95 620	96 718	79 554	50 209	17 705
5	94 856	76 940	22 165	01 414	01 413	37 231	05 509	37 489	56 459	52 983
6	95 000	61 958	83 430	98 250	70 030	05 436	74 814	45 978	09 277	13 827
7	20 764	64 638	11 359	32 556	89 822	02 713	81 293	52 970	25 080	33 555
8	71 401	17 964	50 940	95 753	34 905	93 566	36 318	79 530	51 105	26 952
9	38 464	75 707	16 750	61 371	01 523	69 205	32 122	03 436	14 489	02 086
10	59 442	59 247	74 955	82 835	98 378	83 513	47 870	20 795	01 352	89 906
11	11 818	40 951	99 279	32 222	75 433	27 397	46 214	48 872	26 536	41 042
12	65 785	06 837	96 483	00 230	58 220	09 756	00 533	17 614	98 144	82 427
13	05 933	69 834	57 402	35 168	84 138	44 850	11 527	05 692	84 810	44 109
14	31 722	97 334	77 178	70 361	15 819	35 037	46 319	21 085	37 957	05 102
15	95 118	88 373	26 934	42 991	00 142	90 852	14 199	93 593	76 028	23 664
16	14 347	69 760	76 797	91 159	85 189	84 766	88 814	90 023	62 928	14 789
17	64 447	95 461	85 772	84 261	82 306	90 347	97 519	03 144	16 530	52 542
18	82 291	62 993	83 884	69 165	14 135	25 283	35 685	47 029	62 941	37 099
19	45 631	73 570	53 937	02 803	60 044	85 567	10 497	26 882	50 000	47 039
20	59 594	78 376	47 900	30 057	94 668	04 629	10 087	13 562	13 800	15 764
21	72 010	44 720	92 746	82 059	42 361	54 456	66 999	77 103	47 491	65 161
22	35 419	04 632	07 000	25 529	72 128	90 494	05 118	34 453	42 189	82 994
23	71 750	86 044	76 982	81 606	93 646	00 776	06 017	10 638	08 818	94 242
24	84 739	48 460	08 613	88 344	27 585	44 997	58 464	68 682	56 828	79 191
25	38 929	79 307	78 252	14 446	21 545	34 737	48 625	61 374	32 181	17 834
26	67 690	88 918	06 316	08 110	24 591	38 729	53 296	64 295	87 158	64 938
27	64 601	76 493	91 280	23 056	21 242	26 983	24 203	40 045	82 157	65 050
28	72 065	44 093	88 240	17 510	73 412	88 774	96 914	05 702	17 130	20 916
29	90 225	74 930	08 500	64 177	13 202	15 085	15 734	57 555	63 812	57 696
30	28 621	05 997	60 429	26 054	65 632	27 972	42 932	81 080	49 530	35 918

使用随机数表时，首先应对总体进行连续编号，编号可用原有编号，也可重新编号。其次，确定随机数表的使用规则。随机数表可随意使用，但每次使用时必须制定一个规则，包括选择起点、方向、所用数字的位数。本次抽样规则一经选定，不得变更。例如，从 500 个凭证中抽取 50 个个体，首先对总体从 001~500 编号，其次确定使用随机数表的规则，从第一行第一列开始，先从上到下再从左到右，选用后三位数，则选择的个体为：044、383、310、401、464 等。随机数表法最具随机性，但当所抽样本数过多时工作量太大。

2)系统抽样法

系统抽样法又称“机械抽样法”“等距离抽样法”。抽样程序是先将总体中所有单位按无关标志进行排序;其次根据总体容量和样本规模计算出抽选间隔,最后在第一个抽样间隔内随机选取起点,从起点开始按抽样间隔抽取样本。例如,从 500 个凭证中抽取 50 个个体,首先对总体排序,取 001~500;其次计算抽样间隔。

$$抽样间隔=\frac{总体容量}{样本规模}\times 抽样起点数$$
$$=\frac{500}{50}\times 1=10$$

最后,在第一个抽样间隔 001~010 内随机选取起点,若取 008 为起点,则所选取数据依次为 018、028、038,…,498。

这种抽样法要求个体在总体中均匀分布,若个体在总体中呈集中分布,可通过选取多起点的方法提高样本的代表性。

3)分层抽样法

分层抽样法也叫“分类抽样”。它是先将总体中所有的单位按照某个有关标志分成若干组(每个组即称为一层),然后在各组中随机抽取样本单位。例如对某单位销货凭证进行审查,可按金额大小进行分类,如表 2-2 所示。

表 2-2　应收账款分层抽样

层次	金额	抽样方法
1	金额在 5 000 元以上	全部审查
2	金额在 1 000 元 ~5 000 元	随机数表法
3	金额在 1000 元以下	机械抽样

分层抽样法是在科学分组的基础上进行的,全部个体经过分组后,同组中个体的差异比较小,因而样本具有较高的代表性。至于抽样数量的确定又有一般分类抽样和分类比例抽样两种。

4)整群抽样法

整群抽样是先将总体分为若干群,然后一群一群地抽选,每一群中包括若干个体。例如审查已付款支票,全年共有支票存根 360 本,即可视为 360 群,从中随机选 24 本即可。整群抽样法简单、省事,但样本代表性较差。

5)PPS 抽样法

PPS 抽样法,也称“货币单位抽样”。它是以审计对象总体金额(元)作为抽样单位,每一金额单位都有同样被选取机会的一种抽样方法。PPS 抽样的特点是:总体中各项目被选取为样本的机会与该项目所含的金额大小成正比,即包含的金额越大,被抽取的概率就越大。这对审计人员来说是非常重要的。通常情况下,审计人员对金额较大的总体项目更为关注。PPS 抽样法的步骤如下:

（1）删除总体中金额为零或负数的项目；

（2）编制总体项目累计货币金额表；

（3）根据需要确定样本量；

（4）采用随机选样或系统选样，选出随机数并从累计货币金额表中选取包含随机数在内的各项目作为样本。

【例 2-2】审计人员审查总体为 10 张的费用单据，其货币价值总数为 80 000 元，总体项目货币金额累计表如表 2-3 所示。确定选取样本为 4 张费用单据。

现采用随机选样，从随机数表中所得 4 个随机数分别是 14 347、64 447、45 631、59 594，这 4 个数分别包含在累计货币金额 14 426 元、71 905 元、46 793 元、60 403 元之内，与之相对应的样本项目即为第 2 张、第 9 张、第 6 张、第 7 张费用单据。

表 2-3　货币金额累计表

费用单据（项目）	单据金额（元）	累计货币金额（元）
1	5 120	5 120
2	9 306	14 426
3	4 081	18 507
4	7 124	25 631
5	8 662	34 293
6	12 500	46 793
7	13 610	60 403
8	3 400	63 803
9	8 102	71 905
10	8 095	80 000

审计抽样按其涉及的具体范围不同，可分为属性抽样和变量抽样。

二、属性抽样

属性抽样是指在精确度界限和可靠程度一定的条件下，为了测定总体特征的发生频率而采用的一种方法。属性抽样包括固定样本量抽样、停—走抽样、发现抽样三种具体方法。

（一）固定样本量抽样

固定样本量抽样是使用较为广泛的一种属性抽样，常用于估计审计对象总体中某种误差发生的比例。它的基本步骤如下。

1. 确定审计目的

假定某企业规定，所有现金支出原始凭证必须经过有关领导签字方可报销。某审计人员想测试这个企业某年该内部控制的执行情况，就需要用属性抽样的方法。

2. 定义“误差”

对于每张现金支出发票，只要没有领导签字就报销，就是误差。

3. 定义审计对象总体

某年所有现金支出原始凭证构成审计对象总体。

4. 确定样本量选取方法

用随机数表抽样的方法选取样本。

5. 确定样本量

假如在以前年度审计中，审计人员获得上述所描述的内部控制制度发生的差错率为1%左右，本次审计时，也没有迹象表明该内部控制制度有明显的变化，审计人员可将预计总体误差定为1%，确定可容忍误差率为5%。根据已制定出的统计样本量表，如表2-4所示，当总体误差为1%、可容忍误差率为5%时，应选取的样本量为93项，样本中的预计误差数为1。

表2-4　95%的可信程度控制下测试样本量表

预计总体误差率%	可容忍误差率									
	2%	3%	4%	5%	6%	7%	8%	9%	10%	15%
0.00	149(0)	99(0)	74(0)	59(0)	49(0)	42(0)	36(0)	32(0)	29(0)	19(0)
0.25	236(1)	157(1)	117(1)	93(1)	78(1)	66(1)	58(1)	51(1)	46(1)	30(1)
0.50		157(1)	117(1)	93(1)	78(1)	66(1)	58(1)	51(1)	46(1)	30(1)
0.75		208(1)	117(1)	93(1)	78(1)	66(1)	58(1)	51(1)	46(1)	30(1)
1.00			156(1)	93(1)	78(1)	66(1)	58(1)	51(1)	46(1)	30(1)
1.25			156(1)	124(2)	78(1)	66(1)	58(1)	51(1)	46(1)	30(1)
1.50			192(3)	124(2)	103(2)	66(1)	77(1)	51(1)	46(1)	30(1)
1.75			227(4)	153(3)	103(2)	88(2)	77(2)	51(1)	46(1)	30(1)
2.00				181(4)	127(3)	88(2)	77(2)	68(2)	46(1)	30(1)
2.25				208(5)	127(3)	88(2)	77(2)	68(2)	61(1)	30(1)
2.50					150(4)	109(3)	77(2)	68(2)	61(2)	30(1)
2.75					173(5)	109(3)	95(3)	68(2)	61(2)	30(1)
3.00					195(6)	129(4)	95(3)	84(3)	61(2)	30(1)
3.25						148(5)	112(4)	84(3)	61(2)	30(1)
3.50						167(6)	112(4)	84(3)	76(3)	30(1)
3.75						185(7)	129(6)	100(4)	76(4)	40(2)
4.00							146(6)	100(4)	89(4)	40(2)
5.00								158(8)	116(6)	40(2)

6. 选取样本进行审计

审计人员针对93项凭证按所定义的“误差”进行审查。

7. 评价抽样结果

审计人员对选取的样本进行审查之后，应将查处的误差加以汇总，并评价抽样结果。若审计人员通过抽样，查出样本误差数为1，且没有发现欺诈舞弊或逃避内部控制的情况，由于发现的样本误差数不超过预期的误差数，所以审计人员可以得出结论：总体误差率不超过5%的可信赖度为95%。若审计人员通过抽样，查出样本误差数超过1，则需要增加样本量或进行详细审计。

（二）停—走抽样

停—走抽样是固定样本量抽样的一种改进形式。它采用边抽样、边审查、边判断的方法，一旦能得出审计结论即可终止抽样，所以并非一定要把全部样本单位抽出才能得出审计结论。

停—走抽样的思路是先根据零差错率确定一个初始样本容量进行抽样审查，如果未发现差错或例外，则可停止抽样，得出在一定置信水平下总体差错率不超过某一可容许差错率的结论；如果发现差错，则扩大样本规模继续进行审查，直到原预计差错率得到肯定或否定为止。

停—走抽样一般适用于审计人员估计差错率为零或非常低的审计总体。停—走抽样以预计总体误差率为零开始，通过边抽样边审计来完成审计工作，这样有效地提高了工作效率，降低了审计费用。

（三）发现抽样

发现抽样是指在既定的可信赖程度下，在假定误差以既定的误差率存在于总体的情况下，至少查出一个误差的抽样方法。发现抽样主要用于查找重大舞弊事件或极少出现的例外事件中。

使用发现抽样时，当发现重大误差，如贪污、挪用的凭证时，审计人员就可能放弃抽样程序，而对总体进行全面彻底的检查。若发现抽样未发现任何例外，审计人员可得出在既定的误差率范围内没有发现重大误差的结论。

三、变量抽样

变量抽样是在一定的精确度和可靠程度条件下，为测定总体的金额而采用的一种方法。它适用于对企业存货、应收账款等的估计。变量抽样的方法主要有平均值估计法、差异估计法、比率估计法。

（一）平均值估计法

平均值估计法就是以样本的平均值作为总体的估计平均值，然后对总体的金额进行推断估计的一种方法。平均值估计法的步骤如下。

1. 明确审计目的,确定抽样总体

审计人员首先要明确审计目的,确定抽样总体

2. 拟定所需精确度和可靠程度

$$\text{单位平均精确度}(\bar{p}) = \frac{\text{估计总体所需精确度}(P)}{\text{总体容量}(N)}$$

3. 估计总体标准差

$$\sigma = \sqrt{\frac{\sum(\bar{X}-X)^2}{N}}$$

式中　σ——总体标准差;

$\bar{X}$——总体的平均值;

X——个体的审查值;

N——总体容量。

估计总体标准差的初始样本标准差公式为

$$S = \sqrt{\frac{\sum(x-\bar{x})^2}{n-1}}$$

式中　S——初始样本的标准差;

n——样本规模。

4. 根据要求的可靠程度确定标准正态离差系数

标准正态离差系数与可靠程度的关系为:

可靠程度(%)	标准正态离差系数
70	1.04
75	1.15
80	1.28
85	1.44
90	1.64
95	1.96
99	2.58

5. 计算所需样本量

不重复抽样的样本量计算公式为

$$n = \frac{N}{1-\frac{N\bar{p}^2}{t^2\sigma^2}}$$

6. 选取样本并进行审查

审计人员可采用前面所讲的方法抽取样本并审查。

7. 从样本的审查结果推断总体

以样本的平均数作为总体平均数的估计,对总体的总金额进行区间估计:

$N\bar{X} \pm \Delta$

总体的精确区间

（Δ）$\Delta = t \times \frac{S}{\sqrt{n}} \times N \times \sqrt{1-\frac{n}{N}}$

【例 2-3】假设审计人员审计某企业 2021 年 12 月产成品明细账，该批明细账共有 500 笔记录，审计人员拟采用抽样方法确定产成品的账面价值。

1）确定样本量

确定样本量的因素如下。

（1）确定可信赖程度、审计风险和可容忍误差。根据被审计单位内部控制情况及抽样风险的可接受水平，审计人员确定的可信赖程度为 95%，可信赖程度系数 1.96，误受风险为 5%。

考虑到产成品不同时期的成本差异、数量差异、管理的严格程度、会计人员的重视程度等的不同。审计人员确定的可容忍误差为 45 500 元。

（2）估计总体标准差。在采用平均数估计法抽样时，审计人员通常预先选取一个规模较小的初始样本，经检查分析后确定初始样本的标准差，并据此估计总体标准差。本例选取 30 个记录为初始样本。

抽取 30 个初始样本，经审查这 30 个产成品明细账得知：$\sum_{i=1}^{n} x_i$ =55 156.13，$\sum_{i=1}^{n} x_i^2$ = 105 155 039。由此计算样本的平均值（$\bar{x}$）和样本的标准差（S）。

样本的平均数 $\bar{x} = \frac{\sum_{i=1}^{n} x_i}{n} = \frac{55156.13}{30} = 1838.54$（元）

样本标准差 $S_1 = \sqrt{\frac{1}{n-1}\sum_{i=1}^{n}(x_i-\bar{x})^2} = \sqrt{\frac{1}{n-1}(\sum_{i=1}^{n}x_i^2 - n\bar{x}^2)}$

$= \sqrt{\frac{105155039 - 30 \times 1838.54^2}{30-1}}$

=359.51（元）

式中 x_i——第 i 个样本的审定值；

n——样本容量；

$\bar{x}$——样本的平均数；

S——样本标准差。

（以下公式符号相同）

以初始样本的标准差作为总体的估计标准差，即以 359.51 元作为总体的估计标准差。

由于该企业生产过程比较均衡，变量之间的差异不大，所以总体决定不分层。

（3）确定样本量。样本的充分性是抽样的前提，因此要计算到底抽多少样本才能使样本具有代表性。

①以初始样本的标准差作为总体的估计标准差，计算所需样本量。

$$\text{重复抽样的样本容量 } n' = (\frac{tS_1N}{P})^2 = \left(\frac{1.96\times359.51\times500}{45500}\right)^2 = 60(\text{个})$$

$$\text{不重复抽样的样本容量 } n = \frac{n'}{1+\frac{n'}{N}} = \frac{60}{1+\frac{60}{500}} = 54(\text{个}) > 30(\text{个})$$

式中　N—— 总体容量；

t—— 可信赖程度系数；

p——可容忍误差。

这个结果说明，以初始样本的标准差作为总体的估计标准差时，需要审查 54 个样本，而现在实际审查 30 个。初始样本量太小，则不能代表总体，即不能以初始样本的 $\bar{x}$、S 作为总体的平均数和标准差推断总体。此时需要追加样本 24(54−30)个。

②追加样本，审查样本项目。假设使用随机数表又选了 24 个样本项目，经审查，这 24 个样本的情况是：$\sum x_i$ =42 228.33，$\sum x_i^2$ =76 790 120，根据 54 个样本项目的审查结果，计算样本的平均数和标准差。

$$\text{样本的平均数 } \bar{x} = \frac{\sum_{i=1}^{n} x_i}{n} = \frac{55\,156.13+42\,228.33}{54} = 1\,803.42(\text{元})$$

$$\text{样本标准差 } S_2 = \sqrt{\frac{1}{n-1}(\sum_{i=1}^{n} x_i^2 - n\bar{x}^2)}$$

$$= \sqrt{\frac{181\,945\,159 - 54\times1\,803.42^2}{54-1}}$$

$$=345.31(\text{元})$$

以 54 个样本的标准差作为总体的估计标准差，确定所需要的样本容量。

$$\text{重复抽样的样本容量 } n' = (\frac{tS_2N}{P})^2 = \left(\frac{1.96\times345.31\times500}{45\,500}\right)^2 = 56(\text{个})$$

$$\text{不重复抽样的样本容量 } n = \frac{n'}{1+\frac{n'}{N}} = \frac{56}{1+\frac{56}{500}} = 51 < 54$$

这表明，以 54 个样本的标准差作为总体特征的估计值，只需要抽取 51 个样本即可，而实际上已审查 54 个样本，自然无须缩减样本，这时审计出现“过剩”。所以 54 个样本能够代表总体，即可用 54 个样本的 $\bar{x}$、S 作为总体的平均数和标准差推断总体。

2)根据样本审查结果推断总体

平均值估计是按照样本平均值去估计总体正确额的。

总体正确额的点估计 $N\bar{X}$ =500 × 1 803.42=901 710(元)

$$\text{总体正确额的精确区间 } \Delta = 1.96\times\frac{345.31}{\sqrt{54}}\times500\times\sqrt{1-\frac{54}{500}} = 43\,493(\text{元})$$

最后做出审计结论，以 95% 的把握确信，该厂 2021 年 12 月 31 日的产成品正确额在 901 710 ± 43 493(元)之间，即在 858 217~945 203 元之间。

（二）差异估计法

差异估计法是以样本的审定值与账面值之间的平均差额作为总体真实值与账面值的平均差额来推断总体的一种法。计算公式如下：

样本平均差错额 $\bar{d}=\frac{\sum_{i=1}^{n}d_i}{n}$

样本标准差 $S=\sqrt{\frac{\sum_{i=1}^{n}d_i^2-n\bar{d}^2}{n-1}}$

差异额 $d_i=x_i-y_i$

总体估计值 $=\sum y_i+N\bar{d}$

式中 x_i——样本项目审定额；

y_i——样本项目记录额；

$\bar{d}$——n 个样本的审定值与账面值之差的平均值；

d_i——代表样本审定额与记录额的差异，正数代表缩小差，负数代表扩大差。

（以下公式符号含义相同）

【例 2-4】仍采用【例 2-3】假设总体记录值为 925 000 元，审计人员在审查了 30 个初始样本后，发现 5 个项目错误。其中，$\sum_{i=1}^{5}x_i$ =8 523.60，$\sum_{i=1}^{5}y_i$ =9 844.60，$\sum_{i=1}^{5}d_i$ =-1321，$\sum_{i=1}^{5}d_i^2$ =2 054 345。

1. 确定样本量

1）计算初始样本的平均差错值和标准差。

$$\bar{d}=\frac{\sum_{i=1}^{n}d_i}{n}=\frac{-1\,321}{30}=-44.03\text{（元）}$$

$$S_1=\sqrt{\frac{\sum_{i=1}^{n}d_i^2-n\bar{d}^2}{n-1}}=\sqrt{\frac{2\,054\,345-30\times(-44.03)^2}{30-1}}=262.36\text{（元）}$$

2）计算样本容量。以初始样本的标准差作为总体的估计标准差，计算样本容量。

$$n'=(\frac{tS_1N}{P})^2=(\frac{1.96\times262.36\times500}{45\,500})^2=32\text{（个）}$$

$$n=\frac{n'}{1+\frac{n'}{N}}=\frac{32}{1+\frac{32}{500}}=31\text{（个）}$$

这个结果说明，以初始样本的标准差作为总体的估计标准差时，需要审查 31 个样本，而现在实际审查了 30 个。初始样本量太小，则不能代表总体。此时需要追加样本 1（31-30）个。假设再抽取 1 个样本，而此样本经审查后没有发现错误。但必须重新计算 31 个样本的平均差错和标准差。

$$\bar{d}=\frac{\sum_{i=1}^{n}d_i}{n}=\frac{-1\,321}{31}=-42.61\text{（元）}$$

$$S_2=\sqrt{\frac{\sum_{i=1}^{n}d_i^2-n\bar{d}^2}{n-1}}=\sqrt{\frac{2\,054\,345-31(-42.61)^2}{31-1}}=258.07\text{（元）}$$

以 S_2 作为总体的标准差，计算所需样本量。

$$n'=(\frac{tS_2N}{P})^2=(\frac{1.96\times 258.07\times 500}{45\,500})^2=31\text{（个）}$$

$$n=\frac{n'}{1+\frac{n'}{N}}=\frac{31}{1+\frac{31}{500}}=30\text{（个）}$$

以 31 个样本的 $\bar{d}$ 和 S_2 作为总体估计值，仅需要审查 30 个样本即可达到要求，但此时已审查了 31 个样本，自然不必缩减样本，所以这 31 个样本能够代表总体。

2. 根据样本审查结果推断总体

差异估计是根据总体记录额加上总体差异额的点去估计总体正确额的。

总体差错额的点估计 $N\bar{d}$ =500×（−42.61）=−21 305（元）

总体正确额的点估计 925 000+（−21 305）=903 695（元）

总体正确额的精确区间 $\Delta=1.96\times\frac{258.07}{\sqrt{31}}\times 500\times\sqrt{1-\frac{31}{500}}$ =43 493（元）

最后得出审计结论，以 95% 的把握确信，该厂 2021 年 12 月 31 日的产成品正确额在 903 695 ± 43 493（元）之间，即在 860 202~947 188 元之间。

（三）比率估计法

比率估计法是以样本的审定值与账面值之比作为总体真实值与账面值之比来推断总体的一种方法。计算公式如下：

样本的比率 $R=\frac{\sum_{i=1}^{n}x_i}{\sum_{i=1}^{n}y_i}$

样本的标准差 $S=\sqrt{\frac{\sum_{i=1}^{n}x_i^2+R^2\sum_{i=1}^{n}y_i^2-2R\sum_{i=1}^{n}x_iy_i}{n-1}}$

总体估计值 =（$\sum y_i$）× R

式中 R——样本审定值与样本记录值的比率。

第三节 审计程序

审计程序是指审计人员在具体的审计项目中所采取的行动和步骤，其包括广义和狭义两方面含义。广义的审计程序是指审计人员从接受审计项目开始到审计工作结束的整个过程。一般分为计划阶段、实施阶段和终结阶段。狭义的审计程序是指审计人员在搜集审计证据过程中所采取的具体步骤和方法。审计主体不同，审计每个阶段的具体工作内容也就不同。这里主要介绍独立审计的工作过程。

一、计划阶段

计划阶段是整个审计过程的起点和基础，是审计人员做好审计工作的必要前提。计划阶段的主要工作如下。

（一）了解被审计单位基本情况

审计人员在接受委托前，应对被审计单位的相关情况进行分析，包括被审计单位的所有者及构成、组织结构、生产与业务流程、经营管理情况和所处经营环境、所在行业的情况等，目的是决定会计师事务所是否接受委托。

（二）与被审计单位签订审计业务约定书

根据《中国注册会计师审计准则第 1111 号 —— 审计业务约定书》规定，审计人员在了解被审计单位基本情况的基础上，在审计业务开始前与被审计单位就审计业务约定条款达成一致意见，并签订审计业务约定书，以避免双方对审计业务的理解产生分歧。审计业务约定书是指会计师事务所与被审计单位签订的，用以记录和确认审计业务的委托与受托关系、审计目标和范围、双方的责任以及报告的格式等事项的书面协议。其主要内容包括如下几个方面。

（1）审计的目标，说明委托人、委托会计师事务所审计的目的或用意。

（2）管理层对财务报表的责任。

（3）管理层编制财务报表采用的会计准则和相关会计制度。

（4）审计范围，包括指明在执行财务报表审计时遵守的《中国注册会计师审计准则》。

（5）执行审计工作的安排，包括出具审计报告的时间要求。

（6）审计报告格式和对审计结果的其他沟通形式。

（7）由于测试的性质和审计的其他固有限制以及内部控制的固有局限性，不可避免地存在着某些重大错报可能仍然未被发现的风险。

（8）管理层为审计人员提供必要的工作条件和协助。

（9）审计人员不受限制地接触任何与审计有关的记录、文件和所需要的其他信息。

（10）管理层对其做出的与审计有关的声明予以书面确认。

（11）审计人员对执业过程中获知的信息保密。

（12）审计收费，包括收费的计算基础和收费安排。

(13)违约责任。

(14)解决争议的方法。

(15)签订双方法定代表人或其授权代表的签字盖章,以及签约双方加盖的公章。

国家审计通常不签订审计业务约定书,而代之以“审计通知书”。

(三)初步评价被审计单位的内部控制

内部控制制度的检查和评价是实施审计的基础。初步评价实际上就是评价企业的内部控制制度在防止或发现重大错报或漏报中有效性的过程,目的在于判断被审计单位内部控制制度能否作为在实质性测试时进行抽样的基础。内部控制的初步评价主要是对其健全性和合理性的评价。

(四)确定重要性

审计人员在计划审计工作时,应当对重要性水平做出初步判断,确定一个恰当的重要性水平。重要性水平越低,审计风险越高,应当获取的审计证据就越多。

(五)分析审计风险

在审计计划阶段,审计人员应持职业怀疑态度分析影响审计风险的各种因素,初步评估报表层次重大错报风险。审计人员可根据对审计风险的分析,制定并实施相应的审计计划,将审计风险降至可接受的低水平。

(六)编制审计计划

审计计划是实施审计的总体安排,是审计人员实施审计的行动步骤,也是审计人员检查、控制审计工作质量的依据。审计计划包括针对审计业务制定的总体审计策略和具体审计计划。总体审计策略主要用来确定审计范围、时间和方法,并指导具体审计计划。具体审计计划是总体审计策略的具体化,其内容包括为获取充分、适当的审计证据以将审计风险降至可接受的低水平,审计人员拟实施的审计程序的性质、时间和范围等。

二、实施阶段

审计的实施阶段是审计全过程的中心环节,是将审计工作计划付诸实施的过程。实施阶段的主要工作包括符合性测试和实质性测试。

(一)符合性测试

符合性测试是在对内部控制初步了解和评价的基础上,对内部控制制度的设计状况以及是否得到贯彻执行而进行的测试。控制测试的目的是获取证据,以证实被审计单位内部控制制度和程序设计是否合理、运行是否有效,从而对审计风险做出相应的评价,并根据测试结果修订审计计划,确定实质性测试的性质、时间和范围。

(二)实质性测试

审计人员应进一步实施实质性测试。实质性测试是指通过对会计账目、会计报表及其他有关资料的审查,搜集充分适当的审计证据,借以证实会计报表的可信赖程度,从而提出恰当的审计意见。通过实质性测试,以验证会计报表各项目金额的正确性或公允性,根据测试结果进行评价和鉴定。审计人员可实施的实质性测试程序包括账户余额测试、列报的细节测试、分析性程序和交易测试。如果审计人员认为被审计单位内部控制的可信赖程度较高,则可大大减少实质性测试工作;反之,实质性测试工作应大大增加。

三、终结阶段

审计终结阶段也称"审计报告阶段",是整个审计过程的终点。在这个阶段,审计人员要终止审计工作,形成审计意见,出具审计报告。其主要工作如下。

(一)审计期初余额、期后事项和或有事项

注册会计师首次接受委托对被审计单位的会计报表进行审计,必然会涉及财务报表期初余额的审计问题。对客户应该在附注中披露的潜在的负债是否充分披露进行更多的测试审核,对期后事项给予重点关注。因为期后事项是指资产负债表日至审计报告日发生的,以及审计报告日至会计报表公布日发生的对会计报表产生影响的事项。它往往会影响财务报表列示的信息,需要审计人员对其进行审计。

(二)取得管理当局声明书和律师声明书

明确管理当局对财务报表所负的责任,并就一些特殊项目要求管理当局做出书面陈述,向被审计单位律师进行询证。

(三)整理、评价审计证据

要想有效评价被审计单位的经济活动,根据审计目的做出正确的审计结论和意见就必须将在实施阶段中所收集的分散的审计证据予以整理、分析、归纳,形成具有充分证明力的证据,作为编写审计报告的合理依据。

(四)复核审计工作底稿

审计工作底稿是审计人员在审计工作中综合、分析、整理与审计问题有关资料所形成的书面文件。审计人员将实施审计的具体过程及应用的审计方法和审计过程中在各方面的取证记录包括取证的过程等编写成审计工作底稿。但是,由于审计工作底稿是由审计人员独自编写的,因此难免在取证上考虑不周全或带有一定主观片面性。为了保证审计质量,有必要对审计工作底稿进行复核,以最终确定其可靠性。

(五)编制审计报告

审计报告是审计人员完成审计任务形成审计意见的书面文件。审计报告表明了审计工作的最终成果,体现了审计工作的质量。审计人员根据审计目的对被审计单位实施了必要的审计程序以后,还必须根据审计准则的要求,以经过核实的审计证据为依据,形成审计意见,编制审计报告。

(六)提出管理建议书

管理建议书是审计人员在完成审计工作后就被审计单位内部控制制度中存在的薄弱环节或缺陷,以书面形式提出的改进建议。审计人员实施审计后对被审计单位内部控制制度是否健全、是否真正发挥其作用、有哪些方面控制不力、存在哪些薄弱环节等有着全面清晰

的了解,审计人员可根据情况与被审计单位进行沟通,即向被审计单位提出其内部控制中的缺陷或薄弱环节所在,并提出改进的建议。

【本章小结】

审计方法是指审计人员为完成审计工作、实现审计目标而采取的各种手段、方式和技术的总称。审计方法可分审计检查方法、审计调查方法和审计分析方法。审计检查方法主要包括资料检查法和实物检查法。资料检查法有审阅法、核对法、顺查法、逆查法、详查法和抽查法;实物检查法有盘存法、鉴定法和调节法。审计调查方法和审计分析方法是审计不可缺少的两类方法,包括查询法、观察法、账户分析法、账龄分析法。

抽样方法广泛应用于现代审计中,主要有侧重于审查差错率的符合性测试和侧重于审查金额的实质性测试。抽样审计的关键是样本要能代表总体,而样本的选择取决于预计总体误差率、精确度、可靠程度、总体容量、抽样风险等因素。

无论是独立审计,还是国家审计或内部审计,一般都包括三个阶段,即计划阶段、实施阶段和终结阶段。但审计的主体不同,各阶段的具体工作就有所不同。

审计业务约定书是指会计师事务所与被审计单位签订的,用以记录和确认审计业务委托与受托关系,明确委托目标和范围、双方的责任以及报告的格式等事项的书面协议。

【关键术语】

审计方法,审阅法,核对法,逆查法,抽查法,盘存法,调节法,审计抽样,样本,抽样风险,属性抽样,变量抽样,审计程序。

【同步练习】

一、单项选择题

1. 函询法是指通过向有关单位发函来了解情况、取得审计证据的一种方法,主要用于(　　)。

A. 货币资金的审查　　B. 期间费用的审查

C. 长期资产的审查　　D. 往来款项的审查

2. 对库存现金、有价证券、贵重物品的盘存,通常采用(　　)。

A. 计划盘存　　B. 通知盘存

C. 定期盘存　　D. 突击盘存

3. 审计通知书应由(　　)下达。

A. 会计师事务所　　B. 国家审计机关

C. 内部审计机构　　D. 审计小组

4. 收集审计证据的阶段主要是(　　)。

A. 计划阶段　　B. 实施阶段
C. 终结阶段　　D. 后续审计阶段

5. 对会计凭证、会计账簿和会计报表等书面资料之间的有关数据进行相互对照检查,这种方法属于(　　)

A. 审阅法　　B. 分析法
C. 核对法　　D. 比较法

6. 在实际工作中,往往把审阅法与(　　)结合起来使用。

A. 观察法　　B. 鉴定法
C. 核对法　　D. 盘点法

7.(　　)是指在精确度界限和可靠程度一定的条件下,为了测定总体特征的发生频率而采用的方法。

A. 属性抽样　　B. 变量抽样
C. 任意抽样　　D. 判断抽样

8. 应收账款总金额为 400 万元,重要性水平为 6 万元,根据抽样结果推断的误差为 4.5 万元,而账户的实际差错额为 8 万元,这时注册会计师承担了(　　)。

A. 误拒风险　　B. 信赖不足风险
C. 误受风险　　D. 信赖过度风险

9. 注册会计师采用系统抽样法从连续编号的发票中抽取 5% 进行审查,在抽取样本时,每个样本之间的间隔为(　　)。

A.10　　B.20　　C.50　　D.100

10. 在审计实施阶段,(　　)这一审计程序或概念是必须应用的。

A. 了解内部控制　　B. 重要性水平确定
C. 实质性测试　　D. 分析性复核

二、多项选择题

1. 核对法的内容包括(　　)等。

A. 证证核对　　B. 账证核对
C. 账表核对　　D. 表表核对

2. 随机抽样的方法又可具体划分为(　　)。

A. 简单随机选样　　B. 整群随机选样
C. 等距随机选样　　D. 分层随机选样

3. 对于应收账款以下情况的账户适用于肯定式函证的有(　　)。

A. 金额较大, 拖欠时间较长　　B. 应收账款余额较小
C. 年终时大量赊销　　D. 存在贷方余额

4. 审计人员从接受审计项目开始, 到审计工作结束的全部过程可以划分为(　　)。

A. 计划阶段　　B. 外勤审计阶段

C. 实施阶段　　D. 终结阶段

5. 审阅现金日记账时应注意(　　)。

A. 是否有坐支现金的现象　　B. 是否有白条抵库的现象

C. 现金收付业务是否顺序入账　　D. 是否在规定的结算范围内使用

6. 下列属于证实客观事物的方法有(　　)。

A. 盘存法　　B. 复算法

C. 调节法　　D. 函证法

7. 下列各项中,与注册会计师设计样本时所确定的样本量存在反向变动关系的有(　　)。

A. 抽样风险　　B. 可信赖程度

C. 可容忍误差　　D. 预计总体误差

8. 在对控制测试抽样结果评价时,如果总体偏差率上限大于可容忍偏差率,注册会计师则(　　)。

A. 不能接受总体

B. 应当扩大控制测试的范围

C. 提高重大错报风险评估水平,并增加实质性程序的数量

D. 对影响重大错报风险评估水平的其他控制进行测试,以支持计划的重大错报风险评估水平

9. 变量抽样包括(　　)。

A. 平均值估计　　B. 差错发生率估计

C. 差异估计　　D. 比率估计

10. 复审的原因,可能是(　　)。

A. 被审计单位对审计结论提出异议　　B. 审计业务约定书约定

C. 法律诉讼引起　　D. 其他一些原因

三、判断题

1. 采用函证法审计时,函件既可由审计人员直接寄发和收取,也可委托被审计单位代办。(　　)

2. 不同的审计方式,所需审计证据不同,可以取证的途径不同,就要采用不同的审计方法。(　　)

3. 对被审计单位进行财务审计采用报送审计方式时,可采用观察法进行审计。(　　)

4. 在抽样审计中,可靠程度的高低与风险度大小成正比。(　　)

5. 随机数选样不适用于非统计抽样。(　　)

6. 如果注册会计师对总体中的所有项目都实施100%检查,那么审计风险就为零。(　　)

7. 审计抽样与抽查是同义语。(　　)

8. 注册会计师不论选用统计抽样还是非统计抽样，只要运用得当，都能获得充分、适当的审计证据。(　　)

9. 审计程序一般包括进驻被审计单位、实施审计和出具审计报告三个阶段。(　　)

10. 机械抽样法在抽样中的起点选取应考虑样本特征的分布情况。(　　)

四、思考题

1. 简述审计技术方法的体系。
2. 说明审计抽样法的基本思路。
3. 试述属性抽样和变量抽样的主要区别。
4. 试述属性抽样的基本步骤。
5. 说明独立审计的基本程序。

第三章　审计组织与审计人员

引言

审计职能的发挥和审计目标的实现要依靠独立的审计组织及人员。

本章主要介绍了国家审计机关及人员、国家审计机关的职责权限；内部审计机构、内部审计的特点；民间审计组织及人员、民间审计组织的业务范围、注册会计师的职业道德和法律责任。

通过本章的学习要求了解审计组织的机构设置、职权范围；理解审计人员的职业道德、法律责任；掌握审计组织的体系。

本章重点：政府审计机关及职责权限；民间审计组织、人员和业务范围；内部审计机构。

本章难点：注册会计师的职业道德和法律责任。

案例导入

安永被诉涉嫌协助雷曼误导投资者

在雷曼兄弟公司（简称“雷曼”）倒闭两年后，纽约州总检察长科莫（Andrew Cuomo）2010 年 12 月 21 日正式对该投资银行的审计师安永会计师事务所（简称“安永”）提起民事欺诈诉讼，称其涉嫌协助雷曼误导投资者。起诉书称，自 2001 年开始，雷曼一直在进行被称为回购 105（Repo 105）的交易，一般在每季度末将其持有的固定收益证券转移给欧洲银行以换取现金，通过现金来偿还债务，从而降低公司资产负债表的债务水平，几日后再以更高的价格回购上述证券。雷曼在财务报表上将此行为记为“销售”而非“贷款”，以避免向公众披露真实的债务状况。而安永作为审计师不仅同意了这种做法，还建议雷曼利用美国会计准则（FAS）140 条款处理上述交易，且其从 2001 年来一直出具无保留意见审计报告。

“在 2007 至 2008 年期间，雷曼面临的流动性问题变得更加严重，安永发现雷曼大幅增加了回购 105 交易以避免崩溃，在这个关键时刻投资者更需要了解真实信息以决定是否持有或购买雷曼的股票，但安永却帮助雷曼欺骗公众以掩饰该公司不断恶化的财务状况，特别是其债务状况。”科莫在 21 日公布的起诉书中称，“从 2007 年开始直到 2008 年 9 月倒闭，雷曼共执行了价值超过 500 亿美元的表外交易”。

起诉书中一份 2007 年的雷曼报告称，回购 105 提供了一种低成本的方式来抵消目前市场条件下债务的影响。该交易涉及的金额从 2006 年的 240 亿美元急升到 2008 年 5 月的 504 亿美元。

检察官认为雷曼的行为违反了公认会计准则（GAAP，即美国的现行会计准则）中关于财务报表“不得误导”“公允披露公司财务状况”以及“不得遗漏重大的能展示公司财务状况的必要信息”的条款，而安永非常清楚该公司这种被称为“卡片房子”的回购105交易模式的各方面情况，也知道该做法违反了会计准则。

安永否认了检察官的上述指控，称指控没有事实和法律根据，雷曼的交易符合通用会计准则。

这种回购交易本身确为公司的短期融资的合法方式，但《美国会计准则》140条款中规定，公司售出的资产应保留在公司账面上，直至公司同意按售价98%~102%的价格将其购回。若回购价格超出这一区间，则该交易可视为销售而非贷款，而雷曼则利用此漏洞同意按售价105%的价格购回所售资产，将此交易记为销售，并将资产从资产负债表上移走，但在出售资产的同时还签订了一份远期合同承诺回购，风险并未真正转移。

2009年，美国财务会计准则委员会为了堵住该规则漏洞，出台了新规则《美国会计准则》166条款取代之前按售价98%~102%的价格回购资产的规定，更关注交易是否确实存在风险与报酬转移，如果没有，则该交易视为贷款，相关资产仍记入资产负债表。起诉书显示：“作为审计师，安永从雷曼收取了1.5亿美元的审计费用，必须对这起财务造假承担自己的责任。”检察官要求安永退回这7年间收取的1.5亿美元审计费，并赔偿投资者损失。

第一节　国家审计机关

一、国家审计机关的设置

我国国家审计机关机构设置，是根据《中华人民共和国宪法》和《中华人民共和国审计法》（简称《审计法》）的规定确立的行政审计模式，体现双重领导体制。我国的国家审计机关分为最高审计机关和地方审计机关。我国的最高审计机关——审计署，在国务院的领导下，组织全国的政府审计工作，向国务院负责并报告工作；县级以上地方政府设立审计机关，负责本行政区域内的审计工作；根据审计机关的工作需要，可以在其审计管辖范围内派出审计特派员，建立特派员办事处。

二、国家审计机关的职责和权限

国家审计机关是依照宪法规定建立的，实行的是法定审计，承担着繁重的审计任务，为此，在《审计法》中，明确规定了其职责和权限。

（一）国家审计机关的职责

国家审计机关按照有关法律、法规规定的审计客体的范围，对各单位的下列事项进行审计监督。

（1）审计机关对本级各部门（含直属单位）和下级政府预算的执行情况和决算以及其他财政收支情况，进行审计监督。

（2）审计署在国务院总理领导下，对中央预算执行情况和其他财政收支情况进行审计监督，向国务院总理提交审计结果报告。

地方各级审计机关分别在省长、自治区主席、市长、州长、县长、区长和上一级审计机关的领导下，对本级预算执行情况和其他财政收支情况进行审计监督，向本级人民政府和上一级审计机关提出审计结果报告。

（3）审计署对中央银行的财务收支进行审计监督。审计机关对国有金融机构的资产、负债、损益进行审计监督。

（4）审计机关对国家的事业组织和使用财政资金的其他事业组织的财务收支进行审计监督。

（5）审计机关对国有企业的资产、负债、损益进行审计监督。

（6）对国有资本占控股地位或者主导地位的企业、金融机构的审计监督，由国务院规定。

（7）审计机关对政府投资和以政府投资为主的建设项目的预算执行情况和决算进行审计监督。

（8）审计机关对政府部门管理和其他单位受政府委托管理的社会保障基金、社会捐赠资金以及其他有关基金、资金的财务收支进行审计监督。

（9）审计机关对国际组织和外国政府援助、贷款项目的财务收支进行审计监督。

（10）审计机关按照国家有关规定，对国家机关和依法属于审计机关审计监督对象的其他单位的主要负责人，在任职期间对本地区、本部门或者本单位的财政收支、财务收支以及有关经济活动应负经济责任的履行情况，进行审计监督。

（11）除《审计法》规定的审计事项外，审计机关对其他法律、行政法规规定应当由审计机关进行审计的事项，依照《审计法》和相关法律、行政法规的规定进行审计监督。

（12）审计机关有权对与国家财政收支有关特定事项，向有关地方、部门、单位进行专项审计调查，并向本级人民政府和上一级审计机关报告审计调查结果。

（13）依法属于审计机关审计监督对象的单位，应当按照国家相关规定建立健全内部审计制度，其内部审计工作应当接受审计机关业务指导和监督。

（14）社会审计机关审计的单位依法属于审计机关审计监督对象的，审计机关按照国务院的规定，有权对该社会审计机构出具的相关审计报告进行核查。

（二）国家审计机关的权限

国家审计机关在审计过程中，行使下列权限。

（1）审计机关有权要求被审计单位按照审计机关的规定提供预算或者财务收支计划、预算执行情况、决算、财务会计报告，运用电子计算机储存、处理的财政收支、财务收支电子数据和必要的电子计算机技术文档，在金融机构开立账户的情况，社会审计机构出具的审计报告，以及其他与财政收支或者财务收支有关的资料，被审计单位不得拒绝、拖延、谎报。

（2）审计机关进行审计时，有权检查被审计单位的会计凭证、会计账簿、财务会计报告和运用电子计算机管理财政收支、财务收支电子数据的系统，以及其他与财政收支、财务收支有关的资料和资产，被审计单位不得拒绝。

（3）审计机关进行审计时，有权就审计事项的有关问题向有关单位和个人进行调查，并取得有关证明材料。有关单位和个人应当支持、协助审计机关工作，如实向审计机关反映情况，提供有关证明材料。

(4)审计机关进行审计时，被审计单位不得转移、隐匿、篡改、毁弃会计凭证、会计账簿、财务会计报告以及其他与财政收支或者财务收支有关的资料，不得转移、隐匿所持有的违反国家有关规定取得的资产。

(5)审计机关认为被审计单位所执行的上级主管部门有关财政收支、财务收支的规定与法律、行政法规相抵触的，应当建议有关主管部门纠正；有关部门不予纠正的，审计机关应当请有权处理的机关依法处理。

(6)审计机关可以向政府有关部门通报或者向社会公布审计结果。

(7)审计机关履行审计监督职责，可以提请公安、监察、财政、税务、海关、价格、工商行政管理等机关予以协助。

三、西方国家审计机关

西方大多数国家和地区先后建立了适应本国特点的审计组织体系，完善的审计组织体系是由国家审计机关、内部审计机构和注册会计师审计机构所构成的。

根据审计机关的隶属关系，世界各国的国家审计一般分为立法模式、行政模式、司法模式、财政模式和独立模式五种。

(一)立法模式

审计机关隶属于立法机构的，即为立法模式。例如，美国审计总署、英国国家审计署、加拿大审计长公署等，它们独立行使审计监督职权，对国会或议会负责，不受行政当局的控制和干涉，其地位较高、独立性较强。

(二)行政模式

审计机关隶属于行政机构的，即为行政模式。例如，我国审计署就是在国务院总理领导下工作的，对国务院负责并报告工作。

(三)司法模式

审计机关隶属于司法体系，拥有司法权的，即为司法模式。例如，法国、意大利、西班牙的审计法院等就属于司法模式的国家审计机关。

(四)财政模式

在财政体制下，国家审计机关一般隶属于政府财政部门的，即为财政模式。例如，瑞士国家审计机关就是财政部的特别机构。

(五)独立模式

独立模式是指国家审计机关独立于国家立法部门、司法部门和行政部门。例如，日本会计检察院，既不隶属于国会和内阁，也不隶属于法院，它是独立于内阁且与内阁相平行的机构，其使命是检查监督国家财政的执行情况，并定期向国会报告工作，具有较高的独立性。

根据最高审计机关对地方审计机关领导关系的不同，审计机关可分为三种领导体制：一是垂直领导体制，即全国审计机关统一由最高审计机关领导；二是非垂直领导体制，即各级审计机关只负责本级的审计工作，上下级审计机关不存在领导与被领导的关系；三是双重领导体制，即上级审计机关领导下级审计机关的审计业务，下级审计机关向本级政府和上级审计机关负责。

我国国家审计机关实行双重领导体制，既隶属于上级审计机关，又隶属于同级人民政府。但审计业务以上一级审计机关领导为主。

第二节　民间审计组织

一、民间审计组织的权限和业务范围

民间审计组织，也称“社会审计组织”，是依法独立从事委托审计业务和咨询服务的组织。根据国家相关法律和条例的规定，民间审计组织是经中国注册会计师协会审核批准并办理注册登记的、从事审计业务的法人组织，其主要形式是会计师事务所。

会计师事务所是经国家批准设立的，依法独立承办审计业务、会计咨询、会计服务业务的社会中介组织。会计师事务所是注册会计师的工作机构，注册会计师只有加入会计师事务所才能执业，会计师事务所经济上不依赖于国家和其他行政单位，实行有偿服务，自收自支，独立核算，依法纳税，具有法人资格。

目前，我国会计师事务所的组织形式主要有有限责任会计师事务所、合伙会计师事务所和特殊普通合伙会计师事务所。

（一）民间审计组织的权限

会计师事务所受理业务不受行政区域、行业的限制。在执行业务时，任何单位和个人都不得干预。会计师事务所依法独立、公正执行审计业务，受法律保护。对国家机关委托办理的审计、查证、鉴定、验资等事项，根据业务需要，会计师事务所有权查阅有关会计资料和文件，查看业务现场和设施，向与委托事项有关的单位和个人进行调查并索取证明材料。对其他人委托办理的业务，由委托人和事务所在委托书或书面协议中约定有关查阅账目、文件、资料和核查资产的权限。

民间审计组织向委托人提交审计、查证、鉴定、验资报告，并对报告内容的真实性和合法性负责。民间审计人员在执行业务过程中，如发现委托方提供虚假资料或者有违纪行为，应当在出具的报告中提出。对委托人示意做不实或者不当证明的，有权拒绝出具有关报告。民间审计人员对执行中知悉的商业秘密，负有保密义务。

（二）民间审计组织的业务范围

目前，我国民间审计组织的业务范围主要有审计业务、会计咨询和会计服务业务。审计业务属于法定业务，非注册会计师不得承办。

1. 审计业务

审计业务是指社会审计人员接受委托，依据《中国注册会计师审计准则》的要求，按照

一定的工作规则，履行必要的审计程序，使用正确的审计方法，对企事业及其他经济组织和个人的财务报表或者其他事项进行审计，并以出具审计报告为目的。具体业务如下。

（1）审查企业财务报表，出具审计报告。

（2）验证企业资本，出具验资报告。

（3）办理企业合并、分立、清算及其他事项中的审计业务，出具有关报告。

（4）办理法律、行政法规规定的其他审计业务，并出具相应的审计报告。

2. 会计咨询和会计服务业务

会计咨询和会计服务业务主要包括以下几个方面。

（1）设计财务会计制度，培训会计人员。

（2）担任会计顾问，提供会计、财务、税务和其他经济管理咨询。

（3）代理记账。

（4）代理纳税申报。

（5）代办申请注册登记，协助拟定合同、协议、章程及其他经济文件。

（6）资产评估。

（7）参与进行可行性研究。

二、中国注册会计师协会

中国注册会计师协会是在财政部领导下，经政府批准成立的注册会计师的职业组织，成立于 1988 年。一方面，它对会计师事务所和注册会计师进行自我教育和自我管理；另一方面，它又是联系政府机关和注册会计师的桥梁和纽带。中国注册会计师协会作为一个独立的社会团体，对外与外国和国际会计职业组织进行交往，为我国注册会计师步入国际舞台发挥作用；对内拟定会计师事务所管理制度和注册会计师专业标准、组织注册会计师业务培训和考试等。

中国注册会计师协会的宗旨是：服务、监督、管理、协调，即以诚信建设为主线，服务本会会员，监督会员执业质量、职业道德，依法实施注册会计师行业管理，协调行业内外部关系，维护社会公众利益和会员合法权益，促进行业健康发展。

中国注册会计师协会的最高权力机构是全国会员代表大会，凡重大事项，必须经会员代表大会讨论决定。协会执行机构为理事会，理事会由全国会员代表大会选举理事若干组成。协会的常设办事机构由秘书长、副秘书长若干人并配备必要数量的专职人员组成。

三、注册会计师考试与注册登记制度

注册会计师考试与注册登记制度是注册会计师管理制度的重要内容之一。为了选拔优秀人才加入注册会计师队伍，我国于 1991 年起施行了注册会计师全国统一考试制度。从 1994 年起，通过注册会计师全国统一考试已成为取得注册会计师资格的前提。通过注册会计师考试，一大批优秀人才加入了注册会计师队伍。建立我国注册会计师考试与注册登记制度有利于提高注册会计师的业务素质和执业水平，有利于规范注册会计师队伍，有利于吸收更多的中青年人才从事注册会计师业务，提高独立审计的质量。

（一）报考条件

根据《中华人民共和国注册会计师法》及《注册会计师全国统一考试办法》的规定，具有下列条件之一的中国公民，可报名参加考试：

（1）高等专科以上学历；

（2）会计或者相关专业（指审计、统计和经济）中级以上专业技术职称。

根据《港澳台地区居民及外国籍公民参加中华人民共和国注册会计师统一考试办法》的规定，中国香港、澳门、台湾地区居民及按对等原则确认的外国籍公民具有下列条件之一者，可申请参加考试：

（1）具有财政部会计师考试委员会（简称"全国考试委员会"）认可的境内外高等专科以上学校毕业的学历；

（2）已取得境外法律认可的注册会计师资格（或其他相应资格）；

（3）已取得中国注册会计师统一考试的单科成绩合格凭证。

这里所指的对等原则，是指外国籍公民所在国允许中国公民参加该国注册会计师（或其他相应资格）考试，中国政府亦允许该国公民参加中国注册会计师统一考试。

中国公民报名时需提供学历证书或专业技术职称证书，经报名点工作人员审核无误后，交近期免冠照片若干张，并填报相关报名信息。港澳台地区居民及外国籍公民报考者应提供如下有效证明：

（1）报名人员合法身份的有效证件（护照、身份证）；

（2）全国考试委员会认可的报名人员境内外高等专科或以上学校的有效学历证书，或境外法律认可的注册会计师资格（或其他相应资格）证书，或有效的中国注册会计师统一考试单科成绩合格凭证。

报名人员经全国考试委员会办公室对其报名资格审查合格后，填涂《注册会计师全国统一考试报名信息卡》，由全国考试委员会办公室于考前发给准考证。

（二）考试组织

全国考试委员会负责制定与考试有关的方针和政策，全面领导和组织考试工作。全国考试委员会办公室在全国考试委员会领导下，负责考试的具体组织和实施，并指导各地方考试委员会办公室的工作。全国考试委员会办公室设在中国注册会计师协会。

各省、自治区、直辖市财政厅（局）根据《中华人民共和国注册会计师法》等制度，成立本地区考试委员会及其办公室，负责领导并组织本地区的注册会计师考试工作。

（三）考试科目成绩认定

目前，注册会计师考试分为两个阶段：第一阶段为专业考试，考试科目为会计、审计、财务成本管理、经济法、税法、公司战略与风险管理；第二阶段为综合考试。

专业考试和综合考试每年进行一次。专业考试部分科目合格者，取得由全国注册会计师考试委员会颁发的单科合格证书，其合格成绩在取得单科成绩合格证后的连续四次考试中有效。专业考试全科合格者，可以参加综合考试。综合考试合格者，取得由全国注册会计师考试委员会统一印制的全科合格证书。取得全科合格证书者,可申请成为中国注册会计师协会非执业会员。具有实际工作经验,可申请注册成为执业注册会计师。

(四)注册登记

根据《中华人民共和国注册会计师法》的规定,参加注册会计师全国统一考试成绩合格,并从事审计业务工作两年以上的,可以向省、自治区和直辖市注册会计师协会申请注册。省级注册会计师协会负责注册会计师的审批,受理的注册会计师协会应当批准符合法律规定条件的申请人的注册,并报财政部备案。

四、西方民间审计组织

会计师事务所是注册会计师依法承办业务的机构。纵观注册会计师行业在各国的发展,会计师事务所主要有独资、普通合伙制、股份有限责任公司制等形式。

(一)独资会计师事务所

独资会计师事务所由具有注册会计师执业资格的个人独立开业,承担无限责任。它的优点是,对执业人员的需求不多,容易设立,执业灵活,能够在代理记账、代理纳税等方面很好地满足小型企业对注册会计师服务的需求,虽承担无限制责任,但实际发生风险的程度较低。其缺点是,无力承担大中型企业的业务,缺乏发展后劲。

(二)普通合伙制会计师事务所

普通合伙制会计师事务所,是由两位或两位以上注册会计师组成的合伙组织。合伙人以各自的财产对会计师事务所的债务承担无限连带责任。它的优点是,在风险的牵制和共同利益的驱动下,促使会计师事务所强化专业发展,扩大规模,提高规避风险的能力。其缺点是,建立一个跨地区、跨国界的大型会计师事务所要经历一个漫长的过程。同时,任何一个合伙人执业中的错误与舞弊行为,都可能给整个会计师事务所带来灭顶之灾,使之一日之间土崩瓦解。

(三)股份有限责任公司制会计师事务所

股份有限责任公司制会计师事务所,是由注册会计师认购会计师事务所股份,并以其所认购股份对会计师事务所承担有限责任。会计师事务所以其全部资产对其债务承担有限责任。它的优点是:可以通过公司制形式迅速聚集一批注册会计师,建立规模型大所,承办大型业务。其缺点是,降低了风险责任对执业行为的高度制约,弱化了注册会计师的个人责任。

(四)有限责任合伙制会计师事务所

有限责任合伙制会计师事务所,是事务所以全部资产对其债务承担有限责任,各合伙人对个人执业行为承担无限责任。它的最大特点在于,既融入了合伙制和股份有限责任公司制会计师事务所的优点,又摒弃了它们的不足。

(五)特殊普通合伙会计师事务所

我国现行的特殊普通合伙会计师事务所,在性质上相当于西方国家的有限责任合伙制会计师事务所。2010 年 7 月发布的《关于推动大中型会计师事务所采用特殊普通合伙组织形式的暂行规定》规定，采用特殊普通合伙组织形式的会计师事务所，一个合伙人或者数个合伙人在执业活动中因故意或者重大过失造成合伙企业债务的，应当承担无限责任或者无限连带责任，其他合伙人以其在合伙企业中的财产份额为限承担责任。合伙人在执业活动中因非故意或者非重大过失造成的合伙企业债务以及合伙企业的其他债务，由全体合伙人承担无限连带责任。

会计师事务所转制为特殊普通合伙组织形式，应当有 25 名以上符合规定的合伙人、50 名以上的注册会计师，以及人民币 1 000 万元以上的注册资本。

（六）国际“四大”会计师事务所

在会计师事务所前冠以“国际”两字，主要原因如下。

（1）这些会计师事务所为世界上大部分大型跨国公司提供以审计业务为主的专业服务。

（2）这些会计师事务所雇佣的注册会计师来自世界各个国家。

（3）这些会计师事务所被认为是除美国财团以外的另一重要经济力量。

国际会计师事务所是世界先进民间审计组织的典型代表。这些国际会计师事务所是由若干中小型会计师事务所逐步扩充发展而成的。20 世纪 40 年代后，作为这些国际会计师事务所前身的几个中小事务所以办理企业的破产、合并业务和担任跨国公司审计为契机，扩大了在世界上的影响力，由于业务增多，它们一方面在世界各地设立分支机构，一方面兼并其他会计公司，走上了扩充之路。当今活跃在国际民间舞台上的国际“四大”会计师事务所，几乎垄断了世界上所有大型企业的审计业务，该“四大”事务所分别是普华永道、安永、毕马威、德勤。

（七）我国“八大”会计师事务所

我国“八大”会计师事务所包括瑞华会计师事务所、立信会计师事务所、天健会计师事务所、信永中和会计师事务所、大华会计师事务所、大信会计师事务所、致同会计师事务所、天职国际会计师事务所。

第三节　内部审计机构

一、内部审计机构设置

根据《审计署关于内部审计工作的规定》（审计署令 2003 年第 4 号），内部审计是独立监督和评价本单位及所属单位财政收支、财务收支、经济活动的真实、合法和效益的行为，其目的是促进加强经济管理和实现经济目标。

我国的内部审计机构是根据审计法规和其他财经法规的规定设置的，主要包括部门内部审计机构和单位内部审计机构。

（一）部门内部审计机构

国务院和县级以上各级人民政府各部门，应当建立内部审计监督制度，根据审计业务需要，分别设立审计机构并配备审计人员，在本部门主要负责人领导下，负责所属单位和本行业的财务收支及其经济效益审计。

（二）单位内部审计机构

大中型企事业单位应当建立内部审计监督制度，设立审计机构，在本单位董事会下设的审计委员会或主要负责人的领导下，负责本单位的财务收支及经济效益审计。审计业务少的单位和小型企事业单位，可设置专职的内部审计人员，而不设独立的审计机构。

单位内部审计机构在本单位主要负责人或者权力机构的领导下开展工作。单位内部审计人员实行岗位资格和后续教育制度，本单位应当予以支持和保障。

二、内部审计机构的职责和权限

我国的部门和单位内部审计机构是依据审计法规和其他财经法规而建立的，为了便于其行使审计监督权，在法规中对其职责权限也作了明确规定。

（一）内部审计机构的职责

内部审计机构按照本单位主要负责人或者权力机构的要求，履行下列职责。

（1）对本单位及所属单位（含占控股地位或者主导地位的单位，下同）的财政收支、财务收支及其有关的经济活动进行审计。

（2）对本单位及所属单位预算内、预算外资金的管理和使用情况进行审计。

（3）对本单位内设机构及所属单位领导人员的任期经济责任进行审计。

（4）对本单位及所属单位固定资产项目进行审计。

（5）对本单位及所属单位内部控制制度的健全性和有效性以及风险管理进行评审。

（6）对本单位及所属单位经济管理和效益情况进行审计。

（7）法律、法规规定和本单位主要负责人或者权力机构要求办理的其他审计事项。

（二）内部审计机构的权限

单位主要负责人或者权力机构应当制定相应规定，确保内部审计机构具有履行职责所需的权限，主要包括以下几个方面。

（1）要求被审计单位按时报送生产、经营、财务收支计划、预算执行情况、决算、财务报表和其他有关文件、资料。

（2）参加本单位有关会议、召开与审计事项有关的会议。

（3）参与研究制定有关的规章制度，提出内部审计规章制度，由本单位审定公布后实行。

（4）检查有关生产、经营和财务活动的资料、文件并现场勘察实物。

（5）检查有关的计算机系统及其电子数据和资料。

（6）就与审计事项有关的问题对有关单位和个人进行调查，并取得证明材料。

（7）对正在进行的严重违法违规、严重损失浪费行为，做出临时终止决定。

（8）对可能转移、隐匿、篡改、毁弃会计凭证、会计账簿、财务报表以及与经济活动有关的资料，经本单位主要负责人或者权力机构批准，有权予以暂时封存。

（9）提出纠正、处理违法违规行为的意见以及改进经济管理、提高经济效益的建议。

（10）对违法违规和造成损失浪费的单位和人员，给予通报批评或者提出追究责任的建议。

三、国外内部审计机构概况

西方国家很多部门和企业都设有内部审计机构。如美国各部以及很多大中型企业设有内部审计机构；英国、日本、加拿大等国也很重视内部审计，这些机构除进行财务审计外，还进行经济、效率和效果审计。西方国家内部审计机构隶属关系一般有以下几种类型。

（1）受本单位主计长（相当于我国企业总会计师）领导。

（2）受本单位总裁或总经理领导。

（3）受本单位董事会下属的审计委员会领导。

（4）受本单位董事会下设的审计委员会和主计长双重领导。

1941年，美国内部审计师协会在纽约正式成立，这一年被称为“内部审计的奠基年”。内部审计协会自成立以来，发展相当迅速。1944年美国内部审计师协会在加拿大多伦多设立分会，开始跨越国境开展活动。到20世纪50年代逐步发展成为国际性组织。

1947年该协会制定了《内部审计师职责条例》，规定了内部审计人员的职责和工作范围。该条例于1981年进行第四次修订。

1972年美国开始实行注册内部审计师制度，取得注册内部审计师资格需经过考试。考试科目有：内部审计理论、内部审计手续和技术、经营管理理论和内部审计规章制度等。考试合格者可以取得注册内部审计师的资格。内部审计师协会主管注册内部审计师的考试、建立职业道德规范和制定内部审计的实务标准。

1978年6月，内部审计师协会又拟定了《内部审计专业实务准则》，对内部审计含义、职责、独立性、机构和人员，以及工作范围和工作程序等都做了原则性的规定。

到2007年年底，内部审计师协会已发展为拥有200多个分会和7万多名会员的国际性学术团体；1987年，内部审计师协会在美国纽约举行了理事会，经过讨论通过，批准中国内部审计协会以国家分会形式加入该组织。从此，中国内部审计协会成为国际内部审计师协会的成员国，标志着中国内部审计步入了国际化轨道。

国际内部审计师协会（Institute of Internal Auditor，IIA）自1974年起在全球指定地点举行注册内部审计师资格考试，考试合格者颁发注册内部审计师证书，授予“注册内部审计师”称号。CIA（Certified Internal Auditor）是国际注册内部审计师的英文简称，它不仅是国际内部审计领域专家的标志，也是目前国际审计界唯一公认的职业资格。1998年中国内部审计协会与IIA签订协议，将IIA在国际上举办的注册内部审计师考试引入中国，并取得巨大成功。

第四节 审计人员的职业道德与法律责任

一、审计人员的职业道德

(一)政府审计人员的职业道德

1. 审计人员的执业胜任能力

审计人员通过任职考试,具备相关专业知识、职业技能和工作经验;遵守继续教育和培训制度,参加教育和培训活动,并学习相关新知识。

2. 职业品德

审计人员执业时,应做到独立、客观、公正,实事求是、廉洁奉公、恪尽职守。与被审计单位或审计事项有直接利害关系的,应按规定回避;审计人员应合理运用自身知识、技能和经验,保持职业谨慎,不得对未经核清事实的、法律依据不当的事项发表审计意见;审计人员对所审资料和相关工作记录有保密责任。

3. 职业纪律

审计人员依法进行审计工作,遵守审计准则,遵守国家法律、法规以及审计工作纪律。

4. 职业责任

审计人员应维护国家利益和被审计单位的合法权益,不得有损害政府审计机关形象的行为;审计人员如违反职业道德,应由所在审计机关根据有关规定给予相应处分。

(二)民间审计人员的职业道德

为了规范注册会计师职业道德行为,提高注册会计师职业道德水准,维护注册会计师职业形象,根据《中华人民共和国注册会计师法》,中国注册会计师协会于 1996 年经财经政部批准,颁布了《中国注册会计师职业道德基本准则》,并于 1997 年起施行。

1. 一般原则

注册会计师应当恪守独立、客观、公正的原则。独立、客观、公正是注册会计师职业道德的三个最重要的原则,是注册会计师职业道德的核心。具体包括:注册会计师执行审计或其他鉴证业务,应当保持形式上和实质上的独立;会计师事务所如与客户存在可能损害独立性的利害关系,不得承接其委托的审计或其他鉴证业务;执行审计或其他鉴证业务的注册会计师如与客户存在可能损害独立性的利害关系,应当向所在会计师事务所声明,并实行回避;注册会计师不得兼营或兼任与其执行的审计或其他鉴证业务不相容的其他业务或职务;注册会计师执行业务时,应当实事求是,不为他人所左右,也不得因个人好恶影响分析、判断的客观性;注册会计师执行业务时,应当正直、诚实,不偏不倚地对待有关利益各方。

2. 专业胜任能力与技术规范

注册会计师必须具有较强的业务能力,包括专门的知识、丰富的职业经验、专业分析判断与表达能力。具体包括:注册会计师应当保持和提高专业胜任能力,遵守独立审计准则等职业规范，合理运用会计准则及国家其他相关技术规范；会计师事务所和注册会计师不得承办不能胜任的业务；注册会计师执行业务时，应当保持应有的职业谨慎；注册会计师执行业务时，应当妥善规划，并对业务助理人员的工作进行指导、监督和检查；注册会计师对有关业务形成结论或提出建议时，应当以充分、适当的证据为依据，不得以其职业身份对未审计或其他未鉴证事项发表意见；注册会计师不得对未来事项的可实现程度做出保证；注册会计师对审计过程中发现的违反会计准则及国家其他相关技术规范的事项，应当按照独立审计准则的要求进行适当处理。

3. 对客户的责任

《中国注册会计师职业道德基本准则》在强调注册会计师对社会公众负责的同时，也规定了注册会计师对客户所负的特殊责任。具体包括：注册会计师应当在维护社会公众利益的前提下，竭诚为客户服务；注册会计师应当按照业务约定履行对客户的责任；注册会计师应当对执行业务过程中知悉的商业秘密保密，并不得利用其为自己或他人谋取利益；除有关法规允许的情形外，会计师事务所不得以或有收费形式为客户提供鉴证服务。

4. 对同行的责任

对同行的责任是指会计师事务所、注册会计师在处理与其他会计师事务所、注册会计师相互关系中所应遵循的道德标准。具体包括：注册会计师应当与同行保持良好的工作关系，配合同行工作；注册会计师不得诋毁同行，不得损害同行的利益；会计师事务所不得雇用正在其他会计师事务所执业的注册会计师；注册会计师不得以个人名义同时在两家或两家以上会计师事务所执业；会计师事务所不得以不正当手段与同行争揽业务。

5. 其他责任

注册会计师应当维护职业形象，不得有可能损害职业形象的行为；注册会计师及其所在会计师事务所不得采用强迫、欺诈、利诱等方式招揽业务；注册会计师及其所在会计师事务所不得对其能力进行广告宣传以招揽业务；注册会计师及其所在会计师事务所不得以向他人支付佣金等不正当方式招揽业务，也不得向客户或通过客户获取服务费之外的任何利益；会计师事务所、注册会计师不得允许他人以本所或本人的名义承办业务。

（三）内部审计人员的职业道德

《内部审计人员职业道德规范》是对内部审计人员的品质、行为和能力的要求。具体包括：内部审计人员应当具备必要的专业知识，依法审计，忠于职守；坚持原则、客观公正、廉洁奉公、保守秘密；不得滥用职权、徇私舞弊、泄露秘密。对违反规定的单位和个人，由其所在单位酌情处理。

二、审计人员的法律责任

《中华人民共和国审计法》对政府审计人员的法律责任做出了相关规定；《中华人民共和国注册会计师法》《中华人民共和国公司法》《中华人民共和国证券法》及《中华人民共和国刑法》等法律中都有专门规定会计师事务所及注册会计师法律责任的条款；《审计署关于

内部审计工作的规定》对内部审计人员的法律责任也做出了相关规定。

（一）相关法律责任的成因

审计法律责任产生的原因有违约、过失和欺诈。

1. 违约

违约是指合同一方或几方未能达到合同条款的要求。当违约给他人造成损失时，审计人员应负违约责任。

2. 过失

过失是指在一定条件下，审计人员缺少应具有的合理的谨慎。评价审计人员的过失，是以其他合格审计人员在相同条件下可做到的谨慎为标准的。当过失给他人造成损害时，审计人员应负过失责任。通常将过失按其程度不同分为普通过失和重大过失。

1）普通过失

普通过失通常是指没有保持职业上应有的合理谨慎。对注册会计师而言，普通过失指没有完全遵循专业准则的要求。比如，未按特定审计项目取得必要和充分的审计证据的情况可视为普通过失。

2）重大过失

重大过失是指连起码的职业谨慎都不保持，对业务或事务不加考虑、满不在乎。对于注册会计师而言，重大过失是指根本（完全）没有遵循专业准则或没有按专业准则的主要要求执行审计。比如，审计不以《一般公认审计准则》为依据，可视为重大过失。

3. 欺诈

欺诈，又称"审计人员舞弊"，是指以欺骗或坑害他人为目的的一种故意的错误行为。作案具有不良动机是欺诈的重要特征，也是欺诈与普通过失、重大过失的主要区别之一。对于注册会计师而言，欺诈就是为了达到欺骗他人的目的，明知委托单位的会计报表有重大错报，却加以虚伪的陈述，出具无保留意见的审计报告。

（二）注册会计师的法律责任

1.《中华人民共和国注册会计师法》的相关规定

（1）《中华人民共和国注册会计师法》第三十九条规定：

"会计师事务所违反本法第二十条、第二十一条规定的，由省级以上人民政府财政部门给予警告，没收违法所得，可以并处违法所得一倍以上五倍以下的罚款；情节严重的，可以由省级以上人民政府财政部门暂停其分管业务或者吊销注册会计师证书。"

"会计师事务所、注册会计师违反本法第二十条、第二十一条的规定，故意出具虚假的审计报告、验资报告，构成犯罪的，依法追究刑事责任。"

2）《中华人民共和国注册会计师法》第四十二条规定：

"会计师事务所违反本法规定，给委托人、其他利害关系人造成损失的，应当依法承担赔偿责任。"

2.《中华人民共和国公司法》的相关规定

《中华人民共和国公司法》第二百零七条规定：

“承担资产评估、验资或者验证的机构提供虚假材料的，由公司登记机关没收违法所得，处以违法所得一倍以上五倍以下的罚款，并可以由有关主管部门依法责令该机构停业、吊销直接责任人员的资格证书，吊销营业执照。”

“承担资产评估、验资或者验证的机构因过失提供有重大遗漏的报告的，由公司登记机关责令改正，情节较重的，处以所得收入一倍以上五倍以下的罚款，并可以由有关主管部门依法责令该机构停业、吊销直接责任人员的资格证书、吊销营业执照。”

3.《中华人民共和国证券法》的相关规定

《中华人民共和国证券法》第四十二条规定：

“为证券发行出具审计报告或者法律意见书等文件的证券服务机构和人员，在该证券承销期内和期满后六个月内，不得买卖该证券。

除前款规定外，为发行人及其控股股东、实际控制人，或者收购人、重大资产交易方出具审计报告或者法律意见书等文件的证券服务机构和人员，自接受委托之日起至上述文件公开后五日内，不得买卖该证券。实际开展上述有关工作之日早于接受委托之日的，自实际开展上述有关工作之日起至上述文件公开后五日内，不得买卖该证券。”

《中华人民共和国证券法》第一百六十三条规定：

“证券服务机构为证券的发行、上市、交易等证券业务活动制作、出具审计报告及其他鉴证报告、资产评估报告、财务顾问报告、资信评级报告或者法律意见书等文件，应当勤勉尽责，对所依据的文件资料内容的真实性、准确性、完整性进行核查和验证。其制作、出具的文件有虚假记载、误导性陈述或者重大遗漏，给他人造成损失的，应当与委托人承担连带赔偿责任，但是能够证明自己没有过错的除外。”

4.《中华人民共和国刑法》的相关规定

《中华人民共和国刑法》第二百二十九条规定：

“承担资产评估、验资、验证、会计、审计、法律服务、保荐、安全评价、环境影响评价、环境监测等职责的中介组织的人员故意提供虚假证明文件，情况严重的，处五年以下有期徒刑或者拘役，并处罚金。”

5. 最高人民法院的相关规定

在证券市场上，证券信息披露义务人（包括中介服务机构）违反我国《证券法》规定的信息披露义务，在提交或公布的信息文件中做出违背事实的陈述或记载，侵犯了投资者的合法权益，应承担民事赔偿责任。

（三）注册会计师避免法律诉讼的措施

与注册会计师法律责任相适应，注册会计师必须在执业中遵循专业标准和有关要求，尽量减轻自己的责任，尽力避免或减少法律诉讼，具体措施如下。

1. 严格遵循职业道德和专业标准的要求

不能苛求注册会计师对于会计报表中的所有错报事项都要承担法律责任,注册会计师是否承担法律责任,关键在于注册会计师是否有过失或欺诈行为。而判别注册会计师是否具有过失的关键在于注册会计师是否遵照专业标准的要求执行。

2. 建立、健全会计师事务所质量控制制度

会计师事务所不同于一般公司、企业,质量管理是会计师事务所各项管理工作的核心和关键。如果一个会计师事务所质量管理不严,很有可能因某一个人或一个部门的原因导致整个会计师事务所遭受灭顶之灾。

3. 与委托人签订业务约定书

《中华人民共和国注册会计师法》第十六条规定:注册会计师承办业务,由其所在的会计师事务所统一受理并与委托人签订委托合同。委托合同即业务约定书,它具有法律效力,是确定注册会计师和委托人的责任的一个重要文件。会计师事务所不论承办何种业务,都要按照业务约定书准则的要求与委托人签订合同,这样才能在发生法律诉讼时将一切口舌争辩减少到最低限度。

4. 审慎选择被审计单位的业务

中外注册会计师法律案例告诉我们,注册会计师如果要避免法律诉讼,必须慎重选择被审计单位。一是要选择正直的被审计单位。如果被审计单位对其顾客、职工、政府部门或在其他方面没有正直的品格,也必然会蒙骗注册会计师,使注册会计师落入其设定的圈套。二是对陷入财务和法律困境的被审计单位要尤为注意。中外历史上绝大部分涉及注册会计师的诉讼案,都集中在宣告破产的被审计单位。周转不灵或面临破产的公司,其股东或债权人总想为他们的损失寻找替罪羊,因此对那些已经陷入财务困境的被审计单位要特别注意。

5. 深入了解被审计单位的业务

在很多案件中,注册会计师之所以未能发现错误,一个重要的原因就是他们不了解被审计单位所在行业的情况及被审计单位的业务。会计是经济活动的综合反映,不熟悉被审计单位的经济业务和生产经营实务,仅局限于有关的会计资料,很可能发现不了某些错误。

6. 提取风险基金或购买责任保险

在西方国家,投保充分的责任保险是会计师事务所一项极为重要的保护措施,尽管保险不能免除可能受到的法律诉讼,但能防止或减少在诉讼失败时会计师事务所发生的财物损失。《中华人民共和国注册会计师法》也规定了会计师事务所应当按照规定建立职业风险基金,办理执业保险。

7. 聘请熟悉注册会计师法律责任的律师

会计师事务所有条件的话,应尽可能聘请熟悉相关法律法规及注册会计师法律责任的律师。在执业过程中如遇重大法律问题,注册会计师应同本所的律师或外聘律师详细讨论所有潜在的危险情况,并仔细考虑律师的建议。一旦发生法律诉讼,也应请有经验的律师参与诉讼。

【本章小结】

我国审计组织体系由国家审计、民间审计和内部审计组成。这三种审计组织无论在机构设置、职权范围、人员安排还是相关职责方面都有较大不同。

国家审计机关是代表国家依法行使审计监督权的行政机关,具有国家法律赋予的独立性和权威性。

民间审计机构目前在我国是指会计师事务所。会计师事务所是依法设立并承办注册会计师业务的专业服务机构,接受委托依法对被审计单位的会计报表及相关资料进行独立审查,并发表意见。

内部审计机构是指由组织内部独立的审计机构对本单位及其所属单位的经营活动的真实性、合法性和效益性及内部控制的健全性、有效性进行审计评价的一种监督活动。

审计人员与其他专业人员一样,如果在履行审计职责期间未尽其专业责任,也要受到法律的、职业组织的或其他方面的制裁。所不同的是,多数其他专业人员仅对直接关系人负责,而审计人员不仅要对这些直接关系人负责,还需要对依靠不准确的被审计信息而蒙受巨大损失的其他非直接关系人承担责任。所以,审计人员要明确理解审计人员的职业道德以及审计人员的法律规范。

【关键术语】

国家审计机构,内部审计机构,民间审计机构,西方国家审计机构,国家审计人员职业道德,内部审计人员职业道德,民间审计人员职业道德,审计人员法律规范,过失,违约,欺诈。

【同步练习】

一、单项选择题

1. 下列国家审计机关中按照立法体制设置的是(　　)。

A. 瑞士国家审计机关　　B. 日本会计检察院

C. 美国审计总署　　D. 西班牙的审计法院

2. 我国审计署对其负责,并向其报告工作的是(　　)。

A. 全国人民代表大会　　B. 国务院

C. 财政部　　D. 全国人民代表大会常委会

3. 最高人民法院《关于审理证券市场因虚假陈述引发的民事赔偿案件的若干规定》内容涉及了审理证券虚假陈述案件的诸多方面,第二十四条指出:“专业中介服务机构及其直接责任人违反证券法第一百六十一条和第二百零二条的规定虚假陈述,给投资人造成损失的,就其负有责任的部分承担赔偿责任。但有证据证明无过错的,(　　)。”

A. 应予免责　　B. 承担连带赔偿责任

C. 承担双倍赔偿责任　　D. 取决于投资人决断

4. 社会审计组织接收委托执行审计业务中，对委托人示意做不实或者不当证明的(　　)。

A. 必须接受其他要求出具报告　　B. 有权拒绝出具有关报告

C. 应立即向有关执法部门举报　　D. 应立即向中国注册会计师协会举报

5. 社会审计人员未按协议书规定的时间提交审计报告，审计人员应负的责任是(　　)。

A. 过失　　B. 欺诈

C. 违约　　D. 误导

6. 国家审计人员的法律责任主要体现在(　　)中。

A.《中华人民共和国注册会计师法》　　B.《中华人民共和国审计法》

C.《中华人民共和国民法通则》　　D.《中华人民共和国刑法》

7. 审计人员在财务报表审计中所负的审计责任是(　　)。

A. 建立健全被审计内部控制　　B. 编制财务报表

C. 对财务报表的公允性发表审计意见　　D. 查处所有差错、舞弊和违法行为

8. 我国现行的国家审计机关，按隶属关系属于(　　)。

A. 立法模式　　B. 行政模式

C. 独立模式　　D. 司法模式

9. 我国的最高审计机关为(　　)，组织领导全国的政府审计工作。

A. 审计署　　B. 财政部审计局

C. 国家审计局　　D. 国家审计监督局

10. 我国国家审计机关实行(　　)。

A. 垂直领导体系　　B. 各级政府领导体制

C. 地方人大领导体制　　D. 双重领导体制

二、多项选择题

1. 根据《中华人民共和国审计法》规定，以下各项中各级审计机关有权依法进行审计监督的有(　　)。

A. 国务院各部门和地方各级人民政府及其各部门的财政收支

B. 国有金融机构和企事业组织的财务收支

C. 国际组织和外国政府援助、贷款项目的财务收支

D. 民营企业的财务收支

2. 审计机关的权限包括(　　)。

A. 要求被审计单位按照审计机关的规定提供预算或者财务收支计划、预算执行情况、决算、财务会计报告

B. 检查被审计单位的会计凭证、会计账簿、财务会计报告

C. 被审计单位不得转移、隐匿、篡改、毁弃会计凭证、会计账簿、财务会计报告以及其他财政收支或者财务收支有关的资料

D. 审计机关履行审计监督职责，可以提请公安、监察、财政、税务、海关、价格、工商行政管理等机关予以协助

3. 对于《中华人民共和国审计法》所规定的审计法律责任，下列表述正确的有(　　)。

A. 它不仅赋予国家审计机关对违法行为的处理权、处罚权，而且对国家审计人员的法律责任也做出了明确的规定。

B. 它是因实施审计监督产生的相关当事人的法律责任，包括被审计单位及其有关的直接责任人和审计人员

C. 它是以行政责任为主的法律责任

D. 它也包含部分刑事责任，但不包含民事责任

4. 目前世界各国的审计机关在整个国家机构中的隶属关系主要有(　　)。

A. 立法体制　　B. 司法体制

C. 行政体制　　D. 财政体制

5. 内部审计机构对可能转移、隐匿、篡改、毁弃会计凭证、会计账簿、会计报表已经于经济活动有关的资料有权予以暂时封存，但应经过(　　)。

A. 本单位主要负责人批准　　B. 权力机构批准

C. 会计师事务所批准　　D. 内部审计机构负责人批准

6. 国家审计机关有权对与国家财政收支有关的特定事项，向有关地方、部门、单位进行专项审计调查，并将审计调查结果报告给(　　)。

A. 法院　　B. 本级人民政府

C. 上一级审计机关　　D. 检察院

7. 我国的会计师事务所实行(　　)。

A. 有偿服务　　B. 自收自支

C. 独立核算　　D. 依法纳税

8. 世界各国对于内部审计机构的设置，根据其所隶属企业领导的层次不同可分为(　　)。

A. 财务副总经理领导体制　　B. 董事会领导体制

C. 监事会或审计委员会领导体制　　D. 总经理领导体制

9. 根据《审计署关于内部审计工作的规定》，下列单位中应当按照国家有关规定建立健全内部审计制度的有(　　)。

A. 国家机关　　B. 金融机构

C. 外资企业　　D. 社会团体

10. 内部审计机关的职责包括(　　)。

A. 对本单位及所属单位的财政收支、财务收支及其有关的经济活动进行审计

B. 对本单位及所属单位预算内、预算外资金的管理和使用情况进行审计

C. 对本单位内设机构及所属单位领导人员的人群经济责任进行审计

D. 对本单位及所属单位固定资产项目进行审计

三、判断题

1. 我国的内部审计机构可以单独设立,也可以与财会部门合并在一起。(　　)

2. 注册会计师审计属于受托审计,只有在接受委托后,才能对被审计单位进行审计。(　　)

3. 在审计监督体系中,国家审计居于主导地位,内部审计和注册会计师审计居于从属地位。(　　)

4. 高级审计师采用考试的方法评定。(　　)

5. 审计业务不多的企业,可以指定财务人员兼职完成内部审计工作。(　　)

6. 我国目前规定只准设立有限责任会计师事务所和普通合伙制会计师事务所,不准个人设立独资会计师事务所。(　　)

7. 政府审计属于强制审计。(　　)

8. 会计师事务所是注册会计师的工作机构,注册会计师一般应当加入会计师事务所执业,也可以自行执业。(　　)

9. 对于有限责任合伙制会计师事务所,各合伙人对个人执业行为承担有限责任。(　　)

10. 验证企业资本、出具验资报告属注册会计师审计业务。(　　)

四、思考题

1. 西方国家审计机关的隶属关系有哪些？我国属于哪种？

2. 会计师事务所有哪几种组织形式？

3. 简述我国内部审计机构的组织形式和特点。

4. 如何避免注册会计师法律诉讼？

5. 会计责任与审计责任有何区别？

第四章 审计准则、审计依据、审计证据和审计工作底稿

引言

没有规矩不以成方圆，没有尺度没法衡量经济工作的好坏，没有证据更无法对被审计单位做出鉴定，资料信息的记录也不可少，当然必须借助一定的工具。

本章主要介绍了审计准则、审计依据、审计证据和审计工作底稿。

通过本章的学习要求掌握审计准则的含义及作用；理解审计依据的含义及种类；理解审计证据的含义及作用，掌握审计证据的鉴定标准；了解不同种类的审计证据及其特征；了解审计工作底稿的含义、审计工作底稿编制的目的和作用。

本章重点：审计准则的作用、结构内容；审计依据的种类；审计证据的特点、种类以及鉴定；审计工作底稿的作用及编制。

本章难点：审计准则结构内容；审计证据的收集、鉴定。

案例导入

坚守职业道德的重要性

汕头市审计师事务所曾承办了一项某公司的经理离任经济责任审计，而因审计报告中披露的问题与这位离任经理的意见相左，故这位离任经理要求审计人员改变报告内容，在遭到拒绝后把事务所告了。事务所的主管部门对此十分重视，经过调查核实，确认报告中披露的问题属实，从而支持审计人员的审计结论。最后，这位离任经理也终因种种经济问题而受到检察机关的传讯。

早在事务所接受该公司主管部门的委托准备进点实施审计时，这位离任经理就以各种借口迟迟对其任期内部分重要会计凭证不作全面移交，在经过数月的反复催促和耐心等待仍然毫无结果的情况下，审计人员征得其主管部门同意，以其现存的会计凭证和有关资料进行了查验并在有关方面的密切配合下外调，发现部分账面未反映的收支资料。尽管这些资料尚难全面反映其任期内财务收支的全貌，但这位离任经理在任两年的净亏损仍达 279 万元（已剔除了不属其责任的亏损 251 万元），这还不包括其任副经理时亲自与深圳某公司搞所谓“业务协作”被诈骗、经有关法院判决应赔偿另一公司本息 225 万元并已被扣划 79 万元等潜亏项目。审计人员在外调中还发现这位离任经理在其任期内多次亲自到某法院收取某公司偿还的投资款（未进账）67 万元，其中除现金 17 万元被其取走外，剩余 50 万元被其

划入另设的“银行存款”户，至审计结束时仍然拒绝移交和说明去向。在成本费用方面，其也存在不同程度的违纪情况，如抽查有关费用凭证，仅日期间隔、编号相近、金额相同的发票便有7单，金额3.6万元，其真实性疑点甚大；甚至连其前任经理未给其报销的1993年至1995年的有问题的“差旅费”10.65万元也自批自报了。

面对这些问题，审计人员出自对职业的谨慎和专业的判断，花了大量的人力和时间，反复进行调查、取证、核实，以事实为依据，以有关法规为准绳，在审计报告（征求意见稿）中进行了客观、公正的反映并提出了若干审计建议，再次敦促这位离任经理全面移交有关会计资料，讲清问题，以利对其任期责任做出全面的评价。但这位离任经理不顾这些事实的存在，以种种所谓“理由”和“客观原因”进行了各种辩解，一会儿说审计人员在审计报告中披露的问题是“违背事实的不实之词”；一会儿又说这些问题是“为搞活经营不得已而为之”，指责审计人员对此没有做出“客观的评价”，总之其目的就是要审计人员对审计报告进行改写，满足他的要求。在10多次的交换意见中，他先是来“软”的，提出请喝茶、吃饭，到外面“聊聊”；“软”的不成，便来“硬”的，说审计人员的审计报告是整他的“黑材料”，扬言要“告”审计人员，面对他的“软硬兼施”，审计人员不为所动，坦然地对他说：“你有不同意见，可以申请复议，这是你的权利。”后来，他确实把审计人员告了。但结果是审计人员没被告成，倒是促使其经济问题进一步暴露。

这一审计案例使我们更加清醒地认识到注册会计师及其事务所，在社会主义市场经济中肩负着服务、沟通、鉴证、监督的责任，也承担着可能产生的经济、法律责任的职业风险，因此在执业中必须自我约束，严格遵循《中国注册会计师职业道德基本准则》，恪守独立、客观、公正的原则，加强对外界压力的抵抗力，避免注册会计师在外界强制下或物质利益的诱惑下发表不当意见甚至出具虚假证明，以牺牲一方利益为代价而使另一方受益，这是注册会计师的职业责任，也是注册会计师赖以获得社会公众高度信赖的基本保证。

第一节 审计准则

一、审计准则概述

（一）审计准则的含义

审计准则是对审计业务中一般公认的惯例加以归纳而成的，是审计人员在实施审计过程中必须遵守的行为规范，是评价审计质量的依据。审计准则是审计理论与审计实践连接的纽带和桥梁，反映了社会对审计实践的需求，是审计实践最佳实务的提炼和升华，同时也是一个国家审计理论水平的体现。审计准则完备成熟与否，是一个国家审计专业的重要标志之一。

审计准则的职能在于提高了审计本身的可信性。审计结论是否客观公正，是否取信于公众，归根结底在于审计人员是否按照审计准则的要求实施审计。

(二)审计准则的作用

审计准则是注册会计师进行审计工作时必须遵循的行为规范,是审计人员执行审计业务、获取审计证据、形成审计结论、出具审计报告的专业标准。

审计准则是把审计实务中一般认为公正妥善的惯例加以概括归纳而形成的原则。它虽不具备法令的强制力,但审计人员从事审计时必须遵循。

1. 制定、实施审计准则,可以为规范和指导审计工作提供依据,有助于审计工作规范化的实现

以审计准则为依据评价考核审计人员的工作质量,对审计人员提高个人声望、对审计组织加强内部管理、提高本组织在职业界以及社会各界心目中的地位,都具有重要的作用。

2. 制定、实施审计准则,有助于社会公众对审计工作结果的信任

注册会计师在财务报表审计报告中一般均要写明"我们的审计工作是根据审计准则的要求进行的",这也就是向委托单位的股东、债权人、未来投资者以及银行等有关方面表明,审计工作已达到了规定的质量标准,审计结论是可以充分信赖的,以取信于社会。

3. 制定、实施审计准则,是确定和解脱审计责任的依据

审计准则规定了审计职业责任的最低要求,审计人员若违背了审计准则,不仅说明未能切实履行应尽的职责,而且应对其所造成的后果承担必要的法律责任。审计人员在开展审计过程中遵循了审计准则,就表明其恰当地履行了审计责任。因此是否遵循准则是确定和解脱审计人员审计责任的重要依据。

4. 制定、实施审计准则,可以促进国际审计经验交流

审计准则是审计实践经验的总结和升华,已成为审计理论的一个重要部分。审计准则的实施发展,促进了审计理论水平的提高。通过各国审计准则的协调,便于开展国际审计经验交流。特别是国际审计准则的制定和协调工作,对世界审计经验和学术交流都起到了重要的推动作用。

(三)审计准则有别于审计法规和制度

审计准则作为专业规范,与审计法规、审计制度有所不同。

(1)审计准则可以以法律、法规、制度等形式出现,也可以不以这些形式出现,审计法规必须严格按照立法程序制定、批准或发布,审计准则不必履行这些程序。

(2)审计法规对审计主体和审计客体均具有约束力,审计准则只对审计主体具有约束力。

(3)审计法规必须强制执行,有些审计准则有强制性,有些只有指导性。

二、审计准则的结构内容

审计准则包括一般准则、工作准则、报告准则三部分。

(一)一般准则

一般准则,也称"审计人员准则",是关于审计人员任职资格条件和执业行为等的规范。

其内容一般包括审计的目标、审计的基本原则、审计人员的任职资格条件和审计人员的基本职业道德。

（二）工作准则

工作准则是审计人员实际执行审计业务过程中应遵循的规范。其内容一般包括审计计划的编制、审计工作的确立、审计程序的运用、审计技术的实施、审计证据的收集、审计工作底稿的编制等方面的规定和要求。

（三）报告准则

报告准则是审计人员编制审计报告所应遵循的规范。其内容一般包括对审计报告应记载事项的规定、对发表审计意见的规定、对补充记载事项的规定、对审计报告报送对象及报送时间的规定等。

三、《中国注册会计师执业准则》

（一）《中国注册会计师执业准则》简介

《中国注册会计师执业准则》是注册会计师在执业过程中必须遵循的行为准则，是衡量注册会计师执业质量的权威性标准。

财政部于 2006 年 2 月 15 日发布了 48 项《注册会计师执业准则》，自 2007 年 1 月 1 日起在所有会计师事务所实行。

该准则的发布标志着我国已建立一套适应社会主义市场经济发展要求，与国际趋同的中国注册会计师执业准则体系。

中国注册会计师执业准则体系共包括 48 项准则，具体构成如下：

（1）《中国注册会计师鉴证业务基本准则》（1 项）；

（2）《中国注册会计师审计准则》第 1101 号至第 1633 号（41 项）；

（3）《中国注册会计师审阅准则》第 2101 号（1 项）；

（4）《中国注册会计师其他鉴证业务准则》第 3101 号和 3111 号（2 项）；

（5）《中国注册会计师相关服务准则》第 4101 号和 4111 号（2 项）；

（6）《会计师事务所业务质量控制准则》第 5101 号（1 项）。

（二）《中国注册会计师鉴证业务基本准则》

《中国注册会计师鉴证业务基本准则》是鉴证业务准则的概念框架，旨在规范注册会计师执行鉴证业务，明确鉴证业务的目标和要素，确定审计准则、审阅准则、其他鉴证业务准则适用的鉴证业务类型。

鉴证业务合理保证的目标是注册会计师将鉴证业务风险降至该业务环境下可接受的低水平，以此作为以积极方式得出结论的基础；鉴证业务有限保证的目标是注册会计师将鉴证业务风险降至该业务环境下可接受的水平，以此作为以消极方式得出结论的基础。

鉴证业务基本准则的主要内容包括如下几个方面。

（1）业务承接。

(2)鉴证业务的三方关系。

(3)鉴证对象。

(4)标准。

(5)证据。

(6)鉴证报告。

(三)《会计师事务所业务质量控制准则》

《会计师事务所业务质量控制准则》旨在规范会计师事务所的业务质量,明确会计师事务所及其人员的质量控制责任,适用于会计师事务所执行历史财务信息审计和审阅业务、其他鉴证业务及相关服务。

会计师事务所应当根据《会计师事务所业务质量控制准则》,制定质量控制制度,以合理保证会计师事务所及其人员遵守法律法规、职业道德规范以及审计准则、审阅准则、其他鉴证业务准则和相关服务准则的规定;会计师事务所和项目负责人根据具体情况出具恰当的报告。项目负责人是指会计师事务所中负责某项业务及其执行,并代表会计师事务所在业务报告上签字的主任会计师或经授权签字的注册会计师。

会计师事务所业务质量控制制度应当包括针对下列要素而制定的政策和程序。

(1)对业务质量承担的领导责任。

(2)职业道德规范。

(3)客户关系和具体业务的接受与保持。

(4)人力资源。

(5)业务执行。

(6)业务工作底稿。

(7)监控。

四、中国国家审计准则

中国国家审计准则的研究和制定始于20世纪90年代。1996年中华人民共和国审计署发布了38个审计规范，2000年审计署修订并发布了《中华人民共和国国家审计基本准则》和一系列通用审计准则、专业审计准则，2004年审计署颁布了《审计机关审计项目质量控制办法(试行)》。这一时期,国家审计准则体系由一个国家审计基本准则、若干个通用审计准则和专业审计准则组成。这种体系比较零散,相关准则的内容之间存在交叉,不利于审计人员系统学习和掌握。

2010年9月,中华人民共和国审计署令第8号公布了新修订的《中华人民共和国国家审计准则》。修订后的《中华人民共和国国家审计准则》包括总则、审计机关和审计人员、审计计划、审计实施、审计报告、审计质量控制和责任、附则等共七章内容。该准则于2011年1月1日起实施。

第二节　审计依据

一、审计依据的含义

审计依据就是对所查明的事实与现行的各种规定进行比较、分析、判断和评价，据以做出审计结论、提出处理意见和建议的客观标准。

审计依据与审计准则是两个既有联系又有区别的概念。审计准则解决如何进行审计的问题，是审计人员行动的指南和规范；审计依据则解决审计人员根据什么标准去判别被审计单位的财务状况、经营成果和现金流量的合法或非法，公允或非公允，并据以做出审计结论、提出审计意见和建议。

二、审计依据的种类

审计依据可以按不同的标准进行分类，不同种类的审计依据有着不同的用途。对审计依据进行适当的分类，有利于审计人员根据需要选用恰当的审计依据。

（一）按审计依据来源分类

1. 外部审计依据

外部审计依据包括国家制定的法律、法规、条例、政策、制度；地方政府、上级主管部门颁发的规章制度和下达的通知、指示文件等；涉外被审事项，所引国际惯例的条约等。

2. 内部审计依据

内部审计依据包括被审计单位制定的经营方针、任务目标、计划预算、各种定额、经济合同、各项指标和各项规章制度等。

（二）按审计依据性质内容分类

1. 法律法规

法律是国家立法机关依照立法程序制定和颁布，由国家强制保证执行的行为规范的总称，如《宪法》《刑法》《民法》《会计法》《审计法》《预算法》《税收征管法》《海关法》《税法》《企业法》《公司法》《经济合同法》，等等。法规是由国家行政机关制定的各种法令、条例、规定等，如《全民所有制企业转换经营机制条例》《价格管理条例》《企业会计准则》《企业财务通则》，等等。

2. 规章制度

规章制度主要包括国务院各部委根据法律和国务院的行政法规制定的规章制度；省、自治区、直辖市根据法律和国务院的行政法规制定的规章制度；被审计单位上级主管部门和被审计单位内部制定的各种规章制度等，如国家主管部门制定的各项财务会计制度、单位内部制定的各项内部控制制度，等等。

3. 预算、计划、合同

预算、计划、合同包括国家机关、事业单位编制的经费预算，企业单位制定的各种经济计划，被审计单位与其他单位签订的各种经济合同，等等。

4. 业务规范、技术经济标准

业务规范、技术经济标准包括人员配备定额、工作质量标准、原材料消耗定额、工时定额、能源消耗定额、设备利用定额，等等。此外，还有国家制定的等级企业标准、优秀企业的管理条例，等等。

（三）按审计依据衡量对象分类

1. 财务审计依据

财务审计的主要目标是对被审计单位经济活动的真实性和合法性做出审计和评价。因此，财务审计的主要依据包括国家的法律、法规，国家主要部门或地方各级政府制定的规章制度，单位自己制定的会计控制制度、计划、预算、合同等。

2. 经济效益审计依据

经济效益审计的主要目标是对被审计单位经济活动的有效性做出审计和评价。因此，经济效益审计的主要依据有单位的管理控制制度、预算、计划、经济技术规范、经济技术指标，可比较的各种历史数据、同行业的先进水平、高等级企业的标准、优良企业的管理规范，等等。

三、审计依据的特点

审计依据既是明显可见的，又不是固定不变的。它随着国家管理的规范和单位管理的加强，旧的标准不断淘汰，新的标准不断建立。因此，无论什么样的审计依据，只能在一定的范围内、一定的区域中和一定的时间内有效，同时各类依据所具有的权威性也是有很大差别的。审计依据具有以下特点。

（一）权威性

审计依据是判断被审计单位经济活动合法性、有效性及真实性的准绳，又是作为提出审计意见、做出审计决定的根据或理由。因此，任何审计依据都具有一定的权威性或公认性，否则不足以引用为依据。但是，不同层次的依据，其权威性大小不一样。如国家的法律法规是衡量经济活动是否合法、合规的依据，其具有很高的权威性，全国都认可，依据法律法规提出审计意见、做出审计决定一般是正确无误的。再如单位内部制定的规章制度、预算、计划、定额、标准、历史数据等，虽不具备上述法律、法规的权威性，但依然是用来衡量经济活动优劣的重要依据，对于这类依据主要强调它的公认性和可接受性，一般要由审计人员和被审计单位协商后确定。

（二）层次性

审计依据一般是由审计主体以外的国家机关、管理部门、业务部门、技术部门和企业单位制定的。审计依据因管辖范围和权威性大小不同而有不同的层次。一般来说，制定的单位级别越高，其管辖的范围越广，其权威性越大。首先，最高层次的依据是国家立法机关的法律；其次是国务院颁布的各种行政法规及政策、指令、规划等；再次是地方立法机关和行政机构制定的地方性法律、法规；第四是被审计单位主管部门制定的规章制度、下达的计划和提出的技术经济指标等；最低层次的依据是被审计单位内部制定的各种规章制度、计划、预算、定额、标准等。值得注意的是，如果是涉外审计，还要引用国际及有关国家法规、制度为审计依据，国际上的法规应高于各国的法律法规。

（三）地域性

从空间上看，很多审计依据还要受到地域性限制。由于各国的社会经济制度不同和生产力发展水平不同，其审计依据和内容也各不相同。因此，一个国家不能照搬另一个国家的审计依据。我国各地区、各部门的实际情况和发展水平也不相同，其适用的审计依据也各不相同。审计人员在进行审计判断时，必须注意到地区差别、行业差别和单位差别。

（四）时效性

从时间上看，各种审计依据都有一定的时效性，不是在任何时期、任何条件下都适用。作为衡量经济活动是否真实、合法和有效的审计依据属于上层建筑的范畴，它会因经济基础的发展变化而不断变化，也即是在不断地变更和修订之中。这就要求审计人员在审计工作中，密切注意各种依据的变化，选用在被审计事项发生时有效的判断依据，而不能以审计时现行的法律法规、规章制度作为判断依据，也不能以过时的法律法规、规章制度作为判断依据，更不能以旧的审计依据来否定现行的经济活动，或用新的审计依据来否定过去的经济活动。

（五）相关性

审计依据的相关性主要是指所引用的审计依据应与被审计项目和应证实的目标相关。审计人员所做出的审计判断，所表示的审计意见以及所做出的审计决定是否正确无误，是否令人信服，与审计人员所使用的审计依据的相关程度及针对性强弱关系很大。审计依据的相关性，首先表现在所选用的依据与被审计事项是相关的，能够判定被审计事项是否真实、合法与有效；其次是能说明审计人员提出的审计意见、做出的审计决定有充足的理由；最后是针对某一被证实的事项来说，所选用的各种依据能从不同的角度予以证实。

经济效益审计依据除了具有上述五种特征外，还具有相对性、先进性、动态性、可控性、计量性等特点。作为财务审计的依据大多数在全国范围内是统一的，但作为经济效益审计的依据，如经济效益指标，不同行业、不同时期则不相同，同一行业、同一企业、同一指标也有不同的评价标准。经济效益审计的目的主要是为了促进被审计单位提高经济效益，因此作为衡量其效益高低的依据，应该具有一定的先进性，这样有利于激励被审计单位努力提高经济效益。财务审计依据一般能相对稳定在一定的时期内，但经济效益评价依据随着国家经济政策、科学技术、管理要求的变化而不断变更，其计划、定额等依据每年均有变化。用作经济效益评价依据，应该是单位可以控制的指标，否则就会失去评价意义。如衡量原材料利用的经济效益，应当以材料单耗、材料利用率来衡量，而不宜以单位产品的材料成本作为衡量标准，因为材料成本中涉及的购入价无法完全控制。要准确地衡量被审计单位经济效益的状况，一般应以计量性指标为宜，如各种指标、数据等，而不宜用一般口号、原则等定性指标。

第三节　审计证据

一、审计证据的含义

审计证据是审计人员在审计过程中采用各种方法获取的真实凭据，用于证实或否定被审计单位财务报表所反映的财务状况以及经营成果的合法性和公允性的一切资料。

审计证据是审计理论的一个重要组成部分，它是指审计人员在审计过程中，取得的可以为自己对被审计单位的评价和审计结论提供证明的一系列事实凭据和资料。审计人员对被审计单位的财务报表及其反应的经济活动所做的分析、判断和评价，不仅要依靠各种审计依据，而且必须依靠一定的事实凭据，这种证据来源于企业经济行为本身，反映着企业经济活动的客观事实。

二、审计证据的种类

审计证据可按不同的标准分类，不同类别的证据可从不同的侧面证实被审计事项。常用的分类主要如下。

（一）按审计证据的表现形态分类

按照审计证据的表现形态，审计证据可以分为实物证据、书面证据、口头证据和环境证据。

1. 实物证据

实物证据是指审计人员通过实地观察和参加清查盘点所获得的，用以证明有关实物资产是否存在的证据。实物证据对某项实物资产是否存在的证明力最强，效果最为显著。它可以对该实物的状态、数量、特征给予有力的证明。因此，在对现金、存货、固定资产等项目进行审计时，审计人员首先考虑通过清查、监督或参与盘点来取得实物证据以证明它们是否存在。但是我们也可以看出实物证据并不能完全证明该项实物资产的价值及所有权的归属。就实物资产价值的确定而言，它主要取决于实物资产的质量，而实物资产的质量不能完全依据它的外形和状态来确认，因为不难发现一些看似污秽不堪、质量奇差的实物（如设备）才刚刚投入使用很短的时间，对它的设计使用寿命而言才刚刚开始。与此相反，某些外观崭新、光可鉴人的设备可能已接近它的设计使用寿命的终点。所以说，确定实物资产的价值应以取得的有关资料或中介部门评估确认资料为主要依据，切不可以“貌”取值。就实物资产的所有权而言，也许审计人员看到纳入盘存清点的实物中包括外单位寄存的实物、被审计单位经营性租入的设备、已售出待发运的商品等。毋庸置疑，这些实物的所有权与被审计单位毫不相干。因此，实物证据不能证实资产价值和所有权的认定，可以说是它的一种局限性，这种局限性需要通过另行审计并取得其他形式的审计证据方可得以完善和补充。

2. 书面证据

书面证据是审计人员通过实施测试程序和运用不同的方法所获取的以书面资料为存在形式的审计证据，如有关的原始凭证、记账凭证、会计账簿、各种明细项目表、各种合同、会议记录和文件、函件、通知书、报告书、声明书、程序手册等。书面证据是审计人员收集的数量最多、范围最广的一种证据。注册会计师发表审计意见基本上都以书面证据为基础。

书面证据具有如下特点：数量多；覆盖范围广；来源渠道多样化；容易被篡改。根据这些特点，审计人员在收集大量有关的书面证据时，还要注意对书面证据进行认真细致地鉴定和分析，运用专业判断，辨别真伪，充分、正确地利用书面证据。

书面证据按其来源渠道可以分为亲历证据、外部证据和内部证据三类。

3. 口头证据

口头证据是经审计人员询问而由被审计单位有关人员或其他人员进行口头答复所形成的审计证据。在审计过程中，审计人员往往要就以下事项向有关人员进行询问：

（1）被审事项发生时的实况；

（2）对特别事项的处理过程；

（3）采用特别会计政策和方法的理由；

（4）对舞弊事实的追溯调查；

（5）可能事项的意见或态度。

通常，口头证据本身不能完全证明事实的真相，因为被调查或询问人可能有意隐瞒实情或由于对过去事情记忆上的模糊或遗漏而导致口头证据不准确、不完整。因此，在获取口头证据的同时，还应实施其他审计程序以获取其他形式的审计证据。往往，审计人员获取口头证据的目的不外乎有两个。其一，为了印证某一结果是否与审计人员的判断相一致。其二，为了发掘一些新的重要审计线索，从而有利于对有关事项进行进一步调查取证。无论出于何种目的，审计人员获取口头证据时一定要讲究技巧性，不可逼供，更不可恐吓威胁，应讲明原则和要求，循循善诱，对各种重要的口头答复做好笔录工作，注明被询问人姓名、时间、地点和背景，必要时应要求被询问人确认并签名。

虽然口头证据可靠性较低，需要其他证据的支持和佐证，但如果不同的被询问人员对同一问题在同一时间所做的口头陈述一致时，其可靠性则显得较强，可以作为审计结论的依据。

4. 环境证据

环境证据，也称“状况证据”，是指影响被审事项的各种环境事实。环境证据一般不属于基本证据，不能用于直接证实有关被审事项，但它可以帮助审计人员了解被审事项所处的环境或发展的状况，为判断被审事项和确证已收集其他证据的程度提供依据，因此环境证据仍然是审计人员进行判断所必须掌握的资料。环境证据包括反映内部控制状况的环境证据、反映管理素质的环境证据、反映管理水平和管理条件的环境证据。

环境证据最突出的特点是它能帮助注册会计师正确评价有关资料所反映信息在总体或大体上的可靠程度，即它对证实总体合理性这一审计目标有着积极的意义。通常，运用调查、询问和观察等手段是注册会计师获取环境证据的有效途径。

(二)按审计证据的来源分类

审计证据按照来源可分为外部审计证据和内部审计证据。

1. 外部审计证据

外部审计证据是由被审计单位以外的组织机构或人士所编制的书面证据。它一般具有较强的证明力。外部审计证据有两种,一种是由被审计单位以外的机构或人士编制并由其直接递交审计人员的书面证据,如应收账款的函证回函,被审计单位律师与其他独立的专家关于被审计单位资产所有权和或有负债等的证明函件,保险公司、寄售企业、证券经纪人的证明等。此类证据由于未经被审计单位有关人员之手,排除了伪造、更改凭证的可能性,因而其证明力最强。另一种是由被审计单位以外的机构或人士编制、但为被审计单位持有并提交审计人员的书面证据,如银行对账单、购货发票、应收票据,顾客订购单,有关的契约、合同等。由于此类证据已经过被审计单位职员之手,审计人员没有直接在现场观察,出现涂改或伪造的可能性就较大。当获取的书面证据有被涂改或伪造的痕迹时,审计人员应予以高度警觉。尽管如此,在一般情况下,外部审计证据仍是较被审计单位的内部审计证据更具证明力的一种书面证据。

此外,在外部审计证据中往往还包括审计人员为证明某个事项而自己动手编制的各种计算表、分析表等。

2. 内部审计证据

内部审计证据是由被审计单位的内部机构或职员编制和提供的书面证据。它包括被审计单位的会计记录、管理当局声明书和其他各种由被审计单位编制和提供的有关书面文件。

一般而言,内部审计证据不如外部审计证据可靠。但是,由于内部审计证据的数量较多,审计人员还需要通过大量的内部审计证据来支持审计结论,所以必须充分利用这些内部审计证据,同时也必须注意其可靠程度。内部审计证据的可靠程度主要取决于被审计单位内部控制的好坏,若被审计单位内部控制健全、执行较好,则内部审计证据也具有较强的可靠性;相反,若被审计单位的内部控制不太健全,审计人员就不能过分信赖其内部自制的书面审计证据。

(三)按审计证据的相互关系分类

审计证据按照证据间的相互关系可分为基本证据与辅助证据。

1. 基本证据

基本证据是指对审计人员形成审计意见、得出审计结论具有直接影响作用的审计证据。例如,在证明被审计单位财务状况好坏时,被审计单位的财务报表、会计账簿等就是基本证据。审计人员如果离开了基本证据,就无法提出审计意见和得出审计结论。

2. 辅助证据

辅助证据作为基本证据的一种必要补充,是补充说明基本证据的证据。如要证明账簿记录的真实性,各种记账凭证是基本证据。而附在记账凭证后面的各种原始凭证,是编制记账凭证的依据，它们补充说明记账凭证来证明账簿的真实性，因而它们是辅助证据。

三、审计证据的特征

（一）合法性

合法性是指审计证据必须具有法律上的效力，即审计证据的取得必须按审计法规规定的手续和程序进行。如果是以违法手段取得的事实材料，也不能成为审计证据。

（二）充分性

充分性是指审计证据的数量要足以证明审计事项的真相以及支持审计意见和审计决定。客观公正的审计意见必须建立在有足够数量的审计证据的基础之上，但这并不是说审计证据的数量越多越好，审计人员应考虑取证的经济性，即取证成本与效益之间的关系，应尽量以较少的人力、物力耗费取得足够的、高质量的审计证据。但对于重要审计事项，不应以审计成本的高低或获取证据的难易程度为由减少必要的审计程序。

（三）相关性

相关性是指审计证据与审计目标之间或与其他审计证据之间的内在联系程度。审计证据应与审计事项的某一具体审计目标密切相关。如产成品盘点表可证明产成品的存在性，不能证明产成品计价是否正确。但这一盘点表与产成品销售成本结转证据有相互印证关系。因此，审计人员取得的审计证据，必须与审计事项某一审计目标密切相关，或与证实某一目标的其他证据有相互印证关系，才能产生联合证明力。审计证据的这种内在联系性越强，证明力就越强，证据的质量就越好。与审计事项无关的资料和情况不能作为审计证据。

（四）客观性

客观性是指审计证据反映审计事项客观现实的程度，也可称为“证据的可靠性”。审计证据越能真实、客观地反映审计事项的实际情况，证据就越可靠，证据的质量越好，证明力也就越强；反之，证明力越弱。审计证据的客观性是其能够发挥作用的重要特征之一。审计证据的客观性与取证程序、方法、审计人员的工作态度和经验密切相关。

四、审计证据的收集

（一）审计证据的收集方法

审计人员可以采用检查、监盘、观察、查询及函证、计算、分析性复核等审计方法搜集审计证据。根据被审计单位管理当局对会计报表的认定，审计人员推论得出众多具体审计目标，在实施风险评估程序、控制测试或实质性程序时，根据需要单独或综合使用上述所提方法收集充分适当的审计证据。一般而言，审计方法和审计证据之间并不是一一对应关系。一种方法可产生多种类型的审计证据，而要获得某类审计证据也可选用多种审计方法。它们之间的关系如表 4-1 所示。

表 4-1　审计程序与审计证据、认定的关系

审计程序	应用举例	管理当局认定	审计证据
检查有形资产	盘点库存现金	现金的存在与准确性和计价认定	实物证据
观察	观察被审计单位盘点存货	存货存在、完整性与准确性和计价认定	
	观察存货内部控制的执行	存货的所有权认定	
重新执行	对销售的内部控制的执行	销售发生、完整性与准确性和计价认定	环境证据
分析程序	分析行业成本变化趋势	成本发生、完整性与准确性认定	
	比较实际销售与销售预算	销售存在、完整性与准确性认定	书面证据
重新计算	重新计算折旧	折旧的准确性认定	
检查文件和记录	检查银行对账单	银行存款存在、权利与计价认定	
函证	向债务人函证应收款余额	应收账款存在、权利与计价认定	
询问	询问存货过时情况	存货计价认定	口头证据

(二)审计证据的鉴定

审计人员所取得的、准备作为审计结论依据的审计证据,只具有潜在的证明力,要想使其具有现实的证明力,还需要对其逐个加以鉴定,评价其质量特征,筛选出具有充分证明力的证据。审计人员需要对审计证据的客观性、相关性、充分性和合法性进行鉴定,如果发现不符合要求的,应当进一步取证。

1. 鉴定证据的客观性

审计人员需要判断证据的客观程度。证据的种类不同要求审计人员注意从不同的方面评价其客观性。例如,对实物证据不仅要核实数量,还有关注其质量;对书面证据不仅要核对金额,更重要的是还要判别真伪;对口头证据则要分析提供者的陈述是否客观。

审计证据的可靠性受其来源和性质的影响,并取决于获取审计证据的具体环境。一般来说,受个人支配程度越小,被篡改或伪造的机会越少,证据就越可靠。因此,通常情况下,从被审计单位外部取得的证据比从被审计单位内部取得的证据更可靠,已获外部独立第三者确认的内部审计证据比未获独立第三者确认的内部审计证据可靠;被审计单位内部控制有效时生成的内部审计证据比内部控制薄弱时生成的内部审计证据更可靠;审计人员直接获取的审计证据(即亲历证据)比间接获取或推论得出的审计证据更可靠;以文件记录形式(无论是纸质、电子或其他介质)存在的审计证据比口头形式的审计证据更可靠;从原件获取的审计证据比从传真或复印件获取的审计证据更可靠;直接产生于经济活动的业务凭证比经过加工汇总编制的资料更可靠;不同来源或不同性质的审计证据相互印证时,审计证据更具可靠性。如果不同来源或不同性质的审计证据相互矛盾,表明某项审计证据可能不可靠,审计人员需要追加必要的审计程序。

2. 鉴定证据的相关性

审计人员应利用与审计目标相关联的审计证据来支持自己的审计结论。例如,对存货的监盘结果只能证明存货是否存在,是否毁损、短缺,却不能证明存货的计价是否正确和所有权的归属。

审计人员需要判断证据与审计目标是否相关、能否在一定程度上直接或间接地证明审计事项，而且证据与证据之间是否相关，能否相互印证。如果证据之间相互矛盾，就应收集更多的相关证据加以判断。对那些与审计目标无关的资料应予以舍弃。

除此之外，审计人员还需对证据的合法性、充分性加以鉴定。收集和鉴定证据有时是交替进行的，审计人员通常在收集证据时就已经做过一些鉴定工作。但是，无论在审计过程中是否对审计证据进行过鉴定，现场审计结束整理审计证据时实施鉴定程序都是必要的。

（三）审计证据的综合分析

为了使收集到的分散的、个别的审计证据形成具有充分证明力的证据体系，以归纳出审计意见并做出审计决定，审计人员还必须对审计证据进行整理和分析，使之条理化、系统化。审计证据整理分析的方法如下。

1. 分类

分类是指将审计人员收集到的个别审计证据按其证明力的强弱，或按与审计目标的关系是否直接，或按反映问题的性质加以归类。

2. 计算

计算是指按一定的方法对数据方面审计证据加以计算，并从计算中得到新的证据。

3. 比较

比较是指将各种审计证据加以比较，从中分析出被审计单位经济活动的特征及其变动趋势，或是将审计证据与审计目标加以比较，判断审计证据是否符合需要。

4. 小结

小结是指审计人员在对审计证据分类、计算、比较的基础上总结出局部的审计理论。

5. 综合

综合是指对各类审计证据及其所形成局部的审计结论进行综合分析，形成整体的审计意见。证据的鉴定主要是对个别证据的评价，证据的整理分析则是从证据总体上进行分析、研究和整理，找出证据间的内在联系，归纳出一些证据所证实的问题，并给予定量、定性处理，从而产生能得出审计结论的审计意见。

第四节　审计工作底稿

一、审计工作底稿的含义、作用和分类

（一）审计工作底稿的含义

审计工作底稿是指审计人员对制定的审计计划、实施的审计程序、获取的相关审计证据，以及得出的审计结论做出的记录。审计工作底稿是审计证据的载体，是审计人员在审计过程中形成的审计工作记录和获取的资料。其全部内容可作为审计过程和结果的书面证

明，也是审计人员形成审计结论、发表审计意见的直接依据。它形成于审计过程，也反映整个审计过程。

(二)审计工作底稿的作用

在审计过程中，审计人员需要大量编制或取得审计工作底稿，使得审计工作底稿成为审计人员审计业务中最为普遍的专业工具，促进审计工作向科学化、规范化方向发展。审计工作底稿在审计中的作用如下。

1. 审计工作底稿是联结全部审计工作的纽带

审计工作经常由多个审计人员同时进行，他们之间存在不同的分工协作。审计工作在不同阶段有不同的测试程序和实现目标。审计工作底稿可以把不同人员的审计结果，不同阶段的审计结果有机联系起来，使得各项工作都围绕对会计报表发表意见这一总体目标来进行。

2. 审计工作底稿是形成审计结论、发表审计意见的依据

审计工作底稿是审计证据的载体，它不但记录了审计证据本身的反映内容，而且记载了审计人员对审计证据的评价分析情况以及得出的审计结论。这些审计证据和审计人员的专业判断是形成审计结论、发表审计意见的直接依据。

3. 审计工作底稿是评价审计责任、专业胜任能力和工作业绩的依据

评价审计责任通常是评价审计人员对审计报告所负的真实性和合法性责任。如果审计人员严格依据独立审计准则进行审计，据实发表意见，并把这些情况记录于审计工作底稿上，那么在任何时候依据审计工作底稿进行评价都有利于解脱或减除审计责任。审计人员专业能力的强弱、工作业绩的好坏表现在选择何种程序、有无科学的计划、专业判断是否恰当等方面。这些因素可以通过评价审计工作底稿来体现和衡量。

4. 审计工作底稿为审计质量控制与质量检查提供了基础依据

开展审计质量控制通常是由会计师事务所为确保审计质量符合独立审计准则的要求而制定和运用的控制政策和程序，主要包括指导和监督注册会计师选择实施审计程序，编制审计工作底稿，并对审计工作底稿进行复核。换言之，审计工作底稿既可以作为审计质量控制的对象，又可以作为审计质量控制的依据。审计质量检查通常由注册会计师协会或其他有关单位组织进行，其核心工作就是对审计工作底稿规范程度的检查。因此，离开审计工作底稿，审计质量检查就会成为无本之木，无源之水。

5. 审计工作底稿具有参考价值

由于审计工作有很密切的联系性和连续性，前一年度的审计情况经常可以作为后一个年度开展审计业务的参考、借鉴；另外，前任审计人员审计业务也可以作为后任审计人员开展审计业务的参考、备查。这些参考、借鉴和备查作用往往是通过调阅审计工作底稿而得以实现的。因此，审计准则不仅要求注册会计师要认真编制和复核审计工作底稿，也要求注册会计师必须妥善保管审计工作底稿，建立与保管有关的保密、调阅等管理制度。

（三）审计工作底稿的分类

审计工作底稿一般分为综合类工作底稿、业务类工作底稿和备查类工作底稿。

1. 综合类工作底稿

综合类工作底稿指审计人员在审计计划阶段和审计报告阶段，为规划、控制和总结整个审计工作并发表审计意见所形成的审计工作底稿。它主要包括审计业务约定书、审计计划、审计总结、未审会计报表、试算平衡表、审计差异调整汇总表、审计报告、管理建议书、被审计单位管理当局声明书以及审计人员对整个审计工作进行组织管理的所有记录和资料。

2. 业务类工作底稿

业务类工作底稿指审计人员在审计实施阶段为执行具体审计程序所形成的审计工作底稿。它主要包括符合性测试中形成的内部控制问题调查表和流程图，实质性测试中形成的项目明细表、资产盘点表或调节表、询证函、分析性测试表、计价测试记录、截止测试记录等等。

3. 备查类工作底稿

备查类工作底稿指注册会计师在审计过程中形成的、对审计工作仅具有备查作用的审计工作底稿。它主要包括被审计单位的设立批准证书、营业执照、合营合同、协议、章程、组织机构及管理人员结构图、董事会会议纪要、重要经济合同、相关内部控制制度、验资报告的复印件或摘录。备查类审计工作底稿随被审计单位有关情况的变化而不断更新，应详细列明目录清单，并将更新的文件资料随时归档。

二、审计工作底稿的内容与基本要求

（一）审计工作底稿的基本内容

（1）被审计单位名称。审计人员在书写被审计单位名称时，应注意被审计单位名称在审计工作底稿上可简写，但意思必须明确且易于他人理解。

（2）审计事项。审计事项是指所审计的内容，包括审查某一会计报表的项目，如应收账款；或者审查某一业务循环，如采购及付款符合性测试，等等。

（3）会计期间或截止日期。在审计工作底稿中应写明审计事项所涉及的会计期间。

（4）审计结论或者审计查出问题摘要及其依据。审计人员应将其实施的审计程序所达到的审计目标的过程、得出的审计结论，或不能得出审计结论的原因等记录于工作底稿上。

（5）审计标志及其说明。在工作底稿上可以使用审计标志。如果在整套审计工作底稿中有一张审计标志表，那么在每张工作底稿上运用这些标志时，可以不必注明所用标志的含义；否则，要在每张工作底稿上备注说明审计标志的含义。

（6）索引号及页次。为了便于整理和查阅，在每张审计工作底稿上要注明索引号及页次。

（7）编制者姓名及编制日期。

（8）复核者姓名及复核日期。

审计工作底稿的格式如表 4-2 所示。

表 4-2 审计工作底稿

被审计单位名称			
审计事项			
会计期间或截止日期			
审计人员		编制日期	
审计结论或者审计查出问题摘要及其依据			
复核意见			
复核人员		复核日期	

共　页 第　页 附件(共　页)

(二)审计工作底稿编制要求

编制和使用审计工作底稿是审计人员的重要工作内容。为了编写好审计工作底稿,审计人员必须注意以下基本要求。

(1)编写审计工作底稿应做到内容完整、真实,重点突出。审计人员在进行审计时,应对审计工作中的重要事项以及审计人员的专业判断进行记录。一切与达到审计目标、提出审计意见和得出审计结论有关的情况和问题都是重要的内容,均应在审计工作底稿中予以反映,并将审计经过写完整。底稿中必须如实反映被审计单位的财政财务收支及其经济活动,如实反映审计的实施情况,审计人员对审计工作底稿的真实性负责。

(2)编写审计工作底稿应做到观点明确,条理清楚,用词恰当,字迹清晰,格式规范。审计工作底稿中载明的审计事项、时间、地点、当事人、数据、计量计算方法和因果关系必须准确无误,前后一致;相关的证明资料如有矛盾,应当予以鉴别和说明。

(3)相关的审计工作底稿之间应当具有清晰的钩稽关系,相互引用时应注明索引号。

(4)编制汇总工作底稿应当先详细审阅分项目审计工作底稿并确定其事实性。

三、审计工作底稿的复核

审计工作底稿的编制者在引用资料、专业判断、计算数据时有可能出现差错,因此必须对审计工作底稿进行复核。在上市公司审计中,为保证审计质量,会计师事务所应建立以项目经理、部门经理和主任会计师(或合伙人)为复核人的三级复核制度。对于中小企业审计而言,一般以现场质量控制为主,实施项目经理和部门经理的双重复核即可。

(一)复核审计工作底稿的作用

复核审计工作底稿的作用如下。

(1)减少或消除人为的审计差错,以降低审计风险,保证审计质量。

(2)及时发现和解决问题,确保审计计划的顺利进行,不断协调审计进度,节约审计时间,提高审计效率,降低审计成本。

(3)便于上级管理人员对审计人员进行审计质量监控的工作业绩考评。

(二)审计工作底稿复核的要点

不同复核层次的复核重点不一,但基本要点都包括引用的资料是否翔实可靠、取得的审计证据是否充分适当、审计判断是否合理、审计结论是否恰当。

(三)审计工作底稿复核的要求

审计工作底稿复核的要求如下。

(1)对存在的问题和疑点应明确指出,并在审计工作底稿中予以记录。

(2)复核人要签名和签日期,以分清责任,利于上级复核人对下级复核人的监督。

(3)复核意见应以书面形式表示。

(4)督促编制人及时修改、完善审计工作底稿。

四、审计工作底稿的保管

(一)审计工作底稿的保管

审计工作底稿按照一定的标准归入审计档案后,应交由会计师事务所档案管理部门进行管理。会计师事务所应建立审计档案保管制度,以确保审计档案的安全、完整。对于永久性和当期审计档案的保管年限分别如下。

(1)永久性审计档案应长期保管。

(2)当期审计档案自审计报告签发之日起至少保存10年。

(3)不再继续审计的被审计单位,其永久性审计档案的保管年限与最近一年当期档案的保管年限相同。

对于保管期限届满的审计档案,会计师事务所可以决定将其销毁,销毁时应根据有关档案管理规定履行必要的手续。

(二)审计工作底稿的保密与查阅

1. 审计工作底稿的保密

为了维护被审计单位及相关单位的利益,会计师事务所对审计工作底稿中涉及的商业秘密保密,建立健全审计工作底稿保密制度。但由于下列两种情况需要查阅审计工作底稿的,不属于泄密情形:

(1)法院、检察院及国家其他部门依法查阅,并按规定办理了必要手续;

(2)注册会计师协会或其委派单位对会计师事务所执业情况进行检查。

2. 审计工作底稿的查阅

由于审计工作的需要,并经过委托人同意,在下列情况下,不同会计师事务所的注册会计师可以要求查阅审计工作底稿:

(1)被审计单位的后任会计师事务所;

(2)审计合并会计报表,母公司的注册会计师可以查阅子公司的注册会计师的审计工作底稿;

(3)联合审计时,注册会计师可以相互查阅审计工作底稿;

(4)会计师事务所认为合理的其他情况。

从一般意义上讲,审计档案的所有权应属于执业注册会计师所在的会计师事务所。拥有审计工作底稿的会计师事务所在接受其他部门或单位依法查阅时,应给予密切的协助,讲明查阅要求和限制,对于查阅人要求复印或外携审计工作底稿时,注册会计师应考虑审计工作底稿的内容、性质以及影响。根据有关档案法的规定,由于查阅人悉知被审计单位商业秘密而泄密造成的损失和影响,拥有审计工作底稿所有权的会计师事务所无须承担连带责任。

【本章小结】

审计准则是审计理论的重要组成部分,它反映了审计工作的客观规律和基本要求,是指导审计实践,服务于审计实践,成为指导审计工作的原则和规范。

审计依据是衡量、鉴别审计事项的对与错、好与坏、高与低的准绳。

审计质量是指审计组织从事各项工作的优劣程度,包括审计工作质量和审计项目质量。

审计质量控制是审计组织和审计人员对自身活动进行的控制,它不同于法律和其他组织对审计的制约与控制。

审计证据是审计学中的一个核心概念,是形成审计意见,出具审计报告的依据。审计证据同时具备数量和质量双重特征,即充分性、适当性、相关性和可靠性。

审计证据按外形特征可分为实物证据、书面证据、口头证据和环境证据四大类。

注册会计师为了将所收集的分散的、个别的审计证据,变成充分、适当的证据,就必须按照一定的方法对审计证据进行整理与分析,使之条理化、系统化。

审计工作底稿是审计证据的载体,是审计证据的汇集,是审计过程和结果的书面证明,也是注册会计师形成审计结论、发表审计意见的直接依据。

审计工作底稿按性质和作用可分为综合类工作底稿、业务类工作底稿和备查类工作底稿三类。为了保证审计工作底稿的质量,会计师事务所应建立以主任会计师(或合作人)、部门经理和项目经理为复核人的审计工作底稿三级复核制度。

【关键术语】

审计准则,审计依据,审计质量标准,审计证据,实物证据,口头证据,环境证据,书面证据,审计工作底稿,综合类工作底稿,业务类工作底稿,备查类工作底稿,三级复核制。

【同步练习】

一、单项选择题

1. 下列对社会审计准则的表述最为正确的是(　　)。

A. 指出了实施注册会计师审计时应采用的方法和程序

B. 规范注册会计师的责任范围和内容

C. 为注册会计师计划审计工作、编写审计报告提供了指南

D. 提供了评价注册会计师审计工作的基础

2. 下列属于审计质量控制措施的是(　　)。

A. 对所有审计事项均采用详查法

B. 对所有审计项目都要实施后续审计

C. 审计工作底稿的复核制度

D. 在审计业务范围内,选择简单、易审的项目进行审计

3. 审计质量控制的主体是指(　　)。

A. 被审计单位　　B. 专门的审计组织和人员

C. 审计工作的全过程　　D. 审计测试工作

4. 能够证明实物资产的存在,但不能证明实物资产的权利的是(　　)。

A. 实物证据　　B. 书面证据

C. 口头证据　　D. 环境证据

5. 就其本身而言不具有证明力,但能为注册会计师发掘重要线索的审计证据是(　　)。

A. 外部证据　　B. 内部证据

C. 口头证据　　D. 环境证据

6. 审计人员通过监盘、观察等审计方法,可以获取(　　)。

A. 口头证据　　B. 环境证据

C. 书面证据　　D. 实物证据

7. 注册会计师现场监督被审计单位对各种实物资产及现金、有价证券的盘点,并进行适当的抽查。这指的是获取审计证据方法中的(　　)。

A. 检查　　B. 监盘

C. 观察　　D. 查询

8. 有时注册会计师不得不放弃“理想的审计证据”而代之以质量较差但仍能说明问题的审计证据。这是注册会计师基于(　　)的考虑。

A. 可靠性　　B. 成本效益

C. 重要性　　D. 适当性

9. 在审计证据中,比较容易获取,也容易被伪造或更改的是(　　)。

A. 实物证据　B. 口头证据
C. 环境证据　D. 书面证据

10. 审计工作底稿的所有权归属于(　　)。

A. 承接业务的会计师事务所　B. 具体承接业务的注册会计师
C. 具体经办审计业务的注册会计师　D. 经办审计业务的项目经理

二、多项选择题

1. 下列各项关于审计准则的表述恰当的有(　　)。

A. 审计师应遵循的行为规范　B. 评价审计师工作质量的标准
C. 确定和解脱审计责任的依据　D. 明确了具体审计事项的审计目标

2. 审计质量包括(　　)。

A. 审计管理质量　B. 审计项目质量
C. 审计工作质量　D. 审计规范质量

3. 下列各项中,作为审计人员在判断审计证据是否充分时应当考虑的主要因素包括(　　)。

A. 具体审计项目的重要程度以及获取审计证据的类型
B. 注册会计师及其助理人员的经验
C. 审计项目性质
D. 审计过程中是否发现重大错误或舞弊

4. 下列关于审计证据可靠性的表述中,正确的表述有(　　)。

A. 不同来源的审计证据相互印证的,具有更高的可靠性
B. 书面证据比口头证据更可靠
C. 越及时的审计证据越可靠
C. 主观证据比客观证据更可靠

5. 下列各项中,属于审计证据整理、分析的一般方法有(　　)。

A. 分类　B. 比较　C. 筛选　D. 综合

6. 下列各项中,属于审计工作底稿中主要记录的内容有(　　)。

A. 审计项目名称　B. 审计目标
C. 审计过程记录　D. 审计结论

7. 会计师事务所对审计工作底稿的复核,可以分为(　　)。

A. 项目组内的复核　B. 项目质量控制复核
C. 执业注册会计师的复核　D. 部门经理的复核

8. 注册会计师应当保持怀疑态度,运用职业判断,评价审计证据的(　　)。

A. 充分性　B. 适当性　C. 完整性　D. 可用性

9. 注册会计师确定从总体中选取特定项目进行测试,下列属于注册会计师应考虑选取的特定项目有(　　)。

A. 金额较大的项目　　B. 金额较小的项目
C. 重大或异常的交易　　D. 可能产生重大舞弊或错误的交易

10. 审计依据的特点有(　　)。

A. 重要性　　B. 层次性　　C. 时效性　　D. 地域性

三、判断题

1. 注册会计师为证明某一事项而自己编制的分析表就其来源而言,属于内部审计证据。(　　)

2. 书面证据是审计证据的主要组成部分,它能够证明实物资产的所有权及价值,也能够证明实物资产是否存在。(　　)

3. 审计人员在获取审计证据时应当考虑成本效益原则。(　　)

4. 客观审计证据比主观审计证据更可靠,内部审计证据比外部审计证据更可靠。(　　)

5. 在进行审计证据取舍时,凡是金额较小的审计证据均可舍弃,不反映到审计报告中去。(　　)

6. 审计依据不受地域的限制,不同地区、不同行业和不同部门的审计依据完全相同。(　　)

7. 环境证据不能独立证明某一项的真相,但能够帮助注册会计师了解被审计单位的经营环境,为其做出判断提供帮助。(　　)

8. 会计凭证对于财务报表而言是间接证据,但对于会计账簿而言则是直接证据。(　　)

9. 如果审计人员具有相当的审计经验,在搜集审计证据时,可以相对减少所需审计证据的数量。(　　)

10. 编制审计工作底稿时,要求做到资料翔实、重点突出、结论明确、要素齐全、记录清晰。(　　)

四、思考题

1. 什么是审计准则? 为什么要制定审计准则?
2. 审计准则与审计依据有什么区别?
3. 说明编制审计工作底稿的意义。
4. 什么是审计证据? 鉴定审计证据的标准有哪些?
5. 什么是审计依据? 审计依据应具备哪些特点?

五、综合题

1. 任务:根据所给审计工作底稿进行审计档案分类。
2. 要求:将所给审计工作底稿分为当期档案和永久性档案。

3. 资料：CPA 已经完成对某股份有限公司的审计外勤工作，在出具审计报告之前对审计过程中形成的工作底稿进行整理，请你将 CPA 搜集到的企业资料及编制的工作底稿进行归类并填入下表。

工作底稿名称	审计档分类
被审计单位营业执照副本复印件	
客户基本情况表	
审计业务约定书	
应收账款函证结果汇总表	
应付工资审定表	
股东大会记录	

第五章 审计计划、审计重要性和审计风险

引言

计划是做好管理工作的基础,为了达到审计的目标,审计人员在执行具体的审计程序之前必须编制审计工作计划,对实施审计工作的方式,审计计划的性质、时间和范围做出总体和详细的规划与说明。审计策略是高质量完成审计工作的保障。

本章主要介绍了审计计划的作用、内容、编制及审核;审计重要性定义及运用;审计风险的概念、组成要素及应用。

通过本章的学习要求了解审计计划的含义,掌握初步业务活动、审计计划;了解重要性的概念,掌握重要性的运用;了解审计风险的含义,理解审计风险的应用。

本章重点:审计计划;审计重要性;审计风险。

本章难点:审计重要性。

案例导入

麦道夫金融欺诈案——史上最大"庞氏骗局"

美国联邦法院 2008 年 12 月 29 日裁决,纳斯达克股票市场公司前董事会主席伯纳德·麦道夫必须在 2008 年 12 月 31 日前向美国证券交易委员会披露所有投资、贷款、授信额度、企业持股、证券账户等相关资产信息。届时,这一金额高达 500 亿美元的历史上最大"庞氏骗局"的受害者将可以估算出,他们有多少概率拿回资金。

现年 70 岁的麦道夫在长达 20 年的时间里编织了一个巨大的"庞氏骗局"。该骗局因其"发明者"——20 世纪初从意大利移民美国的投机商人查尔斯·庞齐而得名,即以高额回报引诱投资者,同时用后来投资者的资金偿付前期投资者。

直到金融危机爆发,资金赎回压力越来越大,麦道夫才于 12 月 10 日晚向担任其公司高管的两个儿子坦白自己的谎言。第二天,麦道夫因涉嫌欺诈被美国联邦调查局拘捕。随着案件更多细节浮出水面,这场时间跨度之长、金额之大、影响范围之广都堪称史无前例的金融诈骗案震惊了世界。

直接或者间接投资麦道夫名下基金的本案受害者多达数千人,包括南美洲、欧洲和亚洲众多银行和机构投资者、对冲基金、学校、慈善基金,甚至许多和麦道夫同为犹太裔的富人。其中费尔菲尔德·格林尼治集团经营的对冲基金损失最高,达 75 亿美元。而包括西班牙金融业巨头桑坦德银行、英国汇丰银行、法国巴黎银行和日本野村证券在内的众多知名国际金融机构也面临上亿甚至数十亿美元的损失。

麦道夫案影响持续发酵。12 月 23 日,现年 65 岁的知名法国基金经理蒂里·德拉维莱

切特因投资麦道夫所设对冲基金损失惨重,“无法应对随之而来的压力”,在位于美国纽约的办公室自杀。同一天,美国纽约大学起诉同是本案受害者之一的对冲基金经理人埃兹拉·梅尔金,理由是梅尔金把受纽约大学委托管理的资金投于麦道夫名下基金,导致这所大学损失大约 2 400 万美元。瑞士媒体 28 日报道,瑞士第二大银行瑞士信贷银行的客户在麦道夫金融欺诈案中,损失可能高达 10 亿瑞士法郎(约合 9.34 亿美元)。

“庞氏骗局”通常撑不了多久就会被揭穿,但麦道夫却成功地维持了近 20 年。究其原因主要有如下几点。

首先,麦道夫“白壁无瑕”的从业记录和“传奇人物”身份为他赢得了广泛的信任。麦道夫是倡导场外电子交易的先驱之一,致力于推动建立交易透明化、公平化机制。他行事低调,为人谦和,从不夸夸其谈,个人信誉一直非常好。

其次,麦道夫深谙投资者心理。他向客户承诺的年投资回报率一般在百分之十几左右,并非高得离谱,而且每个月都会向客户提交投资报告,而客户也随时能够在数日之内赎回资金,使投资者不虞有诈。

同时,麦道夫处事十分谨慎。联邦调查局的起诉书显示,麦道夫公司的资产管理部门和交易部门分别在不同的楼层办公,麦道夫对公司财务状况一直秘而不宣,而投资顾问业务的所有账目、文件都被麦道夫“锁在保险箱里”。他也从不向外界披露投资业务的基本信息。

另外,麦道夫非常善于为自己营造神秘氛围。他摸透了富人的心理,不接受投资者主动上门,而是“邀请”客户加入。这样的行骗方式让那些好不容易“入围”的投资者不觉“可疑”,因为他们即使怀疑麦道夫的投资策略,也不会怀疑那些介绍自己加入的、已经赚到钱的人。

麦道夫案再一次暴露了美国金融监管不力的弊病。据美国媒体披露,联邦调查机构在调查中发现,麦道夫公司运营的一个资金管理部门从来没有按规定在证交会注册,而自 2006 年 9 月麦道夫注册其投资顾问业务以来,证交会也从来没有按惯例检查过其账目。事实上,证交会曾于 1992 年、2005 年和 2007 年三次对麦道夫公司进行审查,但是均未提请采取法律行动。在过去 10 多年间,有不少业内人士、媒体记者对麦道夫的投资奇迹提出过质疑,甚至向证交会举报麦道夫,也没有促成对其的调查。

第一节　审计计划

一、审计计划概述

(一)审计计划的意义

根据《中国注册会计师审计准则第 1201 号——计划审计工作》第三条的规定,注册会计师应当计划审计工作,使审计业务以有效的方式得到执行。

(1)合理的审计计划有助于注册会计师顺利完成审计工作和控制审计风险。

(2)合理的审计计划有助于注册会计师关注重点审计领域、及时发现和解决潜在问题、恰当地组织和管理审计工作,以使审计工作更加有效。

(3)合理的审计计划有助于注册会计师对项目组成员进行恰当分工和指导监督,并复核其工作。

(4)合理的审计计划有助于协调其他注册会计师和专家的工作。

(二)审计计划的两个层次

审计计划分为总体审计策略和具体审计计划两个层次。制定审计计划包括针对审计业务制定总体审计策略和具体审计计划,以将审计风险降至可接受的低水平。

(三)审计计划的参与者

制定审计计划十分重要,很多关键决策往往在这个阶段做出,如可接受的审计风险水平和重要性的确定、项目人员的配置,等等。鉴于其重要性,项目负责人和项目组其他主要成员应当参与制定审计计划,利用其经验和见解,以提高制定过程的效率和效果。

二、初步业务活动

(一)初步业务活动的内容

注册会计师应当在本期审计业务开始时开展下列三项初步业务活动。

1. 针对保持客户关系和具体审计业务实施相应的质量控制程序

针对保持客户关系和具体审计业务实施质量控制程序,并且根据实施相应程序的结果做出适当的决策是注册会计师控制审计风险的重要环节。在连续审计时,注册会计师通常执行针对保持客户关系和具体审计业务的质量控制程序。在首次接受审计委托时,注册会计师需要执行针对建立有关客户关系和承接具体审计业务的质量控制程序。总体来说,无论是连续审计还是首次接受审计委托,注册会计师均应当考虑下列主要事项,以确定保持客户关系和具体审计业务的结论是恰当的。

(1)被审计单位的主要股东、关键管理人员和治理层是否诚信。

(2)项目组是否具备执行审计业务的专业胜任能力以及必要的时间和资源。

(3)会计师事务所和项目组能否遵守职业道德规范。

由于在连续审计的情况下,注册会计师已经积累了一定的审计经验,因此在决定是否保持与某一客户的关系时,项目负责人通常重点考虑本期或前期审计中发现的重大事项,及其对保持该客户关系的影响。在实际业务中,会计师事务所可以区别首次接受审计委托和连续审计的情况制定不同的质量控制程序,以提高审计工作的效率及效果。

2. 评价遵守职业道德规范的情况

评价遵守职业道德规范的情况也是一项非常重要的初步业务活动。职业道德规范要求项目组成员恪守独立、客观、公正的原则,保持专业胜任能力和应有的关注,并对审计过程中获知的信息保密。

对于保持独立性,质量控制准则要求会计师事务所制定政策和程序,以及项目负责人实施相应措施。例如,会计师事务所应当每年至少一次向所有受独立性要求约束的人员获取其遵守独立性政策和程序的书面确认函。值得注意的是，由于审计过程中情况会发生变化，注册会计师对上述第一项（针对保持客户关系和具体审计业务实施相应的质量控制程序）及第二项（评价遵守职业道德规范的情况）的考虑应当贯穿审计业务的全过程。

虽然保持客户关系及具体审计业务和评价职业道德的工作贯穿审计业务的全过程，但是这两项活动需要安排在其他审计工作之前，以确保注册会计师已具备执行业务所需要的独立性和专业胜任能力，且不存在因管理层诚信问题而影响注册会计师保持该项业务意愿等情况。

3. 及时签订或修改审计业务约定书

在做出接受或保持客户关系及具体审计业务的决策后，注册会计师应当按照《中国注册会计师审计准则第 1111 号——审计业务约定书》的规定，在审计业务开始前，与被审计单位就审计业务约定条款达成一致意见，签订或修改审计业务约定书，以避免双方对审计业务的理解产生分歧。

（二）初步业务活动的目的

注册会计师开展初步业务活动有助于确保在计划审计工作时达到下列要求。

（1）注册会计师已具备执行业务所需要的独立性和专业胜任能力。

（2）不存在因管理层诚信问题而影响注册会计师保持该项业务意愿的情况。

（3）与被审计单位不存在对业务约定条款的误解。

三、总体审计策略

（一）制定总体审计策略时需要考虑的事项

注册会计师应当为审计工作制定总体审计策略。在制定总体审计策略时，注册会计师应当考虑审计范围、报告目标、审计方向等主要事项，这些事项也会影响具体审计计划。

1. 审计范围

注册会计师应当确定审计业务的特征，包括采用的会计准则和相关会计制度、特定行业的报告要求以及被审计单位组成部分的分布等，以确定审计范围。

2. 报告目标

总体审计策略的制定应当包括明确审计业务的报告目标，以计划审计的时间安排和所需沟通的性质，包括提交审计报告的时间要求，预期与管理层和治理层沟通的重要日期等。

3. 审计方向

总体审计策略的制定应当包括考虑影响审计业务的重要因素，以确定项目组工作方向，包括确定适当的重要性水平，初步识别可能存在较高的重大错报风险的领域，初步识别重要的组成部分和账户余额，评价是否需要针对内部控制的有效性获取审计证据，识别被审计单位、所处行业、财务报告要求及其他相关方面最近发生的重大变化等。

（二）总体审计策略的内容

注册会计师应当在总体审计策略中清楚地说明下列内容。

（1）向具体审计领域调配的资源，包括向高风险领域分派有适当经验的项目组成员、就复杂的问题利用专家工作等。

（2）向具体审计领域分配资源的数量，包括安排到重要存货存放地观察存货盘点的项目组成员的数量、对其他注册会计师工作的复核范围、对高风险领域安排的审计时间预算等。

（3）何时调配这些资源，包括是在期中审计阶段还是在关键的截止日期调配资源等。

（4）如何管理、指导、监督这些资源的利用，包括预期何时召开项目组预备会和总结会、预期项目负责人和经理如何进行复核、是否需要实施项目质量控制复核等。

（三）总体审计策略的详略程度

总体审计策略的详略程度应当依被审计单位的规模及该项审计业务的复杂程度的不同而变化。在小型被审计单位审计中，全部审计工作可能由一个很小的审计项目组执行，项目组成员间容易沟通和协调，总体审计策略可以相对简单。

四、具体审计计划

注册会计师应当为审计工作制定具体审计计划。具体审计计划应当包括风险评估程序、计划实施的进一步审计程序和计划实施的其他审计程序。

（一）风险评估程序

具体审计计划应当包括按照《中国注册会计师审计准则第 1211 号——了解被审计单位及其环境并评估重大错报风险》的规定，为了能够识别和评估财务报表重大错报风险，注册会计师计划实施的风险评估程序的性质、时间和范围。

（二）计划实施的进一步审计程序

具体审计计划应当包括按照《中国注册会计师审计准则第 1231 号——针对评估的重大错报风险实施的程序》的规定，针对评估的认定层次的重大错报风险，注册会计师计划实施的进一步审计程序的性质、时间和范围。

通常，注册会计师计划的进一步审计程序可以分为进一步审计程序的总体方案和拟实施的具体审计程序两个层次。

（三）计划实施的其他审计程序

具体审计计划应当包括根据《中国注册会计师审计准则》的规定，注册会计师针对审计业务需要实施的其他审计程序。计划的其他审计程序可以包括上述进一步程序的计划中没有涵盖的、根据其他审计准则的要求注册会计师应当执行的既定程序。例如，阅读含有已审计财务报表的文件中的其他信息，与被审计单位律师直接沟通等。

五、总体审计策略与具体审计计划的关系

制定总体审计策略和具体审计计划的过程紧密联系，并且两者的内容也紧密相关。总体审计策略一经制定，注册会计师应当针对总体审计策略中所识别的不同事项，制定具体审

计计划，并考虑通过有效利用审计资源以实现审计目标。值得注意的是，虽然编制总体审计策略的过程通常在具体审计计划之前，但是两项计划活动并不是孤立、不连续的过程，而是内在紧密联系的，对其中一项的决定可能会影响甚至改变对另外一项的决定。对此，注册会计师可能会在具体审计计划中制定相应的审计程序，并相应调整总体审计策略的内容。

六、审计过程中对计划的更改

计划审计工作并非审计业务的一个孤立阶段，而是一个持续的、不断修正的过程。注册会计师应当在审计过程中对总体审计策略和具体审计计划做出必要的更新和修改。

审计过程可以分为不同阶段，通常前一阶段的工作结果会对后一阶段的工作计划产生影响，而后一阶段的工作过程中又可能发现需要对已制定的相关计划进行相应的更新和修改。通常，这些更新和修改涉及比较重要的事项。对重要性水平的修改，对某类交易、账户余额和列报的重大错报风险的评估和进一步审计程序的更新和修改等。一旦计划被更新和修改，审计工作也就应当进行相应修正。

例如，如果在制定审计计划时，注册会计师基于对材料采购交易的相关控制的设计和执行获取的审计证据，认为相关控制设计合理并得以执行，因此未将其评价为高风险领域并且计划实施控制测试。但是，在实施控制测试时获取的审计证据与审计计划阶段获取的审计证据相矛盾，注册会计师认为该类交易的控制没有得到有效执行，此时注册会计师可能需要修正对该类交易的风险评估，并基于修正的风险评估结果修改计划的审计方案，如采用实质性方案。

七、指导、监督与复核

注册会计师应当就对项目组成员工作的指导、监督与复核的性质、时间和范围制定计划。对项目组成员工作的指导、监督与复核的性质、时间和范围主要取决于下列因素。

（1）被审计单位的规模和复杂程度。

（2）审计领域。

（3）重大错报风险。

（4）执行审计工作的项目组成员的素质和专业胜任能力。

注册会计师应当在评估重大错报风险的基础上，计划对项目组成员工作的指导、监督与复核的性质、时间和范围。当评估的重大错报风险增加时，注册会计师通常会扩大指导与监督的范围，增强指导与监督的及时性，执行更详细的复核工作。在计划复核的性质、时间和范围时，注册会计师还应考虑单个项目组成员的素质和专业胜任能力。

八、对计划审计工作的记录

注册会计师应当记录总体审计策略和具体审计计划，包括在审计工作过程中做出的任何重大更改。

（一）记录的内容

1. 对总体审计策略的记录

注册会计师对总体审计策略的记录，应当包括为恰当计划审计工作和向项目组传达重大事项而做出的关键决策。例如，注册会计师可以以备忘录的形式记录总体审计策略，包括对审计的范围、时间及执行所做出的关键决策。

2. 对具体审计计划的记录

注册会计师对具体审计计划的记录，应当能够反映下列内容。

（1）计划实施的风险评估程序的性质、时间和范围。

（2）针对评估的重大错报风险计划实施的进一步审计程序的性质、时间和范围。

注册会计师对具体审计计划的记录可以使用标准的审计程序表或审计工作完成核对表，但应当根据具体审计业务的情况做出适当修改。

3. 对计划的重大修改的记录

注册会计师应当记录对总体审计策略和具体审计计划做出的重大更改及其理由，以及对导致此类更改的事项、条件或审计程序结果采取的应对措施。

（二）记录的形式和范围

注册会计师对计划审计工作记录的形式和范围，取决于被审计单位的规模和复杂程度、重要性、具体审计业务的情况以及对其他审计工作记录的范围等事项。

九、与治理层和管理层的沟通

注册会计师可以就计划审计工作的基本情况与被审计单位治理层和管理层进行沟通。对此，注册会计师应当按照《中国注册会计师审计准则第 1151 号——与治理层的沟通》中的有关规定执行。沟通的内容可以包括审计的时间安排和总体策略，审计工作中受到的限制及治理层和管理层对审计工作的额外要求等。

与治理层和管理层的沟通有助于注册会计师协调某些计划的审计程序与被审计单位人员工作之间的关系，从而使审计业务更易于执行和管理，提高审计效率与效果。

注册会计师与治理层、管理层进行沟通时，应当保持职业谨慎，以防止由于具体审计程序易于被管理层或治理层所预见而损害审计工作的有效性。

需要强调的是，虽然注册会计师可以就总体审计策略和具体审计计划的某些内容与治理层和管理层沟通，但是制定总体审计策略和具体审计计划仍然是注册会计师的责任。

第二节　审计重要性

一、审计重要性的含义

审计重要性取决于在具体环境下对错报金额和性质的判断。如果一项错报单独或连同其他错报可能影响财务报表使用者依据财务报表做出的经济决策，则该项错报是重大的。

为了更清楚地理解重要性的概念，需要注意以下几点。

（1）重要性概念中的错报包含漏报。财务报表错报包括财务报表金额的错报和财务报表披露的错报。

（2）重要性包括对数量和性质两个方面的考虑。所谓"数量方面"，是指错报的金额大小；性质方面则是指错报的性质。一般而言，金额大的错报比金额小的错报更重要。在有些情况下，某些金额的错报从数量上看并不重要，但从性质上考虑，则可能是重要的。对于某些财务报表披露的错报，难以从数量上判断是否重要，应从性质上考虑其是否重要。

（3）重要性概念是针对财务报表使用者决策的信息需求而言的。判断一项错报重要与否，应视其对财务报表使用者依据财务报表做出经济决策的影响程度而定。如果财务报表中的某项错报足以改变或影响财务报表使用者的相关决策，则该项错报就是重要的，否则就不重要。

（4）重要性的确定离不开具体环境。由于不同的被审计单位面临不同的环境，不同的报表使用者有着不同的信息需求，因此注册会计师确定的重要性也不相同。某一金额的错报对一个被审计单位的财务报表来说是重要的，而对另一个被审计单位的财务报表来说可能不重要。例如，错报 10 万元对一个小公司来说可能是重要的，而对另一个大公司来说则可能不重要。

（5）对重要性的评估需要运用职业判断。影响重要性的因素很多，注册会计师应当根据被审计单位面临的环境，并综合考虑其他因素，合理确定重要性水平。不同的注册会计师在确定同一被审计单位财务报表层次和认定层次的重要性水平时，得出的结果可能不同，主要是因为对影响重要性的各因素的判断存在差异。因此，注册会计师需要运用职业判断来合理评估重要性。

需要注意的是，如果仅从数量角度考虑，重要性水平只是一个门槛或临界点。在该门槛或临界点之上的错报就是重要的；反之，该错报则不重要。重要性并不是财务信息的主要质量特征。

二、重要性的确定

（一）确定计划的重要性水平时应考虑的因素

在计划审计工作时，注册会计师应当确定一个可接受的重要性水平，以发现在金额上重大的错报。

注册会计师在确定计划的重要性水平时，应当考虑以下主要因素。

1. 对被审计单位及其环境的了解

被审计单位的行业状况、法律环境与监管环境等其他外部因素，以及被审计单位的业务性质，会计政策的选择和应用，被审计单位的目标、战略及相关的经营风险，被审计单位的内部控制等因素，都将影响注册会计师对重要性水平的判断。

2. 审计的目标（包括特定报告要求）

信息使用者的要求等因素影响注册会计师对重要性水平的确定。例如，对特定财务报表项目进行审计的业务，其重要性水平可能需要以该项目金额，而不是以财务报表的一些汇总性财务数据为基础加以确定。

3. 财务报表各项目的性质及相互关系

财务报表使用者对不同的报表项目的关心程度不同。一般而言，如果认为流动性较高的项目出现较小金额的错报就会影响报表使用者的决策，注册会计师应当对此从严确定重要性水平。由于财务报表各项目之间是相互联系的，注册会计师在确定重要性水平时，需要考虑这种相互联系。

4. 财务报表项目的金额及波动幅度

财务报表项目的金额及波动幅度可能促使财务报表使用者做出不同的反应。因此，注册会计师在确定重要性水平时，应当深入研究这些项目的金额及波动幅度。

总之，只要是影响预期财务报表使用者决策的因素，都可能对重要性水平产生影响。注册会计师应当在计划阶段充分考虑这些因素，并采用合理的方法，确定重要性水平。

（二）从数量方面考虑重要性

注册会计师应当从数量和性质两个方面考虑重要性。重要性水平是针对错报的金额大小而言。重要性水平是一个经验值，注册会计师只能通过职业判断确定重要性水平。在审计过程中，注册会计师应当考虑财务报表层次和各类交易、账户余额、列报认定层次的重要性水平。

1. 财务报表层次的重要性水平

由于财务报表审计的目标是注册会计师通过执行审计工作对财务报表出具审计意见，因此，注册会计师应当考虑财务报表层次的重要性。只有这样，才能得出财务报表是否公允反映的结论。注册会计师在制定总体审计策略时，应当确定财务报表层次的重要性水平。

确定多大错报会影响到财务报表使用者所做决策，是注册会计师运用职业判断的结果。很多注册会计师根据所在会计师事务所的惯例及自己的经验，考虑重要性水平。注册会计师通常先选择一个恰当的基准，再选用适当的百分比乘以该基准，从而得出财务报表层次的重要性水平。

在实践中，有许多汇总性财务数据可以用作确定财务报表层次重要性水平的基准，如总资产、净资产、销售收入、费用总额、毛利、净利润等。在选择适当的基准时，注册会计师应当考虑的因素如下。

（1）财务报表的要素（如资产、负债、所有者权益、收入和费用等）、适用的会计准则和相关会计制度所定义的财务报表指标（如财务状况、经营成果和现金流量），以及适用的会计准则和相关会计制度提出的其他具体要求。

（2）对某被审计单位而言，是否存在财务报表使用者特别关注的财务报表项目（如特别关注与评价经营成果相关的信息）。

（3）被审计单位的性质及所在行业。

（4）被审计单位的规模、所有权性质以及融资方式。

注册会计师对基准的选择有赖于被审计单位的性质和环境。例如，对以营利为目的的被审计单位，来自经常性业务的税前利润或税后净利润可能是一个适当的基准，而对收益不稳定的被审计单位或非营利性组织，选择税前利润或税后净利润作为判断重要性水平的基准就不合适。对资产管理公司，净资产可能是一个适当的基准。注册会计师通常会选择一个相对稳定、可预测且能够反映被审计单位正常规模的基准。由于销售收入和总资产具有相对稳定性，注册会计师经常将其用作确定重要性水平的基准。

在确定恰当的基准后，注册会计师通常运用职业判断合理选择百分比，据以确定重要性水平。以下是一些参考数值的举例。

（1）对以营利为目的的企业，为来自经常性业务的税前利润或税后利润的5%，或总收入的0.5%。在适当情况下，也可采用总资产或净资产的一定比例等。

（2）对非营利性组织，为费用总额或总收入的0.5%。

（3）对共同基金公司，为净资产的0.5%。

重要性的评估需要职业判断。注册会计师执行具体审计业务时，可能认为采用比上述百分比更高或更低的比例是适当的。当根据不同的基准计算出不同的重要性水平时，注册会计师应当根据实际情况决定采用何种计算方法更为恰当。

此外，注册会计师在确定重要性水平时，通常考虑以前期间的经营成果和财务状况、本期的经营成果和财务状况、本期的预算和预测结果、被审计单位情况的重大变化（如重大的企业合并）以及宏观经济环境和所处行业环境发生的相关变化。例如，注册会计师在将净利润作为确定某被审计单位重要性水平的基准时，因情况变化使该被审计单位本年度净利润出现意外的增加或减少，注册会计师可能认为选择近几年的平均净利润作为确定重要性水平的基准更加合适。

注册会计师在确定重要性水平时，不需要考虑与具体项目计量相关的固有不确定性。例如，财务报表含有高度不确定性非常高的大额估计，注册会计师并不会因此而确定一个比不含有该估计的财务报表的重要性更高或更低的重要性水平。

2. 各类交易、账户余额、列报认定层次的重要性水平

由于财务报表提供的信息由各类交易、账户余额、列报认定层次的信息汇集加工而成，注册会计师只有通过对各类交易、账户余额、列报认定层次实施审计，才能得出财务报表是否公允反映的结论。因此，注册会计师还应当考虑各类交易、账户余额、列报认定层次的重要性。

各类交易、账户余额、列报认定层次的重要性水平称为“可容忍错报”。可容忍错报的确定以注册会计师对财务报表层次重要性水平的初步评估为基础。它是在不导致财务报表存在重大错报的情况下，注册会计师对各类交易、账户余额、列报确定的可接受的最大错报。

在确定各类交易、账户余额、列报认定层次的重要性水平时，注册会计师应当考虑以下主要因素。

（1）各类交易、账户余额、列报的性质及错报的可能性。

（2）各类交易、账户余额、列报的重要性水平与财务报表层次重要性水平的关系。由于各类交易、账户余额、列报确定的重要性水平即可容忍错报，对审计证据数量有直接的影响，因此注册会计师应当合理确定可容忍错报。

需要强调的是，在制定总体审计策略时，注册会计师应当对那些金额本身就低于所确定的财务报表层次重要性水平的特定项目作额外的考虑。注册会计师应当根据被审计单位的具体情况，运用职业判断，考虑是否能够合理预计这些项目的错报将影响使用者依据财务报表做出的经济决策（如有这种情况的话）。注册会计师在做出这一判断时，应当考虑的因素如下。

（1）会计准则、法律法规是否影响财务报表使用者对特定项目计量和披露的预期（如关联方交易、管理层及治理层的报酬）。

（2）与被审计单位所处行业及其环境相关的关键性披露（如制药业的研究与开发成本）。

（3）财务报表使用者是否特别关注财务报表中单独披露的特定业务分部（如新近购买的业务）的财务业绩。

了解治理层和管理层对上述问题的看法和预期，可能有助于注册会计师根据被审计单位的具体情况做出这一判断。

（三）从性质方面考虑重要性

金额不重要的错报从性质上看有可能是重要的。注册会计师在判断错报的性质是否重要时应该考虑以下具体情况。

（1）错报对遵守法律法规要求的影响程度。

（2）错报对遵守债务契约或其他合同要求的影响程度。

（3）错报掩盖收益或其他趋势变化的程度（尤其在联系宏观经济背景和行业状况进行考虑时）。

（4）错报对用于评价被审计单位财务状况、经营成果或现金流量的有关比率的影响程度。

（5）错报对财务报表中列报的分部信息的影响程度。例如，错报事项对分部或被审计单位其他经营部分的重要程度，而这些分部或经营分部对被审计单位的经营或赢利有重大影响。

（6）错报对增加管理层报酬的影响程度。例如，管理层通过错报来达到有关奖金或其他激励政策规定的要求，从而增加其报酬。

（7）错报对某些账户余额之间错误分类的影响程度，这些错误分类影响到财务报表中应单独披露的项目。例如，经营收益和非经营收益之间的错误分类，非营利性单位的受到限制资源和非限制资源的错误分类。

（8）相对于注册会计师所了解的以前向报表使用者传达的信息（如赢利预测）而言，错报的重大程度。

（9）错报是否与涉及特定方的项目相关。例如，与被审计单位发生交易的外部单位是否与被审计单位管理层的成员有关联。

（10）错报对信息漏报的影响程度。在有些情况下，适用的会计准则和相关会计制度并未对该信息做出具体要求，但是注册会计师运用职业判断，认为该信息对财务报表使用者了解被审计单位的财务状况、经营成果或现金流量很重要。

（11）错报对与审计财务报表一同披露的其他信息的影响程度，该影响程度的合理预期将对财务报表使用者做出经济决策产生影响。

需要指出的是，这些因素只是举例，不可能包括所有情况，也并非所有审计都会出现上述全部因素。注册会计师不能以存在这些因素为由而必然认为错报是重大的。这些因素仅供注册会计师参考。

（四）何时应考虑重要性

在确定审计程序的性质、时间和范围以及评价错报的影响时，注册会计师应当考虑重要性。

三、重要性与审计风险的关系

（一）重要性与审计风险的关系

审计风险是指财务报表存在重大错报而注册会计师出具不恰当审计意见的可能性。

重要性与审计风险之间存在反向关系。重要性水平越高，审计风险越低；重要性水平越低，审计风险越高。这里所说的重要性水平高低指的是金额的大小。通常，4 000 元的重要性水平比 2 000 元的重要性水平高。在理解两者之间的关系时，必须注意重要性水平是注册会计师从财务报表使用者的角度进行判断的结果。如果重要性水平是 4 000 元，则意味着低于 4 000 元的错报不会影响到财务报表使用者的决策，此时注册会计师需要通过执行有关审计程序合理保证能发现高于 4 000 元的错报。如果重要性水平是 2 000 元，则金额在 2 000 元以上的错报就会影响财务报表使用者的决策，此时注册会计师需要通过执行有关审计程序合理保证能发现金额在 2 000 元以上的错报。显然，重要性水平为 2 000 元时审计不出这样的重大错报的可能性即审计风险，要比重要性水平为 4 000 元时的审计风险高。审计风险越高，越要求注册会计师收集更多、更有效的审计证据，将审计风险降至可接受的低水平。因此，重要性和审计证据之间也是反向变动关系。

值得注意的足，注册会计师不能通过不合理地人为调高重要性水平，降低审计风险。因为重要性是依据重要性概念中所述的判断标准确定的，而不是由主观期望的审计风险水平决定的。

由于重要性和审计风险存在上述反向关系，而且这种关系对注册会计师将要执行的审计程序的性质、时间和范围有直接影响，因此注册会计师应当综合考虑各种因素，合理确定重要性水平。

（二）考虑重要性与审计风险的关系对审计程序的影响

注册会计师对重要性及其与审计风险的关系的考虑贯穿于注册会计师审计工作的全程。在不同的审计阶段，重要性与审计风险的关系都会对审计程序产生影响。

1. 在审计计划阶段

在审计计划阶段，注册会计师在确定审计程序的性质、时间和范围时，需要考虑计划的重要性水平。在计划审计工作时，注册会计师应当考虑导致财务报表发生重大错报的原因，并应当在了解被审计单位及其环境的基础上，确定一个可接受的重要性水平，即首先为财务报表层次确定重要性水平，以发现在金额上重大的错报。同时，注册会计师还应当评估各类交易、账户余额及列报认定层次的重要性，以便确定进一步审计程序的性质、时间和范围，将审计风险降至可接受的低水平。

2. 在审计执行阶段

随着审计过程的推进，注册会计师应当及时评价计划阶段确定的重要性水平是否仍然合理，并根据具体环境的变化或在审计执行过程中进一步获取的信息，修正计划的重要性水平，进而修改进一步审计程序的性质、时间和范围。例如，随着审计证据的累积，注册会计师可能认为初始选用的重要性基准并不恰当，需要选用其他的基准来计算重要性水平。在确定审计程序后，如果注册会计师决定接受更低的重要性水平，审计风险将增加。注册会计师应当选用下列方法将审计风险降至可接受的低水平。

（1）如有可能，通过扩大控制测试范围或实施追加的控制测试，降低评估的重大错报风险，并支持降低后的重大错报风险水平。

（2）通过修改计划实施的实质性程序的性质、时间和范围，降低检查风险。

（3）在评价审计程序结果时，注册会计师确定的重要性和审计风险，可能与计划审计工作时评估的重要性和审计风险存在差异。在这种情况下，注册会计师应当重新确定重要性和审计风险，并考虑实施的审计程序是否充分。

四、评价错报的影响

（一）尚未更正错报的汇总数

尚未更正错报的汇总数包括已经识别的具体错报和推断误差，具体说明如下。

1. 已经识别的具体错报

已经识别的具体错报是指注册会计师在审计过程中发现的，能够准确计量的错报，包括下列两类。

（1）对事实的错报。这类错报产生于被审计单位收集和处理数据的错误，对事实的忽略或误解或故意舞弊行为。例如，注册会计师在实施细节测试时发现最近购入存货的实际价值为 15 000 元，但账面记录的金额却为 10 000 元。因此，存货和应付账款都被低估了 5 000 元，这里被低估的 5 000 元就是已识别的对事实的具体错报。

（2）涉及主观决策的错报。这类错报产生于两种情况。一是管理层和注册会计师对会计估计值的判断差异。例如，由于包含在财务报表中的管理层做出的估计值超出了注册会计师确定的一个合理范畴，导致出现判断差异。二是管理层和注册会计师对选择和运用会计政策的判断差异，由于注册会计师认为管理层选用会计政策造成错误，管理层却认为选用会计政策适当，导致出现判断差异。

2. 推断误差

推断误差也称"可能误差"，是注册会计师对不能明确、具体地识别其他错报的最佳估计数。推断误差通常包括以下几个方面。

（1）通过测试样本估计出的总体的错报减去在测试中发现的已经识别的具体错报。例如，应收账款年末余额为 2 000 万元，注册会计师抽查样本发现金额被高估 100 万元，高估部分为账面金额的 20%，据此，注册会计师推断总体的错报金额为 400 万元（2 000 万元 ×20%），那么上述 100 万元就是已识别的具体错报，其余 300 万元即为推断误差。

（2）通过实质性分析程序推断出的估计错报。例如，注册会计师根据客户的预算资料及行业趋势等要素，对客户年度销售费用独立地做出估计，并与客户账面资料比较，发现两者之间存在 50% 的差异。考虑到估计的精确性有限，注册会计师根据经验认为 10% 的差异通常是可以接受的，而剩余 40% 的差异需要有合理解释并取得佐证性证据。假定注册会计师对其中 20% 的差异无法得到合理解释或不能取得佐证，则该部分差异金额即为推断误差。

（二）评价尚未更正错报的汇总数的影响

注册会计师需要在出具审计报告之前，评估尚未更正错报单独或累积的影响是否重大。在评估时，注册会计师应当从特定的某类交易、账户余额及列报认定层次和财务报表层次考虑这些错报的金额和性质，以及这些错报发生的特定环境。

注册会计师应当分别考虑每项错报对相关交易、账户余额及列报的影响，包括错报是否超过之前为特定交易、账户余额及列报所设定的较之财务报表层次重要性水平更低的可容忍错报。此外，如果某项错报可能是舞弊造成的，无论其金额大小，注册会计师均应考虑对整个财务报表审计的影响。考虑到某些错报发生的环境，即使其金额低于计划的重要性水平，注册会计师仍可能认为其单独或连同其他错报从性质上看是重大的。可能影响注册会计师评估错报从性质上看是否重大的因素包括，错报是否与违反监管要求或合同规定有关、是否掩盖了收益或其他趋势的变化、是否影响用来评价被审计单位财务状况、经营成果和现金流量的相关比率、是否会导致管理层报酬的增加、是否影响财务报表中列示的分部信息等。

注册会计师在评估未更正错报是否重大时，不仅需要考虑每项错报对财务报表的单独影响，而且需要考虑所有错报对财务报表的累积影响及形成原因，尤其是一些金额较小的错报，虽然单个看起来并不重大，但是其累计数却可能对财务报表产生重大的影响。例如，某个月末发生的错报可能并不重要,但是如果每个月末都发生相同的错报,其累计数就有可能对财务报表产生重大影响。为全面评价错报的影响,注册会计师应将审计过程中已识别的具体错报和推断误差进行汇总。

尚未更正错报与财务报表层次重要性水平相比,可能出现以下两种情况。

(1)尚未更正错报的汇总数低于重要性水平(并且特定项目的尚未更正错报也低于考虑其性质所设定的更低的重要性水平)。如果尚未更正错报汇总数低于重要性水平,对财务报表的影响不重大,注册会计师可以发表无保留意见的审计报告。

(2)尚未更正错报的汇总数超过或接近重要性水平。如果尚未更正错报汇总数超过了重要性水平,对财务报表的影响可能是重大的,注册会计师应当考虑通过扩大审计程序的范围或要求管理层调整财务报表,降低审计风险。在任何情况下,注册会计师都应当要求管理层就已识别的错报调整财务报表。如果管理层拒绝调整财务报表,并且扩大审计程序范围的结果不能使注册会计师认为尚未更正错报的汇总数不重大,注册会计师应当考虑出具非无保留意见的审计报告。

如果已识别但尚未更正错报的汇总数接近重要性水平,注册会计师应当考虑该汇总数连同尚未发现的错报是否可能超过重要性水平,并考虑通过实施追加的审计程序,或要求管理层调整财务报表,降低审计风险。

(三)与重要性相关的记录

注册会计师应当记录与重要性相关的下列事项。

(1)在审计中使用的重要性水平和可容忍错报,包括对其所作的修改,以及确定和修改这些水平的依据。

(2)与已识别的具体错报和推断误差相关的尚未更正错报的汇总情况,不包括发现的明显不重要的细微错报。

(3)注册会计师就尚未更正错报单独或累积是否导致或不导致财务报表重大错报所得出的结论,以及得出该结论的依据。

五、与管理层和治理层的沟通

(一)沟通的要求

如果识别出由于舞弊或错误而导致的重大错报,注册会计师应当按照《中国注册会计师审计准则第 1151 号——与治理层的沟通》的规定,考虑与管理层和治理层沟通。

除了那些明显不重要的细微错报外,注册会计师应就其发现的所有已识别错报和推断误差与被审计单位管理层和治理层进行沟通,讨论其原因与影响。对于已识别的错报,不论其金额是否重大,注册会计师都应当要求管理层更正。

(二)保留沟通记录和获取管理层声明

注册会计师应当保留其与管理层和治理层沟通的相关记录。由于管理层对财务报表的编制负责,因此,如果财务报表中存在不影响出具无保留意见审计报告的未更正错报,注册会计师应当从管理层那里获取关于未更正错报不重要的书面声明。如果管理层拒绝做出声明,注册会计师应当将其视为审计范围受到限制,出具保留意见或无法表示意见的审计报告。

第三节　审计风险

一、经营风险对审计风险的影响

被审计单位在实施战略以实现其目标的过程中可能面临各种经营风险,注册会计师应当重点关注影响财务报表的经营风险。

经营风险源于对被审计单位实现目标和战略产生不利影响的重大情况、事项、环境和行为,或源于不恰当的目标和战略。不同的企业可能面临不同的经营风险,这取决于企业经营的性质、所处行业、外部监管环境、企业的规模和复杂程度。管理层有责任识别和应对经营风险。

在审计准则中之所以强调经营风险,是因为经营风险与财务报表发生重大错报的风险密切相关。许多经营风险最终都会有财务后果,因而影响到财务报表,进而对财务报表审计产生影响。例如,宏观经济形势不景气可能对商业银行贷款损失准备产生重大影响,化工企业面临的环境保护问题可能意味着需要确认预计负债,技术升级可能导致企业原有的生产设备和存货发生减值,甚至影响持续经营假设的适当性。更为严重的是,在经营风险引起经营失败时,可能促使被审计单位管理层通过财务报表舞弊对此加以掩盖。

当然,并非所有经营风险都与财务报表相关,注册会计师应当关注可能影响财务报表的经营风险。

二、审计风险的含义

审计风险是指财务报表存在重大错报而注册会计师发表不恰当审计意见的可能性。审计风险并不包含这种情况,即财务报表不含有重大错报,而注册会计师错误地发表了财务报表含有重大错报的审计意见的风险。

可见,合理保证与审计风险互为补数,即合理保证与审计风险之和等于100%。如果注册会计师将审计风险降到可接受的低水平,则为财务报表不存在重大错报提供了合理保证。

三、审计风险模型

审计风险取决于重大错报风险和检查风险。审计风险、重大错报风险和检查风险之间的关系可用模型表示为:

审计风险 = 重大错报风险 × 检查风险

注册会计师应当实施审计程序、评估重大错报风险,并根据评估结果设计和实施进一步审计程序,以控制检查风险。

(一)重大错报风险

重大错报风险是指财务报表在审计前存在重大错报的可能性。在设计审计程序以确定财务报表整体是否存在重大错报时,注册会计师应当从财务报表层次和各类交易、账户余额、列报认定层次考虑重大错报风险。

财务报表层次重大错报风险与财务报表整体存在广泛联系,它可能影响多项认定。此类风险通常与控制环境有关,如管理层缺乏诚信、治理层形同虚设而不能对管理层进行有效监督等。但也可能与其他因素有关,如经济萧条、企业所处行业处于衰退期。此类风险难以被界定于某类交易、账户余额、列报的具体认定,相反,此类风险增大了一个或多个不同认定发生重大错报的可能性,与由舞弊引起的风险特别相关。

注册会计师应当评估认定层次的重大错报风险,并根据既定的审计风险水平和评估的认定层次重大错报风险确定可接受的检查风险水平。某些类别的交易、账户余额、列报及其认定重大错报风险较高。例如:技术进步可能导致某项产品陈旧,进而导致存货易于发生高估错报(计价认定);对高价值的、易转移的存货缺乏实物安全控制,可能导致存货的存在性认定出错;会计计量过程受重大计量不确定性影响,可能导致相关项目的准确性认定出错。注册会计师应当考虑各类交易、账户余额、列报认定层次的重大错报风险,以便针对认定层次计划和实施进一步审计程序。

(二)检查风险

检查风险是指某一认定存在错报,该错报单独或连同其他错报是重大的,但注册会计师未能发现这种错报的可能性。

(三)检查风险与重大错报风险的反向关系

在既定的审计风险水平下,可接受的检查风险水平与认定层次重大错报风险的评估结果成反向比例关系。评估的重大错报风险越高,可接受的检查风险越低;评估的重大错报风险越低,可接受的检查风险越高。

【本章小结】

审计计划包括总体审计策略和具体审计计划。注册会计师应当在本期审计业务开始时开展初步业务活动。注册会计师应当在总体审计策略中清楚说明向哪些具体审计领域调配资源,向具体审计领域分配资源的数量,何时调配这些资源,如何管理、指导、监督这些资源的利用程度等内容。具体审计计划应当包括风险评估程序、计划实施的进一步审计程序和其他审计程序。

重要性取决于在具体环境下对错报金额和性质的判断。在计划审计工作时,注册会计师应当确定一个可接受的重要性水平,以发现在金额上的重大错报。重要性与审计风险之间存在反向关系。

审计风险是指财务报表存在重大错报而注册会计师发表不恰当审计意见的可能性。审计风险取决于重大错报风险和检查风险。注册会计应当实施审计程序,评估重大错报风险,并根据评估结果设计和实施进一步审计程序，以控制检查风险。重要性与检查风险之间呈反向关系。

【关键术语】

审计计划，总体审计策略，具体审计计划，审计重要性，报表层次重要性，交易、账户余额层次重要性，审计风险，重大错报风险，检查风险。

【同步练习】

一、单项选择题

1. 具体审计计划的内容不包括(　　)。

A. 审计目标　　B. 审计程序

C. 执行人及执行日期　　D. 重要会计问题及重点审计领域

2. 项目经理 J 的处理不正确的有(　　)。

A. 为使审计程序与 ABC 公司的工作相协调，在编制审计计划时，项目经理 J 同 ABC 公司的财务经理就总体审计策略的要点和某些审计程序进行了讨论

B. 项目经理 J 对其编制计划进行了最后的审核，在具体实施前下达至审计小组的全体成员

C. 项目经理 J 要求在审计过程中，注册会计师应及时反馈对审计计划的执行情况，以便对审计计划进行修改、补充

D. 项目经理 J 的计划中包含了审计工作进度、时间预算和费用预算等内容

3. 编制审计计划时最重要性水平做出初步判断的目的是(　　)。

A. 评价固有风险水平　　B. 评价总体风险水平

C. 确定所需审计证据的数量　　D. 确定审计初步审计风险

4. 如果同一时期不同会计报表的重要性水平不同，注册会计师应取其(　　)作为会计报表层次的重要性水平。

A. 最低者　　B. 最高者

C. 平均数　　D. 加权平均数

5. 在审计过程中，(　　)是唯一可由审计人员控制的风险。

A. 期望风险　　B. 项目风险

C. 检查风险　　D. 职业风险

6. 由于内部控制存在固有的局限性，因此(　　)是必要实施的。

A. 符合性测试　　B. 实质性测试

C. 详细审计　　D. 抽样审计

7. 注册会计师实施分析性程序，并不能帮助其(　　)。

A. 发现异常变动项目　　B. 印证各项目的审计结果

C. 了解被审计单位的财务状况　　D. 确定审计抽样应有的样本量

8. 如果尚未调整的错报的汇总数接近重要性水平，且被审计单位拒绝调整，则注册会计师应当(　　)。

A. 出具带强调段的无保留意见　　B. 出具保留意见

C. 出具无法表示意见　　D. 实施追加审计程序，以降低审计风险

9. 如果审计人员可接受的审计风险为 5%，固有风险估计为 80%，控制风险估计为 50%，则检查风险的可接受水平为(　　)。

A. 10%　　B. 12. 5%　　C.20%　　D. 30%

10. 如果控制风险水平初步评估为中等水平，注册会计师应当获取的相关审计证据(　　)。

A. 比评估为高水平时要少　　B. 与评估为高水平时一样多

C. 比评估为高水平时要多　　D. 与评估为低水平时一样多

二、多项选择题

1. 在编制审计计划前，了解被审计单位及其环境使用的方法有(　　)。

A. 询问被审计单位管理层　　B. 分析程序

C. 观察和检查　　D. 询问内审人员

2. 审计业务约定书的内容包括(　　)。

A. 签约双方的名称　　B. 签约双方的义务

C. 审计目的和范围　　D. 会计责任和审计责任

3. 下列属于制定总体审计策略时应当考虑的内容是(　　)。

A. 审计工作范围　　B. 报告目标、时间安排及所需沟通

C. 审计方向　　D. 资源调配计划

4. 下列关于审计风险的说法中，正确的是(　　)。

A. 会计报表实际上存在重大错报或漏报，审计人员发表无保留意见的可能性

B. 会计报表实际上存在非重大错报或漏报，审计人员发表无保留意见的可能性

C. 审计人员已发现被审计单位的重大错报，却签发无法表示意见的审计报告的可能性

D. 审计人员确实遵守了审计准则，但却提出错误审计意见的可能性

5. 下列关于重要性的说法中，正确的有(　　)。

A. 重要性的判断不能从注册会计师的角度来考虑

B. 重要性的判断应从注册会计师的角度来考虑

C. 重要性是注册会计师运用专业判断来确定的

D. 不同环境下对重要性的判断可能是不同的

6. 在期望的审计风险已定的情况下，(　　)越大，允许存在的检查风险就越小。

A. 审计风险　　B. 项目风险

C. 固有风险　　D. 控制风险

7. 下列说法中正确的有（　　）。

A. 重要性水平越高,审计风险越低

B. 重要性水平越低,应当获取的审计证据越多

C. 样本量越大,抽样风险越大

D. 可容忍误差越小,需选取的样本量越大

8. 下列各项中，属于审计报告阶段工作的有（　　）。

A. 实质性测试　　B. 汇总审计工作底稿

C. 评价审计结果　　D. 出具审计报告

9. 注册会计师在确定各账户层次的重要性水平时，主要应考虑的因素有（　　）。

A. 各账户性质

B. 各账户错报或漏报的可能性

C. 各账户审计成本

D. 账户层次的重要性水平和报表层次的重要性水平的关系

10. 审计项目负责人在编制审计计划时,应包括的具体目的有（　　）。

A. 审计方向　　B. 风险评估程序

C. 计划实施的进一步审计程序　　D. 审计工作底稿的索引号

三、判断题

1. 如果会计报表中存在的错误能够使会计信息使用者改变原来的决策，则这种错误为重要错误；反之,则为不重要错误。（　　）

2. 注册会计师可以改变重大错报风险的估计水平,但无法改变重大错报风险的实际水平。（　　）

3. 注册会计师如果拟信赖内部控制制度,应当实施控制测试,以将控制风险降低至可接受水平。（　　）

4. 初步业务活动应当在本期审计业务开始时进行。（　　）

5. 重要性水平越高，则说明可容许错报的水平越小。（　　）

6. 审计风险是指会计报表存在重大错报或漏报，而审计人员审计后出具不恰当审计意见的可能性。（　　）

7. 在审计实务中，常根据预先确定的检查风险和估计的固有风险水平及控制风险水平来确定审计风险水平。（　　）

8. 当累计尚未更正错报额接近重要性水平时,注册会计师应当考虑扩大实质性测试的范围或提请被审计单位调整财务报表,以降低审计风险。（　　）

9. 在各账户或交易层次的固有风险和控制风险水平不相同的情况下，可以通过改变检查风险的水平，来保证审计风险不变。（　　）

10. 注册会计师对重要性水平估计的越高,所收集的审计证据的数量就越少。（　　）

四、问答题

1. 签订审计业务约定书的作用是什么？

2. 什么是审计重要性？注册会计师运用审计重要性概念的目的是什么？

3. 简述审计风险与审计证据的关系。

4. 注册会计师在计划确定审计程序之后，确定可接受重要性水平较低，审计风险就增加，这时注册会计师可以通过什么方法来控制审计风险？

第六章　风险评估与风险应对

引言

注册会计师实施风险导向审计，其目标是对财务报表不存在由于错误或舞弊导致的重大错报获取合理保证。风险导向审计是当今主流的审计方法，它要求注册会计师评估财务报表重大错报风险，设计和实施进一步审计程序以应对评估的错报风险，根据审计结果出具恰当的审计报告。

本章主要介绍了风险评估的总体要求、风险评估程序和信息来源；内部控制制度的了解、记录与评价；重大错报风险的评估；风险的应对措施。

通过本章学习要求了解风险评估的内容、程序；理解熟悉内部控制制度评审的内容；掌握针对财务报表层次重大错报风险的总体应对措施；掌握针对认定层次重大错报风险的进一步审计程序；掌握控制测试；掌握实质性程序。

本章重点：风险评估的程序；内部控制制度的了解和评价；重大错报风险的评估；风险的应对。

本章难点：内部控制制度的评价；重大错报风险的评估。

案例导入

法国兴业银行内部控制失控导致巨额诈骗

法国兴业银行（简称“法兴银行”）创建于 1864 年 5 月，是有着近 150 年历史的老牌欧洲银行，也是世界上最大的银行集团之一，分别在巴黎、东京、纽约的证券市场挂牌上市，拥有雇员 55 000 名、国内网点 2 600 个、世界上多达 80 个国家和地区的分支机构 500 家，以及 500 万私人和企业客户。法兴银行提供从传统商业银行到投资银行的全面、专业的金融服务，建立起世界上最大衍生交易市场领导者的地位，也一度被认为是世界上风险控制最出色的银行之一。但在 2008 年 1 月，法兴银行因期货交易员杰罗姆·凯维埃尔（Jerome Kerviel）在未经授权的情况下大量购买欧洲股指期货，造成 49 亿欧元（约 71 亿美元）的巨额亏空，创下世界银行业迄今为止因员工违规操作而蒙受的单笔最大金额损失。这桩惊天欺诈案还触发了法国乃至整个欧洲的金融震荡，并使得全球股市暴跌，无论从性质还是规模上来说，都堪称史上最大的金融悲剧。

1. 杰罗姆·凯维埃尔的作案手法

凯维埃尔从事的是什么业务，总会导致如此巨额损失？欧洲股指期货交易是一种衍生金融工具产品。早在 2005 年 6 月，他利用自己高超的电脑技术，绕过兴业银行的五道安全限制，开始了违规的欧洲股指期货交易，“我在安联保险上建仓，赌股市会下跌。不久伦敦地铁发生爆炸,股市果真大跌。我就像中了头彩……赢利 50 万欧元”。2007 年,凯维埃尔再赌市场下跌,因此大量做空,他又赌赢了,到 2007 年 12 月 31 日,他的账面盈余达到了 14 亿欧元,而当年法兴银行的总赢利不过是 55 亿欧元。从 2008 年开始,凯维埃尔认为欧洲股指上涨,于是开始买涨。然后,欧洲乃至全球股市都在暴跌,凯维埃尔的巨额盈利转眼间变成了巨大损失。

2. 法国兴业银行内部控制存在缺陷

健全、有效的内部控制对欺诈、舞弊和非法行为,具有“防止”“发现”和“纠正”三大功能。法国兴业银行的内部控制之所以不能防止令人触目惊心的交易欺诈发生,首先源于设计上的严重缺陷。在技术发展迅速、交易系统日益复杂的趋势下,只依据过往的经验来拟定风险控制方法,不能适时地、有前瞻性地展现出环境适应性和契合性,是法兴银行难以有效觉察出欺诈行为的重要原因。法兴银行的内部控制系统在对交易员盘面资金的监督、资金流动的跟踪、后台与前台完全隔离规则的遵守、信息系统的安全及密码保护等多个环节存在漏洞。法国兴业银行关注的是欧洲交易所提供的汇总后的数据,而没有细分到每一个交易员的交易头寸数据。此外,它把监控点放在交易员的净头寸和特定时间段的交易风险上,并没有对套利“单边”交易的总头寸进行限制,忽视了全部交易的总规模。而让长期浸淫于风险控制体系的员工直接参与交易,更是违背了最基本的不相容职务分离原则。如今的金融交易和监管系统已完全实现电子化,信息技术和系统开发人员理应对内部控制的设计缺陷承担责任。要确保那些被交易员设计出来的规避监控的技术不再能够被运用,就必须以欺诈技术(防范)专家的思维,设计严密的控制程序。

法国兴业银行的内部控制系统在“发现”功能上并非一无是处。2008 年 2 月,法兴银行特别委员会提交的中期调查报告显示:从 2006 年 6 月到 2008 年 1 月,法兴银行的运营部门、股权衍生品部门、柜台交易、中央系统管理部门等 28 个部门的 11 种风险控制系统,自动针对凯维埃尔的各种交易发出了 75 次报警。从时间来看,2007 年发布警报最为频繁(达 67 次),平均每月有 5 次以上;2008 年 1 月案发前,又发布警报 3 次。从细节来看,这 11 种风险控制系统几乎是法国兴业银行后台监控系统的全部,涉及经纪、交易、流量、传输、授权、收益数据分析、市场风险等风险控制的各个流程和方面,由运营部门和衍生品交易部门发出的警报高达 35 次。荒谬的是,监控系统竟然发现在不可能进行交易的某个星期六,存在着一笔没有交易对手和经纪人姓名的交易。风险控制部门负责调查的人员轻信了凯维埃尔的谎言,有些警报甚至在风险控制 IT 系统中转来转去,而没有得到最终解决。直到 2008 年 1 月,一笔涉及 300 亿欧元的德国股指期货的交易对手巴德尔银行引起了集团管理人员的警觉,因为巴德尔银行作为一个规模中等的德国做市商,根本不可能从事数额如此巨大的交易。在对巴德尔银行收紧贷款、核查其历史交易和开展全面调查之后,惊天欺诈案终于水落石出,不幸的是为时已晚。

法国兴业银行的交易欺诈案,表面上是因为内部控制系统的功能“残疾”(不能“防止”,虽能“发现”,但迟迟不能“纠正”),但深层次的原因则是内部控制的根基不牢、控制环境不佳。从 2005 年开始进行违规交易、一度账面赢利达 14 亿 欧元的凯维埃尔说:“我不相信我的上级主管没有意识到我的交易金额，小额资金不可能取得那么大的利润。当我赢利时，我的上级装作没看见我使用的手段和交易金额。在我看来，任何正确开展的检查都能发现那些违规交易行为。”管理层的利欲熏心、风险管理意识淡化，由此可见一斑，这也是法国兴业银行内部控制功能落空的根本原因。

第一节　风险评估概述

随着经济全球化及我国经济的发展，企业经营环境发生变化，我国审计准则面临严峻挑战。如何应对风险，提高审计质量，是审计人员必须关注的问题。

一、风险评估的总体要求

《中国注册会计师审计准则第 1211 号——了解被审计单位及其环境并评估重大错报风险》作为专门规范风险评估的准则，规定了注册会计师应当了解被审计单位及其环境，以充分识别和评估财务报表重大错报风险，设计和实施进一步审计程序。

了解被审计单位及其环境是必要程序，特别是为注册会计师在下列关键环节做出职业判断提供重要基础。

（1）确定重要性水平，并随着审计工作的进程评估对重要性水平的判断是否仍然适当。

（2）考虑会计政策的选择和运用是否恰当，以及财务报表的列报（包括披露）是否适当。

（3）识别需要特别考虑的领域，包括关联方交易、管理层运用持续经营假设的合理性，或交易是否具有合理的商业目的等。

（4）确定在实施分析程序时所使用的预期值。

（5）设计和实施进一步审计程序，以将审计风险降至可接受的低水平。

（6）评价所获取审计证据的充分性和适当性。

了解被审计单位及其环境是一个连续和动态地收集、更新与分析信息的过程，贯穿于整个审计过程的始终。注册会计师应当运用职业判断确定被审计单位及其环境需要了解的程度。

评价对被审计单位及其环境了解的程度是否恰当，关键是看注册会计师对被审计单位及其环境的了解是否足以识别和评估财务报表重大错报风险。如果了解被审计单位及其环境获得的信息足以识别和评估财务报表重大错报风险，设计和实施进一步审计程序，那么了解的程度就是恰当的。当然，要求注册会计师对被审计单位及其环境了解的程度，要低于管理层为经营管理企业而对被审计单位及其环境需要了解的程度。

二、风险评估程序和信息来源

（一）风险评估程序

注册会计师了解被审计单位及其环境，目的是识别和评估财务报表重大错报风险。为了解被审计单位及其环境而实施的程序称为“风险评估程序”。注册会计师应当依据实施这些程序所获取的信息，评估重大错报风险。

1. 询问被审计单位管理层和内部其他相关人员

询问被审计单位管理层和内部其他相关人员是注册会计师了解被审计单位及其环境的一个重要信息来源。注册会计师可以考虑向管理层和财务负责人询问下列事项。

（1）管理层所关注的主要问题，如新的竞争对手、主要客户和供应商的流失、新的税收法规的实施以及经营目标或战略的变化等。

（2）被审计单位最近的财务状况、经营成果和现金流量。

（3）可能影响财务报告的交易和事项，或者目前发生的重大会计处理问题，如重大的购并事宜等。

（4）被审计单位发生的其他重要变化，如所有权结构、组织结构的变化以及内部控制的变化等。

尽管注册会计师通过询问管理层和财务负责人可获取大部分信息，但是询问被审计单位内部的其他人士可能为注册会计师提供不同的信息，有助于识别重大错报风险。因此，注册会计师除了询问管理层和对财务报告负有责任的人员外，还应当考虑询问内部审计人员、采购人员、生产人员、销售人员等其他人员，并考虑询问不同级别的员工，以获取对识别重大错报风险有用的信息。

2. 实施分析程序

分析程序是指注册会计师通过研究不同财务数据之间以及财务数据与非财务数据之间的内在关系，对财务信息做出评价。分析程序还包括调查识别出的、与其他相关信息不一致或与预期数据严重偏离的波动和关系。

分析程序既可用作风险评估程序和实质性程序，也可用于对财务报表的总体复核。

在实施分析程序时，注册会计师应当预期可能存在的合理关系，并与被审计单位记录的金额、依据记录金额计算的比率或趋势相比较；如果发现异常或未预期到的关系，注册会计师应当在识别重大错报风险时考虑这些比较结果。

如果使用了高度汇总的数据，实施分析程序的结果仅可能初步显示财务报表存在重大错报风险，注册会计师应当将分析结果连同识别重大错报风险时获取的其他信息一并考虑。例如，被审计单位存在很多产品系列，各个产品系列的毛利率存在一定差异。对总体毛利率实施分析程序的结果仅可能初步显示销售成本存在重大错报风险，注册会计师需要实施更为详细的分析程序。例如，对每一产品系列进行毛利率分析，或者将总体毛利率分析的结果连同其他信息一并考虑。

3. 观察和检查

观察和检查程序可以印证对管理层和其他相关人员的询问结果，并可提供有关被审计单位及其环境的信息，注册会计师应当实施下列观察和检查程序。

1）观察被审计单位的生产经营活动

例如，观察被审计单位人员正在从事的生产活动和内部控制活动，可以增加注册会计师对被审计单位人员如何进行生产经营活动及实施内部控制的了解。

2)检查文件、记录和内部控制手册

例如,检查被审计单位的章程,与其他单位签订的合同、协议,各业务流程操作指引和内部控制手册等,了解被审计单位组织结构和内部控制制度的建立健全情况。

3)阅读由管理层和治理层编制的报告

例如,阅读被审计单位年度和中期财务报告,股东大会、董事会会议、高级管理层会议的会议记录或纪要,管理层的讨论和分析资料,经营计划和战略,对重要经营环节和外部因素的评价,被审计单位内部管理报告以及其他特殊目的报告(如新投资项目的可行性分析报告)等,了解自上一期审计结束至本期审计期间被审计单位发生的重大事项。

4)实地察看被审计单位的生产经营场所和设备

通过现场访问和实地察看被审计单位的生产经营场所和设备,可以帮助注册会计师了解被审计单位的性质及其经营活动。在实地察看被审计单位的厂房和办公场所的过程中,注册会计师有机会与被审计单位的管理层和担任不同职责的员工进行交流,可以增强注册会计师对被审计单位的经营活动及其重大影响因素的了解。

5)追踪交易在财务报告信息系统中的处理过程(穿行测试)

这是注册会计师了解被审计单位业务流程及其相关控制时经常使用的审计程序。通过追踪某笔或某几笔交易在业务流程中如何生成、记录、处理和报告,以及相关内部控制如何执行,注册会计师可以确定被审计单位的交易流程和相关控制是否与之前通过其他程序所获得的了解一致,并确定相关控制是否得到执行。

(二)其他审计程序和信息来源

1. 其他审计程序

除了采用上述程序从被审计单位内部获取信息以外,如果根据职业判断认为从被审计单位外部获取的信息有助于识别重大错报风险,注册会计师应当实施其他审计程序以获取这些信息。例如,询问被审计单位聘请的外部法律顾问、专业评估师、投资顾问和财务顾问等。

2. 其他信息来源

注册会计师应当考虑在承接客户或续约过程中获取的信息,以及向被审计单位提供其他服务所获得的经验是否有助于识别重大错报风险。通常,对新的审计业务,注册会计师应在业务承接阶段对被审计单位及其环境有一个初步的了解,以确定是否承接该业务。而对连续审计业务,也应在每年的续约过程中对上年审计作总体评价,并更新对被审计单位的了解和风险评估结果,以确定是否续约。注册会计师还应当考虑向被审计单位提供其他服务(如执行中期财务报表审阅业务)所获得的经验是否有助于识别重大错报风险。

对于连续审计业务,如果拟利用在以前期间获取的信息,注册会计师应当确定被审计单位及其环境是否已发生变化,以及该变化是否可能影响以前期间获取的信息在本期审计中的相关性。例如,通过前期审计获取的有关被审计单位组织结构、生产经营活动和内部控制的审计证据,以及有关以往的错报和错报是否得到及时更正的信息,可以帮助注册会计师评估本期财务报表的重大错报风险。但值得注意的是,被审计单位或其环境的变化可能导致此类信息在本期审计中已不具有相关性。例如,注册会计师前期已经了解了内部控制的设计和执行情况,但被审计单位及其环境可能在本期发生变化,导致内部控制也发生相应变化。在这种情况下,注册会计师需要实施询问和其他适当的审计程序(如穿行测试),以确定该变化是否可能影响此类信息在本期审计中的相关性。

三、项目组内部的讨论

(一)讨论的目标

项目组内部的讨论为项目组成员提供了交流信息和分享见解的机会。项目组通过讨论可以使成员更好地了解在各自分工负责的领域中,由于舞弊或错误导致财务报表重大错报的可能性,并了解各自实施审计程序的结果如何影响审计的其他方面,包括对确定进一步审计程序的性质、时间和范围的影响。

(二)讨论的内容

项目组应当讨论被审计单位面临的经营风险、财务报表容易发生错报的领域以及发生错报的方式,特别是由于舞弊导致重大错报的可能性。

(三)参与讨论的人员

注册会计师应当运用职业判断确定项目组内部参与讨论的成员。项目组的关键成员应当参与讨论,如果项目组需要拥有信息技术或其他特殊技能的专家,这些专家也应参与讨论。参与讨论人员的范围受项目组成员的职责经验和信息需要的影响。

(四)讨论的时间和方式

项目组应当根据审计的具体情况,在整个审计过程中持续交换有关财务报表发生重大错报可能性的信息。

根据《中国注册会计师审计准则第1101号——财务报表审计的目标和一般原则》的规定,注册会计师应当在计划和实施审计工作时保持职业怀疑态度,充分考虑可能存在导致财务报表发生重大错报的情形。项目组在讨论时应当强调在整个审计过程中保持职业怀疑态度,警惕可能发生重大错报的迹象,并对这些迹象进行严格追踪。通过讨论,项目组成员可以交流和分享在整个审计过程中获得的信息,包括可能对重大错报风险评估产生影响的信息或针对这些风险实施审计程序的信息。

项目组还可以根据实际情况,讨论其他重要事项。

第二节 了解被审计单位及其内部控制

一、了解被审计单位及其环境

注册会计师应当从下列方面了解被审计单位及其环境。

(1)行业状况、法律环境与监管环境以及其他外部因素。

（2）被审计单位的性质。

（3）被审计单位对会计政策的选择和运用。

（4）被审计单位的目标、战略以及相关经营风险。

（5）被审计单位财务业绩的衡量和评价。

（6）被审计单位的内部控制。

上述第（1）项是被审计单位的外部环境，第（2）（3）（4）项以及第（6）项是被审计单位的内部因素，第（5）项则既有外部因素也有内部因素。值得注意的是，被审计单位及其环境的各个方面可能会互相影响。

二、内部控制

（一）内部控制的含义

内部控制是管理现代化的必然产物，内部控制系统的产生和发展促使审计工作从全面详细审计发展成为以抽样测试为基础的系统导向审计。审查和评价被审计单位的内部控制系统，这是现代审计的重要发展。2001 年美国安然等公司发生财务舞弊案件，导致 2002 年美国《萨班斯 - 奥克斯利法案》公布实施，其中第 404 条款要求在美国证券交易委员会（SEC）备案的上市公司必须提交年度内部控制自我评价报告，作为向 SEC 提交的财务报告的组成部分。内部控制自我评价报告要求管理层评价公司内部控制的有效性，并要求负责财务报表审计的会计师事务所对财务报告内部控制加以审计，进入了财务报告内部控制审计的新时代。内部控制是由企业董事会、监事会、经理层和全体员工实施的旨在实现控制目标的过程。具体地说，内部控制系统是指一个单位的董事会、监事会、经理层，为了实现其发展战略，提高经营活动的效率，确保信息的正确可靠，保护财产的安全完整，遵循相关的法律法规，利用单位内部因分工而产生的相互制约、相互联系的关系，形成一系列具有控制职能的方法、措施、程序，并予以规范化、系统化，使之组成一个严密的、较为完整的体系。

1. 确保企业战略的实现

战略是一个组织长期发展的方向和范围，它通过在不断变化的环境中调整资源配置来取得竞争优势，从而实现利益相关者的期望。因此，不管是战略执行的内在要求，还是内部控制的发展方向，战略与内部控制的有机结合是其发展的必然要求。

2. 提高运营的效果和效率

重视经营的效果和效率对组织未来的成功是非常重要的。在最近几年，不同国家的管理者开始认识到一些组织没有理解效果和效率的重要性，并开始要求组织建立企业治理的政策和程序。

3. 确保财务报告的可靠性

组织的董事会和经理层有责任编制可靠的财务报告，包括中期和简明的财务报告，以及经财务报表挑选出来的财务数据，如已经公开发布的赢利报告等。

4. 保护资产的安全、完整

资产的稀缺性客观上要求组织通过有效的内部控制系统确保其安全和完整。组织应保护各种有形与无形的资产,一是要确保这些资产不被损害和流失;二是要确保对资产的合理使用和必要的维护。

5. 符合相关的法律和法规

组织的董事会和经理层有责任确保遵守相关的法律和法规。不遵守相关的法律和法规可能导致行政处罚和罚款,这会使组织运营的重要资源遭受损失。

(二)内部控制的要素

内部控制的要素包括控制环境、风险评估过程、信息系统与沟通、控制活动、对控制的监督。

1. 控制环境

控制环境包括治理职能和管理职能,以及治理层和管理层对内部控制及其重要性的态度、认识和措施。控制环境设定了被审计单位的内部控制基调,影响员工对内部控制的认识和态度。良好的控制环境是实施有效内部控制的基础。注册会计师应当了解被审计单位对诚信和道德价值观念的沟通与落实、对胜任能力的重视、治理层的参与程度、管理层的理念和经营风格、组织结构及职权与责任的分配、人力资源政策与实务等状况。

2. 风险评估过程

被审计单位的风险评估过程包括识别与财务报告相关的经营风险,以及针对这些风险所采取的措施。注册会计师应当了解被审计单位的风险评估过程和结果。

3. 信息系统与沟通

与财务报告相关的信息系统,包括用以生成、记录、处理和报告的交易、事项和情况,对相关资产、负债和所有者权益履行经营管理责任的程序和记录。

与财务报告相关的沟通包括使员工了解各自在与财务报告有关的内部控制方面的角色和职责、员工之间的工作联系,以及向适当级别的管理层报告例外事项的方式。

公开的沟通渠道有助于确保例外情况得到报告和处理。沟通可以采用政策手册、会计和财务报告手册及备忘录等形式进行,也可以通过发送电子邮件、口头沟通和管理层的行动来进行。

4. 控制活动

控制活动是指有助于确保管理层的指令得以执行的政策和程序,包括与授权、业绩评价、信息处理、实物控制和职责分离等相关的活动。

1)授权

注册会计师应当了解与授权有关的控制活动,包括一般授权和特别授权。授权的目的在于保证交易在管理层授权范围内进行。一般授权是指管理层制定的要求组织内部遵守的普遍适用于某类交易或活动的政策。特别授权是指管理层针对特定类别的交易或活动逐一设置的授权,如重大资本支出和股票发行等。特别授权也可能用于超过一般授权限制的常规交易。例如,因某些特别原因,同意对某个不符合一般信用条件的客户赊销商品。

2)业绩评价

注册会计师应当了解与业绩评价有关的控制活动,主要包括被审计单位分析评价实际业绩与预算(或预测、前期业绩)的差异,综合分析财务数据与经营数据的内在关系,将内部数据与外部信息来源相比较,评价职能部门、分支机构或项目活动的业绩(如银行客户信贷经理复核各分行、地区和各种贷款类型的审批和收回),以及对发现的异常差异或关系采取必要的调查与纠正措施。

3)信息处理

注册会计师应当了解与信息处理有关的控制活动,包括信息技术一般控制和信息技术应用控制。

被审计单位通常执行各种措施,检查各种类型信息处理环境下的交易的准确性、完整性和授权。信息处理控制可以是人工的、自动化的,或是基于自动流程的人工控制。信息处理控制分为两类,即信息技术一般控制和信息技术应用控制。

4)实物控制

注册会计师应当了解实物控制,主要包括了解对资产和记录采取适当的安全保护措施,对访问计算机程序和数据文件设置授权,以及定期盘点并将盘点记录与会计记录相核对。例如,现金、有价证券和存货的定期盘点控制。实物控制的效果影响资产的安全,从而对财务报表的可靠性及审计产生影响。

5)职责分离

注册会计师应当了解职责分离,主要包括了解被审计单位如何将交易授权、交易记录以及资产保管等职责分配给不同员工,以防范同一员工在履行多项职责时可能发生的舞弊或错误。当信息技术运用于信息系统时,职责分离可以通过设置安全控制来实现。

5. 对控制的监督

对控制的监督是指被审计单位评价内部控制在一段时间内运行有效性的过程,该过程包括及时评价控制的设计和运行,以及根据情况的变化采取必要的纠正措施。通常,被审计单位通过持续的监督活动、专门的评价活动或两者相结合,实现对控制的监督。

(三)内部控制制度的描述

1. 内部控制制度描述的意义

内部控制制度的描述是指按照一定的方法把内部控制的现状以书面的形式加以反映。为了评价被审计单位的内部控制,必须对其进行了解和描述。通过参阅被审计单位的规章制度、组织机构设置表和前一年度的审计工作底稿,或通过现场询问有关人员,以及通过审计人员的实地观察,可以了解和掌握被审计单位的内部控制详细情况。了解和掌握被审计单位的内部控制的详细情况,主要是了解和掌握被审计单位的销售与收款循环、购货与付款循环、生产与费用循环、筹资与投资循环等内部控制情况。在了解和掌握上述内部控制的详情以后,运用适当的方法将内部控制描述出来,供制定和修改审计计划和程序之用,或供日后查考之用。

2. 内部控制制度描述的方法

内部控制制度描述有以下三种基本方法。

1)文字说明法

文字说明法是指审计人员对被审计单位内部控制制度和执行情况的文字叙述。其优点是比较灵活,可以对调查对象做出比较深入和具体的描述。其缺点是用文字说明法进行描述时,很难用简洁的语言来详细说明各个细节,文字叙述较为冗长,对业务处理流程及其控制的反映不够直观。文字说明法一般是用于内部控制程序比较简单、比较容易描述的小企业。

2)调查表法

调查表法是将那些保证会计记录的正确性和可靠性以及与保证财产物资的完整性有密切关系的事项列作调查对象,由审计人员设计成标准化的调查表,并利用表格,通过征询来了解内部控制的强弱程度。其优点是调查范围明确、问题突出、容易发现被审计单位的内部控制系统中存在的缺陷,而且编制调查表省时省力。但其缺陷是反映问题不全面,仅限于调查范围,而且无法反映出内部控制的具体情况和存在问题的轻重程度。所以对于不同行业的企业或是小企业,不适用调查表法。

3)流程图描述法

流程图描述法是指用特定的符号和图形,将内部控制中各种业务处理手续,以及各种文件或凭证的传递流程,用图解的形式直接地表现内部控制的实际情况。

绘制流程图有两种方法:一种是纵向流程图,即将业务的处理过程按照先后次序,用一条主线垂直串联起来;另一种是横向流程图,即以横向表示业务处理程序,按业务部门设置若干竖栏,将业务程序由左到右,由上到下用符号表示,并用流程线把各项业务活动串联起来。其优点在于,便于从整体的角度,直观反映内部控制的特征,有利于审计人员对内部控制进行分析评价,而且还便于审计人员根据控制程序的变化随时进行修改。其缺点是绘制流程图有一定的技术难度,特别是比较复杂的业务,需具备较娴熟的技术和花费较多的时间;其次,流程图有时很难将内部控制系统中的某些弱点明显地反映出来。

3. 内部控制制度描述的步骤

内部控制制度的描述有以下三个步骤:

(1)了解内部控制制度;

(2)描述内部控制制度;

(3)对描述的结果进行复核。

(四)内部控制的局限性

内部控制存在固有局限性,无论如何设计和执行,只能对财务报告的可靠性提供合理的保证。内部控制存在的固有局限性如下。

1. 人为因素

在决策时人为判断可能出现错误和由于人为失误而导致内部控制失效。例如,被审计单位信息技术工作人员没有完全理解系统如何处理销售交易,为使系统能够处理新型产品的销售，可能错误地对系统进行更改；或者对系统的更改是正确的，但是程序员没能把此次更改转化为正确的程序代码。

2. 串谋因素

可能由于两个或更多的人员进行串通或管理层凌驾于内部控制之上而被规避。例如，管理层可能与客户签订背后协议，对标准的销售合同做出变动，从而导致收入确认发生错误。又如，软件中的编辑控制旨在发现和报告超过赊销信用额度的交易，但这一控制可能被逾越或规避。

此外，如果被审计单位内部行使控制职能的人员素质不适应岗位要求，也会影响内部控制功能的正常发挥。被审计单位实施内部控制的成本效益问题也会影响其效能，当实施某项控制成本大于控制效果而发生损失时，就没有必要设置控制环节或控制措施。内部控制一般都是针对经常且重复发生的业务而设置的，如果出现不经常发生或未预计到的业务，原有控制就可能不适用。

（五）在整体层面了解内部控制

在了解内部控制的各构成要素时，注册会计师应当对被审计单位整体层面的内部控制的设计进行评价，并确定其是否得到执行。在整体层面对被审计单位内部控制的了解和评估，通常由项目组中对被审计单位情况比较了解且较有经验的成员负责，同时需要项目组其他成员的配合。

注册会计师应当将对被审计单位整体层面内部控制各要素的了解要点和实施的风险评估程序及其结果等形成审计工作记录，并对影响注册会计师对整体层面内部控制有效性进行判断的因素加以详细记录。

控制环境更多地影响整体层面，对报表层次的重大错报风险有影响；而控制活动更多地影响流程层面。

（六）在业务流程层面了解内部控制

在初步计划审计工作时，注册会计师需要确定在被审计单位财务报表中可能存在重大错报风险的重大账户及其相关认定。为实现此目的，通常采取下列步骤。

（1）确定被审计单位的重要业务流程和重要交易类别。

（2）了解重要交易流程，并记录了解的情况。

（3）确定可能发生错报的环节。

（4）识别和了解相关控制。

（5）执行穿行测试，证实对交易流程和相关控制的了解。

（6）进行初步评价和风险评估。

在实务中，上述步骤可能同时进行，例如在询问相关人员的过程中，同时了解重要交易的流程和相关控制。

【例 6-1】A 注册会计师负责对甲公司 2021 年度财务报表进行审计，在了解内部控制时，A 注册会计师遇到下列事项，请代为做出正确的专业判断。

（1）在了解甲公司内部控制时，A 注册会计师最应当关注的是（　　）。

A. 内部控制是否按照管理层的意图,实现了经营效率

B. 内部控制是否能够防止或发现并纠正错误或舞弊

C. 内部控制是否明确区分控制要素

D. 内部控制是否没有因串通而失效

【解答】选择 B。注册会计师应当重点考虑被审计单位某项控制,是否能够以及如何防止或发现并纠正各类交易、账户余额、列报存在的重大错报。

(2)在了解内部控制时,A 注册会计师通常不实施的审计程序是(　　)。

A. 了解控制活动是否得到执行

B. 了解内部控制的设计

C. 记录了解的内部控制

D. 寻找内部控制运行中的缺陷

【解答】选择 D。选项 D 属于控制测试中测试控制执行有效性需要考虑的。

第三节　评估重大错报风险

一、识别和评估重大错报风险的审计程序

在识别和评估重大错报风险时,注册会计师应当实施下列审计程序。

(一)被审计单位及其环境的风险识别

在了解被审计单位及其环境的整个过程中识别风险,并将识别的风险与各类交易、账户余额和列报相联系。例如,被审计单位因相关环境法规的实施需要更新设备,可能面临原有设备闲置或贬值的风险;宏观经济的低迷可能预示应收账款的回收存在问题;竞争者开发的新产品上市可能导致被审计单位的主要产品在短期内过时,预示将出现存货跌价和长期资产(如固定资产等)的减值。

(二)将识别的风险与认定层次可能发生错报的领域相联系

注册会计师应当将识别的风险与认定层次可能发生错报的领域相联系。例如,销售困难使产品的市场价格下降,可能导致年末存货成本高于其可变现净值而需要计提存货跌价准备,这显示存货的计价认定可能发生错报。

(三)考虑识别的风险是否重大

风险是否重大是指风险造成后果的严重程度。除考虑产品市场价格下降因素外,注册会计师还应当考虑产品市场价格下降的幅度、该产品在被审计单位产品中的比重等,以确定识别的风险对财务报表的影响是否重大。假如产品市场价格大幅下降,导致产品销售收入不能补偿成本,毛利率为负,那么年末存货跌价问题严重,存货计价认定发生错报的风险较大;假如价格下降的产品在被审计单位销售收入中所占比例很小,被审计单位其他产品销售毛利率很高,尽管该产品的毛利率为负,但可能不会使年末存货发生重大跌价问题。

（四）考虑识别的风险导致财务报表发生重大错报的可能性

注册会计师还需要考虑上述识别的风险是否会导致财务报表发生重大错报。例如，考虑存货的账面余额是否重大、是否已适当计提存货跌价准备等。在某些情况下，尽管识别的风险重大，但仍不至于导致财务报表发生重大错报。例如，被审计单位对于存货跌价准备的计提实施了比较有效的内部控制，管理层已根据存货的可变现净值，计提了相应的跌价准备。在这种情况下，财务报表发生重大错报的可能性将相应降低。

注册会计师应当利用实施风险评估程序获取的信息，包括在评价控制设计和确定其是否得到执行时获取的审计证据，作为支持风险评估结果的审计证据。注册会计师应当根据风险评估结果，确定实施进一步审计程序的性质、时间和范围。

二、识别两个层次的重大错报风险

在对重大错报风险进行识别和评估后，注册会计师应当确定，识别的重大错报风险是与特定的某类交易、账户余额、列报的认定相关，还是与财务报表整体广泛相关，进而影响多项认定。

（一）控制环境对评估财务报表层次重大错报风险的影响

财务报表层次的重大错报风险很可能源于薄弱的控制环境。薄弱的控制环境带来的风险可能对财务报表产生广泛影响，难以限于某类交易、账户余额、列报，注册会计师应当采取总体应对措施。

（二）控制对评估认定层次重大错报风险的影响

在评估重大错报风险时，注册会计师应当将所了解的控制与特定认定相联系。这是由于控制有助于防止或发现并纠正认定层次的重大错报。在评估重大错报发生的可能性时，除了考虑可能的风险外，还要考虑控制对风险的抵消和遏制作用。有效的控制会减少错报发生的可能性，而控制不当或缺乏控制，错报就会由可能变成现实。

（三）考虑财务报表的可审计性

注册会计师在了解被审计单位内部控制后，可能对被审计单位财务报表的可审计性产生怀疑。如果通过对内部控制的了解发现下列情况，并对财务报表局部或整体的可审计性产生疑问，注册会计师应当考虑出具保留意见或无法表示意见的审计报告。

（1）被审计单位会计记录的状况和可靠性存在重大问题，不能获取充分、适当的审计证据以发表无保留意见。

（2）对管理层的诚信存在严重疑虑。必要时，注册会计师应当考虑解除业务约定。

三、需要特别考虑的重大错报风险

（一）特别风险的含义

作为风险评估的一部分，注册会计师应当运用职业判断，确定识别的风险哪些是需要特别考虑的重大错报风险（简称“特别风险”）。

(二)确定特别风险时应考虑的事项

在确定哪些风险是特别风险时,注册会计师应当在考虑识别出的控制对相关风险的抵消效果前,根据风险的性质、潜在错报的重要程度(包括该风险是否可能导致多项错报)和发生的可能性,判断风险是否属于特别风险。在确定风险的性质时,注册会计师应当考虑下列事项。

(1)风险是否属于舞弊风险。

(2)风险是否与近期经济环境、会计处理方法和其他方面的重大变化有关。

(3)交易的复杂程度。

(4)风险是否涉及重大的关联方交易。

(5)财务信息计量的主观程度,特别是对不确定事项的计量存在较大区间。

(6)风险是否涉及异常或超出正常经营过程的重大交易。

注册会计师对认定层次重大错报风险的评估应以获取的审计证据为基础,并可能随着不断获取审计证据而做出相应的变化。因此,评估重大错报风险与了解被审计单位及其环境一样,也是一个连续和动态地收集、更新与分析信息的过程,贯穿于整个审计过程的始终。

【例 6-2】在识别和评估重大错报风险时,注册会计师可能实施的审计程序有(　　)。

A. 识别甲公司的所有经营风险

B. 考虑识别的错报风险导致财务报表发生重大错报的可能性

C. 考虑识别的错报风险是否重大

D. 将识别的错报风险与认定层次可能发生错报的领域相联系

【解答】选择 BCD。在识别和评估重大错报风险时,注册会计师应当实施的审计程序包括:在了解被审计单位及其环境的整个过程中识别风险、并考虑各类交易、账户余额、列报;将识别的风险与认定层次可能发生错报的领域相联系;考虑识别的风险是否重大;考虑识别的风险导致财务报表发生重大错报的可能性。选项 A 错误是因为注册会计师应当识别与财务报表有关的经营风险,并不是对所有经营风险均识别。

第四节　风险应对

注册会计师应当针对评估的重大错报风险实施程序,即针对评估的财务报表层次重大错报风险确定总体应对措施,并针对评估的认定层次重大错报风险设计和实施进一步审计程序,以将审计风险降至可接受的低水平。

一、财务报表层次重大错报风险与总体应对措施

(一)注册会计师应当针对评估的财务报表层次重大错报风险确定下列总体应对措施

(1)向审计项目组强调在收集和评价审计证据过程中保持职业怀疑态度的必要性

(2)分派更有经验或具有特殊技能的审计人员,或利用专家的工作,由于各行业在经营

业务、经营风险、财务报告、法规要求等方面具有特殊性，审计人员的专业分工细化成为一种趋势。审计项目组成员中应有一定比例的人员曾经参与过被审计单位以前年度的审计，或具有被审计单位所处特定行业的相关审计经验。必要时可以考虑利用信息技术、税务、评估、精算等方面的专家的工作。

（3）提供更多的督导。对于财务报表层次重大错报风险较高的审计项目，审计项目组的高级别成员，如项目负责人、项目经理等经验较丰富的人员，要对其他成员提供更详细、更经常、更及时的指导和监督，并加强项目质量复核。

（4）在选择进一步审计程序时，应当注意使某些程序不被管理层预见或事先了解。在审计实务中，审计人员可以通过以下方式提高审计程序的不可预见性。

①对某些未测试过的低于设定的重要性水平或风险较小的账户余额和认定实施实质性程序。

②调整实施审计程序的时间，使被审计单位不可预期。

③采取不同的审计抽样方法，使当期抽取的测试样本与以前有所不同。

④选取不同的地点实施审计程序，或预先不告知被审计单位所选定的测试地点。

（5）对拟实施审计程序的性质、时间和范围做出总体修改。财务报表层次的重大错报风险很可能源于薄弱的控制环境。如果控制环境存在缺陷，审计人员在对拟实施审计程序的性质、时间和范围做出总体修改时应当考虑以下几点。

①期末而非期中实施更多的审计程序。控制环境的缺陷通常会削弱期中获得的审计证据的可信赖程度。

②主要依赖实质性程序获取审计证据。良好的控制环境是其他控制要素发挥作用的基础。控制环境存在缺陷通常会削弱其他控制要素的作用，导致注册会计师可能无法信赖内部控制，而主要依赖实施实质性程序获取审计证据。

③修改审计程序的性质，获取更具说服力的审计证据。修改审计程序的性质主要是指调整拟实施审计程序的类别及组合，比如原先可能主要限于检查某项资产的账面记录或相关文件，而在调整审计程序的性质后可能意味着更加重视实地检查该项资产。

④扩大审计程序的范围。例如扩大样本规模或采用更详细的数据实施分析程序。

（二）总体应对措施对拟实施进一步审计程序的总体方案的影响

拟实施进一步审计程序的总体方案包括实质性方案和综合性方案。其中，实质性方案是指注册会计师实施的进一步审计程序以实质性程序为主；综合性方案是指注册会计师在实施进一步审计程序时，将控制测试与实质性程序结合使用。当评估的财务报表层次重大错报风险属于高风险水平（并相应采取更强调审计程序不可预见性、重视调整审计程序的性质、时间和范围等总体应对措施）时，拟实施进一步审计程序的总体方案往往更倾向于实质性方案。

【例 6-3】为了应对财务报表层次较高的重大错报风险，注册会计师应该提高审计程序不可预见性。下列各项程序中，能够提高审计程序不可预见性的有（　　）。

A. 向以前审计过程中接触不多的员工询问

B. 延长截止测试的期间

C. 在不预先通知被审计单位的情况下，选择一些以前未曾到过的盘点地点进行存货监盘

D. 函证确认销售的条款

【解答】选择 ABCD。依据财务报表层次重大错报风险总体应对措施(4)，在审计实务中，审计人员可以通过以下方式提高审计程序的不可预见性。

①对某些未测试过的低于设定的重要性水平或风险较小的账户余额和认定实施实质性程序。

②调整实施审计程序的时间，使被审计单位不可预期。

③采取不同的审计抽样方法，使当期抽取的测试样本与以前有所不同。

④选取不同的地点实施审计程序，或预先不告知被审计单位所选定的测试地点。

二、针对认定层次重大错报风险的进一步审计程序

(一)进一步审计程序的含义

进一步审计程序相对于风险评估程序而言，是指注册会计师针对评估的各类交易、账户余额、列报认定层次重大错报风险实施的审计程序，包括控制测试和实质性程序。

注册会计师应当针对评估的认定层次重大错报风险设计和实施进一步审计程序，包括审计程序的性质、时间和范围。注册会计师设计和实施的进一步审计程序的性质、时间和范围，应当与评估的认定层次重大错报风险具备明确的对应关系。注册会计师实施的审计程序应具有目的性和针对性，有的放矢地配置审计资源，有利于提高审计效率和效果。

(二)设计进一步审计程序时考虑的因素

在设计进一步审计程序时，注册会计师应当考虑下列因素。

(1)风险的重要性。风险的重要性是指风险造成的后果的严重程度。风险的后果越严重，就越需要注册会计师关注和重视，越需要精心设计有针对性的进一步审计程序。

(2)重大错报发生的可能性。重大错报发生的可能性越大，同样越需要注册会计师精心设计进一步审计程序。

(3)涉及的各类交易、账户余额和列报的特征。不同的交易、账户余额和列报，产生的认定层次的重大错报风险也会存在差异，适用的审计程序也有差别，需要注册会计师区别对待，并设计有针对性的进一步审计程序予以应对。

(4)被审计单位采用的特定控制的性质。不同性质的控制(人工控制或自动化控制)对注册会计师设计进一步审计程序具有重要影响。

(5)注册会计师是否拟获取审计证据，以确定内部控制在防止或发现并纠正重大错报方面的有效性。如果注册会计师在风险评估时预期内部控制运行有效，随后拟实施的进一步审计程序就必须包括控制测试，且实质性程序自然会受到之前控制测试结果的影响。

还需要特别说明的是，注册会计师对重大错报风险的评估毕竟是一种主观判断，可能无法充分识别所有的重大错报风险，同时内部控制存在固有局限性(特别是存在管理层凌驾

于内部控制之上的可能性)。因此,无论选择何种方案,注册会计师都应当对所有重大的各类交易、账户余额、列报设计和实施实质性程序。

(三)进一步审计程序的性质

进一步审计程序的性质是指进一步审计程序的目的和类型。其中,进一步审计程序的目的包括通过实施控制测试以确定内部控制运行的有效性,通过实施实质性程序以发现认定层次的重大错报;进一步审计程序的类型包括检查、观察、询问、函证、重新计算、重新执行和分析程序。

(四)进一步审计程序的时间

进一步审计程序的时间是指注册会计师何时实施进一步审计程序,或审计证据适用的期间或时点。因此,当提及进一步审计程序的时间时,在某些情况下指的是审计程序的实施时间,在另一些情况下是指需要获取的审计证据适用的期间或时点。

有关进一步审计程序的时间的选择问题,第一个层面是注册会计师选择在何时实施进一步审计程序的问题;第二个层面是选择获取什么期间或时点的审计证据的问题。第一个层面的选择问题主要集中在如何权衡期中与期末实施审计程序的关系;第二个层面的选择问题分别集中在如何权衡期中审计证据与期末审计证据的关系、如何权衡以前审计获取的审计证据与本期审计获取的审计证据的关系。这两个层面的最终落脚点都是如何确保获取审计证据的效率和效果。

注册会计师在确定何时实施审计程序时应当考虑的几项重要因素如下。

1. 控制环境

良好的控制环境可以抵消在期中实施进一步审计程序的局限性,使注册会计师在确定实施进一步审计程序的时间时有更大的灵活度。

2. 何时能得到相关信息

例如,某些控制活动可能仅在期中(或期中以前)发生,之后可能难以再被观察到。又如,某些电子化的交易和账户文档如未能及时取得,可能会被覆盖。在这些情况下,注册会计师如果希望获取相关信息,则需要考虑能够获取相关信息的时间。

3. 错报风险的性质

例如,被审计单位可能为了保证盈利目标的实现而在会计期末以后伪造销售合同以虚增收入,此时注册会计师需要考虑在期末(即资产负债表日)这个特定时点获取被审计单位截至期末所能提供的所有销售合同及相关资料,以防范被审计单位在资产负债表日后伪造销售合同虚增收入的做法。

4. 审计证据适用的期间或时点

注册会计师应当根据需要获取的特定审计证据确定何时实施进一步审计程序。例如,为了获取资产负债表日的存货余额证据,显然不宜在与资产负债表日间隔过长的期中时点或期末以后时点实施存货监盘等相关审计程序。

（五）进一步审计程序的范围

进一步审计程序的范围是指实施进一步审计程序的数量，包括抽取的样本量、对某项控制活动的观察次数等。

在确定进一步审计程序的范围时，注册会计师应当考虑下列因素。

1. 确定的重要性水平

确定的重要性水平越低，注册会计师实施进一步审计程序的范围越广。

2. 评估的重大错报风险

评估的重大错报风险越高，对拟获取审计证据的相关性、可靠性的要求越高，因此，注册会计师实施的进一步审计程序的范围也越广。

3. 计划获取的保证程度

计划获取的保证程度，是指注册会计师计划通过所实施的审计程序对测试结果可靠性所获取的信心。计划获取的保证程度越高，对测试结果可靠性要求越高，注册会计师实施的进一步审计程序的范围就越广。

【例 6-4】在确定进一步审计程序的时间，A 注册会计师应当考虑的主要因素有（　　）。

A. 评估的认定层次重大错报风险

B. 审计意见的类型

C. 错报风险的性质

D. 审计证据适用的期间或时点

【解答】选择 ACD。注册会计师在确定何时实施审计程序时应当考虑的重要因素包括：控制环境；何时能得到相关信息；错报风险的性质；审计证据适用的期间或时点。

三、控制测试

控制测试是为了获取关于控制防止或发现并纠正认定层次重大错报的有效性而实施的测试。注册会计师应当选择为相关认定提供证据的控制进行测试。

（一）控制测试的含义和要求

1. 控制测试的含义

控制测试指的是测试控制运行的有效性。这一概念需要与了解内部控制进行区分。了解内部控制包含两层含义：一是评价控制的设计；二是确定控制是否得到执行。测试控制运行的有效性与确定控制是否得到执行所需获取的审计证据是不同的。

在实施风险评估程序以获取控制是否得到执行的审计证据时，注册会计师应当确定某项控制是否存在，被审计单位是否正在使用。

在测试控制运行的有效性时，注册会计师应当从下列方面获取关于控制是否有效运行的审计证据。

（1）控制在所审计期间的不同时点是如何运行的。

（2）控制是否得到一贯执行。

(3)控制由谁执行。

(4)控制以何种方式运行(如人工控制或自动化控制)。

从以上几个方面来看,控制运行的有效性强调的是控制能够在各个不同时点按照既定设计得以一贯执行。因此,在了解控制是否得到执行时,注册会计师只需抽取少量的交易进行检查或观察某几个时点。但在测试控制运行的有效性时,注册会计师需要抽取足够数量的交易进行检查或对多个不同时点进行观察。

2. 控制测试的要求

作为进一步审计程序的类型之一,控制测试并非在任何情况下都需要实施。当存在下列情形之一时,注册会计师应当实施控制测试。

(1)在评估认定层次重大错报风险时,预期控制的运行是有效的。

(2)仅实施实质性程序不足以提供认定层次充分、适当的审计证据。

(二)控制测试的性质

控制测试的性质是指控制测试所使用的审计程序的类型及其组合。

计划从控制测试中获取的保证水平是决定控制测试性质的主要因素之一。注册会计师应当选择适当类型的审计程序以获取有关控制运行有效性的保证。计划的保证水平越高,对有关控制运行有效性的审计证据的可靠性要求就越高。

虽然控制测试与了解内部控制的目的不同,但两者采用审计程序的类型通常相同,包括询问、观察、检查和重新执行。

1. 询问

注册会计师可以向被审计单位适当员工询问,获取与内部控制运行情况相关的信息。

2. 观察

观察是测试不留下书面记录的控制(如职责分离)的运行情况的有效方法。

3. 检查

对运行情况留有书面证据的控制,检查非常适用。书面说明、复核时留下的记号或其他记录在偏差报告中的标志,都可以作为控制运行情况的证据。

4. 重新执行

通常只有当询问、观察和检查程序结合在一起仍无法获得充分的证据时,注册会计师才考虑通过重新执行来证实控制是否有效运行。

注册会计师在确定控制测试的性质时要求考虑以下几个方面。

(1)特定控制的性质。

(2)测试与认定直接相关和间接相关的控制。

(3)如何对一项自动化的应用控制实施控制测试。

(三)控制测试的时间

控制测试的时间包含两层含义:一是何时实施控制测试;二是测试所针对的控制适用的时点或期间。一个基本的原理是,如果测试特定时点的控制,注册会计师仅得到该时点控制运行有效性的审计证据；如果测试某一期间的控制，注册会计师可获取控制在该期间有效运行的审计证据。因此，注册会计师应当根据控制测试的目的确定控制测试的时间，并确定拟信赖的相关控制的期间或时点。

（四）控制测试的范围

对于控制测试的范围，其含义主要是指某项控制活动的测试次数。注册会计师应当设计控制测试，以获取控制在整个拟信赖的期间有效运行的充分、适当的审计证据。

注册会计师在确定某项控制的测试范围时通常考虑下列因素。

（1）在整个拟信赖的期间，被审计单位执行控制的频率。控制执行的频率越高，控制测试的范围越大。

（2）在审计期间，注册会计师拟信赖控制运行有效性的时间长度。拟信赖控制运行有效性的时间长度不同，在该时间长度内发生的控制活动次数也不同。注册会计师需要根据拟信赖控制的时间长短确定控制测试的范围。拟信赖期间越长，控制测试的范围越大。

（3）为证实控制能够防止或发现并纠正认定层次重大错报，所需获取审计证据的相关性和可靠性。对审计证据的相关性和可靠性要求越高，控制测试的范围越大。

（4）通过测试与认定相关的其他控制获取的审计证据的范围。针对同一认定，可能存在不同的控制。当针对其他控制获取审计证据的充分性和适当性较高时，测试该控制的范围可适当缩小。

（5）在风险评估时拟信赖控制运行有效性的程度。注册会计师在风险评估时对控制运行有效性的拟信赖程度越高，需要实施控制测试的范围越大。

（6）控制的预期偏差。预期偏差可以用控制未得到执行的预期次数占控制应当得到执行次数的比率加以衡量（也称“预期偏差率”）。考虑该因素是因为，在考虑测试结果是否可以得出控制运行有效性的结论时，不可能只要出现任何控制执行偏差就认定控制运行无效，所以需要确定一个合理水平的预期偏差率。控制的预期偏差率越高，需要实施控制测试的范围越大。如果控制的预期偏差率过高，注册会计师应当考虑控制可能不足以将认定层次的重大错报风险降至可接受的低水平，从而针对某一认定实施的控制测试可能是无效的。

【例 6-5】A 注册会计师负责对甲公司 2021 年度财务报表进行审计。在实施控制测试时，A 注册会计师遇到下列事项，请代为做出正确的专业判断。

（1）在根据特定控制的性质选择所需实施的审计程序时，A 注册会计师应当考虑的主要因素有（　　）。

A. 控制是否存在反映运行有效性的文件

B. 控制是否与认定直接相关

C. 控制是否属于自动化应用控制

D. 控制是否与认定间接相关

【解答】选择 ABCD。注册会计师在确定控制测试的性质时要求考虑：①特定控制的性质；②测试与认定直接相关和间接相关的控制；③如何对一项自动化的应用控制实施控制测试。

（2）在根据控制测试目的确定控制测试的时间时，A 注册会计师应当考虑的主要因素有（　　）。

A. 控制环境

B. 拟信赖的相关控制的时点或期间

C. 错报风险的性质

D. 对控制运行产生重大影响的人事变动

【解答】选择 ABCD。如果拟信赖控制在特定时点的运行有效性，注册会计师只需要获取该时点的审计证据；如果拟信赖控制在某一期间有效运行的审计证据，那么仅获取与时点相关的审计证据是不够的，还需要辅以其他控制运行有效性的审计证据。

（3）在确定控制测试的范围时，A 注册会计师通常考虑的主要因素有（　　）。

A. 对控制运行的拟信赖程度

B. 控制的预期偏差率

C. 信息技术的应用程序

D. 拟信赖控制运行有效性的时间长度

【解答】选择 ABCD。注册会计师在确定控制测试的范围时，应当考虑：在整个拟信赖期间，被审计单位执行控制的频率；在审计期间，注册会计师拟信赖控制运行有效性的时间长度；为证实控制能够防止或发现并纠正认定层次重大错报，所需要获取审计证据的相关性和可靠性；通过测试与认定相关的其他控制获取的审计证据的范围；在风险评估时拟信赖控制运行有效性的程度；控制的预期偏差率。对自动化控制的确定控制测试范围时，除非系统发生变动，通常不需要增加自动化控制的测试范围。

四、实质性程序

（一）实质性程序的含义和要求

实质性程序是指用以发现认定层次重大错报的审计程序。实质性程序包括对各类交易、账户余额、披露的细节测试以及实质性分析程序。

注册会计师实施的实质性程序应当包括下列与财务报表编制完成阶段相关的审计程序。

（1）将财务报表与其所依据的会计记录相核对。

（2）检查财务报表编制过程中做出的重大会计分录和其他会计调整。注册会计师对会计分录和其他会计调整检查的性质和范围，取决于被审计单位财务报告过程的性质和复杂程度以及由此产生的重大错报风险。

由于注册会计师对重大错报风险的评估是一种判断，可能无法充分识别所有的重大错报风险，并且由于内部控制存在固有局限性，无论评估的重大错报风险结果如何，注册会计师都应当针对所有重大的各类交易、账户余额、列报实施实质性程序。

（二）实质性程序的性质

实质性程序的性质是指实质性程序的类型及其组合。实质性程序有两种基本类型，即细节测试和实质性分析程序。

1. 细节测试

细节测试是对各类交易、账户余额、列报的具体细节进行测试,目的在于直接识别财务报表认定是否存在错报。细节测试被用于获取与某些认定相关的审计证据,如存在、准确性、计价等。

2. 实质性分析程序

实质性分析程序从技术特征上讲仍然是分析程序,主要是通过研究数据间关系评价信息,只是将该技术方法用做实质性程序,即用以识别各类交易、账户余额、列报及相关认定是否存在错报。实质性分析程序通常更适用于在一段时间内存在可预期关系的大量交易。

(三)实质性程序的时间

实质性程序的时间选择与控制测试的时间选择有共同点,也有很大差异。共同点在于两类程序都面临着对期中审计证据和对以前审计获取的审计证据的考虑。两者的差异在于以下两个方面。

①在控制测试中,期中实施控制测试并获取期中关于控制运行有效性审计证据的做法更具有一种"常态";而由于实质性程序的目的在于更直接地发现重大错报,在期中实施实质性程序时更需要考虑其成本效益的权衡。

②在本期控制测试中拟信赖以前审计获取的有关控制运行有效性的审计证据,已经受到了很大的限制;而对于以前审计中通过实质性程序获取的审计证据,则采取了更加慎重的态度和更严格的限制。

1. 如何考虑是否在期中实施实质性程序

在期中实施实质性程序,一方面消耗了审计资源,另一方面期中实施实质性程序获取的审计证据又不能直接作为期末财务报表认定的审计证据,注册会计师仍然需要消耗进一步的审计资源,使期中审计证据能够合理延伸至期末。于是这两部分审计资源的总和是否显著小于完全在期末实施实质性程序所需消耗的审计资源,是注册会计师需要权衡的。

2. 如何考虑期中审计证据

如果在期中实施了实质性程序,注册会计师应当针对剩余期间实施进一步的实质性程序,或将实质性程序和控制测试结合使用,以将期中测试得出的结论合理延伸至期末。在如何将期中实施的实质性程序得出的结论合理延伸至期末时,注册会计师有两种选择:其一是针对剩余期间实施进一步的实质性程序;其二是将实质性程序和控制测试结合使用。

3. 如何考虑以前审计获取的审计证据

在以前审计中实施实质性程序获取的审计证据,通常对本期只有很弱的证据效力或没有证据效力,不足以应对本期的重大错报风险。只有当以前获取的审计证据及其相关事项未发生重大变动时(例如,以前审计通过实质性程序测试过的某项诉讼在本期没有任何实质性进展),以前获取的审计证据才可能用做本期的有效审计证据。即便如此,如果拟利用以前审计中实施实质性程序获取的审计证据,注册会计师应当在本期实施审计程序,以确定这些审计证据是否具有持续相关性。

（四）实质性程序的范围

评估的认定层次重大错报风险和实施控制测试的结果是注册会计师在确定实质性程序的范围时的重要考虑因素。因此，在确定实质性程序的范围时，注册会计师应当考虑评估的认定层次重大错报风险和实施控制测试的结果。注册会计师评估的认定层次的重大错报风险越高，需要实施实质性程序的范围越广。如果对控制测试结果不满意，注册会计师应当考虑扩大实质性程序的范围。

【例 6-6】下列关于确定实质性程序性质、时间和范围的表述中，不恰当的有（　　）。

A. 如果控制测试的结果使注册会计师非常满意，注册会计师可以不执行实质性程序

B. 注册会计师应在期末实施实质性程序，不应在期中工作中执行此类程序

C. 如果相关认定的重大错报风险很高，注册会计师应将实质性程序更多地安排在期末工作中进行

D. 注册会计师在任何情况下均不应将以前获取的实质性程序的证据作为本期的有效证据

【解答】选择 ABD。由于注册会计师对重大错报风险的评估是一种判断，可能无法充分识别所有的重大错报风险，并且由于内部控制存在固有局限性，无论评估的重大错报风险结果如何，注册会计师都应当针对所有重大的各类交易、账户余额、列报实施实质性程序。故选 A。

在期中实施实质性程序，一方面消耗了审计资源，另一方面期中实施实质性程序获取的审计证据又不能直接作为期末财务报表认定的审计证据，注册会计师仍然需要消耗进一步的审计资源，使期中审计证据能够合理延伸至期末。于是这两部分审计资源的总和是否显著小于完全在期末实施实质性程序所需消耗的审计资源，是注册会计师需要权衡的。若显著小于在期末实施实质性程序所需消耗的审计资源，应在期中实施实质性程序。故选 B。

在以前审计中实施实质性程序获取的审计证据，通常对本期只有很弱的证据效力或没有证据效力，不足以应对本期的重大错报风险。只有当以前获取的审计证据及其相关事项未发生重大变动时，以前获取的审计证据才可能作为本期的有效审计证据。注册会计师可以采用以前获取的审计证据。故选 D。

【本章小结】

本章主要阐述了解被审计单位及其环境的风险评估程序、内部控制定义和要素、重大错报风险的评估、针对财务报表层次的重大错报风险制定总体应对措施和对认定层次的重大错报风险设计和实施进一步审计程序。

注册会计师应当了解被审计单位及其环境，其中包括内部控制，以充分识别和评估财务报表重大错报风险，设计和实施进一步审计程序。

注册会计师应当实施下列风险评估程序，以了解被审计单位及其环境：询问被审计单位

管理层和内部其他相关人员；分析程序（必须执行）；观察和检查。

注册会计师应当从下列方面了解被审计单位及其环境：行业状况、法律环境与监管环境以及其他外部因素；被审计单位的性质；被审计单位对会计政策的选择和运用；被审计单位的目标、战略以及相关经营风险；被审计单位财务业绩的衡量和评价；被审计单位的内部控制。

内部控制是被审计单位为了合理保证财务报告的可靠性、经营的效率和效果以及对法律法规的遵守，由治理层、管理层和其他人员设计与执行的政策及程序。内部控制的要素包括：控制环境、风险评估过程、信息系统与沟通、控制活动、对控制的监督。

在了解内部控制的各构成要素时，注册会计师应当对被审计单位整体层面的内部控制的设计进行评价，并确定其是否得到执行。同时还应在业务流程层面了解内部控制。通常采取下列步骤：确定被审计单位的重要业务流程和重要交易类别；了解重要交易流程，并记录了解的情况；确定可能发生错报的环节；识别和了解相关控制；执行穿行测试，证实对交易流程和相关控制的了解；进行初步评价和风险评估。

注册会计师应当针对评估的财务报表层次重大错报风险确定总体应对措施，并针对评估的认定层次重大错报风险设计和实施进一步审计程序，以将审计风险降至可接受的低水平。

针对评估的财务报表层次重大错报风险确定总体应对措施：向审计项目组强调在收集和评价审计证据过程中保持职业怀疑态度的必要性；分派更有经验或具有特殊技能的注册会计师或专家；提供更多的督导；在选择进一步审计程序时，应当注意使某些程序不被管理层预见或事先了解；对拟实施审计程序的性质、时间和范围做出总体修改。

进一步审计程序相对于风险评估程序而言，是指注册会计师针对评估的各类交易、账户余额、列报认定层次重大错报风险实施的审计程序，包括控制测试和实质性程序。

控制测试指的是测试控制运行的有效性。

实质性程序是指注册会计师针对评估的重大错报风险实施的直接用以发现认定层次重大错报的审计程序。实质性程序包括对各类交易、账户余额、列报的细节测试以及实质性分析程序。

【关键术语】

内部控制，控制环境，风险评估，控制程序，穿行测试，控制测试，实质性测试，实质性方案，综合性方案。

【同步练习】

一、单项选择题

1. 注册会计师想要了解被审计单位的营销策略及其变化，最好询问（　　）。

A. 内部审计人员　　B. 仓库人员

C. 营销人员　　D. 内部法律顾问

2. 当评估的财务报表层次重大错报风险属于高风险水平(并相应采取更强调审计程序不可预见性,重视调整审计程序的性质、时间和范围等总体应对措施)时,注册会计师通常拟实施进一步审计程序的总体方案更倾向于(　　)。

A. 综合性方案　　B. 实质性方案

C. 风险评估程序　　D. 控制测试方案

3. 了解被审计单位投资活动有助于注册会计师关注被审计单位在经营策略和方向上的重大变化,下列情况中,不属于注册会计师应当了解的被审计单位投资活动的是(　　)。

A. 证券投资、委托贷款的发生与处置

B. 衍生金融工具的运用

C. 近期拟实施或已实施的并购活动与资产处置情况

D. 购置固定资产和无形资产的活动

4. 针对财务报表层次的重大错报风险,注册会计师可以通过提高审计程序不可预见性予以应对。下列各项程序中,不能够提高审计程序不可预见性的是(　　)。

A. 采取不同的审计抽样方法,使当期抽取的测试样本与以前有所不同

B. 对应收账款进行函证时,将其函证账户的截止日期推迟

C. 对以前由于低于设定的重要性水平而未曾测试过的固定资产进行测试

D. 进行存货监盘时,应事先通知被审计单位盘点的地点,以便其做好准备

5. 如果控制风险水平初步评估为中等水平,注册会计师获取的相关内部控制运行有效的审计证据(　　)。

A. 比评估为高水平时要多

B. 比评估为低水平时要多

C. 比评估为高水平时要少

D. 与评估为低水平时一样多

6. 注册会计师在期中实施进一步审计程序也存在很大的局限性,下列有关局限性的说法不恰当的是(　　)。

A. 注册会计师往往难以仅凭在期中实施的进一步审计程序获取有关期中以前的充分、适当的审计证据

B. 即使注册会计师在期中实施的进一步审计程序能够获取有关期中以前的充分、适当的审计证据,但从期中到期末这段剩余期间还往往会发生重大的交易或事项(包括期中以前发生的交易、事项的延续,以及期中以后发生的新的交易、事项),从而对所审计期间的财务报表认定产生重大影响

C. 被审计单位管理层也完全有可能在注册会计师于期中实施了进一步审计程序之后对期中以前的相关会计记录做出调整甚至篡改,注册会计师在期中实施了进一步审计程序所获取的审计证据已经发生了变化

D. 如果在期中实施了进一步审计程序，注册会计师不需要针对剩余期间获取审计证据

7.(　　)设定了被审计单位的内部控制基调，影响员工对内部控制的认识和态度。

A. 控制活动　B. 控制监督　C. 控制环境　D. 控制检查

8. 进一步审计程序是相对于风险评估程序而言的，是指注册会计师针对评估的各类交易、账户余额、列报认定层次重大错报风险实施的审计程序，包括(　　)。

A. 控制测试和实质性程序　B. 风险评估程序和控制测试

C. 风险评估程序和实质性程序　D. 风险评估程序和分析程序

9. 有助于确保管理层的指令得以执行的政策和程序的是(　　)。

A. 控制监督　B. 控制活动　C. 控制环境　D. 控制规则

10. 注册会计师的审计目标不同，针对相同的鉴证对象所收集的证据通常会不同。在实施风险评估程序以确定某项控制是否被执行时，注册会计师主要应当获取(　　)方面的证据。

A. 控制在不同时点如何运行

B. 控制以何种方式运行

C. 控制是否存在，是否正在使用

D. 控制是否得到一贯执行以及由谁执行

二、多项选择题

1. 针对财务报表层次的重大错报风险，注册会计师可以通过提高审计程序的不可预见性的方法予以应对，下列方法中可以提高审计程序不可预见性的有(　　)。

A. 对风险较小的账户余额和认定实施实质性程序

B. 对某大额应收账款实施函证

C. 以前没有对被审计单位的应付账款余额普遍进行函证，此时可以考虑直接向所有供应商函证确认余额

D. 针对销售和销售退回仍然在以前测试范围内实施截止测试

2. 注册会计师应从被审计单位内部和外部了解被审计单位及其环境。下列各项因素中，仅涉及被审计单位外部因素的有(　　)。

A. 了解被审计单位的行业状况

B. 了解被审计单位的目标、战略以及经营风险

C. 了解被审计单位财务业绩的衡量和评价

D. 了解被审计单位的内部控制

3. 注册会计师应当针对评估的认定层次重大错报风险设计和实施进一步审计程序，进一步审计程序是注册会计师针对评估的各类交易、账户余额、列报认定层次重大错报风险实施的审计程序，具体包括(　　)。

A. 实质性分析程序　B. 风险评估程序

C. 细节测试　D. 控制测试

4. 注册会计师应当了解被审计单位的外部影响因素，对于被审计单位所处的法律环境及监管环境的了解，主要包括(　　)。

A. 对开展业务产生重大影响的政府政策，包括货币、财政、税收和贸易等政策

B. 与被审计单位所处行业和所从事经营活动相关的环保要求

C. 对经营活动产生重大影响的法律法规及监管活动

D. 适用的会计准则、会计制度和行业特定惯例

5. 注册会计师在确定进一步审计程序的时间时应当考虑的因素主要包括(　　)。

A. 审计意见的类型　　B. 评估的认定层次重大错报风险

C. 错报风险的性质　　D. 审计证据适用的期间或时点

6. 注册会计师通过对被审计单位的财务业绩的衡量和评价来了解被审计单位及其环境，可以获得的信息来源主要包括(　　)。

A. 被审计单位管理层做出的分部信息和分支机构的业绩报告

B. 被审计单位治理层做出的预算及差异分析报告

C. 注册会计师利用分析程序做出的财务分析报告

D. 信用评级机构做出的报告

7. 注册会计师应当就下列(　　)事项形成审计工作记录。

A. 对评估的财务报表层次重大错报风险采取的总体应对措施

B. 实施进一步审计程序的性质、时间和范围

C. 实施的进一步审计程序与评估的认定层次重大错报风险的联系

D. 实施的进一步审计程序的结果

8. 下列属于了解内部控制步骤的有(　　)。

A. 评估内部控制的设计

B. 记录相关的内部控制

C. 识别需要降低哪些风险以预防财务报表发生重大错报

D. 评估控制的执行。主要是实施穿行测试，以确信识别的内部控制实际上确实存在

9. 如果被审计单位的控制环境存在缺陷，注册会计师在对拟实施审计程序的性质、时间和范围做出总体修改时应当考虑的有(　　)。

A. 主要依赖控制测试获取审计证据

B. 在期末而非期中实施更多的审计程序

C. 追加审计程序

D. 修改审计程序的性质，获取更具说服力的审计证据

10. 在了解公司控制环境时，注册会计师应当关注的内容有(　　)。

A. 公司治理层相对于管理层的独立性

B. 公司管理层的理念和经营风格

C. 公司员工整体的道德价值观

D. 公司对控制的监督

三、判断题

1. 询问作为风险评估程序的一种类型，单独使用即可获得保证程度很高的审计证据。(　　)

2. 如果内部控制设计合理，并且执行有效，那么绝对能够保证财务报告的可靠性、经营的效率和效果以及对法律法规的遵守。(　　)

3. 观察和检查可以印证对管理层和其他相关人员的询问结果，并提供有关被审计单位及其环境的信息。(　　)

4. 如果注册会计师在期中实施了实质性程序，那么他只需要针对剩余期间实施实质性程序即可。(　　)

5. 无论内部控制是否已经发生变化，注册会计师都可以对以前审计获取的有关控制运行有效性的审计证据予以信赖。(　　)

6. 尽管控制测试和细节测试的目的不同，但注册会计师完全可以考虑针对同一交易同时实施控制测试和细节测试。(　　)

7. 控制测试既可以在期中进行，也可以在期末进行，而实质性程序只能在期中实施。(　　)

8. 测试控制运行的有效性与确定控制是否得到执行所需获取的审计证据是相同的。(　　)

9. 如果确定评估的认定层次重大错报风险是特别风险，并拟信赖旨在减轻特别风险的控制，注册会计师不应依赖以前审计获取的审计证据，而应在本期审计中测试这些控制的运行有效性。(　　)

10. 注册会计师设计和实施的进一步审计程序的性质、时间和范围，应当与评估的认定层次重大错报风险具备明确的对应关系。(　　)

四、案例分析题

W 公司主要从事小型电子消费品的生产和销售，产品销售以 W 公司仓库为交货地点。W 公司日常交易采用自动化信息系统（简称“系统”）和手工控制相结合的方式进行。系统自 2006 年以来没有发生变化。W 公司产品主要销售给国内各主要城市的电子消费品经销商。A 和 B 注册会计师负责审计 W 公司 2007 年度财务报表。

A 和 B 注册会计师在审计工作底稿中记录了所了解的有关销售与收款循环的控制，部分内容摘录如下。

（1）仓库人员在系统中根据经销售部门批准的客户订单生成连续编号的发货单，并在将产品交付运输商发运后，将发货单设置为“已执行”状态并提交结算部门。结算部门根据系统中的“已执行”发货单记录、订单及相关客户基础资料，在系统中生成并打印销售发票，系统在月末根据发货单和发票信息自动汇总主营业务收入，并据此过入应收账款和主营业务收入账簿。

(2)每到月末,系统自动匹配发货单、订单、发票和入账的主营业务收入,并可以生成一个专门报告反映未匹配项目的清单。系统授权可以生成和阅读该报告的人员是W公司销售部经理和总经理。

问题:针对资料(1)至(2)项,请逐项指出上述控制与何种交易或账户的何种认定相关;针对资料(1)至(2)项,假定不考虑其他条件,请逐项判断上述控制在设计上是否存在缺陷。如果存在缺陷,请分别予以指出,并简要说明理由,提出改进建议。

五、思考题

1. 注册会计师应当从哪些方面了解被审计单位及其环境?

2. 注册会计师应当了解被审计单位的行业状况主要包括哪些内容?注册会计师对行业状况、法律环境与监管环境以及其他外部因素了解的重点是什么?

3. 在注册会计师针对评估的认定层次重大错报风险设计和实施进一步审计程序时,应考虑哪些因素?

4. 请简要阐述内部控制程序与控制测试程序之间的联系与区别。

第七章　销售与收款循环审计

引言

销售与收款循环是企业一项重要的经济业务，也是决定企业收入的重要经营环节。企业生产的产品如果不能顺利实现销售和回笼货款，企业的利润便无从谈起，甚至影响到企业的再生产的开展。所以必须确保销售与收款循环的准确无误。

本章主要介绍了销售与收款循环相关的内部控制制度及其符合性测试、相关报表项目的实质性测试。

通过本章的学习要求了解销售与收款循环的主要业务活动、凭证与记录；理解销售与收款循环的重要内部控制及控制测试的程序；掌握销售与收款循环的测试重点和关键的审计方法；掌握主营业务收入审计、应收账款审计等。

本章重点：营业收入审计；应收账款与坏账准备审计；应缴税费审计。

本章难点：营业收入审计。

案例导入

说"花账"

"花账"似乎是个新鲜词，实则古已有之。小说《西游记》第八十九回写了这样一段故事，豹头山虎头洞黄狮精使用妖法将孙悟空、猪八戒、沙和尚的兵器弄去后，乐得合不上大嘴，便指派"刁钻古怪"和"古怪刁钻"去买猪羊治筵席庆贺"钉耙会"。这两个狼头小妖得到美差，笑在眉头喜在心，便商议到了集上先吃几壶酒，把东西开个"花账"，买件棉衣过冬。不料他们的运作策划被前来寻找兵器的孙悟空听了去，当即被孙悟空用定身法定住了，二十两白花花的银子也被孙悟空取了去，"花账"自然是做不成了。

所谓"花账"，《西游记》上有明确的注解，"花账"者，以无作有、以少报多的假账也。随着社会生产力的不断发展，现今的记账方式大大改进了，会计记账也不断得到规范和完善。但从不断披露的事实来看却令人触目惊心。尚有不少"假账""账外账""两套三套账""两本账""根本不做账""一本糊涂账"等现象存在。特别是有作假账者，或以无作有而沽名钓誉，或以少报多而邀功请赏，或以有作无而偷税，或以多报少而损公肥私等，名目繁多，不一而足。企业资产就这样从这些"花账"中不声不响地流失了。

第一节　销售与收款循环概述

销售是工商企业的主要经营活动之一,而销售又与收取货款过程密切相关。一个企业的销售与收款循环是由同顾客交换商品或劳务,以及收到现金收入等有关业务活动组成的。销售与收款循环的审计,通常可以相对独立于其他业务循环而单独进行,但这不等于说销售与收款循环的审计是孤立的。审计重要性概念要求审计人员在审计时必须综合考虑会计报表各项目性质及其相互关系。因此,即使在单独执行销售与收款循环的审计时,审计人员仍应经常地将该循环与其他业务循环的审计情况结合起来加以考虑。根据会计报表项目与业务循环的相关程度,销售与收款循环中的会计报表项目一般包括应收票据、应收账款、坏账准备、预收账款、应交税费、其他应交款、营业收入、营业费用、营业税金及附加等。

一、销售与收款循环的主要业务

了解企业在销售与收款循环中的主要业务活动,对销售和收入循环的审计十分必要。企业销售与收款循环主要由企业与顾客交换商品和劳务、收回现金等经营业务所组成。每一个业务均需经过若干步骤才能完成。

1. 接受顾客订货单

顾客提出订货要求是整个销售与收款循环的起点。订单管理部门应区分现购和赊购,赊购订单只有在符合管理部门的授权标准时,才能被接受。管理层一般都列出了已准予赊销的顾客名单。订单管理部门的职员在决定是否同意接受顾客订单之前,应追查该顾客是否已被列在该名单中。企业批准了顾客订单后,通常编制一式多联的销售单。销售单是证明管理部门对有关销售交易的"存在或发生"认定的凭据。

2. 批准赊销

赊销批准是由信用管理部门根据管理层的赊销政策和对每个顾客的已授权的信用额度来进行的。信用管理部门收到销售单后,应将销售单与该顾客已被授权的赊销信用额度以及至今尚欠的账款余额加以比较。从而决定能否批准赊销。在执行人工赊销信用检查时,应合理划分工作责任,以切实避免销售人员为增加销售而使企业承担不适当的信用风险。这些控制与应收账款净额的"估价或分摊"认定有关。

3. 按销售单发货

商品存储部门只有在收到经过信用部门批准的销售单时才能发货。该项控制程序的目的是防止仓库在未经授权的情况下擅自发货。因此,经批准的销售单的一联通常应送达仓库,作为仓库按销售通知单供货和发货给装运部门的授权依据。

4. 按销售单发运

将按经批准的销售单发货与按销售单装运货物职责相分离,有助于避免装运职员在未经授权的情况下装运产品。装运部门职员在装运之前,必须独立验证从仓库提取的商品是否都附有经批准的销售单,且所收到商品的内容是否与销售单一致。若符合要求,应填制装运凭证。装运凭证是一种连续编号的出货单，通常由装运部门保管。它是证实销售交易“存在或发生”认定的另一种形式的凭据。

5. 向顾客开具账单

向顾客开具账单包括编制和向顾客寄送事先连续编号的销售发票。为了降低开具账单过程中出现遗漏、重复、错误计价或其他差错的风险，应设置以下控制程序。

（1）开具账单部门职员在编制每张销售发票之前，应独立检查是否存在装运凭证和相应的经批准的销售单。

（2）应依据已授权批准的商品价目表编制销售发票。

（3）独立检查销售发票计价和计算的正确性。

（4）将装运凭证上的商品总数与相对应的销售发票上的商品总数进行比较。

上述的这些控制与销售交易的“存在或发生”“完整性”以及“估价或分摊”的认定有关。

6. 记录销售

记账人员根据开具的销售发票编制记账凭证，登记销售明细账、应收账款明细账或库存现金、银行存款日记账及相应的总账。记录销售环节重点关注以下几个方面。

（1）只依据附有有效装运凭证和销售单的销售发票记录。

（2）控制所有事先连续编号的销售发票。

（3）独立检查已处理销售发票上的销售金额与会计记录的一致性。

（4）记录销售的职责与处理销货交易的其他功能相分离。

（5）对记录过程中所涉及的有关记录的接触予以限制，以减少未经授权批准的记录的发生。

（6）定期检查应收账款的明细账与总账的一致性。

以上这些控制与“存在或发生”“完整性”以及“估价或分摊”认定有关。

7. 办理和记录收款

这项功能涉及有关货款收回，现金、银行存款的记录以及应收账款减少等活动。在处理收到的货款时，最重要的是要保证全部货币资金都必须如数、及时地记入现金、银行存款日记账以及应收账款明细账和总账中，并如数、及时地将现金存入银行。

8. 办理和记录销售退回、销售折扣与折让

发生此类事项时，必须经授权批准，并应确保与办理此事有关的部门和职员各司其职，分别控制实物流和会计记录。在这方面，严格使用贷项通知单无疑会起到关键作用。

9. 坏账处理

对于确实无法收回的应收账款，应该获取货款无法收回的确凿证据，经适当审批后方可作为坏账，并及时进行相应的账务处理。

10. 提取坏账准备

提取的坏账准备的数额必须能够抵补企业以后无法收回的销货款。

二、销售与收款循环的主要凭证和会计记录

在内部控制比较健全的企业里，对销售与收款业务的处理及控制，通常需要使用很多凭证和会计记录。典型的销售与收款循环所涉及的主要凭证和会计记录有以下几种。

1. 顾客订货单

顾客订货单是顾客要求订购商品的书面凭证。企业可以直接从顾客那里或者通过销售人员及其他途径取得顾客订货单。

2. 销售单

销售单是列示顾客所订商品的名称、规格、数量以及其他与顾客订货单有关的资料的表格。它是销售方内部处理顾客订货单的依据。

3. 发运凭证

发运凭证是在发运货物时编制的、用以反映发出商品的内容和日期的凭据。这种凭证可以作为向顾客开票收款的依据。

4. 销售发票

销售发票是一种用来表明已销售商品的规格、数量、销售金额、付款条件、开票日期等内容的凭证。销售发票的一联开给顾客，其余联由企业保留，并作为在会计账簿中登记销售业务的基本凭证。

5. 商品价目表

商品价目表是列示已经授权批准的、可供销售的各种商品的价格。

6. 贷项通知单

贷项通知单是一种用来表示由于销售退回或经批准的折让而引起的应收账款减少的凭证。其格式通常与销售发票相同，只不过是用来说明应收账款的减少。

7. 汇款通知书

汇款通知书是一种与销售发票一起寄给顾客，由顾客在付款时再寄回销货单位的凭证。这种凭证一般注明顾客的姓名、销售发票号码、销货单位开户银行账号以及金额等内容。

8. 顾客月末对账单

顾客月末对账单是一种定期寄送给顾客的、用于购销双方定期核对账目的凭证。

9. 坏账审批表

坏账审批表是一种用来批准将某些应收账款注销为坏账的企业内部凭证。

10. 转账凭证

转账凭证是记录转账业务的记账凭证，根据有关转账业务（即不涉及现金和银行存款收付的业务）的原始凭证编制。

11. 收款凭证

收款凭证是用来记录现金和银行存款收入业务的记账凭证。

12. 应收账款明细账及总账

应收账款明细账及总账是用来记录与每个顾客各项交易及每个顾客所欠账款余额的明细账。

13. 主营业务收入明细账及总账

主营业务收入明细账及总账是一种用来记录销售业务的明细账,它通常记载和反映不同类别的销售总额。

14. 现金和银行存款日记账及总账

现金和银行存款日记账及总账是用来记录应收账款的收回或现销收入,以及其他各种现金、银行存款收入和支出的日记账。

15. 销售折扣与折让明细账及总账

销售折扣与折让明细账及总账是一种用来核算企业销售商品时,按销售合同规定给予顾客的销售折扣和因商品品种、质量等原因而给予顾客的销售折让情况的明细账。

第二节 销售与收款循环的控制测试

一、销售与收款循环的内部控制

销售与收款循环的内部控制主要包括以下几个方面。

(一)职责分离控制

为了保证销售业务处理的有效性和可靠性,防止各种有意或无意的错误,应按各相关业务环节进行明确分工。例如,接受顾客订货单、填制销售单、批准赊销、发运货物、结算开票、收取货款、会计记录及账目核对等,必须由不同的职能部门或人员负责办理;主营业务收入应由记录应收账款之外的职员独立登记,并由另一位不负责账簿记录的职员定期核对总账和明细账。

(二)授权审批控制

企业应当对销售与收款业务建立严格的审批制度,明确审批人员对销售与收款业务的批准方式、权限、程序、责任和相关控制措施,规定经办人的职责范围和工作要求。审计人员主要关心在以下几个关键点上的审批程序。

(1)在发货之前,顾客的赊销已被授权批准。

(2)销售价格、付款条件、运费和销售退回、折让与折扣等的确定必须经过适当的授权批准。

(3)对确实无法收回的应收账款,按规定程序批准后方可作为坏账处理。

(4)审批人员应当根据销售与收款授权批准制度的规定,在授权范围内进行审批,不得超越审批权限。

（三）会计记录控制

对内部控制来说，只有具备充分的记账手续、充分的凭证和记录，才有可能实现其各项控制目标。因此，企业应尽可能采用在销售发生时开具销售发票的控制方法，以保证所有发运的货物均已开具发票，从而避免漏开账单的情况。

（四）凭证预先编号控制

对凭证预先进行编号，其目的在于防止销售后忘记向顾客开具发票或登记入账，也可防止重复开票或重复记账。但是对凭证的编号不做清点，预先编号就会失去控制意义。

（五）寄发对账单控制

由不负责现金出纳和销售及应收账款记账的人员按月向顾客寄送对账单，能促使顾客在发现应付账款余额不正确后及时做出说明，因而这是一项有用的控制。为了使这项控制更加有效，最好将账户余额中出现的所有核对不符的账项，指定一位不掌管货币资金也不记载营业收入和应收账款项目的主管人员处理。

（六）内部稽核控制

由内部审计人员或其他独立人员核查销售过程的各项业务的处理和记录，是实现内部控制目标不可缺少的一项控制措施。内部核查人员的主要工作包括复核赊销的核准情况；查阅发票的连续性及所附凭证的完整性；检查发运单编号的连续性，并与销货日记账进行核对，等等。

二、评估销售与收款循环的重大错报风险

注册会计师在审计销售与收款环节时，应考虑影响销售收入交易的重大错报风险，并对被审计单位中可能发生的销售收入交易的重大错报风险保持警觉。销售收入交易和余额存在的重大错报风险如下。

（一）管理层虚报销售收入的偏好

被审计单位管理层可能为了完成经营目标，满足业绩考核的要求，保证从外部获得资金，吸引潜在的投资者，或影响公司股价，在财务报表中虚报销售收入。

（二）销售收入确认的复杂性

不同性质的企业，采用的销售收入确认的政策会有所不同。如制造企业的销售收入确认，就与金融企业、房地产开发企业的销售收入确认不同。同一企业的不同销售方式、销售收入确认也不一样。

（三）采用不正确的收入截止

将属于下一会计期间的收入有意或无意地计入本期，或者将本期的收入有意或无意地计入下一会计期间，都有可能导致本期收入及相关账户余额的高估或低估。

（四）不正确计提坏账准备

计提应收账款的坏账准备应结合客户的偿债能力和应收账款的账龄来确定。如果不加区分地简单计提，将会造成应收账款余额的高估或低估。

（五）发生舞弊的风险

因销售收入环节与货币资金密切相关，很容易发生舞弊行为，如被审计单位的员工利用销售价格调整和销售折扣、隐瞒真实情况、侵吞货币资金。

（六）发生各种错误的可能性

在销售收入实现的过程中，程序复杂，环节很多，很容易发生各种各样的差错。任何差错都会导致销售收入的错报。

在评估销售收入环节重大错报风险时，注册会计师应当将所了解的控制与特定认定相联系，以确定进一步审计程序的性质、时间和范围。

三、销售与收款循环的控制测试

销售与收款循环的控制测试主要包括以下几个方面。

（一）测试不相容职务的分离情况

主要测试被审计单位与销售业务有关的职务设置情况。职责分工是否明确，一般是由审计人员通过参阅企业组织机构图、查阅某些凭证记录、观察有关人员的活动，以及与这些人员进行讨论来测试。

（二）测试所实施的审批手续

主要通过对有关凭证的审阅来测试，以检查其是否履行了相应的审批手续。例如检查信用部门有关人员是否在校或单上签字、检查销货单上有无主管部门的主管人员核准发货的审批意见等。

（三）测试凭证记录的情况

审计人员从全年的发运凭证中抽取部分样本，与相关的销售发票核对，以审查是否有尚未开具销售发票的发货。

（四）测试凭证编号情况

一种常用的符合性测试程序是清点各种凭证。例如，从发运凭证抽取部分样本与销售发票核对时，应特别注意发运凭证是否连续编号，作废的发运凭证是否盖章注销并予存档；从主营业务收入明细账中选出销售发票的存根，看其是否连续编号，有无不正常的缺号发票和重号发票等。

（五）测试寄收对账单情况

审计人员通过观察指定人员寄送对账单和审查顾客复函档案等符合性测试程序，可以测试被审计单位是否按月向顾客寄出对账单。

（六）测试内部监督程序

审计人员可以采用审查内部审计人员的报告或其他独立人员在他们核查的凭证上的签字等方法来实施符合性测试。根据上述测试所取得的证据，审计人员应该对销售业务内部控制的健全性和有效性做出评价。评价时，审计人员应标明哪些属于存在缺陷的部分，需要实施详细的审计程序；哪些属于健全的部分，可以减少审计程序。

第三节　销售与收款循环的实质性测试

一、营业收入审计

（一）营业收入审计目标

营业收入项目核算企业在销售商品、提供劳务及让渡资产使用权等日常活动中所产生的收入。其审计目标一般包括以下几个方面。

（1）确定登记入账的营业收入是否确实发生。

（2）确定营业收入的记录是否完整。

（3）确定对销售退回、销售折让与折扣的处理是否恰当。

（4）确定营业收入的会计处理是否正确。

（5）确定营业收入的披露是否恰当。

（二）营业收入的实质性测试程序

1. 获取或编制主营业务收入明细表

审计人员应首先获取或编制营业收入明细表，复核其加计数是否准确，并与明细账和总账的余额核对是否相符。

2. 进行分析性复核

根据营业收入明细表，编制营业收入分析表，将本年度的销售收入与上半年度的销售收入进行比较，分析产品销售的结构和价格变动是否正常，并分析异常变动的原因，比较本年度各月各种主营业务收入的波动情况，分析其变动趋势是否正常，并查明异常现象和重大波动的原因，以核实企业主营业务收入是否存在漏记、隐瞒或虚记现象。

3. 审查营业收入的确认和计量

按照《企业会计准则》的要求，企业营业收入的确认时间，即产品销售的实现时间，取决于产品销售方式和货款结算方式。因此，对营业收入确认时间的审计，应结合不同的销售方式和货款结算方式进行。

（1）采用托收承付结算方式，应在商品、产品已发出，劳务已提供，并已将发票账单提交银行办妥收款手续时确认收入的实现。审计时应注意企业是否已发货，托收手续是否办妥并查核发货运单及托收承付结算回单的真实性，防止漏列、虚列收入。

（2）采用交款提货的销售业务，应审查是否确实在收到货款、发票账单和提货单交给买方时确认销售收入实现，防止开假发票，虚列购货单位，将未实现的收入提前入账，虚增本年利润等现象。

（3）采用预收账款销售方式，应在商品、产品已发出时确认收入的实现。审查的重点是有没有将已收货款不入账而转为下年收入（或个人贪污）、开具假出库凭证、虚增本年收入的现象。

（4）对分期收款的销售业务，应在本期收到价款或以合同约定的日期作为本期销售收入的实现。重点审查是否在合同日到期后，收入仍不入账的现象。

（5）对委托代销商品，应审查是否在收到代销清单时确认销售收入的实现。

（6）对长期工程或劳务，应审查是否按合同规定的工程或劳务款结算方式确认收入的实现。

（7）委托外贸代理商品出口，实行代理制方式，应以收到外贸企业代办的运单和银行交款凭证确认收入的实现。审计时重点审查代办运单和银行交款单是否真实、有没有出具假运单或假银行交款单的情况。

（8）对外转让销售土地及商品房，应在土地和商品房已移交并将发票结算账单交对方时，确认收入的实现。

4. 审查营业收入的会计处理

（1）抽查部分销售业务，进行从原始凭证、记账凭证到营业收入明细账的全过程审查，核实其记录、过程、加总是否正确。

（2）将营业收入明细账与总账、其他相关账簿损益表及其附表相核对，审查其是否账账相符、账表相符、表表相符。

（3）检查与产成品账户有关的对应账户记录是否正确，同时检查销售收款凭证，审查其账务处理是否正确。

5. 实施营业收入的截止测试

抽查资产负债表前后的销售收入和退货记录，同销售发票或其他原始凭证以及发货单和货运文件等相核对，检查销售业务的会计处理有无跨年度现象，对跨年度的重大销售项目予以调整。

6. 查找未经认可的大额销售

审计人员应结合资产负债表及应收账款的函证结果，查明有没有未经认可的大额销售，若有，应进行记录和相应的调整。

7. 审查销售折扣、退回与折让

（1）审查销售折扣、退回与折让的原因和条件是否真实、合规，有没有借销售折扣、退回或折让之名，行转移收入或贪污货款之实的舞弊行为。

（2）检查销售折扣、退回与折让的审批手续是否完备和规范，有没有内外勾结，越权乱批，擅自实行折让和折扣而转利于关系单位等情况。

（3）检查销售折扣、退回与折让的数额计算是否正确，会计处理是否恰当。

（4）检查销售退回的产品是否已验收入库，并登记入账，有没有账外物资的情况，销售折让与折扣是否及时足额提交对方，有没有虚设中价、转移收入、私设账外“小金库”等情况。

8. 审查外币结算的营业收入的折算方法

审查外币结算的营业收入的折算方法是否正确，折算方法是否前后各期一致。

9. 确定营业收入是否在损益表上恰当披露

审计人员应审查损益表上的营业收入项目,数字是否与审定数相符,收入确认所采用的会计政策是否在会计报表附注中披露。

【例 7-1】大为公司销售给 A 公司计算机设备 351 万元,销售合同规定,签订合同时 A 公司向大为公司支付货款 100 万元,设备运行 1 个月后支付剩余货款,交货时间为 2021 年 11 月 5 日。实际执行情况为,大为公司 2021 年 11 月 5 日发货,设备运行 1 个月后,没有出现质量问题。截至 2021 年 12 月 25 日,大为公司共收到货款 251 万元,确认营业收入 251 万元。

问题:指出该企业在销售业务处理中存在的问题,并提出处理意见。

【解答】根据合同内容和营业收入确认的原则,大为公司应在 2021 年 12 月 5 日后确认全部收入,而不应按实收货款确认收入数。调整分录为:

借:应收账款　1 170 000
　贷:主营业务收入　1 000 000
　　应缴税费—应交增值税(销项税额)　170 000

同时结转成本,假定成本为 90 万元,会计分录为:

借:主营业务成本　900 000
　贷:库存商品　900 000

【例 7-2】光华会计师事务所在对兰格公司年度会计报表审计时发现,兰格公司某类商品的标价为每件 100 元,为扩大该企业商品的市场占有率,公司规定,若购买该商品 100 件以上,即可在原价格的基础上享受 10% 的优惠, A 客户按照兰格提供的优惠条件购买了兰格公司 1 000 件商品。后来,由于兰格公司本期发货规格有误,不得不将发出标价为 100 000 元的货物按 8% 的折价返还给 A 客户。该公司以上两项业务的会计处理为:

借:银行存款　107 000
　财务费用　10 000
　贷:主营业务收入　100 000
　　应缴税费—应交增值税(销项税额)　17 000
借:销售费用　8 000
　贷:银行存款　8 000

问题:(1)指出该公司账务处理的不当之处,分析对企业损益的影响。

(2)提出调账建议。

【解答】(1)兰格公司的促销业务属于商业折扣,在提供商业折扣的情况下,企业应按商业折扣以后的实际售价金额计价入账,对折扣额不单独反映。该公司将商业折扣计入财务费用,导致当期财务费用和营业收入虚增;对客户的让价应属于销售折让,应在销售当期冲减收入,将其计入“销售费用”是错误的。

(2)针对上述情况,审计人员应建议做如下调整。

借:主营业务收入 10 000
　贷:财务费用 10 000
借:主营业务收入 8 000
　贷:销售费用 8 000

二、应收账款与坏账准备的审计

(一)应收账款审计目标

应收账款是企业销售商品或提供劳务而形成的债权,是业务往来结算过程中形成的商业信用。应收账款审计的目标一般包括以下几个方面。

(1)确定应收账款是否存在。

(2)确定应收账款是否归被审计单位所有。

(3)确定应收账款的增减变动的记录是否完整。

(4)确定应收账款是否可收回,坏账准备的计提是否恰当。

(5)确定应收账款的期末余额是否正确。

(6)确定应收账款在会计报表上的披露是否恰当。

(二)应收账款实质性分析程序

1. 取得或编制应收账款明细表

审计人员在向被审计单位取得或自行编制应收账款明细表后,应复核加计数额是否正确,并核对是否与报表数、总账数和明细账合计数相符。

2. 应收账款账龄分析

审计人员取得或编制应收账款账龄分析表是为了了解应收账款的可收回性。编制应收账款账龄分析表时,要体现重要性原则,对不重要的或余额较小的客户可汇总列示。简单的应收账款账龄分析表如表 7-1 所示。

表 7-1　应收账款账龄分析表

年　月　日　　　　单位:

顾客名称	期末余额	账龄			
		1 年以内	1~2 年	2~3 年	3 年以上
合　计					

3. 向债务人函证应收账款

函证是指审计人员为了获取影响财务报表或相关披露认定项目的信息,通过直接来自第三方对有关信息和现存状况的声明,获取和评价审计证据的过程。函证应收账款的目的在于证实应收账款账户余额的真实性、正确性，防止或发现被审计单位及其有关人员在销售交易中发生的错误或舞弊行为。通过函证应收账款，可以比较有效地证明被询证者的存在和被审计单位记录的可靠性。

1）函证的范围和对象

审计人员不需要对被审计单位所有的应收账款进行函证。函证数量的大小、范围是由诸多因素决定的，主要有：应收账款在全部资产中的重要性；被审计单位内部控制的强弱；以前期间的函证结果。一般情况下，审计人员应选择以下项目作为函证对象：大额或账龄较长的项目；与债务人发生纠纷的项目；关联方项目；主要客户项目；余额为零的项目；非正常的项目。

2）选择函证方式

函证方式分为积极的函证方式和消极的函证方式。

（1）积极的函证方式。采用这种函证方式时，审计人员应当要求被询证者在所有情况下必须回函，确认询证函所列信息是否正确，或填列询证函要求的信息。《中国注册会计师审计准则第1312号——函证》提供的积极式函证参考格式如图7-1所示。

企业询证函

编号：

××（公司）：

本公司聘请的××会计师事务所正在对本公司××年度财务报表进行审计，按照《中国注册会计师独立审计准则》的要求，应当询证本公司与贵公司的往来账等事项。下列数据出自本公司账簿记录，如与贵公司记录相符，请在本函下端"信息证明无误"处签章证明；如有不符，请在"信息不符"处列明不符金额。回函请直接寄至××会计师事务所。

回函地址：

邮编：　　电话：　　传真：　　联系人：

1. 本公司与贵公司的往来账项列示如下。

单位：元

截止日期	贵公司欠	欠贵公司	备注

2. 其他事项。

本函仅为复核账目之用，并非催款结算。若款项在上述日期之后已付清，仍请及时函复为盼。

（公司盖章）

年　月　日

结论：（1）信息证明无误。

（公司盖章）

年　月　日

经办人：

（2）信息不符，请列明不符的详细情况。

（公司盖章）

年　月　日

经办人：

图7-1　积极式函证

（2）消极的函证方式。如果采用消极的函证方式，审计人员只要求被询证者仅在不同意询证函列示信息的情况下才予以回函。

当存在下列情况时，审计人员可考虑采用消极的函证方式：重大错报风险评估为低水平；涉及大量余额较小的账户；预期不存在大量的错误；没有理由相信被询证者不认真对待函证。

在审计实务中，审计人员也可将这两种方式结合使用。当应收账款的余额是由少量的大额应收账款和大量的小额应收账款构成时，审计人员可以对所有的或抽取的大额应收账款样本采用积极的函证方式，而对抽取的小额应收账款样本采用消极的函证方式。《中国注册会计师审计准则第 1312 号——函证》提供的消极式函证参考格式如图 7-2 所示。

企业询证函

编号：

××（公司）：

本公司聘请的××会计师事务所正在对本公司××年度财务报表进行审计，按照《中国注册会计师独立审计准则》的要求，应当询证本公司与贵公司的往来账项等事项。下列数据出自本公司账簿记录，如与贵公司记录相符，则无须回函；如有不符，请直接通知会计师事务所，并请在空白处列明贵公司认为是正确的信息。回函请直接寄至××会计师事务所。

回函地址：

邮编：　　电话：　　传真：　　联系人：

1. 本公司与贵公司的往来账项列示如下：

截止日期	贵公司欠	欠贵公司	备注

单位：元

2. 其他事项

本函仅为复核账目之用，并非催款结算。若款项在上述日期之后已付清，仍请及时函复为盼。

（公司盖章）

年　月　日

××会计师事务所：

上面的信息不正确，差异如下：

（公司盖章）

年　月　日

经办人：

图 7-2　消极式函证

3）确定函证时间

发函的最佳时间应是与资产负债表日接近的时间。

4）函证的控制

审计人员通常利用被审计单位提供的应收账款明细账户名称及客户地址等资料据以编制询证函，但审计人员应当对选择被询证者、设计询证函，以及发出和收回询证函保持控制。

在审计实务中,审计人员还经常会遇到采用积极的函证方式实施函证而未能收到回函的情况。对此,审计人员应当考虑与被询证者联系,要求对方做出回应或再次寄发询证函。如果未能得到被询证者的回应,审计人员应当实施替代审计程序。例如,检查与销售有关的文件,包括销售合同或协议、销售订单、销售发票副本及发运凭证等,以验证这些应收账款的真实性。

5)对函证结果进行总结和评价

审计人员应将函证的过程和情况记录在工作底稿中,并据以总结和评价应收账款情况。如果函证结果表明没有审计差异,则审计人员可以合理地推论,全部应收账款总体是正确的。如果函证结果表明存在审计差异,则审计人员首先应当对此进行分析,寻找差异的原因。必要时可与债务人直接联系进一步核实,并要求被审计单位进行适当调整。产生差异的原因可能是购销双方登记入账的时间不同,或其中一方或双方记账错误,也可能是其中有弄虚作假或舞弊行为。

4. 审查已收回应收账款

提请被审计单位协助,在应收账款明细表上标出至审计时已收回的应收账款金额,并对已收回金额较大的款项进行常规检查,例如核对收款凭证、银行对账单、销售发票等,注意凭证发生日期的合理性。

5. 审查未函证应收账款

对于未函证应收账款,审计人员应抽查有关原始凭证,例如销售合同、销售订单、销售发票副联及发运凭证等,以验证这些应收账款的真实性。

6. 审查坏账的确认和处理

审计人员对被审计单位在被审期间内已作为坏账转销的应收账款,尤其是金额较大的账款,应予以审查。按照我国有关规定,确认坏账损失应符合的条件是:因债务人破产或者死亡,以其破产财产或遗产清偿后,仍不能收回的,或者因债务人逾期未履行偿债义务超过三年仍不能收回的应收账款。因此,审计人员首先应检查有没有符合上述条件的应收账款。其次,应检查被审计单位坏账的处理是否经授权批准,有关会计处理是否正确。

7. 抽查有没有不属于结算业务的债权

不属于结算业务的债权,不应在应收账款中进行核算。因此,审计人员应抽查应收账款明细账,并追查有关原始凭证,查证被审计单位有无不属于结算业务的债权。如果有,应记录或建议被审计单位进行适当调整。

8. 分析应收账款明细账余额

应收账款明细账的余额一般在借方,审计人员在分析应收账款明细账余额时,如果发现应收账款有贷方余额,就应查明原因,必要时进行重新分类调整。

9. 审查应收账款截止期

审查应收账款截止期的目的在于确定应收账款是否在正确的会计期间入账,有没有应计入本期的应收账款被延迟至下期入账,或应计入下期的应收账款却被提前至本期入账,从而导致债权低估或高估的情况。

10. 确定应收账款在资产负债表上是否已恰当披露

审查时应注意应收账款项目的数额是否根据“应收账款”和“预收账款”账户所属明细账户的期末借方余额的合计数填列。如果被审计单位为上市公司，则其会计报表附注通常应披露期初、期末余额的账龄分析，期末欠款金额较大的单位账款，持有5%以上股份的股东单位欠款等情况。

【例7-3】注册会计师对某电视机厂的应收账款进行审计，审查过程中发现应收账款明细分类账中有商贸公司2021年1月1日借方余额130 000元。据调查，这笔应收账款是该商贸公司向电视机厂购买100台电视机的货款。试根据以上资料，分析这笔应收账款可能存在的问题，并提出处理意见。

【解答】这笔应收账款可能存在的问题如下。

（1）电视机厂记账错误，将本不应由该商贸公司支付的货款记入公司的明细账中。

（2）商贸公司已付清了货款，但电视机厂未能及时销账。

（3）这笔货款有纠葛，可能购销双方在产品质量、规格、价格等方面存在分歧，故商贸公司拒付货款。

（4）这笔货款属于假账，电视机厂出于种种原因，虚构了应收账款，以虚增当年的销售收入和销售利润；

（5）商贸公司因资金不足等原因，无理拖欠货款。

（三）坏账准备审计

1. 坏账准备的审计目标

坏账准备的审计目标一般包括以下几个方面。

（1）确定计提坏账准备的方法和比例是否恰当，坏账准备的计提是否充分。

（2）确定坏账准备增减变动的记录是否完整。

（3）确定坏账准备期末余额是否正确。

（4）确定坏账准备在会计报表上的披露是否恰当。

2. 坏账准备的实质性测试程序

坏账准备的实质性测试程序如下。

1）核对坏账准备报表数与明细账、总账的余额是否相符

审计人员应首先核对会计报表上的坏账准备项目数与明细账、总账的余额数是否相符。如果不相符，应查明原因，并做审计记录及提出必要的审计调整建议。

2）审查坏账准备的计提

根据我国的有关规定，一般企业的坏账准备应按期末应收账款余额的3‰~5‰提取坏账准备。计提坏账准备的方法、计提比例等由公司自行确定，但在确定坏账准备的计提比例时，应当根据公司以往的经验、债务单位的实际财务状况和现金流量以及其他相关信息合理地估计。计提方法一经确定，不得随意变更。如果需变更，应在会计报表附注中说明变更的内容和理由、变更的影响数等。审计人员主要应查明坏账准备的计提方法和比例是否符合

制度规定、计提的数额是否恰当、会计处理是否正确、前后期是否一致。

3）审查坏账损失

对于被审期间内发生的坏账损失，审计人员应检查其原因是否清楚、是否符合有关规定、是否有授权批准、是否有已作坏账损失处理后又重新收回的应收款项、相应的会计处理是否正确。

4）审查长期挂账应收账款

审计人员应审查应收账款明细账及相关原始凭证，查找是否有会计报表日后仍未收回的长期挂账应收账款，如果有，应提请被审计单位进行适当处理。

5）检查函证结果

对债务人回函中反映的例外事项及存在争执的余额，审计人员应查明原因并做好记录，必要时应建议被审计单位进行相应调整。

6）执行分析性程序

审计人员通过计算坏账准备余额占应收账款余额的比例，并和以前期间的相关比例核对，检查分析其重大差异，以发现有重要问题的审计领域。

7）确定坏账准备是否已在资产负债表上恰当披露

企业应在财务报表附注中说明坏账的确认标准、坏账准备计提方法和计提比例。对上市公司而言，还应在财务报表附注中披露以下事项。

（1）本期全额计提坏账准备或计提坏账准备的比例较大的（一般指计提比例超过 40%及以上）应说明计提的比例及理由。

（2）以前期间已全额计提坏账准备，或计提坏账准备的比例较大，但本期又全额或部分收回的，或通过重组等方式收回的，应说明其原因、原估计计提比例的理由及其合理性。

（3）对某些金额较大的应收账款不计提或计提比例较低（一般为 5% 或低于 5%）的理由。

（4）本期实际冲销的应收账款及其理由，其中，实际冲销的关联交易产生的应收款项应单独披露。

【例 7-4】注册会计师于 2021 年对某企业年度资产负债表审核时得知，该企业坏账准备提取率为 0.4%，该企业年末“应收账款”余额为 950 000 元，经查阅其他相关账目，有关账目记录如下：“坏账准备”账户 12 月初贷方余额为 532 元，12 月末贷方余额为 10 532 元，“应收票据”年末余额是 1 203 000 元，“预付账款”年末余额为 480 000 元。调阅 12 月 31 日 15 号记账凭证，发现年末清算的会计处理是：

借：资产减值损失　　　　10 000

　贷：坏账准备　　　　　　10 000

问题：（1）指出该企业存在的问题。

（2）给出相应的调账建议。

【解答】（1）关于“应收账款”计提坏账准备的问题，若要审查其准确性，注册会计师应运用验算法。从该案例上看，年末“应收账款”余额是 950 000 元，若按 0.4% 的比例计提，

2021 年年末“坏账准备”年末余额应该是 3 800 元,又因为 12 月初“坏账准备”账户的贷方余额是 532 元,所以 2021 年末坏账准备再提取 3 268 元即可。但从该企业年末坏账准备计提上看,计提数是 10 000 元,而年末“坏账准备”账户余额是 10 532 元,多提 6 732 元的坏账准备。

(2)调账建议:将多提的坏账准备如数冲回。

借:坏账准备 6 732

贷:资产减值损失 6 732

三、其他相关账户审计

(一)应收票据审计

如果企业销售实现时没有收到现款,而是收到了客户的商业汇票,便产生了应收票据。应收票据是以书面形式表现的债权资产,其款项具有一定的保证,经持有人背书后还可以提交银行贴现,具有较大的灵活性。由于应收票据是在企业赊销业务中产生的,因此对应收票据的审计也必须结合销售业务一起来进行。

1. 应收票据的审计目标

应收票据的审计目标一般包括以下几个方面。

(1)确定应收票据是否存在。

(2)确定应收票据是否归被审计单位所有。

(3)确定应收票据增减变动的记录是否完整。

(4)确定应收票据是否有效,可否收回。

(5)确定应收票据期末余额是否正确。

(6)确定应收票据在会计报表上的披露是否恰当。

2. 应收票据的实质性测试

应收票据的实质性测试程序如下。

1)获取或编制应收票据明细表

审计人员首先应获取或编制应收票据明细表,复核加计是否正确,并与报表数、总账余额和明细账余额合计数核对是否相符。应收票据明细表通常包括出票人姓名、出票日、到期日、金额和利率等资料。审计人员在复核加计正确及与上述有关数额核对相符的基础上,抽查部分票据,并追查相关文件资料,以检查其内容是否正确及有没有应转应收账款的逾期应收票据等。

2)监盘库存票据

审计人员监盘库存票据时,应注意票据的种类、号数、签收的日期、到期日、票面金额、同交易号、付款人、承兑人、背书人姓名或单位名称,以及利率、贴现率、收款日期、收回金额等是否与应收票据登记簿的记录相符,是否存在已作抵押的票据和银行退回的票据。

3)函证应收票据

必要时抽取部分票据向出票人函证,以证实应收票据的存在性和可收回性,并编制函证结果汇总表。

4）审查应收票据的利息收入

如果审计人员计算的应计利息金额与账面所列金额不符，则应加以分析，特别要对“财务费用—利息收入”账户中那些与应收票据账户中所列任何票据均不相关的贷方金额加以注意，因为这些贷项可能代表据以收取利息的票据未曾入账。

5）审查已贴现应收票据

对于已贴现的应收票据，审计人员应审查其贴现额与贴现息的计算是否正确、会计处理方法是否适当。

6）确定应收票据在会计报表上的披露是否恰当

审计人员应检查被审计单位资产负债表中应收票据项目的数额是否与审定数相符、是否剔除了已贴现票据、在会计报表附注中应披露的内容是否充分。

【例 7-5】审计人员李一审计某公司 2021 年“应收票据”项目，通过审阅该公司提供的应收票据备查簿，发现以下情况。

（1）有甲公司开具的带息商业承兑汇票 2 000 万元，到期日为 2011 年 12 月 20 日。截至资产负债表日此款项仍未收回，但被审计单位不仅未按规定将应收票据数额转入应收款项，且于年度终了又按票面利率计提应收利息 5 万元。

（2）有乙公司开具的带息承兑汇票，票面金额为 1 000 万元，票面利率月息 3‰，出具日为 2021 年 8 月 20 日，到期日为次年 2 月 20 日。被审计单位年度终了未按规定计提应收利息。

（3）有三份应收票据，到资产负债表日均已逾期 5~6 个月，总计价款为 1 500 万元。

问题：针对上述情况，指出审计人员应如何处理。

【解答】（1）带息应收票据应按期计提利息，逾期未兑付应收票据应转为应收账款并计提相应的坏账准备，应进行如下账务处理。

借：应收账款　　20 050 000

　　贷：应收票据　　20 050 000

（2）计算年末应计提利息，并进行相应的处理。

$$10\ 000\ 000\times\frac{0.3\%}{30}\times134=134\ 000（元）$$

借：应收票据　　134 000

　　贷：财务费用　　134 000

（3）逾期应收票据应转为应收账款并计提相应的坏账准备。

借：应收账款　　15 000 000

　　贷：应收票据　　15 000 000

（二）预收账款审计

1. 预收账款审计的目标

预收账款是企业在销售业务成立以前预先收取的部分货款。由于预收账款是随着企业销售业务的发生而发生的，因此应结合企业销售业务对预收账款进行审计。

预收账款的审计目标一般包括以下几个方面。

（1）确定预收账款的发生及偿还记录是否完整。

（2）确定预收账款的期末余额是否正确。

（3）确定预收账款在会计报表上的披露是否恰当。

2. 预收账款的实质性测试

预收账款的实质性测试程序如下。

1）获取或编制预收账款明细表

审计人员应获取或编制预收账款明细表，复核加计是否正确，并与报表数、总账余额和明细账余额合计数核对是否相符。

2）审查已转销的预收账款

请被审计单位协助，在预收账款明细表上标出至审计日止已转销的预收账款。对已转销金额较大的预收账款进行检查，核对记账凭证、发运凭证、销售发票等，并注意这些凭证发生日期的合理性。

3）检查相关原始凭证

抽查预收账款有关的销售合同、收款凭证、发运凭证，检查已实现销售的商品是否及时转销预收账款，确保预收账款期末余额的正确性和合理性。

4）函证预收账款

选择预收账款的若干重大项目，如大额或账龄较长的项目、关联方项目以及主要客户项目等进行函证，根据回函情况编制函证结果汇总表。

5）审查长期挂账的预收账款

检查预收账款长期挂账的原因，并做好记录，必要时提请被审计单位予以调整。

6）审查预收账款的披露是否恰当

确定预收账款是否已在资产负债表上恰当披露。

（三）应交税费审计

企业在一定时期内取得的营业收入和实现的利润，要按规定向国家交纳各种税金，包括增值税、营业税、消费税、资源税、土地增值税、城市维护建设税和企业所得税等。这些应交的税费要依附于企业的营业收入和利润，并按权责发生制预提记入有关账户，在尚未交纳前就形成了企业的一项负债。

1. 应交税费的审计目标

应交税费的审计目标一般包括以下几个方面。

（1）确定应交和已缴税费的计算是否正确、记录是否完整。

（2）确定应交税费的期末余额是否正确。

（3）确定应交税费在会计报表上的披露是否恰当。

2. 应交税费的实质性测试

应交税费的实质性测试程序如下。

1)获取或编制应交税金明细表

审计人员应获取或编制应交税费明细表,复核其加计数是否正确,并与报表数、总账和明细账的余额核对是否相符。

2)检查相关原始凭证

查阅被审计单位纳税鉴定或纳税通知及征、免、减税的批准文件,了解被审计单位适用的税种、计税基础、税率,以及征、免、减税的范围与期限,确认其在被审计期间内的应纳税项的内容;取得税务部门汇算清缴或其他确认文件、有关政府部门的专项检查报告、税务代理机构的专业报告、企业纳税申报有关资料等,分析其有效性,并与上述明细表及账面情况进行核对。

3)检查有关账簿记录和凭证

审核计税基础、计算方法、复核计算结果,审阅记账凭证和有关账簿,通过账证的核对,账账的核对,确保应缴税费的正确性。

4)审查应交税费的披露是否恰当

确定应交税费是否已在资产负债表上进行恰当披露。

【案例分析】

案例一　销售收入的截止测试

销售收入截止测试就是检查发票开具日期、记账日期和发货日期是否归属于同一适当的会计期间,具体资料如表7-2所示。

被审计单位名称:　大为股份有限公司　　编制:刘欣　　日期:2012年2月8日

会计期间或截止日:2011年1~12月　　复核:李明　　日期:2012年3月1日

表7-2　销售收入截止测试表

客户名称	发票记录				记账凭证		出库单	备注
	编号	日期	数量(台)	金额(元)	日期	编号	日期	
D公司	1542	2011.12.20	35	23 400	2011.12.22	转字125	2012.1.20	H,需调整
J公司	1543	2011.12.25	28	18 900	2011.12.26	银收字56	2011.12.25	√,H
Q公司	1544	2011.12.28	90	72 540	2011.12.29	转字140	2012.1.14	H,需调整
W公司	1545	2011.12.31	68	48 300	2012.1.5	字18	2012.1.1	√,H
K公司	1546	2012.1.5	35	24 000	2012.1.7	转字23	2012.1.5	发票和出库单均为红字,退货

续表

客户名称	发票记录				记账凭证		出库单	备注
	编号	日期	数量（台）	金额（元）	日期	编号	日期	

审计说明：对D公司和Q公司的销售，经与销售合同核对，具体供货日期为2011年1月份，但大为公司将这两笔业务均记入了2010年度，入账期间提前，应调入2011年，调整销售收入的分录为：

借：主营业务收入　　82 000

　应交税费——应交增值税　13 940

　贷：应收账款——Q公司　　72 540

　　　　　　——D公司　　23 400

对K公司的退货在1月份的记录中冲销了2011年的销售收入，账务处理正确。

√表示与发货核对相符；H表示过入明细账和总账

案例二：应收款项审计

华康会计师事务所自2020年开始接受兰格股份有限公司董事会的委托，对兰格公司进行年度会计报表审计。在对应收款项实施询证后发现下列情况。

所属账户	债务人名称	兰格公司余额	对方回函金额	不符原因
应收账款	新光实业	55.00万元	19.90万元	其中2020年12月5日收到的货物有质量问题，新光实业已提出退货，货款共计35.1万元，货物已于12月10日退回兰格公司
应收账款	鑫达实业	25.00万元	14.00万元	原因不明
预付账款	有色材料公司	58万元	0	对方回函说明已在2020年12月20日发货，并在2021年1月12日结清了余款
其他应收款	友联公司	150万元	0	于兰格公司无债务清偿关系，但在两个月前收到兰格公司投入的货币资金150万元
应收账款	泛达公司	0	9.36万元	兰格公司漏记

问题：针对以上情况，提出进一步审查的思路并提出处理意见。

【解答】

（1）对新光实业的应收账款35.1万元，核对相关凭证后发现所退货物已于12月28日收到，但凭证29日才传到财务部门，由于忙于年终结账，财务部门没有将该笔退货业务冲减2020年的主营业务收入和明细账，而是直接冲销1月的收入。因该笔业务数额较大，审计人员建议调整分录为：

借：主营业务收入　　300 000

　应交税费——应交增值税（销项税额）　51 000

　贷：应收账款——新光实业　　351 000

假设未冲减的销售成本为 250 000 元,则

借:库存商品 250 000

　　贷:主营业务成本 250 000

(2)对鑫达实业有限责任公司应收账款 11 万元的差额,经核对后发现属于串户错误,审计人员审查了相关的应收账款明细账,并对串户进行了进一步函证,余额得到了证实。

(3)对有色材料公司的预付款,审计人员经核对 1 月份的购货凭证和银行的付款凭证,印证了有色材料公司的回函。

(4)对友联公司的其他应收款经与对方联系,取得了双方签署的投资协议书原件的复印件,与兰格公司管理层沟通后,证实 150 万元的其他应收款确实为投资款,但投资时出于种种原因未进行信息披露,会计上也仅作为往来进行处理。对这一业务,审计人员建议进行调整,若该项投资占对方实收资本的 5%,并且未形成控制,应采用成本法调整,当年友联公司无现金分红,调整分录为:

借:长期股权投资 1 500 000

　　贷:其他应收款——友联公司 1 500 000

【本章小结】

本章主要阐述了销售与收款循环的凭证和记录、主要业务活动、内部控制及测试方法、销售与收款循环涉及的主要报表项目的审计目标和实质性测试的程序。

销售与收款循环是企业一项重要的经济业务,主要业务活动包括接受客户订单、批准赊销信用、按销售单供货、按销售单装运货物、向客户开出账单、登记销售业务、办理和记录现金、银行存款收入、办理和记录销售退回、销售折扣与折让、注销坏账以及提取坏账准备。主要内部控制包括明确的职责分工体系、健全的合同订货制度、严格的审批制度、严格的结算制度、合理的收入核算制度、完善的收款控制制度、充分完整的凭证和记录。审计人员应通过调查了解、实施符合性测试来全面评审企业有关内部控制是否健全、有效。

主营业务收入是企业收入的主体,也是审计的重点。其实质性测试程序主要有获取或编制主营业务收入明细表,分析性复核,实施销售的截止期测试,审查主营业务收入确认的正确性,审查主营业务收入计价的合规性、合理性,审查主营业务收入会计处理的正确性,审查销售折扣、销售退回与折让,检查主营业务收入在利润表上的披露是否恰当。

应收账款是销售与收款循环涉及的重要报表项目,其实质性测试程序主要有核对应收账款明细账与总账余额,取得或编制应收账款明细表,编制并分析应收账款账龄表,向债务人函证应收账款,审查未函证的应收账款,检查坏账的确认和处理,抽查有无不属于结算业务的债权,审查应收账款在资产负债表上的披露是否正确。

坏账准备是应收账款和其他应收款的备抵账户,其实质性测试程序主要有核对坏账准备报表数与总账数、明细账数是否相符,审查坏账准备的计提,审查坏账损失,检查长期挂账的应收款项, 分析性复核,确定坏账准备在资产负债表上的披露是否恰当。

本章还介绍了销售与收款循环所涉及应收票据、应交税费、预收账款等账户的实质性测试。

【关键术语】

销售与收款循环，营业收入，应收账款，截止测试，函证，坏账准备，应收票据，预收账款。

【同步练习】

一、单项选择题

1. 对应收账款审计最重要的方法是(　　)。

A. 分析法　　B. 核对法　　C. 审阅法　　D. 函证法

2. 下列不属于销售与收款循环主要业务活动的是(　　)。

A. 接受客户订单　　B. 验收商品

C. 批准赊销信用　　D. 注销坏账

3. 审计人员对被审计单位实施销售业务截止测试，主要目的是检查(　　)。

A. 年底应收账款的正确性　　B. 是否存在过多的销货折扣

C. 销售业务的入账时间是否正确　　D. 销售退回是否已经核准

4. 大额逾期应收账款如果无法获取询证函回函，则审计人员应该(　　)。

A. 审查所审期间应收账款的回收情况

B. 了解大额应收账款客户的信用情况

C. 审查与销售有关的订单、发票、发运凭证等文件

D. 提请被审计单位提高坏账准备提取比例

5. 分析应收账款账龄是为了了解(　　)。

A. 存在或发生　　B. 完整性

C. 权利或义务　　D. 可收回性

6. 注册会计师在审计 2021 年的财务报表，发现兰格公司 2022 年 1 月 15 日主营业务收入明细账中有一笔红字记录，系冲销 2021 年 12 月 26 日记录的一笔大额收入，对此注册会计师采取的措施最不恰当的是(　　)。

A. 应检查相关的凭证确认退货的真实性

B. 如果退货是真实的，应提请兰格公司调整 2021 年度的收入

C. 如果退货是真实的，可作为 2022 年度收入的抵减，无须调整

D. 如果没有发现退货的原始凭证，应实施追加审计程序判断是否属于虚构收入

7. 由信用管理部门批准赊销这一控制政策与之相关的认定是(　　)。

A. 存在　　B. 完整性　　C. 计价和分摊　　D. 分类和可理解性

8. 为了证实已发生的销售业务是否均已登记入账，最有效的做法是(　　)。

A. 只审查销售日记账　　B. 由日记账追查有关原始凭证

C. 只审查有关原始凭证　　D. 由有关原始凭证追查销售日记账

9. 甲公司于 2021 年年初将其所拥有的一座桥梁收费权出售给乙公司 10 年，10 年后由甲公司收回收费权。一次性取得收入 1 000 万元,款项已收存银行。售出的 10 年期间,桥梁的维护费由甲公司负责，2021 年甲公司发生桥梁维护费 20 万元。则甲公司 2021 年该项业务应确认的收入为(　　)万元。

A.1 000　　B. 20　　C.0　　D.100

10. 审查主营业务税金及附加时,不需要审查的账户是(　　)。

A. 主营业务收入　　B. 主营业务成本

C. 其他应交款　　D. 应交税金

二、多项选择题

1. 在符合下列(　　)情况时,审计人员可以采用否定式函证方式对应收账款进行函证。

A. 预计差额率较低　　B. 债务人欠款金额很小

C. 债务人能认真对待询证函　　D. 内部控制较差

2. 在主营业务收入的审计中，运用分析性复核审计方法时,常用的比较分析有(　　)。

A. 将本期与上期的主营业务收入进行比较

B. 计算本期重要产品的毛利率

C. 计算重要客户的销售额及其产品毛利率

D. 比较本期各月主营业务收入的波动情况

3. 一般情况下，审计人员可以选择(　　)作为应收账款的函证对象。

A. 大额或账龄较长的项目　　B. 与债务人发生纠纷的项目

C. 关联方项目　　D. 主要客户项目

4. 审计人员对被审计单位的应收账款进行函证,主要目的是(　　)。

A. 证实应收账款账户余额的真实性　　B. 确定应收账款收回的可能性

C. 确定坏账计提是否充分　　D. 证实应收账款账户余额的正确性

5. 对销售发票的符合性测试，审计人员应注意检查(　　)。

A. 编号是否连续、完整　　B. 审批手续、签章手续是否齐全

C. 金额计算是否正确　　D. 大小写是否一致

6. 主营业务收入的审计目标有(　　)。

A. 确定主营业务收入的内容、数额是否合法、正确、完整

B. 确定主营业务收入的会计处理是否正确

C. 确定对销货退回、销货折扣与折让的处理是否适当

D. 确定主营业务收入在会计报表中的披露是否恰当

7. 被审计单位下列有关收入确认的表述中,正确的有(　　)。

A. 附有商品退回条件的商品销售收入可以在退货期满时确认收入

B. 销售并购回协议下,应当按销售收入的款项高于购回支出的款项的差额确认收入

C. 资产使用费收入应当按合同规定确认

D. 托收承付方式下,在办妥托收手续时确认收入

8. 助理人员对大额逾期的应收账款进行再次函证但仍未回函时,审计人员应执行审计程序。注册会计师认为助理人员程序不恰当的有(　　)。

A. 增加对应收账款的内部控制测试

B. 提请该公司增加计提坏账准备的额度

C. 认为为获得充分、适当的审计证据,应出具保留意见

D. 审查顾客订货单、销售发票及产品出库单

9. 按照《企业会计准则》的规定,可以全额提取坏账准备的有(　　)。

A. 债务单位撤销、破产

B. 现金流严重不足

C. 发生严重自然灾害导致停产而在短时间内无法偿付

D. 应收账款逾期三年以上

10. 证实销售与收款循环中有关"发生或认定"审计证据的是(　　)。

A. 商品价目表　　B. 销货单

C. 发运凭证　　D. 销售发票

三、判断题

1. 对应收账款审计时,通过函证就能发现所有问题。(　　)

2. 对主营业务收入明细表进行分析性复核,其目的是从总体上确认收入的合理性、真实性。(　　)

3. 对企业以物易物行为审计时应重点注意漏计税金问题。(　　)

4. 应收账款函证的样本应由审计人员和被审计单位共同商定,但正式的询证函则由被审计单位签发。(　　)

5. 被审计单位的内部控制越强,则审计人员对其应收账款函证的范围就越大,函证量就越大。(　　)

6. 按照《企业会计制度》的规定,坏账准备仅作为一个会计科目而非会计报表项目,因此坏账准备通常不是审计的重点。(　　)

7. 一般而言,如果能将两种函证方式结合起来使用效果会更好,对于小金额账项采用肯定式函证,对于大金额账项采用否定式函证。(　　)

8. 实施主营业务收入的截止测试,主要是为了查明主营业务收入的归属期是否正确,以防止多计或少计本期的收入。(　　)

9. 如果函证的应收账款无差异,则表明全部应收账款余额正确。(　　)

10. 开票业务不能由销售部门负责，一般由财务部门办理。（　　）

四、案例分析题

1. 注册会计师A在审查甲公司销售业务时，发现该公司于2020年12月向丙公司采取分期收款方式销售甲产品100件，每件甲产品生产成本800元，售价1 000元。双方约定，2020年12月丙公司收到货物时先付款40%，且在以后的6个月内各付款10%。注册会计师在审查该公司"主营业务收入""主营业务成本"等账户时，发现该公司于2020年将销售给丙公司的100件产品全部确认为收入，并同时结转产品销售成本。

问题：指出该企业在销售业务处理中存在的问题并提出处理意见。

2. 注册会计师李明在审查宏达公司2021年度产品销售收入时，抽查了该公司12月份销售业务，发现下列情况。

（1）12月20日销售给A公司甲产品5 000元，货款已收到，未入账。

（2）12月14日公司福利部门领用乙产品1 000元，未销售。

（3）12月25日A公司退回甲产品1000元，产品已收到，账中未处理。

（4）在抽查会计凭证时，审计人员发现以下两笔会计分录：

借：银行存款　　20 000

　　贷：产成品　　20 000

借：其他应收款　　30 000

　　贷：产成品　　30 000

问题：（1）计算出应调整的产品销售收入。

（2）指出该公司在销售业务中存在的问题。

3. 罗兰公司于2022年1月委托立新会计师事务所审计公司2021年度会计报表，注册会计师

李晓对截至2021年12月31日的应收账款进行函证时，复函中有6位顾客提出以下意见。

（1）本公司资料处理系统无法复核贵公司的对账单。

（2）所欠余额10 000元已于2021年11月20日付讫。

（3）大体一致。

（4）经查贵公司12月30日的第750号发票（余额为7 500元）系目的地交货，本公司收货日期为2022年1月5日，因此询证函所称12月31日欠贵公司账款之事与事实不符。

（5）本公司曾于10月份预付2 500元，足以抵付账单中所列两张发票的金额1 500元。

（6）所购货物从未收到。

问题：针对顾客复函中提出的意见，注册会计师应当采取何种步骤进行处理？

五、思考题

1. 简述销售与收款循环的审计目标。

2. 简述销售与收款循环的主要审计程序。
3. 对主营业务收入实施截止测试的目的是什么?
4. 简述主营业务收入实质性程序的要点。
5. 应收账款的函证有哪几种类型? 各适合在什么情况下使用?
6. 对于销售退回、折让、折扣的审计应注意哪些问题?

第八章　购货与付款循环审计

引言

企业在经营活动中经常发生购货业务,而购货又与支付货款过程密切相关。一个企业的购货与付款循环是由向供应商购入商品、劳务或其他资产,以及支付现金等有关业务活动组成的。

本章主要介绍了购货与付款循环相关的内部控制制度及其符合性测试、相关报表项目的实质性测试。

通过本章的学习要求了解购货与付款循环主要业务活动、凭证与记录;理解购货与付款循环重要内部控制及控制测试的程序;掌握购货与付款循环的测试重点和关键的审计方法;掌握应付账款审计、固定资产审计、累计折旧审计等。

本章重点:固定资产及累计折旧审计;应付账款审计。

本章难点:固定资产及累计折旧审计。

案例导入

南方保健审计失败

2003 年 3 月 18 日,美国最大的医疗保健公司——南方保健会计造假丑闻败露。该公司在 1997 至 2002 年上半年期间,虚构了 24.69 亿美元的利润,虚假利润相当于该期间实际利润(-1000 万美元)的 247 倍。这是萨班斯-奥克斯利法案颁布后,美国上市公司曝光的第一大舞弊案,备受各界瞩目。为其财务报表进行审计,并连续多年签发“干净”审计报告的安永会计师事务所(简称“安永”),也将自己置于风口浪尖上。

1. 安永忽略了若干财务预警信号

早在安永为南方保健 2001 年度的财务报告签发无保留审计意见之前,就有许多迹象表明南方保健可能存在欺诈和舞弊行为。安永本应根据这些迹象,保持应有的职业审慎,对南方保健管理当局是否诚信,其提供的财务报表是否存在因舞弊而导致重大错报和漏报,予以充分关注。甚至在已接到雇员关于财务舞弊的举报后,安永的注册会计师仍然没有采取必要措施,以至于错失了发现南方保健大规模会计造假的机会。

2. 显失审慎的注册会计师

安永参与南方保健审计的多位注册会计师明显缺乏应有的职业审慎。

安永的主审合伙人 Miller 证实,在对南方保健执行审计时,审计小组需要的资料只能向南方保健指定的两名现已认罪的财务主管 Emery Harris 和 Rebecca K. Morgan 索要。审计小组几乎不与其他会计人员进行交谈、询问或索要资料。对于南方保健这种不合理的限制,安永竟然屈从了。稍微有点儿审计常识的人都知道,被审计单位对注册会计师获取审计证据的限制是不能被接受的,通过被审计单位指定渠道是难以获取充分、适当的审计证据的。

美国证券交易委员会(SEC)和美国司法部的调查结果显示,南方保健虚增了3亿美元的现金。众所周知,现金是报表科目中最为敏感的一个项目,对现金的审查历来是财务报表审计的重点。一旦现金科目出现错报或漏报,财务报表便存在失实或舞弊的可能。注册会计师也可以此为突破口,追查虚构收入、虚减成本费用等舞弊行为。

第一节 购货与付款循环概述

购货与付款是相互联系的两个方面。购货既包括商品、材料等存货的购进,也包括固定资产的购进业务。购进存货与固定资产,便相应发生了付款业务。购货与付款循环是企业资金周转的关键环节,企业只有及时组织好资产的采购、货物的验收,才能保证生产、销售业务的正常进行。

一、购货与付款循环的主要业务活动

购货与付款循环涉及采购、验收、储存、会计等部门,企业应尽可能地将各项职能活动指派给不同的部门或职员来完成,以保证业务处理的正确、可靠。下面以商品采购为例,阐述购货与付款循环中的主要业务活动。

(一)请购商品

大多数企业对正常经营活动所需物资的购买均作一般授权,比如,仓库在现有库存达到再订货点时就可直接提出采购申请,其他部门也可为正常的工作直接申请采购有关物品。因此,仓库负责对需要购买的已列入存货清单的项目填写请购单,其他部门也可以对所需要购买的未列入存货的项目编制请购单。但对资本支出和租赁合同,企业政策则通常要求作特别授权,只允许指定人员提出请购。请购单可由手工或计算机编制,由于企业内很多部门都可以填列请购单,不便事先编号,为加强控制,每张请购单必须经由对这类支出负预算责任的主管人员签字批准。

(二)编制订货单

采购部门在收到请购单后,只对经过批准的请购单发出订货单。对每张订货单,采购部门应确定最佳的供应商。对一些大额、重要的采购项目,应采取竞价方式来确定供应商,以保证供货的质量和低成本。订货单应正确填写所需要的商品名称、数量、价格、厂商名称和地址等。订货单应预先顺序编号并经过被授权的采购人员签名,其正联送交供应商,副联则送至企业内部的验收部门、应付凭单部门和开出请购单的部门。这项检查与采购交易的"完整性"认定有关。

(三)验收商品

购入的商品均应由独立于采购、存储等部门以外的部门负责验收。验收部门首先应比较所收商品与订货单上的要求是否相符,然后再盘点商品数量并检查商品质量。验收后,验

收部门应对已收货的每张订货单编制一式多联、预先顺序编号的验收单，作为验收和检验商品的依据。验收完毕应立即将货品送交存储部门或其他请购部门，并将验收单副联分送采购部门、存储部门和应付凭单部门。验收单是支持资产或费用以及与采购有关的负债的“存在或发生”认定的重要凭证。

（四）储存已验收的商品

商品入库必须由存储部门先行点验和检查，然后在验收单的副联上签收。据此，存储部门确立了本身应负的资产保管责任，并对验收部门的工作进行验证。将已验收商品的保管与采购职责相分离，目的是减少未经授权的采购和盗用商品的风险。存放商品的仓储区应相对独立、限制无关人员接近。这些控制与商品的“存在或发生”认定有关。

（五）编制付款凭单

订购的商品验收入库或交付使用后，应付凭单部门要编制付款凭单，并登记未付凭单登记册。付款凭单是载明已收到商品、资产或接受劳务的厂商、应付款金额和付款日期的凭证。经适当批准和预先编号的应付凭单是记录采购业务的依据，与采购业务的“存在或发生”“完整性”和“估价或分摊”认定有关。

（六）确认与记录负债

企业应正确地确认已验收货物的债务，并要求会计部门准确、迅速地记录负债。应付凭单部门应将已批准的未付款凭单送达会计部门，据以编制有关记账凭证和登记有关账簿。审计人员应核对会计人员所记录的凭单总数与应付凭单部门送来的每日凭单汇总表是否一致，并定期独立检查应付账款总账余额与应付凭单部门未付款凭单档案中的总金额是否一致。

（七）付款

公司在准备付款以前，应核对付款条件，并检查资金是否充足。在签发支票的同时登记支票登记簿和日记账，以便登记每一笔付款。已签发的支票连同有关发票、合同凭证应送交有关负责人审核签字，并将支票送交供应商。这一环节是付款环节的关键环节。

（八）会计记录

会计人员应根据已签发的支票编制付款凭证，并据以登记银行存款日记账及其他明细账和总账。

二、购货与付款循环的主要凭证和会计记录

购货与付款业务通常要经过“请购—订货—验收—付款”这样的程序，在内部控制比较健全的企业，处理购货与付款业务通常也需要使用很多凭证与会计记录。典型的购货与付款循环所涉及的主要凭证与记录有以下几种。

（一）请购单

请购单是由请购人填写，送交采购部门，反映申请购买的商品或劳务的种类、质量、数量以及其他有关信息的书面凭证。经批准的请购单上应有审批人员的授权签章。

（二）订购单

订购单是由采购部门填写，向另一企业要求购买指定商品或劳务的凭证。

（三）验收单

验收单是由验收部门填写，记录从供应商处收到的商品或劳务的有关信息的凭证。比如商品、资产的种类和数量等内容。

（四）供应方发票

供应方发票是由供应商提供的外部凭证，反映发运的货物或提供的劳务的种类、数量、运费、付款条件等事项。

（五）付款凭单

付款凭单由应付凭单部门编制，是载明已收到的商品、资产或接受劳务、供应商、应付款金额和付款日期的凭证，用以反映因赊购商品或劳务而产生的负债的有关信息。

（六）应付账款明细账

应付账款明细账通常由供应商设置，记录对每位供应商的各项赊购额、账款支付、应付账款余额等内容。

（七）现金日记账和银行存款日记账

在购货和付款循环中，应付账款支付或现购支出都应及时记入现金日记账和银行存款日记账。

（八）卖方对账单

卖方对账单由供应方按期提供，记载未付购货款期初余额、本期购买、本期支付款项及期末未付购货款余额等内容。由于买卖双方在收发货物时间上可能存在差异，卖方对账单上的期末余额不一定与采购方应付账款期末余额一致，对于余额上的差异应查明原因。

第二节　购货与付款循环的控制测试

一、购货与付款循环的内部控制

（一）不相容职务分离制度

购货与付款循环包括许多业务活动，这些业务活动中不相容的职务应当分离。在购货与付款循环中不相容的职务主要有：物资的采购人员不能同时负责存货的验收保管；物资的采购人员、保管人员、使用人员不能同时负责会计记录；采购人员应与负责付款审批的人员相分离；审核付款人员应与付款人员相分离；记录应付账款的人员应与出纳人员相分离。

（二）请购的控制制度

请购商品或劳务的关键控制一般包括以下几个方面。

（1）请购商品或劳务应填写请购单，请购单的内容必须完整。

（2）请购单由仓库管理部门或其他部门根据授权填写。一般来说，企业正常生产经营所需的物资由经一般授权的人员提出请购,并填写请购单;固定资产、无形资产等资本性支出由经特殊授权的特定人员提出请购,并填写请购单。

(3)请购单必须经有关主管人员审批,审批后的请购单送交采购部门。

(三)订货的控制制度

购货部门在收到请购单后,在最终发出订购单前,都必须对以下三方面做出决定:应订购多少;向谁发出订购单;什么时候发出订购单。在这三方面的决定做出之后,购货部门应该及时填制定购单。订购单的控制制度包括以下几个方面。

(1)订购单应正确填写所购买商品或劳务的名称、数量、种类、价格、供货商名称和地址、付款条件等内容,并预先予以编号,以确保日后订购单能被完整地保存和在会计上进行处理。

(2)在订购单发出前,必须由专人检查该订购单是否得到授权人的签字,以及是否有经请购部门主管批准的请购单作为支持凭证,以确保订购单的有效性。

(3)由专人复查订购单的编制过程和内容,包括复查从请购单中摘录的资料、有关供货商的主要文件资料、价格和数量及金额的计算等。

(4)订购单一式多份,正联送交供应商,副联分别送交企业内部的验收部门、请购部门、会计部门、仓库及采购部门自身留存。

(四)货物验收的控制制度

为了达到控制目的,验收的职务必须由独立于请购、采购和会计部门的人员来担任。加强对验收工作的控制,既有利于控制采购活动,又有利于控制存货的管理工作。验收控制的主要目标是根据订购单上的数量和质量要求独立检验所收货物的数量和质量。验收部门收到货物之后,应通过计数、过磅或测量等方法来证明与货运单或订购单上所列数量是否一致。验收部门还应该在可能的范围内对货物的质量进行检验,例如检验有无因运输造成损坏等。验收部门验收完毕之后,必须填制包括供应商名称、收货日期、货物名称、数量、质量以及货运人名称、原订购单编号等内容的预先连续编号、一式多联的验收单或验收报告。验收单或验收报告经验收人员签字后,应及时报送采购部门和会计部门,以防止少计应付账款、成本或者存货。

(五)退货和折让的控制制度

购货部门在收到验收单后,如果发现货物的数量和质量不符合订购单上的要求,应及时通知供应商。对于数量上的短缺,通常是要求供应商补足。如果是质量上的问题,则应首先通知使用部门不能使用该批货物,其次是决定退货还是要求供应商给予适当的折让。当决定退货时,购货部门应编制退货通知单,授权运输部门将货物退回,同时将退货通知单副本寄交供应商。退货通知单要经过授权人审核批准。运输部门经手货物退回后,应通知购货部门和会计部门。购货部门在货物退回后,应编制借项凭单,内容包括退货数量、价格、日期、供应商名称以及金额的计算等。会计部门应根据借项凭单来调整应付账款。因对购货质量不满而向供应商提出的折让,需要同供应商谈判解决。

（六）记录应付账款的控制制度

应付账款是流动负债的主要构成内容，它对资产负债表能否正确揭示企业财务状况有很大影响。对应付账款的控制主要包括以下几个方面。

（1）应付账款的记录必须由独立于请购、采购、验收、付款的人员来进行。

（2）应付账款的入账必须在取得和审核各种必要的凭证以后才能进行。这些凭证主要是供货商的发票，以及为核对发票正确性的其他凭证。

（3）必须分别设置应付账款的总账和明细账来记录应付账款，并在月末进行总账和明细账的余额核对，以防止在记账过程中出现差错。

（七）支付货款的内部控制

不同的结算方式，其内部控制不同，下面以支票结算方式为例，介绍有关的内部控制。

（1）独立检查已签发支票的总额与所处理付款凭单的总额的一致性。

（2）支票应当由被授权的财务部门的人员负责签署。

（3）被授权签发支票的人员应确定每张支票都附有一张已经审批的末付款凭单，同时还应确定支票受款人姓名和金额与凭单内容的一致性。

（4）支票一经签署就应在其凭单和支持性凭证上用加盖印戳或打洞等方式将其注销，以免重复付款。

（5）不应签发无记名甚至空白的支票。

（6）支票应预先连续编号，保证支出支票存根的完整性和作废支票处理的恰当性。

（7）应确保只有被授权的人员才能接近未使用的空白支票。

二、评估购货与付款循环的重大错报风险

在实施控制测试和实质性测试之前，注册会计师应了解被审计单位购货与付款循环和相关账户余额的内部控制的设计、执行情况，评估购货与付款循环中的重大错报风险，并对被审计单位中可能发生的购货与付款循环的重大错报风险保持应有的职业谨慎态度。影响购货与付款循环和相关账户余额存在的重大错报风险可能包括以下几个方面。

（一）管理层错报费用支出的偏好

被审计单位管理层可能为了完成经营目标，满足业绩考核的要求，保证从外部获得资金，吸引潜在的投资者，或影响公司股价，往往会在财务报表中错报收支费用，减少或增加费用支出，增加或减少当期利润。被审计单位管理层常用的手段有：把应计入当年的费用支出资本化，利用费用支出平滑利润、利用关联方关系转移费用支出、通过复杂的税务安排拖延或隐瞒税务费用等。

（二）费用支出确认的复杂性

不同性质的企业采用的费用支出确认的政策会有所不同。例如，制造企业的费用支出确认，就与金融企业、房地产开发企业的费用支出确认不同。同一企业的不同经营方式，费用支出确认也不一样。

(三)采用不正确的费用支出截止

将属于下一会计期间的费用支出有意或无意地计入本期,或者将本期的费用支出有意或无意地计入下一会计期间,都有可能导致本期费用支出及相关账户余额的低估或高估。

(四)计量存货成本不正确

被审计单位管理层对存货的采购成本没有按照适当的计量属性确认,结果可能导致存货成本和销售成本的核算不正确。

(五)发生舞弊的风险

因购货与付款环节与货币资金密切相关,很容易发生舞弊行为。例如,被审计单位的员工利用虚构采购交易、利用现金折扣从供货方取得退款、将私人费用计入采购费用,隐瞒真实情况,侵吞货币资产。

(六)发生各种错误的可能性

在购货与付款环节的过程中,程序复杂,环节很多,很容易发生各种各样的差错。任何差错的出现,都会导致费用支出的错报。

在评估购货与付款循环的重大错报风险时,审计人员应当充分了解购货与付款环节循环中的控制活动,目的在于实施更有效的审计程序。也就是说,注册会计师必须对被审计单位购货与付款循环中的重大错报风险有一定的认识,在此基础上设计并实施进一步审计程序,才能应对购货与付款循环中的重大错报风险。

三、购货与付款循环内部控制测试

在审计实务中,如果忽视了对购货与付款循环内部控制的测试,而仅仅依赖于对会计报表项目的实质性测试,则审计工作将费时费力。如果被审计单位有健全而且执行良好的内部控制制度,审计人员应把审计重点放在内部控制的符合性测试上,这就会大大减少报表项目实质性测试的工作量,节约审计成本,提高审计工作效率。

(一)购货与付款循环内部控制测试

1. 了解和描述购货与付款循环内部控制

审计人员应调查了解企业购货与付款循环内部控制,并采用编制流程图、撰写内部控制说明书、设计问答式调查表等方法进行记录。

2. 初步评价购货与付款循环的内部控制

在调查了解购货与付款循环内部控制后,审计人员应对其控制风险做出初步评价,以确定购货与付款循环内部控制是否可以依赖。如果购货与付款循环内部控制可以依赖,而且实施符合性测试的成本低于因此而减少的实质性测试所需的成本,则应当进行符合性测试。如果被审计单位内部控制不可以依赖,或进行符合性测试的工作量可能大于因此所减少的实质性测试的工作量,那么审计人员就应该直接实施实质性测试,不再进行符合性测试。

3. 购货与付款循环的符合性测试

1)请购控制的符合性测试

请购单制度对账户余额并没有直接影响,但它有助于对订购单和发票进行控制。符合性测试程序为:选出若干请购单,检查其内容是否完整、正确,是否经有关人员审批,注意编号的顺序,查询编号顺序中的缺号。

2)订货控制的符合性测试

由于通过订购单能核定一项采购业务的执行情况,并能据此核定相关账户的入账金额及付款金额,因此审计人员通常更重视对订购单的填制和执行的控制进行测试。对订购单的符合性测试通常与对卖方发票控制的符合性测试结合在一起。其符合性测试程序为:选取几张付讫发票,追查发票数据与购货订单和验收单上的数据是否一致;检查订购单的完整性,是否经授权批准;检查表明已予复核过和核实过的卖方发票;检查表明批准付款和付款后注销的凭证;检查按照发票付款的凭证;检查未完成订购单,追查过时项目或非常项目的原因。

3)验收控制的符合性测试

抽取若干验收单,检查验收单内容是否完整,是否预先连续编号并经验收人员签字:实地观察验收人员验收工作,以确定其验收工作的合规性。

4)储存控制的符合性测试

询问仓库管理人员其职责情况,实地观察存货的保管情况,以确定存货是否存放在安全的地点并由专门人员保管,且限制未经过批准的人接触。

5)会计记录控制的符合性测试

抽取一定购货业务记录,检查其记账凭证是否附有订货单、验收单、购货发票等,核对这些原始凭证的数量、单价、金额是否一致,各种手续是否齐全;对选取记录购货业务的记账凭证,审计人员应根据记录的内容分别追查应付账款明细账和总账、存货明细账和总账、现金日记账、银行存款日记账等,并核对各账户记录的金额是否一致。

6)付款控制的符合性测试

对付款控制实施符合性测试时,应该把注意力集中在支票付款业务上,审计人员可以通过查询、观察、检查以及重复执行内部控制等程序对付款业务进行符合性测试,具体程序为:审查支票本,审核付款是否经过审批,支票是否和应付凭单一致,付款后是否注销凭单,支票是否经过授权批准的人员签发;审查支票登记簿编号次序,并与相应的应付账款明细账、银行存款日记账核对,审核其金额是否一致;观察签发支票和保管支票的职责等是否分开、是否符合内部牵制原则。

7)退货控制的符合性测试

退货控制测试的主要程序为:查询和观察用于确保所有退货具有核实凭证的实物控制;审查被审计单位因退货产生的索款权利凭证和借项通知单;审查应付账款明细账等账户,以确认因退货而进行的相关账务处理的正确性。

(二)固定资产内部控制测试

对于制造企业,固定资产在其资产总额中占有很大的比重,固定资产的购建会影响企业的现金流量,而固定资产的折旧、维修等费用则是影响其损益大小的重要因素。固定资产管理一旦失控,所造成的损失将远远超过流动资产。所以,为了确保固定资产的真实、完整、安全和有效利用,被审计单位应当建立专门的固定资产内部控制制度。

审计人员可通过审阅固定资产内部控制的有关文件、询问有关人员及实地观察等方法了解固定资产内部控制情况,并采用适当方法记录下来,形成审计工作底稿,在此基础上,决定是否进行符合性测试。固定资产内部控制的主要符合性测试程序如下。

(1)检查固定资产的取得是否与预算相符,是否经过适当的授权。

(2)检查固定资产的报废、出售是否经过适当的授权。

(3)抽查固定资产明细账记录和购置发票等原始凭证,检查其入账价值是否符合资本性支出标准。

(4)查阅固定资产保管、使用、维修等方面的规章制度,并现场观察固定资产的保管、使用、保养状况。

(5)抽查固定资产明细账记录并核对其与固定资产登记卡是否相符,其记录是否完善,固定资产总账与明细账是否进行平行登记。

第三节　购货与付款循环的实质性测试

一、应付账款审计

(一)应付账款审计的目标

应付账款的审计目标一般包括以下几个方面。

(1)确定发生的应付账款是否已完整入账。

(2)确定应付账款发生和偿还的会计处理是否正确。

(3)确定应付账款期末余额是否正确。

(4)确定应付账款在会计报表上的披露是否恰当。

(二)应付账款的实质性分析程序

1. 获取或编制应付账款明细表

审计人员应首先获取或编制应付账款明细表,复核加计是否正确,并与报表数、总账余额和明细账余额合计数核对是否相符。

2. 实施分析性复核

审计人员可根据被审计单位实际情况,对应付账款进行分析性复核。审计人员应比较本期期末应付账款余额与上期期末余额,并分析其波动原因;计算应付账款占购货总额的比率、应付账款占流动负债的比率,并与预算数、以前期间数进行对比分析,评价应付账款整体的合理性;分析长期挂账的应付账款,要求被审计单位做出解释,判断被审计单位是否缺乏偿债能力。通过比较分析,可以确定是否存在异常变动情况,以发现需要加以关注的领域。

3. 函证应付账款

一般情况下,应付账款不需要函证,这是因为函证不能保证查出未记录的应付账款,而且审计人员能够取得购货发票等外部凭证来证实应付账款的余额。但如果控制风险较高，应付账款账户金额较大或被审计单位处于财务困难阶段，则应对应付账款进行函证。函证时，审计人员不仅要选择审计期内有大额购货交易或期末账面余额较大的债权人，而且还应选择那些在报表日余额不大，甚至为零，但为企业重要供应商的债权人作为函证对象。函证最好采用肯定形式，并具体说明应付金额。审计人员必须对函证的过程进行控制，要求债权人直接回函，并根据回函情况编制与分析函证结果汇总表，对未回函的情况，应考虑是否再次函证。如果存在未回函的重大项目，审计人员应采用替代审计程序。

4. 查找未入账的应付账款

为了防止企业低估负债，审计人员应审查被审计单位有无少记、故意漏记应付账款行为。审计时，审计人员应检查被审计单位在报表日尚未处理的不相符的购货发票（如抬头不符、与合同中的某项规定不符等）及有材料入库凭证但未收到购货发票的经济业务；检查报表日后收到的购货发票，确认其入账时间是否正确，是否应在决算日前入账；检查报表日后应付账款明细账贷方发生额的相应凭证，确认其入账时间是否正确。审计人员还可以通过询证被审计单位的会计和采购人员，查阅资本预算、工作通知单和基建合同来进行。

5. 检查应付账款是否存在借方余额

应付账款是双重账户，审计时应结合资产负债表的“预付账款”项目，某些应付账款明细账户出现较大借方余额时，审计人员应查明原因，必要时建议被审计单位进行重分类调整，以便将这些借方余额在资产负债表中列为资产。

6. 检查长期挂账的应付账款

审计人员应检查有无长期挂账的应付账款。如果有应查明原因，做好记录，注意其是否可能发生呆账收益。

7. 审查外币应付账款的折算

对于用非记账本位币结算的应付账款，应检查非记账本位币折合记账本位币采用的折算汇率是否正确，折算方法是否前后期一致。

8. 确定应付账款在资产负债表上的披露是否恰当

按照会计准则的规定，“应付账款”项目应根据“应付账款”和“预付账款”账户所属明细账的期末贷方余额合计数填列。

9. 向企业管理当局索取有关负债声明书

审计人员应向被审计单位管理当局索取负债声明书，说明已知负债和或有负债均已在被审计单位的会计报表中得以充分适当地反映。

【例 8-1】审计人员在审查被审计单位“应付账款”项目时，发现有两笔长期挂账的应付账款，其中应付 A 公司 300 万元，账龄两年半；应付 B 公司 200 万元，账龄一年半，且均没有有关的原始凭证。审计人员就此问题询问了被审计单位有关人员，被审计单位无法提供充分的证据证明这两笔经济业务的经济性质。

问题：审计人员应如何进一步审查，并提出处理意见？

【解答】审计人员向 A 公司和 B 公司进行函询。假设 A 公司回函称对该笔账款已于两年前收回，而 B 公司没有回函。审计人员通过进一步调查得知，B 公司并不存在。据此，审计人员判定上述两项负债并不存在，于是提请被审计单位进行补充会计处理，并对会计报表相关项目的数据进行调整。被审计单位同意进行有关改正。

二、固定资产及累计折旧审计

（一）固定资产审计

1. 固定资产的审计目标

固定资产的审计目标一般包括以下几个方面。

（1）确定固定资产是否存在。

（2）确定固定资产是否归被审计单位所有。

（3）确定固定资产增减变动的记录是否完整。

（4）确定固定资产的计价是否恰当。

（5）确定固定资产的期末余额是否正确。

（6）确定固定资产在会计报表上的披露是否恰当。

2. 固定资产实质性测试

固定资产实质性测试如下。

1）获取或编制固定资产及其累计折旧分类汇总表

审计人员应当获取或编制固定资产及其累计折旧分类汇总表。固定资产及其累计折旧分类汇总表是固定资产审计的重要工作底稿，对于所获取的分类汇总表，应当进行独立审查。审计人员应当复核固定资产及其累计折旧分类汇总表的加计数是否正确，并与明细账余额合计和总账的余额核对是否相符。固定资产及其累计折旧分类汇总表格式如表 8-1 所示。

表 8-1　固定资产和累计折旧分类汇总表

年　月　日

被审计单位：　　　　编制人：　　　　日期：

　　　　　　　　　　复核人；　　　　日期：

固定资产类别	固定资产原值				累计折旧					
	期初余额	本期增加	本期减少	期末余额	折旧方法	折旧率	期初余额	本期增加	本期减少	期末余额
合　计										

2）实施分析程序

固定资产分析性复核测试程序常用的方法如下。

(1)计算固定资产原值与本期产品产量的比率,并与以前期间进行比较,以便发现闲置固定资产或已减少固定资产未在账户上注销的问题。

(2)计算本期计提折旧额与固定资产总成本的比率,并与上期进行比较,以便发现本期折旧额计算上的错误。

(3)计算累计折旧与固定资产总成本的比率,并将此比率同上期进行比较,以便发现累计折旧计算上的错误。

(4)比较本期各月之间、本期与以前各期之间的修理及维护费用,以便发现资本性支出和收益性支出区分上可能存在的错误。

(5)比较本期与以前各期固定资产的增加和减少,以便判断固定资产增加和减少的合理性。

(6)分析固定资产的构成及其增减变动情况,并与在建工程、现金流量表、生产能力等相关信息进行交叉复核,以便检查固定资产相关金额的合理性和准确性。

3)审查固定资产的增加

固定资产增加审查主要应审查固定资产增加的合规性、固定资产计价的正确性及会计处理的适当性。固定资产的增加有购置、自行建造、投资者投入、更新改造增加、债务人抵债、接受捐赠、以非货币性交易换入、盘盈等方式, 不同的增加方式,其具体审计方法各有不同。

(1)固定资产的增加是否合理合法。企业对所拥有的固定资产应充分利用,购建的新固定资产应确属生产经营业务所必需。审计人员应审查新增的固定资产在购建之前是否进行过技术上、经济上的可行性分析,资金来源是否正当;外购的固定资产,审计人员应检查其购货合同、发票、保险单、发运凭证等相关文件是否完整齐全,是否有相关的财务承诺,必要时提请被审计单位进行适当披露;在建工程转入的固定资产,检查其竣工决算、验收和移交报告是否正确;投资者投入的固定资产,如需经评估确认, 检查是否有经资产评估机构确认的评估报告、固定资产交接手续是否齐全;抵债转入的固定资产, 应检查产权过户手续是否齐备等。

(2)新增固定资产的入账价值是否正确。固定资产取得时的入账价值,包括企业为购建某项固定资产达到预定状态前所发生的一切合理的、必要的支出。由于固定资产的来源渠道不同,固定资产取得时的入账价值构成的具体内容也不同:外购的固定资产,审计人员应通过核对购货合同、发票、保险单、运输凭证等文件,检查其是否按实际支付的买价、包装费、运输费、安装成本、交纳的有关税金等作为入账价值;在建工程转入的固定资产,应结合在建工程的审计,检查其是否按建造该资产达到预定可使用状态前所发生的全部支出作为入账价值,资本化利息金额是否恰当。如有实际已投入使用但尚未办理竣工结算的固定资产,应检查其是否已暂估入账,并按规定计提折旧。竣工决算完成后, 是否及时调整入账价值;投资者投入的固定资产,应检查其入账价值与投资合同中的投资各方确认的价值是否一致;融资租入的固定资产,应获取租赁合同,检查其是否按租赁开始日租赁资产的账面价值与最低租赁付款额的现值两者中较低者,作为入账价值;以非货币性交易换入的固定资产,应检查相关合同、文件，判断其入账价值的确定是否正确，涉及补价的，补价的处理是否合规；接受捐赠转入的固定资产，应检查是否有捐赠方提供的原始凭证，并按凭证上的金额加上支付的相关税费作为入账价值，如果捐赠方未提供有关凭证，应检查其入账价值的确认方法是否合规，如受赠的是旧的固定资产，应查明估计的价值损耗是否合理；对于盘盈的固定资产，应检查是否按同类或类似固定资产的市场价格，减去按该项资产的新旧程度估计的价值损耗后的余额，作为其入账价值入账等。

4）审查固定资产的减少

固定资产减少的原因也有很多，如报废、出售和调出等。对固定资产减少的审计包括以下几个方面。

（1）审查固定资产减少的合法性、合理性。根据实际情况，企业对生产经营上不适用或不需用的固定资产可以出售转让。审计人员应仔细审阅出售的批准文件，检查出售的固定资产是否确属多余闲置不用的固定资产；检查批准出售的固定资产的名称、型号、规格、数量等是否与实际出售的相符。同时，审计人员还应检查报废的尤其是非正常报废固定资产的情况，审查其是否经过技术鉴定，是否经过报废审批手续。

（2）审查固定资产减少会计处理的正确性。审计人员应审查出售固定资产有关款项收入凭证及账目，查明出售的尤其是出售给关联方的固定资产、作价是否合理，所得价款是否全部收到，有无故意低价出售或隐瞒所得价款不入账的情况，应审查出售固定资产的账务处理是否正确；对于调出固定资产，审计人员应查明调出固定资产的账面价值是否按规定注销；对于固定资产报废，应着重审查废料处理的作价是否合理，账务处理是否正确。

5）实地观察固定资产

实施实地观察审计程序有助于审计人员深入了解、熟悉被审计单位的生产经营情况，有助于理解增减固定资产的会计处理。实施实地观察程序时，审计人员可以固定资产明细账为起点，进行实地追查，以证明会计记录中所列固定资产确实存在，并了解其目前的使用状况；也可以实地为起点，追查至固定资产明细账，以获取实际存在的固定资产均已入账的证据。审计人员实地观察的重点应是本期新增加的重要固定资产，有时观察范围也会扩展到以前期间增加的固定资产。观察范围的确定需要依据被审计单位内部控制的强弱、固定资产的重要性和审计人员的经验来判断。如为初次审计，则应适当扩大观察范围。

6）查验固定资产的所有权

对各类固定资产，审计人员应获取、会集不同的证据以确定其是否确归被审计单位所有：对外购的机器设备等固定资产，通常经审核采购发票、购货合同等予以确定；对于房地产类固定资产，需查阅有关的合同、产权证明、财产税单、抵押贷款的还款凭据、财产保险单等书面文件来确定；对融资租入的固定资产，应验证有关融资租赁合同；对汽车等运输设备，应验证有关运营执照等；对受留置权限制的固定资产，通常还应审核被审计单位的有关负债项目等予以证实。

7）审查固定资产的保存和利用状况

审计人员应调查了解固定资产的分布和使用情况，特别要注意被审计单位有无已完工或已购建但尚未交付使用的新增固定资产、因改扩建等原因暂停使用的固定资产，以及多余或不适用而需要进行处理的固定资产。如果有，应进行彻底调查，以确定其是否真实。同时，还应调查未使用、不需要用固定资产的启用及停用时点，并做好记录。

8）审查固定资产的租赁

企业在生产经营过程中，有时可能将闲置的固定资产出租给其他单位使用；有时由于生产经营的需要，又需临时租用固定资产，从而形成企业间固定资产的租赁。租赁一般分为经营性租赁和融资性租赁两种。审查经营性租赁时，应查明以下内容。

（1）固定资产的租赁是否签订了合同、租约，手续是否完备，合同内容是否符合国家规定，是否经相关管理部门的审批。

（2）租入的固定资产是否确属企业必需，或出租的固定资产是否确属企业多余、闲置不用，双方是否认真履行合同，租金收入是否合理，是否及时入账，是否存在不正当交易。

（3）租入固定资产有无久占不用、浪费损坏的现象；租出的固定资产有无长期不收租金、无人过问，是否有变相馈送、转让等情况。

（4）租入固定资产是否已登入备查簿；对于租赁固定资产的改良工作，在租赁合同中双方是否有约定等。

在审查融资性租赁时，除可参照经营性租赁固定资产审查的要点以外，还要注意检查租金中计算利息的利率是否适当，并确定融资租入固定资产的计价是否正确，是否进行了正确的会计处理。

9）确定固定资产是否已在资产负债表上恰当披露

固定资产在资产负债表上列示的项目有 4 个：固定资产原价、累计折旧、固定资产净值和固定资产清理。固定资产原价一般以取得成本为基础填列。审计人员应依据上述审计的内容，确定会计报表中固定资产原价的恰当性，并注意应在附注中披露的内容。会计报表附注通常应分类别披露固定资产在本期的增减变动情况，以及用作抵押、担保的固定资产数。

【例 8-2】审计人员对宏达股份有限公司 2021 年 12 月底的固定资产进行实地清点，发现情况如表 8-2 所示。

问题：根据固定资产账、卡、物的数额，分析可能存在的问题，并提出审计意见。

表 8-2 固定资产盘点表

单位：元

固定资产名称	固定资产明细账	固定资产卡片	实存价值	每台单价
甲设备	80 000	80 000	78 000	2 000
乙设备	70 000	70 000	80 000	10 000
丙设备	100 000	90 000	100 000	10 000
丁设备	35 500	28 000	28 000	2 500

【解答】可能存在的问题及审计意见如下。

甲种设备账卡相符,实物短缺一台。有可能该设备已报废处理,但是账卡未注销,查明后应予注销账卡;也可能因保管不善,设备被窃,查明后要追究保管者的责任;也有可能是设备出租,但没有记入"出租固定资产"明细账户,应予补记。

乙种设备账卡相符,实物多出一台。有可能是该设备已进行报废处理,账卡已注销,但实物仍在使用;也有可能购进时未进行固定资产入账,而作低值易耗品入账,但盘点时作为固定资产,查明后应对照其价值和使用年限,确认其符合标准,则补记固定资产明细账和明细卡;若不符合标准,则不作盘盈,不记入固定资产账簿;也有可能是将租入固定资产误作为盘盈,查明后应将设备登记在备查簿上。

丙种设备明细账与实物相符,但卡片上少一台,有可能是购进时,有一台没有在卡片上登记,查明后要补记卡片。

丁种设备卡片和实物相符,但固定资产明细账上多出三台,有可能是该三台设备已出售,但明细账没有注销,查明后应予注销。

(二)累计折旧审计

1. 累计折旧的审计目标

累计折旧的审计目标包括以下几个方面。

(1)确定折旧政策和方法是否符合国家有关的财务会计制度,是否一贯遵循。

(2)确定累计折旧增减变动的记录是否完整。

(3)确定折旧费用的计算、分摊是否正确、合理和一贯。

(4)确定累计折旧的期末余额是否正确。

(5)确定累计折旧在会计报表上的披露是否恰当。

2. 累计折旧的实质性测试

累计折旧的实质性测试如下。

1)取得或编制固定资产及累计折旧分类汇总表

获取或编制固定资产及累计折旧分类汇总表,复核加计是否正确,并与报表数、总账和明细账的余额核对是否相符。

2)折旧政策的选择

审查被审计单位制定的折旧政策和方法是否符合企业会计准则和国家有关财务会计制度的规定,确定其所采用的折旧方法能否在固定资产使用年限内合理分摊其成本,前后期是否一致,采用加速折旧法是否有批准的文件。

3)实施分析性复核

(1)对折旧计提的总体合理性进行复核。复核的方法是用应计提折旧的固定资产乘以本期的折旧率来验算本期折旧额。或者通过计算本期计提折旧额与固定资产原值的比率,并同上期比较,来分析本期折旧额计提的合理性和准确性。

(2)计算累计折旧与固定资产原值的比率,并同上期比较,可发现累计折旧核算的错误,并可评估固定资产的老化率。

4）审查固定资产折旧的计提和分配

（1）计算复核本期折旧费用的计提是否正确。审计人员应特别注意已计提减值准备的固定资产计提的折旧是否正确，已全额计提减值准备的固定资产是否已停止计提折旧，包含土地使用权的固定资产的折旧计提是否正确，未使用、不需要使用的固定资产是否按规定计提折旧，因更新改造而停止使用的固定资产是否已停止计提折旧，因大修理而停止使用的固定资产是否仍计提折旧。

（2）结合固定资产审计，检查其折旧的计提是否正确无误，并追查至固定资产登记卡。特别应注意有没有已提足折旧的固定资产继续超提折旧的情况和在用固定资产不提或少提折旧的情况。

（3）检查本期固定资产增减变动时有关折旧的会计处理是否符合规定，折旧费用的计算是否正确。

（4）检查折旧费用的分配是否合理合规，与上期分配方法是否一致。

5）审查折旧计入成本的合理性

将"累计折旧"账户贷方的本期计提额与相应的成本费用中的折旧费用明细账户的借方相比较，以查明所计提的折旧额是否已全部计入本期产品成本或费用。一旦发现差异，应及时追查原因，并考虑是否应建议进行适当调整。

6）确定累计折旧是否已在资产负债表上恰当披露

会计报表附注通常应分类别披露固定资产的折旧方法和累计折旧在本期的增减变动情况。

【例 8-3】审计人员在审查某企业 6 月份基本生产车间设备折旧额时，发现以下几项记录。

（1）5 月份该车间设备折旧额为 32 600 元，年折旧额为 5%。

（2）5 月份购入原值 65 000 元设备一台，已安装完毕并交付使用。

（3）5 月份将原未使用得一台设备投入车间使用，其原值为 35 000 元。

（4）5 月份交外单位大修理设备一台，原值为 48 000 元。

（5）5 月份扩建完工厂房一栋，已交付使用。该厂房原值 600 000 元，扩建工程支出 150 000 元，变价收入 60 000 元。

（6）6 月份该车间设备折旧额为 69 700 元。

注：假设以上固定资产均不考虑残值。

问题：指出该企业存在的问题并提出处理意见。

【解答】根据会计制度规定，当月增加的固定资产当月不提折旧下月提折旧，当月减少的固定资产当月提折旧下月起不提折旧；大修理期间停用的固定资产应提折旧；房屋按增加后新值计提折旧。复算本月应计折旧，当月计提的折旧额 = 上月计提的折旧额 + 上月增加的固定资产应计提的折旧额 − 上月减少的固定资产折旧额。即：

$$32\,600+[65\,000\times5\%+35\,000\times5\%+(600\,000+150\,000-60\,000)\times5\%]\div12$$

$$=32\,600+3292$$

=35 892(元)

6 月份多计折旧额 =69 700-35 892=33 808(元)

冲销当月多提折旧。

借:累计折旧　33 808

贷:制造费用　33 808

三、其他相关账户审计

(一)固定资产减值准备审计

根据《企业会计制度》的规定，企业应当在期末或者至少在每年年度终了,对固定资产逐项进行检查，如果固定资产的可收回金额低于账面价值的,应当将可收回金额低于其账面价值的差额作为固定资产减值准备。

1. 固定资产减值准备的审计目标

(1)确定固定资产减值准备的计提方法和比例是否恰当,计提是否充分。

(2)确定固定资产减值准备增减变动的记录是否完整。

(3)确定固定资产减值准备的期末余额是否正确。

(4)确定固定资产减值准备的披露是否恰当。

2. 固定资产减值准备的实质性测试程序

(1)核对固定资产减值准备报表数、总账数与明细账合计数是否相符。

(2)检查固定资产减值准备的计提方法是否合规、计提依据是否充分、计提金额是否正确、相关的会计处理是否恰当。

(3)检查已计提减值准备的固定资产价值又得以恢复时,是否在原已计提减值准备的范围内转回,相关的会计处理是正确。

(4)确定固定资产减值准备的披露是否恰当。

(二)在建工程审计

1. 在建工程的审计目标

(1)确定在建工程是否存在。

(2)确定在建工程是否归被审计单位所有。

(3)确定在建工程增减变动的记录是否完整。

(4)确定在建工程的期末余额是否正确。

(5)确定在建工程在会计报表上的披露是否恰当。

2. 在建工程的实质性测试程序

(1)获取或编制在建工程明细表。获取或编制在建工程明细表,复核加计是否正确,并与报表数、总账和明细账的余额核对是否相符。

(2)审查本期在建工程的增加。审查内容包括对于重大建设项目,应取得有关工程项目的立项批文、预算总额和建设批准文件,以及施工承包合同、现场监理施工进度报告等业务资料；对于支付的工程款，应抽查其是否按照合同、协议、工程进度或监理进度报告分期支付，付款授权批准手续是否齐备，会计处理是否正确。

（3）审查在建工程的费用支出是否真实，会计处理是否正确。

（4）审查本期在建工程的减少。审查内容包括了解在建工程结转固定资产的政策，并结合固定资产审计，检查在建工程转销额是否正确，是否存在将已交付使用的固定资产挂列在在建工程而少计折旧的情况；检查已完工程项目的竣工决算报告、验收交接单等凭证以及其他转出数的原始凭证，检查其会计处理是否正确。

（5）检查在建工程项目期末余额的构成内容，并到工程现场实地观察，确定在建工程是否存在，了解工程项目的实际完工程度，查看未安装设备是否实际存在，检查是否存在实际已交付使用，但尚未办理竣工决算手续、未及时进行会计处理的项目。

（6）检查是否有长期挂账的在建工程。如果有，应了解原因，并关注是否会发生损失。

（7）确定在建工程在资产负债表上的披露是否恰当。

【例 8-4】注册会计师在审查某企业自营建造的一幢办公楼时，发现其实际投资额与现实状况不符，怀疑可能有将工程支出挤入生产成本和费用的情况。鉴于此，注册会计师审查了当年度的产品成本，发现其产品单位成本水平 1—6 月高于以往任何时期，而且同时期的管理费用也高于正常情况。根据这一线索，注册会计师详细审阅了该期间的生产领料单，发现领料单中所载原材 50 吨，总额 150 万元，是该工程急需用料，并非生产所用。另外，注册会计师通过调查，确定了在建工程管理人员名单，对照工资分配表中所列姓名，确认了在建工程人员的工资列入了当期管理费用，共计 5 万元。

问题：（1）说明审计方法。

（2）分析该企业存在的问题。

（3）提出处理意见。

【解答】（1）对于该笔在建工程业务中存在的问题，一般从两方面审计：首先采用审阅法，审阅相关科目如产品成本、管理费用等账户的记录；其次采用核对法，把这些记录与有关的原始凭证核对，来确认存在的问题。如果有必要的话，还可以采用询问、实地观察等方法。

（2）“在建工程”账户核算企业为工程所发生的实际支出。不论是工程用料，还是工程管理人员工资，都是企业为在建工程所发生的支出，都应通过“在建工程”核算，但本例并没有这样做。本例属于混淆资本性支出和收益性支出的界限。这类错误虚增了生产成本和期间费用，影响了利润的恰当披露，同时也造成了在建工程成本计算的错误。

（3）若审计在当年年底进行，则应冲回多计的生产成本和费用，调整在建工程成本，调整分录如下：

借：在建工程　　1 550 000

　贷：产成品　　1 500 000

　　管理费用　　50 000

若审计在下年年初进行，则通过“以前年度损益调整”科目进行。分录如下：

借：在建工程　　1 550 000

贷:以前年度损益调整 1 550 000

同时相应调整企业所得税及盈余公积等项目。

(三)工程物资审计

1. 工程物资的审计目标

(1)确定工程物资是否存在。

(2)确定工程物资是否归被审计单位所有。

(3)确定工程物资增减变动的记录是否完整。

(4)确定工程物资的期末余额是否正确。

(5)确定工程物资在会计报表上的披露是否恰当。

2. 工程物资的实质性测试程序

(1)获取或编制工程物资明细表。获取或编制工程物资明细表,复核加计是否正确,并与报表数、总账和明细账的余额核对是否相符。

(2)盘点工程物资。实地盘点工程物资,确定其是否存在,并观察是否有呆滞、积压物资。对盘盈和盘亏的处理是否及时、是否符合规定,会计处理是否正确。

(3)抽查有关凭证。抽查若干工程物资采购合同、购货发票、货物验收单等原始凭证,检查其是否经过授权批准,会计处理是否正确。

(4)结合在建工程审计,检查物资领用手续是否齐全,会计处理是否正确。

(5)检查工程完工后剩余工程物资在转入存货时,是否将其所含增值税进项税额进行了正确的分离。

(6)确定工程物资在资产负债表上的披露是否恰当。

(四)固定资产清理审计

固定资产清理核算企业由于出售、毁损或报废等原因转入清理阶段的固定资产的净值以及在清理过程中发生的清理费用和清理收入等。

1. 固定资产清理的审计目标

(1)确定固定资产清理的记录是否完整。

(2)确定固定资产清理反映的内容是否正确。

(3)确定固定资产清理的期末余额是否正确。

(4)确定固定资产清理在会计报表上的披露是否恰当。

2. 固定资产清理的实质性测试程序

(1)获取或编制固定资产清理明细表,复核加计数是否正确,并与报表数、总账数和明细账合计数核对是否相符。

(2)检查固定资产清理的发生是否有正当理由,是否经有关技术部门鉴定;固定资产清理的转销是否经授权批准,相应的会计处理是否正确。

(3)检查固定资产清理是否长期挂账,如果有,应做出记录,必要时建议作适当调整。

(4)检查固定资产清理是否已在资产负债表上恰当披露。

（五）应付票据审计

1. 应付票据的审计目标

（1）确定应付票据的发生和偿还记录是否完整。

（2）确定应付票据期末余额是否正确。

（3）确定应付票据在会计报表上的披露是否恰当。

2. 应付票据的实质性测试程序

（1）获取或编制应付票据明细表。审计人员应首先获取或编制应付票据明细表，复核加计是否正确，并与应付票据备查簿、报表数、总账和明细账的余额核对是否相符。

（2）函证应付票据。审计人员应选择应付票据重要项目（包括零账户），函证其余额是否正确。询证函通常应包括出票日、到期日、票面金额、未付金额、已付息期间、利息率以及票据的抵押担保品等项内容

（3）实施分析性复核。为了证实应付票据的完整性和合理性，审计人员可计算各种比率，如计算应付票据占流动负债的比率，并同前期比较，以发现需要加以特别关注的方面。

（4）抽查部分业务。审查应付票据备查簿，并抽查若干重要原始凭证，以确定其是否真实，会计处理是否正确。

（5）复核票据利息。如果开出的是带息应付票据，审计人员应复核带息应付票据利息是否足额计提，检查其会计处理是否正确。

（6）检查逾期未兑付应付票据的原因，如系有抵押的票据，应做出记录，并提请被审计单位进行必要的披露。

（7）确定应付票据是否已在资产负债表上恰当披露。应付票据在资产负债表上应单独列示，并充分揭示其金额、利息率、到期日和担保抵押资产等。

【案例分析】

案例一　固定资产审计

审计人员在对华实公司固定资产审计时，发现以下问题。

（1）本年新增固定资产中有一台设备，其入账价值为 206 000 元，其中买价 200 000 元，运费 6 000 元。经查明，这笔运费中包含了同时采购的另外一批材料的运费 2 000 元。

（2）本年 7 月 1 日该企业接受投资者捐赠的全新设备两台，同类市场价格为 50 000 元。由于资产的增加未发生任何成本，所以没有在账簿上反映该项业务。

（3）本年 8 月 1 日，该企业接受其他单位投资转入固定资产，投出单位账面原值为 50 000 元，已提折旧 20 000 元，双方确认价值为 35 000 元，其账面记录为：

借：固定资产	50 000	
贷：实收资本		30 000
资本公积		5 000
累计折旧		15 000

（4）在清查该企业房屋建筑物时，发现上年度固定资产明细账上记录的二层楼的办公楼，实际是一幢三层楼房，系该企业委托农村建筑队扩建，共计开支工料费 48 000 元（其中料款 40 000 元），均作为待摊费用，分两年摊销，上年 8 月份完工，自 9 月至 12 月已摊入生产成本 8 000 元。

问题：（1）指出存在的问题。

（2）提出调账意见。

【解答】（1）由材料负担的运费应从固定资产原始成本中扣减。调账分录：

借：原材料　　2 000
　贷：固定资产　　2 000

相应地还需调整相关的累计折旧、费用类科目等。

（2）应调整增加“固定资产”和“营业外收入”科目。调账分录：

借：固定资产　　50 000
　贷：营业外收入　　50 000

（3）“固定资产”和“实收资本”应按双方确认的价值入账。调账分录：

借：累计折旧　　15 000
　资本公积　　5 000
　贷：固定资产　　15 000
　　实收资本　　5 000

（4）改扩建支出应列入固定资产价值，该企业将其列入待摊费用，混淆了收益性支出和资本性支出的价值，虚增费用，少计固定资产价值。调账分录：

借：固定资产　　48 000
　贷：待摊费用　　48 000
借：待摊费用　　8 000
　贷：以前年度损益调整　　8 000

在此基础上计算调整应补交的所得税及调整本年利润。

案例二　应付账款审计

华方会计师事务所自 2020 年开始接受永丰公司董事会的委托，对永丰公司进行年度会计报表审计。项目组与 2022 年 2 月 15 到 3 月 6 日对永丰公司 2021 年的会计报表进行了审计。分配至应付账款的重要性水平是 48 000 元，发现下列问题。

（1）在审阅应付账款明细账时，发现其中应付明扬公司明细账 2021 年 12 月贷方发生额高达 80 万元，相当于前 11 个月合计数 180 万元的余额 44.4%，审计人员认为该月的应付账款记录不正常，便对 12 月明细账内每笔记录与同有关凭证进行了核对，其中 12 月 28 日账内有一笔记录金额为 50 万元的应付账款记录，记账凭证中的会计分录为：

借：银行存款　　500 000
　贷：应付账款—明扬公司　　500 000

该笔记账凭证所附的原始凭证为银行存款进账单的回单和销售给明扬公司的销货发票（经询问永丰公司会计和出纳，证明该记录是一笔销售业务，为了转移和隐藏本年度销售收入公司采取了上述非法账务处理）。

（2）在审阅会计报表时发现两个未入账的负债，分别如下。

①利达公司 2021 年 12 月 28 日开出的金额为 2 500 元的发票一张，该批货物与同日运出（交货条件以运出地为准）。永丰公司于次年 1 月 2 日收到货物，于当日验收入库。

② 2021 年 12 月 31 日收到原扩公司货品一批，金额 90 000 元，（交货条件以运出地为准），当日验收入库，发票在 2022 年 1 月 7 日收到，发票日期标明为 2021 年 12 月 29 日，永丰公司计入 2022 年 1 月份交易中。

问题：指出该企业存在的问题，并进行相应的账务处理。

【解答】（1）这是转移和隐藏本年度销售收入的做法，审计人员建议调整 2021 年度会计报表中有关项目。建议调整分录为：

借：应付账款—明扬公司　　500 000
　贷：主营业务收入　　427 350
　　应缴税费—应缴增值税（销项税额）　　72 650

（2）分别进行处理如下。

①永丰公司虽于次年 1 月 2 日收到利达公司货物，于收货当日入账，但按照交货条件，该项业务应于 12 月 28 日记作负债，属于漏记 2021 年的负债。由于该项漏记未达到所确定的重要性水平，故该项漏记可不予调整。

②永丰公司收到原扩公司的货物亦属于漏记 2021 年的负债，但该项漏记超过所确定的重要性水平，此项漏列使当期净利虚增 90 000 元，所有者权益虚增，建议调整：

借：主营业务成本　　90 000
　贷：应付账款　　90 000

【本章小结】

购货与付款循环是企业生产经营的重要内容，也是会计报表审计的重要内容。该循环主要涉及请购单、订购单、验收单、卖方发票、付款凭单、转账凭证、付款凭证、应付账款明细账、现金或银行存款日记账、卖方对账单等凭证和会计记录，主要包括请购商品和劳务、编制定购单、验收商品、储存商品、编制付款凭单、记录存货和负债、支付负债、记录现金或银行存款支出、记录购货退回与折让等业务活动。

购货与付款循环的内部控制主要包括职务分离制度、请购控制制度、订货控制制度、货物验收控制制度、退货和折让控制制度、记录应付账款控制制度、支付货款内部控制制度、会计稽核与对账制度等。其控制测试主要包括了解和描述购货与付款循环内部控制、初步评价购货与付款循环的内部控制、购货与付款循环的符合性测试、进一步评价购货与付款循环内部控制。

固定资产的实质性测试程序主要包括获取或编制固定资产及其累计折旧分类汇总表；分析复核审查固定资产的增加；验证固定资产的所有权；审计固定资产的减少；审查固定资产的真实性、完整性；审查固定资产的租赁；调查未使用和不需用固定资产；检查涉及固定资产购置的资本性支出；验明固定资产是否已在资产负债表上恰当披露。

累计折旧实质性测试程序主要包括获取或编制固定资产及累计折旧分类汇总表；检查被审计单位制定的折旧政策和方法；进行分析性复核；检查折旧的计提和分配；检查本期计提折旧是否已全部摊入成本或费用；检查累计折旧的披露是否恰当。

应付账款的实质性测试程序包括获取或编制应付账款明细账；实施分析性复核程序；审查应付账款明细账；函证应付账款；查找未入账的应付账款；审查应付账款借方余额；审计长期挂账的应付账款；确定应付账款在资产负债表上的披露是否恰当。

本章还介绍了购货与付款循环涉及的应付票据、预付账款、固定资产减值准备、工程物资、在建工程、固定资产清理等其他账户的实质性测试程序。

【关键术语】

购货与付款循环，固定资产，应付账款，累计折旧，货物验收，固定资产增加，固定资产减少，固定资产减值，固定资产清理，不相容职务。

【同步练习】

一、单项选择题

1. 对于健全的请购业务内部控制，一切请购业务均应填写(　　)，并经有关人员签章批准。

A. 验收单　　B. 请购单

C. 订货单　　D. 购货发票

2. 如果应付账款所属明细科目出现借方余额，审计人员应提请被审计单位在资产负债表的(　　)项目列示。

A. 应收账款　　B. 应付账款

C. 预收账款　　D. 预付账款

3. 选择应付账款函证对象，应选择(　　)。

A. 所有发生过业务往来的客户

B. 发生金额大，平时往来业务频繁，期末余额为零的客户

C. 发生金额大，平时往来业务频繁，期末余额大的客户

D. 期末余额不为零的所有客户

4. 注册会计师认为被审计单位固定资产折旧计提不足的迹象是(　　)。

A. 经常发生大额的固定资产清理损失　　B. 累计折旧固定资产原值的比率较大

C. 提取折旧的固定资产账面价值庞大　　D. 固定资产保险额大于账面价值

5. 以下审计程序中,注册会计师最有可能获取固定资产存在的审计证据是(　　)。

A. 观察经营活动,并将固定资产本期余额与上期余额进行比较

B. 询问被审计单位的管理当局和生产部门

C. 以检查固定资产实物为起点,检查固定资产明细账和相关凭证

D. 以检查固定资产明细账为起点,检查固定资产实物和相关凭证

6. 注册会计师向某公司生产负责人询问以下事项中,最有可能获取审计证据是(　　)。

A. 固定资产的抵押情况　　B. 固定资产的报废或毁损情况

C. 固定资产的投保及其变动情况　　D. 固定资产折旧的计提情况

7. 在验证应付账款余额不存在漏报时,注册会计师获取的以下审计证据中,证明力最强的是(　　)。

A. 供应商开具的销售发票　　B. 供应商提供的月对账单

C. 某公司编制的连续编号的验收报告　　D. 某公司编制的连续编号的订货单

8. 对某公司累计折旧进行审计时,注册会计师拟结合固定资产项目的审计,测试本年度所计提折旧费用的整体合理性,以下各项审计程序中,难以实现上述审计目标的是(　　)。

A. 根据各项固定资产的增减变动及折旧率,重新计算折旧费用

B. 根据各月平均固定资产原值以及综合折旧率,重新计算折旧费用

C. 计算本年度折旧费用与固定资产原值的比率,并与上年度进行比较

D. 复核折旧费用分配汇总表,并与总账和明细账进行核对

9. 以下审计程序中,注册会计师最有可能证实已记录应付账款存在的是(　　)。

A. 从应付账款明细账追查至购货合同、购货发票和入库单等凭证

B. 检查采购文件以确定是否使用预先编号的采购单

C. 抽取购货合同、购货发票和入库单等凭证,追查至应付账款明细账

D. 向供应商函证零余额的应付账款

10. 注册会计师在查找未入账的应付账款时, 主要应审查(　　)。

A. 库存账　　B. 订货单

C. 购货发票　　D. 未支付账单

二、多项选择题

1. 购货与付款循环所涉及的主要凭证和会计记录有(　　)。

A. 卖方发票　　B. 请购单

C. 出库单　　D. 卖方对账单

2. 应付账款一般不需要函证, 但出现(　　)时, 审计人员应实施函证程序。

A. 应付账款存在借方余额　　B. 控制风险较高

C. 某应付账款的明细账户金额较大　　D. 被审计单位处于经济困难阶段

3. 被审计单位购货与付款循环中涉及业务包括(　　)。

A. 处理订购单　　B. 验收商品和劳务

C. 确认债务　　D. 处理和记录现金支出

4. 固定资产审计的目标主要有(　　)。

A. 固定资产是否存在　　B. 固定资产是否归被审计单位所有

C. 固定资产的计价是否恰当　　D. 固定资产的期末余额是否正确

5. 注册会计师对应付账款进行函证,通常的函证对象包括(　　)。

A. 所有应付账款的付款对象

B. 金额较大的应付账款债权人

C. 应付账款明细账期末余额为零的重要供应商

D. 所有应付账款的债权人都不需要函证

6. 在对在建工程项目进行审计时遇到下列事项,其中甲公司会计处理正确的有(　　)。

A. 甲公司将某在建工程管理人员的工资计入该在建工程成本

B.2021 年 12 月 31 日,甲公司对一项停建且预计未来三年内不会重新开工建设的在建工程进行减值测试以后,计提了相应的减值准备

C. 甲公司将计划用于生产的某项完工工程的剩余材料,按其账面价值减去可抵扣进项税额的余额转入存货项目核算

D. 甲公司在建工程中的某单项工程因正常原因发生毁损,甲公司将损失金额减去残值和保险公司赔款的余额计入营业外支出

7. 下列属于应付账款审计的主要目标的是(　　)。

A. 确定发生的应付账款是否已完整入账

B. 确定应付账款发生和偿还的会计处理是否正确

C. 确定应付账款期末余额是否正确

D. 确定应付账款在会计报表上的披露是否恰当

8. 通过对固定资产的盘点,审计人员可以获取的证据有(　　)。

A. 固定资产的真实存在　　B. 固定资产毁损情况

C. 固定资产使用情况　　D. 固定资产维护情况

9. 查找未入账应付账款的审计程序包括(　　)。

A. 检查会计年度后银行存款支付的记录

B. 检查接近资产负债表日之前银行存款支付的记录

C. 检查期末的验收报告

D. 检查供应商的对账单

10. 审查固定资产增加的重点是(　　)。

A. 固定资产增加是否合理　　B. 固定资产计价是否正确

C. 固定资产的验收是否认真　　D. 固定资产的授权批准

三、判断题

1. 防止企业低估债务是审计人员对负债项目的审计目的之一。(　　)

2. 审计人员应结合购货业务对应付账款进行审计。(　　)

3. 通过审查固定资产所有权的有关书面文件，可以实现固定资产所有权审计目标。(　　)

4. 应付账款均不需要函证，这是因为函证不能保证查出未记录的应付账款，况且审计人员能够通过取得购货发票等外部凭证来证实应付账款的余额。(　　)

5. 如果被审计单位固定资产增减均能处于良好的经批准的预算控制之下，审计人员可适当减少对固定资产增加和减少审计的实质性测试的样本。　(　　)

6. 审计人员实地观察固定资产的重点应放在单位价值较高的固定资产。(　　)

7. 本年计提折旧额与固定资产总成本的比率同上年相比较，旨在发现累计折旧计算中的错误。(　　)

8. 某应付账款明细账户年末余额为零，审计人员选择函证对象时应不予考虑。(　　)

9. 审计人员在对应付票据进行审计时，对于内部控制制度较强的部分，可以不必进行审计。(　　)

10. 审计人员在审查应付账款时，应查实企业所有在年度决算日以前收到的赊购发票均已入当年应付账款。(　　)

四、综合案例题

1. 在审阅固定资产明细账时，发现上年度经批准出售车床一台，原价 600 000 元，已累计提取折旧 150 000 元，净值为 450 000 元，出售车床所得价款为 400 000 元，该公司的会计处理为：

借：银行存款	400 000	
贷：营业外收入		400 000
借：累计折旧	150 000	
营业外支出	450 000	
贷：固定资产		600 000

问题：(1)分析该企业存在的问题，并作调账分录。

(2)说明对企业当期损益的影响。

2. 2021 年 2 月 10 日，审计人员在对某公司固定资产审计过程中，抽查了该企业基本生产车间上年 12 月份设备计提折旧业务。在审阅固定资产明细账和制造费用明细账时，发现如下记录。

(1)上年 11 月末该车间设备计提折旧额为 20 000 元，年折旧率为 6%。

(2)上年 11 月购入不需安装的设备一台，原值 300 000 元，已交付使用。

(3)上年 11 月交付外单位大修设备一台，原值 500 000 元。

（4）上年 11 月进行技术改造设备一台，当月交付使用，该设备原值 170 000 元，技改支出 50 000 元，变价收入 20 000 元。

（5）上年 12 月该车间设备计提折旧为 20 000 元。

问题：假如该企业上年 11 月末计提折旧数额正确，验证上年 12 月份计提折旧数额是否正确。

3. B 股份有限公司（简称“B 公司”）主要经营中小型机电类产品的生产和销售，产品销售以 B 公司仓库为交货地点。B 公司目前主要采用手工会计系统。ABC 会计师事务所接受委托审计 B 公司 2021 年度会计报表，C 和 D 注册会计师负责于 2021 年 10 月 25 日至 11 月 10 日对 B 公司的购货与付款循环、生产循环、销售与收款循环的内部控制进行了解、测试与评价。

通过对 B 公司内部控制的了解，C 和 D 注册会计师在审计工作底稿中记录了所了解的和购货与付款循环相关的内部控制程序，部分内容摘录如下。

（1）对需要购买的已经列入存货清单的存货，由仓库负责填写请购单；对未列入存货清单的存货由相关需求部门填写请购单。每张请购单须由对该类采购支出预算负责的主管人员签字批准。

（2）采购部收到经批准的请购单后，由其职员 E 进行询价并确定供应商，再由其职员 F 负责编制和发出预先连续编号的订购单。订购单一式四联，经被授权的采购人员签字后，分别送交供应商、负责验收的部门、提交请购单的部门和负责采购业务结算的应付凭单部门。

（3）验收部门根据订购单上的要求对所采购的材料进行验收，完成验收后，将原材料交由仓库人员存入库房，并编制预先连续编号的验收单交仓库人员签字确认。验收单一式三联，其中两联分送应付凭单部门和仓库，一联留存验收部门。

（4）应付凭单部门核对供应商发票、验收单和订购单，并编制预先连续编号的付款凭单。在付款凭单经被授权人员批准后，应付凭单部门将付款凭单连同供应商发票及时送交会计部门，并将未付款凭单副联保存在未付款凭单档案中。会计部门收到附供应商发票的付款凭单后即应及时编制有关记账凭证，并登记原材料和应付账款账簿。

（5）应付凭单部门负责确定尚未付款凭单在到期日付款，并将留存的未付款凭单及其附件根据授权审批权限送交审批人审批。审批人审批后，将未付款凭单连同附件交复核人复核，然后交财务出纳人员 J。出纳人员 J 据此办理支付手续，登记现金和银行存款日记账，并在每月末编制银行存款余额调节表，交会计主管审核。

问题：假定不考虑其他条件，请逐项判断 B 公司上述控制程序在设计上是否存在缺陷。如果存在缺陷，请分别予以指出，并简要说明理由、提出改进建议。

五、思考题

1. 根据购货与付款循环的特征列举该循环所涉及的主要业务活动与主要会计凭证。
2. 简述应付账款审计的目标和实质性测试的程序。
3. 简述固定资产及累计折旧审计目标和实质性程序。

第九章　生产与费用循环审计

引言

生产与费用循环是工业企业的核心，生产是采购与销售的纽带，费用贯穿于企业的全过程。生产过程的合理安排和生产费用的严格控制是提高企业效益的有效途径。

本章主要介绍了生产与费用循环相关的内部控制制度及其符合性测试、相关报表项目的实质性测试。

通过本章学习要求了解生产与费用循环主要业务活动、凭证与记录；理解生产与费用循环重要内部控制及控制测试的程序；掌握生产与费用循环的测试重点和关键的审计方法；掌握存货成本、存货监盘、存货计价、存货截止审计；应付职工薪酬审计等。

本章重点：存货成本；存货监盘；存货计价；存货截止审计；应付职工薪酬审计。

本章难点：存货计价审计；存货监盘审计。

案例导入

振隆特产 IPO 造假

振隆特产成立于 2000 年 10 月，公司主营业务为子仁系列产品及其他干果、坚果类产品的加工与销售，产品包括南瓜子仁、松子仁、葵花子仁等子仁类产品；开心果等坚果类产品；南瓜子、南瓜面等南瓜子系列综合利用产品，以及豆类、杂粮等其他产品。公司拟在深交所上市，2013 至 2015 年向证监会陆续报送过 4 次招股说明书，于 2014 年 4 月 23 日在证监会网站预先披露。瑞华会计师事务所作为振隆特产 IPO 审计机构，对振隆特产 2012 年、2013 年及 2014 年财务报表进行审计并出具了标准无保留意见的审计报告。

经查，瑞华会计师事务所对振隆特产 2013 年和 2014 年财务报表进行审计时，将存货评估为存在舞弊风险，将存货和营业成本评估为存在重大错报风险，并将存货评估为存在特别风险。在舞弊风险应对措施中提出，在观察存货盘点的过程中实施额外的审计程序，例如，更严格地检查包装箱中的货物、存货堆放方式等。但注册会计师在监盘过程中，在振隆特产的存货密集堆放、各垛物品间没预留可查看空间的情况下，只对顶层、侧面及外围的存货进行抽样检查，未对垛中心存货进行检查，进而认为整垛存货是经过抽盘的。而瑞华会计师事务所在审计底稿中记录 2012 年、2013 年和 2014 年的抽盘比例分别是 54.36%、67.85%和 88.56%，故瑞华会计师事务所实际抽盘的比例远低于审计底稿记载的比例。此外，2013 年和 2014 年，瑞华会计师事务所在总体审计策略中提出要加大抽盘的范围与数量，但实际也未执行。

证监会认为，瑞华会计师事务所应保证所有存货都有被检查的机会，从而为注册会计师针对整个总体得出结论提供合理基础。振隆特产存货密集堆放的方式不能成为注册会计师不对垛中心存货进行检查的理由；相反，注册会计师应避免任何有意识的偏向或可预见性，如回避难以找到的项目等。而且，瑞华会计师事务所在“存货监盘具体情况说明”中指出其在盘点前要求振隆特产准备好计量器具及必备工具，如磅秤、叉车等，但其在实际监盘时并未使用叉车将外围存货搬离从而实施检查程序。另外，注册会计师对存货进行检查的首要目的在于确定存货是否存在，其次在于评价存货状况。瑞华会计师事务所虽然委托专业第三方鉴定机构对货物进行检测，但其只是对存货状况进行了评价，不属于确定存货存在的审计证据。

2017 年 3 月 13 日，中国证监会发布行政处罚决定书，责令瑞华会计师事务所改正违法行为，没收业务收入 130 万元，并处以 260 万元罚款。对两名注册会计师给予警告，并分别处以 10 万元罚款。

案例思考

(1)在对存货的审计中，可以考虑使用哪些审计程序？

(2)在审计过程中，如何恰当利用专家的工作？

第一节　生产与费用循环概述

生产与费用循环是由将原材料转化为产成品的有关生产活动所组成的，该循环所涉及的内容主要包括存货的管理及生产成本的计算等。

一、生产与费用循环的主要业务活动

(一)计划和安排生产

产品生产计划和安排通常是由企业的生产管理部门来执行的，其主要职责是根据顾客订货单、销售合同、市场预测以及存货需求的分析来决定生产产品的品种和数量。如决定授权生产，则签发生产通知单，并下达到各生产部门。生产管理部门应将发出的所有生产通知单预先编号并加以记录控制。

(二)生产领用原材料

存储部门根据从生产部门收到的预先编号并经过批准的领料单发出原材料。领料单可以一料一单，也可以一单多料，但必须列示所需的材料数量、种类以及生产通知单号码和领料部门的名称。领料单通常一式三联，一联连同材料交还领料部门，一联留在存储部门登记材料明细账，另一联送会计部门进行材料收发核算和成本核算。

(三)加工生产产品

生产部门在收到生产通知单及领取原材料后，便将生产任务分解到每一个生产班组及工人，并将所领取的原材料交给生产工人，据以执行生产任务。在某个生产部门完工的产品应交检验员验收，并办理入库手续，或是将所完成的产品按照转移单的授权移交到下一个生

产部门，以进一步加工。

（四）产成品入库

完工的产成品验收入库时，必须由存储部门先行点验和检查，然后签收。签收后，将实际入库数量通知会计部门。据此，存储部门确立了本身应承担的保管责任。

（五）发出产成品

产成品的发出必须由独立的装运部门进行。装运产成品时必须持有经有关部门核准的销售单，并据此编制出货单（装运凭证）。出货单至少一式四联，一联交存储部门、一联由装运部门留存、一联送交顾客、一联会同有关凭证送交开单部门，作为给顾客开发票的依据。

（六）核算产品成本

产品成本的核算主要由企业会计部门执行。为了正确地核算产品成本，对在产品存货进行有效控制，必须建立健全成本会计制度，将生产控制和成本核算有机结合在一起。一方面，需要将生产过程中的各种记录如生产通知单、领料单、产量和工时记录、入库单等文件资料汇集到会计部门，由会计部门对其进行审查和核对，了解和控制生产过程中存货的实物流转。另一方面，会计部门要设置相应的会计账户，对生产过程中的成本进行核算和控制。

二、生产与费用循环的主要凭证和会计记录

生产与费用循环通常要经过领料、生产加工、完工入库等程序。涉及的主要凭证和会计记录包括以下几个方面。

（一）生产通知单

生产通知单是企业生产管理部门下达制造产品等生产任务的书面文件，主要用来通知生产车间组织产品制造、供应部门组织材料发放及会计部门组织成本计算等。

（二）领发料凭证

领发料凭证是企业为控制材料发出所采用的各种凭证，如领料单、限额领料单、领料登记簿、发料凭证汇总表、退料单等。

（三）产量和工时记录

产量和工时记录是登记工人或生产班组在出勤日内完成的产品数量、质量和生产这些产品所耗费工时数量的原始记录。产量和工时记录的内容与格式是多种多样的，常见的产量和工时记录主要有工序进程单、工作班产量报告、产量通知单、产量明细表、计工单、废品通知单等。

（四）工资汇总表及人工费用分配表

工资汇总表是为了反映企业全部工资的内容，据以进行工资总分类核算和汇总整个企业工资费用而编制的，它是企业进行工资费用分配的依据。而人工费用分配表则反映了各生产车间的生产工人工资及福利费在各种产品之间分配的情况。

（五）材料费用分配表

材料费用分配表是用来汇总反映各生产车间各种产品所耗费的材料费用的原始记录。

（六）制造费用分配汇总表

制造费用分配汇总表是用来汇总反映各生产车间各种产品所应负担制造费用的分配情况的原始记录。

（七）产品成本计算单

产品成本计算单是用来归集某一成本计算对象所应承担的生产费用，计算该成本计算对象的总成本和单位成本的记录。

（八）存货明细账及总账

存货明细账是用来反映原材料、在产品、产成品等各种存货增减变动的数量和成本、期末库存数量和相关成本等信息的会计记录。

第二节　生产与费用循环的控制测试

一、生产与费用循环的内部控制

生产与费用循环的内部控制主要包括生产过程中实物流转程序控制、对产品进行记录与控制的成本费用管理和成本会计控制。

（一）实物流转程序控制

实物流转程序控制的主要控制点如下。

1. 生产环节中各种职务必要的分离控制

生产环节涉及的业务主要有生产计划的编制、原材料的采购和验收及保管、产品的生产、产成品的验收和保管、各项存货的盘点、成本费用的归集和分配、会计记录等业务。对这些业务的处理应当进行明确的职责分工，便于控制，相互牵制。

2. 实物管理控制

对存货实物形态管理的效果好坏，不仅与其安全和完整直接相关，影响到能否保证生产的所需，也关系到企业整体经营目标能否实现。其具体控制内容如下。

（1）保管部门对入、出库存货的数量应及时记入收发存登记簿，库存的存货应标明存放地点、仓号和仓位。收入的存货应分类编目，以便同类存货集中存放和保管。

（2）存货实物保管应由专职人员负责，应设置封闭且分离的仓库区域，只有经授权批准的人员才能进入，严格限制未经授权人员对实物的接触。

（3）应定期或不定期对存货实物进行实地盘点，计点数量，并与账面记录核对，保证账实一致。对于账实之间的差异，应由相关部门进行调查，针对原因采取控制措施。

（二）存货的价值流转程序控制

1. 成本管理控制

成本管理控制是对成本费用支出业务进行计划、控制和考核的内部控制。具体内容如下。

（1）确定成本控制目标和成本计划。

（2）编制成本、费用预算。

（3）根据成本费用预算的内容，制定各项消耗定额和指标。

（4）对料、工、费的控制。

（5）监督生产费用的实际开支，建立严格的审核制度，其中包括限额领料、费用开支的审批等。

（6）定期进行成本费用考核和评价，分析成本超支的原因，并采取措施降低成本。

2. 成本会计控制

从成本项目的构成上来说，成本会计控制具体包括直接材料成本控制、直接人工成本控制、制造费用控制等。尽管企业生产经营的内容和特点不同，成本控制的方法有所区别，但成本会计控制的内容基本相同，主要包括以下几个方面。

（1）明确成本开支范围、开支标准，规定报销手续。

（2）建立各种支出的审批制度。

（3）设置相应的账户，选择适当的成本计算方法，核算产品生产成本，并对其结果进行复核。

（4）选择适当的方法对各项费用进行归集与分配，并对其结果进行复核。

（5）成本核算应以经过审核的生产通知单、领料单、人工费用分配表和制造费用分配表等原始凭证为依据。

（6）定期进行成本分析，查找成本变动的趋势与原因，及时有针对性地采取对策，有效地控制成本。

（三）工薪和人事控制

通常，企业工薪业务的控制离不开人事部门以及相关的人事政策，所以工薪控制与人事控制是密不可分的。工薪和人事的内部控制主要包括以下内容。

1. 对工薪人事业务实行职务分离控制

工薪人事业务主要包括工薪人事计划与决策、雇佣员工、编制考勤记录、编制工资单、记录和分配工资费用等工作。以上各个工作应由不同部门、不同人员来完成，以相互制约。一般来说，劳动人事部门负责计划与决策、人员雇佣；生产管理部门或专门的计时部门负责考勤，并编制考勤记录；工资部门负责编制工资单；会计部门负责记录和分配工资费用，进行工资费用的核算。

2. 人事管理制度控制

劳动人事部门应建立和健全人事管理制度，包括与新进员工签订劳动合同；对工资定级及变动进行授权；保管人事记录，防止未经授权接近这些记录；对员工的能力和诚信进行调查考核。

3. 考勤记录控制

考勤记录是计算应发工资的基础。如果在考勤记录（或产量工时记录）上弄虚作假，则会产生虚造工资等舞弊行为。为了对工时进行适当控制,应健全原始记录、严格考勤措施。

4. 工资单审核控制

劳动人事部门应当审核工资单的计算和汇总，应当指定专人审核工资单的交叉合计数是否正确，核对每一员工的考勤记录和工资率是否正确。如果采用计算机编制工资表，则应打印出工资表，将其同人事文件中授权的工资率加以比较。

5. 工资发放控制

工资单和工资汇总表经审核后才能发放。签发支票要经过授权批准。

6. 记录和分配工资费用控制

应按已审核无误的工资单、工资汇总表登记有关应付工资、应付福利费等账户，按照已审核无误的工资汇总分配表进行工资费用的分配。

二、评估生产与费用循环的重大错报风险

在实施控制测试和实质性测试前,注册会计师应了解被审计单位生产与费用循环和相关账户余额的内部控制的设计和执行情况,评估生产与费用循环中的重大错报风险,以便实施更有效的审计程序。影响生产与费用环节和相关账户余额存在的重大错报风险可能包括以下几个方面。

(一)管理层错报生产成本的偏好

被审计单位管理层可能为了完成经营目标,满足业绩考核的要求,保证从外部获得资金,或影响公司股价,往往会在财务报表中错报生产成本,以达到调节当期利润的目的。被审计单位管理层常用的手段有混淆生产成本与资本化支出、混淆不同产品之间的生产成本、混淆不同会计期间的生产成本等。

(二)成本计算的复杂性

不同性质的企业成本计算有所不同,而且十分复杂。虽然原材料和直接人工等直接费用的分配比较简单,但间接费用的分配却很复杂,并且同一行业中的不同企业可能采用不同的认定和计算方法。

(三)存货项目的可变现净值难以确定

如价格受全球供求影响的存货,由于其可变现净值难以确定,会影响存货采购成本的确定,并将影响注册会计师对于存货认定有关的风险进行评估。

(四)存货存放地点很多

被审计单位可能将存货存放在很多地点,并且可以在不同的地点之间配送存货,这将增加存货途中毁损或遗失的风险。

(五)产品的多元化风险

在企业同一会计期间,可能生产的多种产品都会使用相同的原材料和生产员工,使原材料和人工等费用在不同产品之间进行分配就变得十分烦琐,这会增加产品生产成本不真实的风险。

（六）发生各种错误的可能性

在生产与费用循环的过程中，程序复杂、环节很多，很容易发生各种各样的差错。任何差错的出现都会导致生产成本的错报。

在评估生产成本与费用循环的重大错报风险时，注册会计师应当充分了解生产与费用循环中的控制活动，目的在于实施更有效的审计程序。也就是说，注册会计师必须对被审计单位生产与费用循环中的重大错报风险有一定的认识，在此基础上设计并实施进一步审计程序，才能应对生产与费用循环中的重大错报风险。

三、生产与费用循环控制测试

（一）直接材料成本测试

对采用实际成本核算的企业，审计人员应获取材料费用分配汇总表、材料发出汇总表（或领料单）、成本计算单、材料明细账、生产成本明细账等资料，进行如下检查。

（1）将某种产品的成本计算单与材料费用分配汇总表、发出材料汇总表、领料单进行核对，以验证直接材料的成本是否一致。

（2）根据材料发出汇总表或领料单、材料明细账验算直接材料的实际总成本，将计算的结果与材料费用分配汇总表中该种材料费用进行比较，检查分配的标准是否合理，材料费用的分配是否正确，材料单位成本计价方法是否适当。

（3）查看已发生的直接材料成本是否已登记入账，登记的金额是否相符，审阅领料单的签发是否经过授权批准，是否事先连续编号。

（二）直接人工成本测试

1. 采用计时工资制企业的直接人工成本测试

采用计时工资制的企业，审计人员应获取产品的实际工时统计记录、人事部门的职员结构分布资料、劳资部门的工资标准、考勤表、计时卡、授权工资变动表、工资结算单、工资汇总表、人工费用分配汇总表、成本计算单、生产成本明细账等资料，进行如下检查。

（1）从成本计算单中抽取样本，核对某种产品的成本计算单与人工费用分配汇总表、实际工时统计记录与人工费用分配汇总表、实际工时统计记录与生产部门工时台账。

（2）抽查验算工资结算单中的计算是否正确，有无多计或少计的情况，并与人事部门的职员名单、劳资部门的工资标准进行核对。

（3）核对工资结算单、工资费用汇总表、人工费用分配汇总表、成本计算单，以检查实际发生的工资费用是否已全部登记入账。

（4）当没有实际工时统计记录时，则可以根据职员分类表及职员工资手册中的工资率，计算复核人工费用分配汇总表中该样本的直接人工费用是否合理。

2. 采用计件工资制企业的直接人工成本测试

对采用计件工资制的企业，审计人员应获取产量统计报告、个人（小组）产量记录和经批准的单位工资标准或计件工资制度、成本计算单、生产成本明细账等资料，进行如下检查。

（1）根据产量统计报告中某种产品的实际产量和单位工资标准验算实际工资成本，将计算结果与该种产品成本计算单中直接人工成本进行核对，以验证是否相符。

（2）抽取若干直接工人（小组）的产量记录，检查是否被汇总计入产量统计报告，防止漏计。

（三）制造费用测试

对制造费用的测试应获取制造费用分配汇总表、制造费用明细账、与制造费用分配标准有关的统计报告及其相关原始凭证等样本资料，进行如下检查。

（1）核对制造费用分配汇总表中某种产品分配的制造费用与该种产品成本计算单中的制造费用是否相符。

（2）将制造费用分配汇总表中的合计数与制造费用明细账的合计数核对是否相符。

（3）制造费用分配汇总表选择的分配标准数（机器工时数、直接人工工资、直接人工工时数、产量等）与相关的统计报告或原始记录核对是否相符，并对费用分配标准的合理性做出评估；如果企业采用预计费用分配率分配制造费用，则应针对制造费用分配过多或过少的差额，检查其是否进行了适当的账务处理。

（四）生产成本在当期完工产品与在产品之间分配的测试

1. 实物数量的检查

主要检查成本计算单中在产品数量与生产统计报告或在产品盘存表中的数量是否一致。

2. 分配标准的检查

主要检查在产品约当产量的计算或其他分配标准是否合理。

3. 成本计算的检查

计算复核产品的总成本与单位成本。

4. 成本结转的验证

将成本计算单（其中的完工产品各成本项目金额及总成本、单位成本、数量）、生产成本明细账（已结转的各成本项目的金额、合计）、库存商品明细账（数量、单位成本、总成本）进行核对，验证是否一致。

（五）工薪内部控制测试

1. 抽查工资汇总表

从工资汇总表中选择若干月份工资汇总表进行如下检查：计算复核每一月份工资汇总表，检查每一份工资汇总表是否已经授权批准；检查应付工资总额与人工费用分配汇总表中的合计数是否相符；检查其代扣款项的账务处理是否正确；检查实发工资总额与银行付款凭单及银行存款对账单是否相符，并正确记入相关账户。

2. 抽查工资单

从企业工资单中抽取若干样本进行如下检查。

(1)检查员工工资卡或人事档案,确认工资发放是否有依据。

(2)检查员工工资率及实发工资额的计算。

(3)检查实际工时统计记录或产量统计报告与员工个人钟点卡或产量记录是否相符。

(4)检查员工加班加点记录与主管人员签证的月度加班费用汇总表是否相符。

(5)检查员工扣款依据是否正确。

(6)实地抽查部分员工,证明其确实在本公司工作。

第三节 生产与费用循环的实质性测试

一、存货成本审计

存货是企业在生产经营过程中,为生产耗用或销售而储存或持有的各种具有实物形态的流动资产。在大多数企业的资产中,存货资产不仅占用的资金大,而且品种繁多,与其他资产相比,存货具有流动性强、周转快、变化频繁等特点,而且涉及企业生产经营的各个环节。因此,对存货项目的审计是现代企业审计的一个重点和难点。

(一)存货的审计目标

存货审计的总目标是验证列示在资产负债表中存货项目的金额在资产负债表日的真实性和正确性。具体目标如下。

(1)确定报表日存货的存在性。

(2)确定报表日存货是否归被审计单位所有。

(3)确定存货增减变动业务的真实性及其记录的完整性。

(4)确定存货的品质状况,判断存货跌价准备计提的合理性。

(5)确定存货计价方法的恰当性。

(6)确定存货期末余额的正确性。

(7)确定存货在会计报表上披露的恰当性。

(二)生产成本审计

产品制造成本主要包括直接材料、直接人工、制造费用三个项目,所以生产成本审计应结合成本项目展开。

1. 直接材料成本的审计

直接材料成本的审计,一般是审阅材料和生产成本明细账,抽查有关费用凭证,验证企业产品直接耗用材料的数量、计价和材料费用的分配是否真实、合理。主要包括以下几个方面。

1)审查直接材料耗用数量的真实性

审计直接材料耗用量时,主要是对领料凭证的内容进行审查,包括领料单的签发是否经过授权、材料发出汇总表是否经过适当的复核。对耗用量大、单位价值高的领料单、各部门共耗的材料进行详查,其他的可进行抽查,并与保管部门的材料发出汇总表进行核对,以检查材料的耗用数量是否真实、分配是否合理。查明有无将非生产用材料计入直接材料费用的情况。同时还应注意,已领未用的材料是否办理退料手续,废料、边角料是否进行适当核算和管理。

2)审查直接材料的计价

要审查材料成本计价方法是否适当、是否正确及时入账,并查明直接材料的定额成本、标准成本、单位计划成本在本年度内有无重大变更。

3)审查直接材料费用的分配

抽查产品成本计算单,检查直接材料成本的计算是否正确,材料费用的分配标准与计算方法是否合理和适当,证实分配的结果及有关账务处理的正确性,并与材料费用分配汇总表、生产成本明细账中该产品分摊的直接材料费用进行核对,验证是否相符。

4)进行分析性复核

主要分析同一产品前后年度的直接材料成本,检查有无重大变动,如果有,应查明原因。

2. 直接人工成本的审计

对直接人工成本的审计,应获取成本计算单、生产成本明细账、制造费用明细账、应付工资明细表、应付福利费明细账、人工费用汇总分配表、考勤表、工时记录、工资结算单等。

1)分析性复核

采用分析性复核的方法,将本年度直接人工成本与前期进行比较、本年度各个月份的人工费用发生额进行比较,分析其是否有异常变动,如果有,应查明原因。

2)审查直接人工成本范围的合规性

审计人员在了解工资管理形式、政策的基础上,通过审阅、核对和分析有关劳动人事资料、工资结算单、工资及福利费用分配表,查明有没有混淆直接从事产品生产的生产工人工资与其他人员工资的界限。

3)审查直接人工成本计算与分配的正确性

抽查产品成本计算单,检查直接人工成本的计算是否正确,人工费用的分配标准与计算方法是否合理和适当。

4)审核直接人工成本会计处理的正确性

结合应付工资的检查,抽查直接人工费用的会计记录及会计处理是否正确。

3. 制造费用审计

制造费用是企业为生产产品或提供劳务而发生的间接费用,制造费用的审计主要有以下几个方面。

1)审核制造费用项目的合规性

获取或编制制造费用汇总表,并与制造费用明细账、总账核对是否相符;查明制造费用的组成项目是否符合有关规定;有没有混入非本部门的制造费用,有没有混入的应属于管理费用、营业费用、营业外支出等的各种耗费。

2)审核制造费用的真实性

审阅制造费用明细账,检查其核算内容及范围是否正确,并注意是否存在异常会计事项。

3)审查制造费用归集和分配的正确性

对制造费用的分配,应重点查明分配的方法是否适合被审计单位生产经营的实际特点,有没有随意变更分配方法和分配标准的情况;分配率、分配额的计算与是否准确,会计处理是否正确;有没有以人为的估计代替实际计算的情况。

4)对制造费用实施截止测试

将资产负债表日前后一段时期的制造费用明细账、有关凭证进行检查,确定有没有跨期分配、人为调节生产成本的情况。

【例 9-1】审计人员在审查甲企业 2011 年度材料发出业务时发现,12 月份该企业生产领用 A 材料计划成本 800 万元,车间领用 400 万元,本月份材料差异率为 -2%。有关账务处理如下:

结转发出材料计划成本时,

借:生产成本 8 000 000

制造费用 4 000 000

贷:原材料 1 2000 000

结转发出材料成本差异时,

借:生产成本 240 000

贷:材料成本差异 240 000

问题:指出上述记录存在问题,做出当期调账建议。

【解答】材料成本差异应是节约差,该企业按超支差结转成本差异使成本提高 48 万元;其次,材料成本差异未按材料领用去向结转。审计人员建议作如下调整:

借:生产成本 400 000

制造费用 80 000

贷:材料成本差异 480 000

4. 完工产品成本结转的审计

1)对在产品的检查

检查成本计算单中在产品数量与生产统计报告或在产品盘存表中的数量是否一致;在产品的完工程度是否符合实际,约当产量的计算是否正确。

2)分配标准的检查

检查被审计单位在完工产品与在产品之间进行成本分配时选择的分配标准是否适合其生产经营的特点,能否比较准确地反映产成品和在产品的成本水平。

3)成本计算的检查

计算复核产品的总成本与单位成本、完工产品的总成本与单位成本、在产品的各项目成本。

4)成本结转的验证

审阅记账凭证,并将成本计算单、生产成本明细账、库存商品即产成品明细账进行核对，验证是否一致。

（三）主营业务成本的审计

主营业务成本是指企业对外销售商品、产品或提供劳务等发生的实际成本。对主营业务成本的审查实际就是对存货减少业务的审查，属于生产与费用循环内容的最后一个环节。对主营业务成本的审计，主要应通过审阅主营业务收入明细账、库存商品明细账等记录并与有关的原始凭证和记账凭证来进行核对。

（1）获取或编制主营业务成本明细表，并与明细账、总账核对是否相符。

（2）编制生产成本及销售成本倒轧表（如表 9-1 所示），并与总账核对是否相符。

（3）分析比较本年度与上年度主营业务成本总额，以及本年度各月份的主营业务成本金额，如有重大波动和异常情况，应查明原因。

（4）结合生产成本的审计，抽查检验销售成本结转数额的正确性，并检查其是否与主营业务收入配比。

（5）检查主营业务成本账户中重大调整事项（如销售退回等）的理由是否充分。

（6）确定主营业务成本在利润表上披露的恰当性。

生产成本及主要业务成本倒轧表如表 9-1 所示。

表 9-1 生产成本及主营业务成本倒轧表

单位：

	未审数	调整或重分类分录	审定数
原材料期初余额			
加：本期购进原材料			
减：原材料期末余额			
本期销售原材料			
直接材料成本			
加：直接人工成本			
制造费用			
生产成本			
加：在产品期初余额			
减：在产品期末余额			
产品生产成本			
加：产成品期初余额			
减：产成品期末余额			
主营业务成本			

（四）存货的监盘

期末存货的结存数量直接影响到资产负债表上的金额，同时也影响到利润表中的销售成本的数额，因此对期末存货数量的确定是存货审计的重要内容。

存货监盘是指审计人员现场监督被审计单位存货的盘点,并进行适当抽查。定期盘点存货、合理确定存货的数量和状况是被审计单位管理层的责任。实施存货监盘,获取有关期末存货数量和状况的充分、适当的审计证据是审计人员的责任。

存货监盘的具体程序如下。

1. 监盘的规划

要使存货盘点工作有效地进行,必须在事前做好周密的计划。为了满足审计的要求,审计人员应该与被审计单位共同制定盘点计划。审计人员参与存货盘点计划的制定,主要应关注以下几个问题。

1)盘点时间的安排

盘点时间应尽量安排在接近年终结账日的厂休日。接近于年终结账日是为了使盘点结果尽可能地反映报表日存货的情况,在厂休日盘点是为了使盘点结果准确。

2)参与盘点的人员

盘点人员应包括被审计单位的有关领导人员和供应、存储、生产、会计各职能部门的有关人员。

3)盘点前的组织动员

在实施盘点程序前,应召开盘点组织动员会,将盘点计划的内容传达到每一位参与人员,使其了解自己在盘点工作过程中的分工和应负的责任。

4)盘点的准备

在盘点前将盘点过程中使用的标签、盘点清单或盘点表等文件或表格准备好;盘点使用的各种量具、器具也要调节好,使其符合规定的标准,并准备齐全、充分。若存货存放分散,则应绘制存货摆放示意图,规划盘点路线。

5)停止存货流动

为了保证存货数量的准确性,盘点时,如非特殊情况,各库房、车间的存货必须停止流动,并分类摆放。

6)盘点范围的确定

在盘点前,审计人员应当观察盘点现场,确定应纳入盘点范围的存货是否已经适当整理和排列;对未纳入盘点范围的存货,审计人员应当查明未纳入盘点的原因。

2. 盘点问卷调查

在盘点开始前,审计人员应对被审计单位盘点的组织与准备工作进行调查,以确定其已按盘点计划的要求将各项准备工作做好。审计人员的调查工作采用调查问卷的形式,主要对象是应当参与盘点的人员及存货的存放、保管部门。根据调查了解到的情况,审计人员认为被审计单位的盘点准备工作没有达到计划要求的,可拒绝实地观察存货盘点,并要求被审计单位重新准备,另定盘点时间。

3. 实地观察存货盘点与抽点

1)观察被审计单位盘点现场以及盘点人员的操作程序和盘点过程

观察内容包括盘点现场的存货是否有序摆放并停止流动;盘点人员的盘点程序是否符

合盘点计划的基本要求；计量器具是否准确；盘点标签和盘点记录是否按要求填写；所有应纳入盘点范围的存货是否均已盘点。

2）复盘抽点

在被审计单位盘点人员盘点过后，审计人员应根据观察的情况，在盘点标签尚未摘下之前，一般按不少于存货总量 10% 的比例选取样本进行复盘抽点，并将抽点结果与盘点表上的记录进行核对。如发现差异，应督促其及时更正，并扩大抽点的范围，若差错过大，应要求重新进行盘。抽点结果应入存货抽查表。

4. 索取或编制盘点汇总表

在盘点结束后，审计人员应会同盘点人员一起将全部盘点标签按顺序归总整理。据以编制盘点表。在归总整理时，审计人员应注意盘点标签的编号是否连续，有没有缺号、重号情况。所有的盘点标签、盘点表均应由参与盘点的人员以及监督观察的审计人员签名，一式两份，被审计单位与审计人员各一份。

5. 编制盘点工作底稿

在盘点工作结束后，审计人员应根据被审计单位的实际盘点情况，将实际盘点程序、盘点中的重大问题及处理情况、抽点情况、盘点结果等予以记录，并与盘点计划、盘点问卷调查表、盘点表等资料一起整理形成审计工作底稿。

（五）存货计价测试和截止测试

1. 存货计价测试

监盘程序只能对存货的结存数量予以确认，但为了验证会计报表上存货项目余额的真实性，还必须对存货的计价进行测试。

1）样本的选取

应从存货数量已经盘点、单价和总金额已经记入存货汇总表的结存存货中选择要测试的样本。选择时应侧重于结存数额大、价格变化频繁的存货种类，同时要考虑所选样本的代表性。

2）计价方法的确认

存货计价方法主要有实际成本法和计划成本法两类，实际成本法又分为先进先出法、加权平均法、移动平均法、个别计价法等。审计人员在了解被审计单位所选用的方法之后，应对其使用方法的适当性、合理性进行分析，并对一贯性原则的遵守情况进行审核。

3）计价测试

审计人员首先应对存货的入账价值进行审核，确定其内容的完整性，然后用被审计单位所采用的计价方法对所选择的存货样本进行计价审计。审计时根据被审计单位有关该样本一定时期内增加量、减少数和期初账面数等资料，利用企业实际采用的方法进行独立计算，将计算的结果与被审计单位的账面余额进行对比，编制对比分析表，分析差异形成的原因。若差异过大，应扩大测试的范围继续测试，并根据测试结果做出审计调整。

2. 实施存货的截止测试

1)存货截止的含义

存货截止测试就是要检查截止到当年12月31日止,所购入的存货或已销售的存货是否与其对应的会计科目一并记入同一会计期间,它包括购货截止测试和销售截止测试。以购货业务为例,如果被审计单位于当年12月31日收到一批购入的货物,并已包括在年终的实物盘点范围内,但购货发票于次年1月3日才收到,则当年12月份的账上并无进货和负债的记录,这样就会造成少计应付账款,并使本年利润虚增;相反,如果当年12月31日收到一张购货发票,并记入当年12月份账内,但货物却在次年1月3日才收到,未包括在年终的实物盘点范围内,这样就会造成资产低估,并使本年利润虚减。

2)存货截止测试的方法

抽查存货盘点日前后的购货发票与验收单是存货截止测试的基本方法。一般情况下,档案中的每张发票均附有验收单。12月底入账的发票如果附有12月31日或之前日期的验收单,则货物肯定已经入库,并包括在年底的实地盘点存货范围内。如果验收单日期为次年1月份的日期,则货物不会列入年底实地盘点存货范围内;反之,如果仅有验收单而无购货发票,则应认真审核每一验收单上是否加盖了暂估入库印章,并以暂估价记入当年存货账内,待次年年初以红字冲销。在确定截止测试样本时,一般以截止日为界限,分别向前倒推和向后顺推若干日,按顺序选取较大金额购货业务的发票或验收单作为测试样本。截止测试完成后,对于发现的截止错误,应提请被审计单位做必要的调整。同购货截止一样,如果销售截止处理不当,也会影响期末存货余额的完整性和正确性。有关销售截止测试已在第七章作了论述,这里不再赘述。

【例9-2】注册会计师在对某公司年终报表中的存货项目审计时,发现接近结账日时存在下列问题。

(1)年终存货实地盘点时将其他单位存放代销的物品误记其中。

(2)实际有1000个单位,年终实地盘点时误记为100个单位。

(3)某物品销售时未做销售记录,因其实物尚存在仓库,已将其列入期末存货。

(4)某物品销售时未做销售记录,仅结转了销售成本。

问题:逐一分析这些错误对本期财务报表所产生的影响。

【解答】(1)由于其他单位寄存代销的物品误计入期末存货中,影响到存货项目高估,本期利润虚增。

(2)由于盘点时存货少计,影响到存货项目低估,使本期利润虚减。

(3)由于销售时未及时做销售成本处理,并将所有权已转移的货物计入期末存货,最终影响应收账款项目低估、存货项目高估,销售收入、销售成本和本期利润虚减。

(4)由于仅仅结转了销售成本而未记录销售收入,最终影响应收账款低估,销售收入和本期利润虚减。

二、应付职工薪酬的审计

(一)应付职工薪酬的审计目标

(1)确定应付职工薪酬计提和支出的记录是否完整。

(2)确定应付职工薪酬的计提依据是否合理。

(3)确定应付职工薪酬期末余额是否正确。

(4)确定应付职工薪酬的披露是否恰当。

(二)应付职工薪酬的审计程序

(1)获得或编制应付职工薪酬明细表,复核加计正确,并与报表数、总账数和明细账合计数核对是否相符。

(2)通过分析性复核,检查年度职工薪酬有没有异常波动情况,并查明原因,做好记录。应付职工薪酬的实质性测试应结合企业生产计划的变动情况,分析本期职工薪酬总额的构成,并与以前期间相比较,审查不合理的变动情况。

(3)抽查应付职工薪酬的支付凭证,确定工资、奖金、津贴,福利等的计算是否符合有关规定,依据是否充分,有没有授权批准和领款人签章,是否按规定代扣款项,相应的会计处理是否正确。

(4)将应付职工薪酬贷方发生额累计数与相关的成本、费用账户核对一致。

(5)检查本期应付职工薪酬计提标准是否符合有关规定,计提金额是否正确。

(6)审阅应付职工薪酬明细账,并抽查本期支付职工薪酬的原始凭证,检查其是否符合规定用途,报销手续是否正确。

(7)审查应付职工薪酬是否已在会计报表上恰当披露。

三、其他相关账户审计

(一)物资采购的审计

(1)获取或编制物资采购明细表,进行复核验证,并与报表数、总账数、明细账的合计数核对相符。

(2)结合有关采购凭证、采购合同等,检查物资采购期末余额的正确性。对大额的物资采购,不仅要核对采购合同、购货发票等,还要结合期后的入库情况对采购成本的正确性进行复核验证。

(3)物资采购期末截止的测试。应查阅资产负债表日前后一段时间内的物资采购增减业务的账簿记录和验收入库报告等资料,并进行核对验证,查明有没有跨期现象,如果有,查明原因后进行必要的调整。

(4)如果被审计单位采用计划成本计价的,应结合原材料、库存商品、生产成本等的审核,检查材料成本差异发生额的计算与结转的会计处理是否正确,差异率、差异额的计算及会计处理是否正确。

(5)审阅物资采购明细账,审核有没有长期挂账的物资采购事项,如果有,应查明原因后进行必要的调整。

(6)审核物资采购的披露是否恰当。

(二)原材料的审计

(1)获取或编制原材料明细表,进行复核验证,并与报表数、总账数、明细账的合计数核对是否相符,且与保管部门的实物台账、卡片核对是否一致。

(2)将期末原材料的余额与上期进行比较分析,检查有没有异常波动,如果有请被审计单位有关人员解释其原因,并对大额异常项目进行调查。

(3)监督、观察被审计单位原材料的实地盘点,获取原材料的全部盘点资料,包括盘盈、盘亏报告表。重点审核盈亏情况,关注账实不符的原因,了解审批手续是否完备、会计处理是否及时、正确。对存放在外的原材料应现场查看或函证核实其存在性。

(4)审查原材料的入账价值是否正确、方法是否前后期一致。

(5)审查原材料发出的计价。核对原材料明细账、原材料领用单(或发出材料汇总表)、生产成本明细账、制造费用明细账、管理费用明细账、其他业务支出明细账、在建工程明细账、应交增值税明细账等,检查原材料领用业务内容的相关记录是否一致。

(6)检查原材料的期末计价。根据被审计单位选择使用的原材料计价方法、期末原材料的结存数量进行复核验证。

(7)结合原材料的盘点和下期初的有关会计处理,检查期末有没有料到单未到的情况,若有,应查明是否已暂估入账,其暂估价是否合理。

(8)查阅资产负债表日前后一段时期原材料增减业务的有关账簿记录和原始凭证,检查有无跨期现象,如果有,进行必要的调整。

(9)审阅原材料明细账,审核有无长期挂账的原材料事项,如果有,应查明原因后进行必要的调整。

(10)审核原材料的披露是否恰当。

(三)库存商品的审计

(1)获取或编制库存商品明细表,进行复核验证,并与报表数、总账数、明细账的合计数核对是否相符,且与保管部门的实物台账、卡片核对是否一致。

(2)监督、观察被审计单位库存商品的实地盘点,获取库存商品的全部盘点资料。重点审核盈亏情况,关注账实不符的原因,了解审批手续是否完备、会计处理是否及时、正确。

(3)审查库存商品的计价是否适当、方法是否前后期一致。

(4)核对库存商品明细账、库存商品验收入库单、生产成本明细账,检查库存商品入库业务内容的相关记录是否一致。

(5)核对库存商品明细账、库存商品出库单、主营业务成本明细账,检查库存商品出库业务内容的相关记录是否一致。

(6)审阅库存商品明细账,审核有没有长期挂账的库存商品事项,如果有,应查明原因后进行必要的调整。

（7）审核库存商品的披露是否恰当。

（四）存货跌价准备的审计

（1）获取或编制存货跌价准备明细表，复核加计是否正确，并与报表数、总账和明细账的余额核对是否相符。

（2）审查被审计单位是否于期末对存货进行检查分析，存货跌价准备计提的依据、方法是否合理，前后各期是否一致，提取或补提的计算及会计处理是否正确。

（3）抽查计提存货跌价准备的项目，查明其期后售价是否低于原始成本。

（4）检查存货跌价准备的期末余额是否符合税法规定，如果超过规定，应该进行纳税调整。

（5）确定存货跌价准备在资产负债表上的披露是否恰当。

（五）管理费用的审计

（1）获取或编制管理费用明细表，检查其明细项目的设置是否符合规定的核算内容与范围，复核加计是否正确，并与报表数、总账和明细账的余额核对是否相符。

（2）将本期管理费用与上期管理费用进行比较，并将本期各个月份的管理费用进行比较，如有重大波动和异常情况应查明原因。

（3）选择重要或异常的管理费用项目，检查其原始凭证是否合法，会计处理是否正确。必要时对管理费用实施截止测试，检查有没有跨期入账的现象，对于重大跨期项目，应该进行必要调整。

（4）确定管理费用是否按照规定全部转作当期损益，查明有没有计入产品成本或转入下期的情况。

（5）确定管理费用是否已在利润表上恰当披露。

【案例分析】

案例一　生产成本审计案例

注册会计师审查某厂 2021 年 12 月甲产品生产费用明细账和产品成本计算单时，发现甲产品成本计算单（如表 9-2 所示）。

表 9-2　产品成本计算单

2021 年 12 月　　　　产品名称：甲产品

成本项目	月初在产品成本	本月生产费用	生产费用合计	产成 品成本	月末在产品成本
直接材料	36 000	165 600	201 600	114 000	87 600
直接人工	9 000	22 500	31 500	21 000	10 500
制造费用	13 500	58 500	72 000	51 600	20 400
合计	58 500	246 600	305 100	186 600	118 500

根据账面材料：12 月份生产产品 120 件，月末在产品盘存 60 件，在产品投料程度 90%，加工程度 60%，本月完工产品已结转。

问题：（1）说明审计方法。

（2）指出存在的问题。

（3）给出处理意见。

【解答】（1）审计过程中主要采用以下方法：审阅基本生产成本明细账；抽查有关会计凭证；盘点在产品实物；分析投料率和完工率；验算在产品实际成本。

（2）根据约当产量法复算产成品和在产品成本。

在产品成本：

直接材料：$\frac{36\ 000+165\ 600}{120+60\times 90\%}\times 60\times 90\%$ =62 566（元）

直接人工：$\frac{9\ 000+22\ 500}{120+60\times 60\%}\times 60\times 60\%$ =7 269（元）

制造费用：$\frac{13\ 500+58\ 500}{120+60\times 60\%}\times 60\times 60\%$ =16 615（元）

在产品成本合计：62 566+7 269+1 6615=86 450（元）

完工产品成本：305 100−86 450=218 650（元）

少结转完工产品成本：118 500−86 450=32 050（元）

由此可见，该企业存在多计在产品成本，少计完工产品成本 32 050 元的问题。

重新编制成本计算单如表 9-3 所示。

表 9-3　产品成本计算单

2021 年 12 月　　　　产品名称：甲产品

成本项目	月初在产品成本	本月生产费用	生产费用合计	产成品成本	月末在产品成本
直接材料	36 000	165 600	201 600	139 034	62 566
直接人工	9 000	22 500	31 500	24 231	7 269
制造费用	13 500	58 500	72 000	55 385	16 615
合计	58 500	246 600	305 100	218 650	86 450

（3）少计的完工产品成本应予以补转，所以调账如下。

借：库存商品　　32 050

　贷：生产成本—基本生产成本—甲产品　　32 050

案例二："生产成本及销售成本倒轧表编制"案例

注册会计师王克对三源股份有限公司的主营业务成本进行审计，通过审查该公司的主营业务成本明细表，并与有关明细账、总账核对，发现账表之间数字完全相符。有关数字如下：

原材料期初余额:10 000 元

本期购进原材料:25 000 元

原材料期末余额:8 000 元

本期销售材料:3 000 元

直接人工成本:15 000 元

制造费用:12 000 元

在产品期初余额:23 000 元

在产品期末余额:25 000 元

产成品期初余额:40 000 元

产成品期末余额:38 000 元

该注册会计师通过对有关记账凭证和原始凭证的审计,发现以下问题。

(1)经对期末在产品的盘点发现,在产品的实际金额为 38 000 元。

(2)领而未用的原材料计 3 000 元,未进行假退料处理。

(3)为在建工程发生的人工工资计入生产成本 2 000 元。

问题:根据以上资料填制"生产成本及销售成本倒轧表",计算结果并得出审计结论。

【解答】生产成本及主营业务成本倒轧表如表 9-4 所示。

被审计单位:三源股份有限公司　　编制人:王克　　编制日期:2022-1-20

审计项目:生产成本及销售成本倒轧表　　复核人:郑浩　　复核日期:2022-2-20

会计期间:2021-12-31

表 9-4　生产成本及主营业务成本倒轧表

	未审数	调整或重分类分录	审定数
原材料期初余额	10 000		10 000
加:本期购进原材料	25 000		25 000
减:原材料期末余额	80 00	借 3 000	11 000
本期销售原材料	3 000		3 000
直接材料成本	24 000		21 000
加:直接人工成本	15 000	贷 2 000	13 000
制造费用	12 000		12 000
生产成本	51 000		46 000
加:在产品期初余额	23 000		23 000
减:在产品期末余额	25 000	借 13 000	38 000
产品生产成本	49 000		31 000
加:产成品期初余额	40 000		4 000
减:产成品期末余额	38 000		38 000
主营业务成本	51 000		33 000

审计结论:由于多计产品成本 18 000 元,导致多计主营业务成本 18 000 元,将影响主营业务利润少计 18 000 元。

【本章小结】

生产与费用循环是指企业从领用原材料开始生产到加工销售、产品为止的过程。生产与费用循环在企业的经营活动中并非独立,而是与购货与付款业务循环、销售与收款业务循环紧密相连,是企业实现其经营目标的关键循环,生产过程是企业整个再生产过程的中心环节。

生产与费用循环主要凭证和会计记录包括生产计划和生产通知单、用料需求报告、领料凭证、产量和工时记录、转移单、费用汇总与分配表、成本计算单、存货明细账。

生产与费用循环的主要业务活动包括 计划并组织生产、领用材料、生产加工产品、记录生产耗费、核算生产成本、储存产成品、发出产成品。

生产与费用循环的内部控制包括存货的实物流转程序控制、存货的价值流转程序控制(包括成本管理控制与成本会计控制)、工薪控制。

生产与费用循环内部控制测试,主要包括对直接材料成本测试、直接人工成本测试、制造费用测试、在当期完工产品与在产品之间的成本分配测试、存货的实物控制测试、工薪控制测试。

存货的审计总目标是验证列示在资产负债表中存货项目的余额在资产负债表日的真实性、准确性。存货审计的范围是资产负债表日被审计单位拥有所有权的存货以及与其有关的内部控制、实物管理、盘存制度与期末结存数量的确定方式、计价方法与成本计算、增减业务的记录、期末的正确截止、品质的认定与价值重估、跌价准备的核算等。

【关键术语】

生产与费用循环,存货成本,存货监盘,存货计价测试,存货截止测试,成本计算,费用分配,生产成本复算,直接材料,应付职工薪酬,制造费用。

【同步练习】

一、单项选择题

1. 注册会计师应当确认被审计单位负责永续盘存记录的部门是(　　)。

A. 会计部门　　B. 仓储部门　　C. 验收部门　　D. 采购部门

2. 对存货进行定期盘点是管理当局的责任,盘点计划应由(　　)负责制定。

A. 注册会计师　　B. 被审计单位管理层

C. 管理层和注册会计师　　D. 会计师事务所

3. 下列哪项不属于存货监盘计划应当包括的内容(　　)。

A. 存货监盘的目标、范围及时间安排　　B. 产品成本的计算

C. 参加存货监盘人员的分工　　D. 检查存货的范围

4. 下列有关注册会计师进行的存货计价测试中的表述不正确的有(　　)。

A. 抽样方法一般采用分层抽样法,抽样规模应足以推断总体的情况

B. 被审计单位的计价方法一经确定,在同一会计年度内不得随意变动

C. 选择样本时应着重选择结存余额较小且价格变动很小的项目

D. 选择样本时应着重选择结存余额较大且价格变化比较频繁的项目

5. 企业生产经营过程中,(　　)不属于生产与费用循环活动。

A. 存货采购　　B. 储备存货

C. 产品生产　　D. 存货入库

6. 不属于存货实质性测试程序的是(　　)。

A. 存货截止测试　　B. 成本会计制度测试

C. 存货分析性测试　　D. 存货计价测试

7. 生产与费用循环的主要业务活动中, 会计部门的主要职责是(　　)。

A. 产品加工　　B. 记录生产耗费

C. 核算成本　　D. 保管存货

8. 对存货实施监盘程序的主要目的是(　　)。

A. 审查存货的质量　　B. 查明是否漏计的重要存货

C. 存货保管情况　　D. 确定存货是否实际存在

9. 为验证期末存货成本和本期销货成本的准确性、完整性,应测试购销业务的(　　)。

A. 正确计价　　B. 成本计算

C. 交易截止　　D. 实地观察

10. 应付职工薪酬的审计目标不包括(　　)。

A. 确定记录的应付职工薪酬是否为被审计单位应当履行的现时义务

B. 确定所有应当记录的应付职工薪酬是否均已记录

C . 确定应付职工薪酬是否实际发放

D. 确定应付职工薪酬是否以恰当的金额包括在财务报表中,与之相关的计价调整是否已恰当记录

二、多项选择题

1. 按照不相容职务分离的基本要求,担任企业存货保管职务的人员不得兼任(　　)职务。

A. 存货的清查　　B. 存货的记账　　C. 存货的采购　　D. 存货处置的申请

2. 如果存货对财务报表是重要的,注册会计师应当对存货实施审计程序,这些程序是用做控制测试还是实质性程序,取决的因素有(　　)。

A. 注册会计师的风险评估结果　　B. 审计方案
C. 重要性水平　　D. 实施的特定程序

3. 生产与存货循环所涉及的凭证和记录主要包括(　　)。
A. 生产指令、领发料凭证、产量和工时记录
B. 工薪汇总表及工薪费用分配表
C. 材料费用分配表、制造费用分配表
D. 成本计算单、存货明细账

4. 生产与费用循环的主要业务活动中，生产单位的主要职责是(　　)。
A. 产品加工　　B. 计划生产
C. 记录生产耗费　　D. 保管存货

5. 存货计价测试的主要工作有(　　)。
A. 计价时间测试　　B. 账户测试
C. 计价方法的确认　　D. 存货入账价值测试

6 . 生产与费用循环中，成本会计制度的测试内容有(　　)。
A. 财务费用测试　　B. 直接材料成本测试
C. 直接人工成本测试　　D. 制造费用测试

7. 存货的审计目标有(　　)。
A. 确定存货是否存在
B. 确定存货的是否归被审计单位所有
C. 确定存货期末余额是否正确
D. 确定存货计价方法是否恰当

8. 注册会计师对被审计单位购货业务进行年底截止测试的方法有(　　)。
A. 实地观察与抽查存货
B. 查阅验收部门的业务记录
C. 抽查存货盘点日前后的购货发票与验收报告
D. 了解购货的保险情况和存货保管措施

9. 注册会计师在审计时，下列事项中，认为构成存货成本的有(　　)。
A. 购买材料运输途中发生的合理损耗
B. 购买材料的运杂费
C. 小规模纳税企业购进材料支付的增值税
D. 存货生产期间发生的符合资本化条件的借款费用

10. 甲注册会计师对某公司 2021 年度财务报表进行审计时，实施存货截止测试程序可能查明(　　)。
A. 少计 2021 年度的存货和应付账款　　B. 多计 2021 年度的存货和应付账款
C. 虚增 2021 年度的利润　　D. 虚减 2021 年度的利润

三、判断题

1. 存货监盘所得到的实物证据，不仅能证实被审计单位对存货拥有所有权，而且能证实存货价值的正确性。(　　)

2. 一般来说，存货盘点时间应尽量安排在接近年终结账日或厂休日。(　　)

3. 生产管理部门在组织计划生产时，只需配备好设备、人员和材料三个要素即可，无须对生产过程采取适当的作业控制措施。(　　)

4. 消耗原材料的部门在领料时无须在领料单上列示用料部门，只需要注明材料的数量、种类、规格等。(　　)

5. 对存货的盘点是被审计单位应尽的责任，对被审计单位资产负债表中列示的存货项目在资产负债表日存在的真实性与正确性的验证是审计人员的责任。(　　)

6. 存货监盘的程序主要采用实质性程序的方式来获取有关存货存在的证据，一般不依赖控制测试来获取该类证据。(　　)

7. 对所有权不属于被审计单位的存货，注册会计师应要求被审计单位纳入盘点范围。(　　)

8. 注册会计师对被审计单位的盘点程序不满意，注册会计师应当实施实质性的盘点程序。(　　)

9. 存货期末盘点是存货内部控制的基本要求，但注册会计师也应承担相应的责任。(　　)

10. 在检查存货盘点结果时，注册会计师可以从存货盘点记录中选取项目追查至存货实物，以测试盘点记录的准确性。(　　)

四、综合案例题

1. 注册会计师审查某厂 2020 年 12 月生产费用明细账和产品成本计算单时，发现下列问题。

(1)12 月 31 日曾以假投料办法多转原材料 19 000 元。

(2)本月多摊低值工具用具费 2 240 元。

(3)根据账面材料：12 月份生产产品 1 000 件，月末在产品盘存 240 件，在产品投料程度 100%，加工程度 50%，计算出产品成本计算单如下：经审查月末在产品盘存数应为 500 件，加工程度为 80%。

产品成本计算单如表 9-5 所示。

问题：(1)分析该企业存在的问题。

(2)做出调账分录。

表 9-5　产品成本计算单

2021 年 12 月 **单位:元**

成本项目	月初在产品成本	本月生产费用	生产费用合计	产成品成本	月末在产品成本
直接材料	29 400	94 600	124 000	100 000	24 000
直接人工	7 560	32 760	40 320	36 000	4 320
制造费用	17 640	76 440	94 080	84 000	10 080
合计	54 600	203 800	258 400	220 000	38 400

2. 某会计师事务所 2022 年 2 月 10 日接受甲公司的委托,对甲公司 2021 年的财务报表进行审计。在审计存货项目时,据甲公司所述,公司已于 2021 年末对公司的存货进行了盘点。因此,注册会计师索取了一份 2021 年 12 月 31 日甲公司的存货盘点表如表 9-6 所示。

经注册会计师审计发现:

(1)C 产品之所以盘亏,系甲公司在生产成本一定的情况下,多记存货数量所致。

(2)D 产品之所以出现没有存货却有账面价值的情况,系甲公司主营业务成本结转错误所致。

(3)E 产品之所以出现盘盈,系甲公司有部分销售退回未入账所致。

表 9-6　甲公司存货盘点表

盘点日期:2021 年 12 月 31 日　　**数量单位:件**　　**金额单位:人民币元**

存货名称	账存数量	账面金额	盘点数	盘盈数(+)	盘亏数(-)
A 产品	400	4 000	400	0	
B 产品	-10	-800	-10	0	
C 产品	100	5 000	0		100
D 产品	0	200	0	0	
E 产品	120	6 000	140	20	
合计		14 400			

问题:(1)对于在会计师事务所接受委托时,被审计单位期末存货已经盘点完成这种情况,注册会计师如何对存货的真实性进行审计?

(2)导致盘点表中“B 产品”账存数量和账面金额均为负数的主要原因是什么?

(3)结合“C 产品”,举例说明“生产成本一定的情况下,多计存货数量”会对企业财务报表产生什么影响?

(4)在什么情况下可能出现盘点表中“D 产品”? 这对企业的利润表会产生什么影响?

(5)企业销售退回未入账,会对企业财务报表产生什么影响?

(6)企业提供的上述盘点表是否可信? 为什么?

3. 甲公司结转发出产品成本采用先进先出法,注册会计师 A 从产成品明细账中发现:年初结存产品 1 000 件,单价 100 元;当年第一批完工产品入库 1 000 件,单价 110 元;第二批入库 2 500 件，单价 120 元；第三批入库 1 500 件，单价 105 元；第四批入库 2 500 件，单价 110 元；共销售 6 200 件结转成本 712 500 元，截至审计日结存 2 300 件，保留成本 230 000 元。

问题：注册会计师 A 分析产成品明细账有没有问题？如果有请指出所存在的问题。

五、思考题

1. 简述生产成本审计的主要目标和程序。
2. 如何准确理解存货的截止测试含义与方法？
3. 说明存货监盘的具体程序。

第十章　筹资与投资循环审计

引言

筹资是企业生产经营活动的基础。筹集到的资金只有通过投资才能发挥效用，两者互相联系，因此保证其准确、合理显然很重要。

本章主要介绍了筹资与投资循环相关的内部控制制度及其符合性测试、相关报表项目的实质性测试。

通过本章学习要求了解筹资与投资循环主要业务活动、凭证与记录；理解筹资与投资循环重要内部控制及控制测试的程序；掌握筹资与投资循环的测试重点和关键的审计方法；掌握投资审计、借款审计、所有者权益审计等。

本章重点：借款审计；所有者权益审计；金融资产审计。

本章难点：金融资产审计。

案例导入

琼民源由“最大黑马”到“最大骗局”

1.“琼民源”案件背景

海南民源现代农业发展股份有限公司（简称“琼民源”），1988 年 7 月在海口注册成立；1992 年 9 月，在全国证券交易自动报价（STAQ）系统中募集法人股 3 000 万股，实收股本 3000 万元；1993 年 4 月 30 日，以琼民源 A 股的名义在深圳上市，成为当时在深圳上市的五家异地企业之一。上市后的第二年，琼民源公司便开始走下坡路，经营业绩不佳，其股票无人问津。在 1995 年公布的年报中，琼民源每股收益不足 1 厘，年报公布日（1996 年 4 月 30 日）其股价仅为 3.65 元。1996 年下半年，民源海南公司（琼民源控股公司）与深圳有色金属财务公司（琼民源股东、财务顾问）联手炒作琼民源股票。琼民源控股公司民源海南公司与深圳有色金属财务公司联手，先大量买进琼民源股票，再以虚构的利润来抛出“利好消息”使股价大幅上升。然后伺机大量抛出，牟取暴利。在这次操纵股市的违法行为中，两家公司分别非法获利 6 651 万元和 6 630 万元。加上某些传媒对琼民源的业绩大加渲染，致使众多投资者在不明真相的情况下盲目跟进。经过一系列精心造假包装之后，1997 年 1 月 22 日，琼民源公司率先公布 1996 年年报。年报赫然显示：琼民源 1996 年实现利润 5.7 亿余元，本年度资本公积增加 6.57 亿元，1996 年每股收益 0.867 元，净利润比去年同比增长 1290.68 倍，分配方案为每 10 股转送 9.8 股。年报一公布，琼民源的股价便赫然飙升至 26.18 元。股市掀起了一阵不小的波动，有人为买入琼民源股票而欢呼，有人为错失良机而顿足，还有些人则报以疑惑，短短一年内有如此骄人的业绩，琼民源的利润从何而来？为了消除股民的疑惑，坚定投资者的信心，琼民源公司两次登报声明，进一步说明琼民源公司年报的正确性。而对琼民源年报进行审计的海南中华会计师事务所也公开站出来，在媒介上表示报表的真实性不容置疑。

2. 已查实的违纪问题

国务院证券委会同审计署、中国人民银行、中国证监会组成联合调查组，对琼民源公布的1996年公司业绩进行了调查。经查实，琼民源1996年年度报告和补充公告所称1996年"实现利润5.7亿余元""资本公积增加6.57亿元"的内容严重失实，虚构利润5.4亿元，虚增资本公积6.57亿元。其中5.4亿元虚构利润是琼民源在未取得土地使用权的情况下，通过与关联公司及他人签订的未经国家有关部门批准的合作建房、权益转让等无效合同编造的；而6.57亿元资本公积是琼民源在未取得土地使用权，未经国家有关部门批准立项和确认的情况下，对4个投资项目的资产评估意向编造的。琼民源的上述行为，严重违反《股票发行与交易管理暂行条例》《禁止证券欺诈行为暂行办法》以及国家土地管理制度和会计制度，欺骗股东和社会公众，其行为误导了广大投资者，严重损害琼民源股东和社会公众的合法权益，在社会上造成了极其恶劣的影响，已涉嫌构成向股东和社会公众提供虚假财务报告的犯罪行为。该公司提供虚假财务报告的主要责任人已涉嫌犯罪，1997年7月公安机关已将犯罪嫌疑人依法拘捕，并移交检察机关处理。

海南中华会计师事务所对琼民源1996年度财务报告出具了无保留意见的审计报告；海南大正会计师事务所为琼民源出具了资产评估报告。后经证监委、审计署等有关部门查实，琼民源在未取得土地使用权的情况下，通过与关联公司及他人签订的未经国家有关部门批准的合作建房、权益转让等无效合同虚构利润5.4亿元，在未取得土地使用权、未经国家有关部门批准立项和确认的情况下，对4个投资项目资产评估编造资本公积6.57亿元。

中国证监会在公布的琼民源案调查结果中共提出三项重大违规问题：虚报利润、虚增资本公积、操纵市场。

1）关于虚报利润

公诉人认定，琼民源在未取得土地使用权的情况下，通过与关联公司及他人签订的未经国家有关部门批准的合作建房、权益转让等无效合同，编造了5.66亿元的虚假收入，这些虚假收入均来自北京民源大厦。民源大厦是琼民源与北京制药厂、香港冠联置业公司、京工房地产公司、北京富群新技术开发公司等四方合作开发的房地产项目。其中，北京制药厂提供地皮，香港冠联置业公司作为出资合作的一方，另一合作方富群公司则是"琼民源"的第二大股东。民源大厦项目现已停工。就是这个未完成的项目，在1996年末给"琼民源"带来疑点重重的共三笔总计5.66亿元的收入。

2）关于虚增资本公积

琼民源1996年年报宣称，其资本公积增长6.57亿元，主要来自对部分土地的重新评估。公诉人认为，所谓"6.57亿元资本公积"，是琼民源在未取得土地使用权，未经国家有关部门批准立项和确认的情况下对4个投资项目的资产评估进行编造，违反了有关法规，构成了严重虚假陈述行为。

3)关于操纵市场

据中国证监会调查,琼民源的控股股东民源海南公司曾与深圳有色金属财务公司联手,在琼民源公布1996年中期报告“利好消息”之前,大量买进琼民源股票,1997年3月前大量抛售,获得暴利。

3. 1998年4月9日,中国证监委的决定

(1)鉴于琼民源原董事长兼总经理马玉和人制造虚假财务收据的行为涉嫌犯罪,移交司法机关,依法追究刑事责任。对琼民源公司处以警告,对琼民源其他董事待履行完法定程序后予以处罚,对民源海南公司和深圳有色金属财务公司分别处以警告、没收非法所得6 651万元和6 630万,并各罚款200万元,建议有关部门对深圳有色金属财务公司的主要负责人和直接负责人给予行政处分。

(2)建议有关主管部门撤销为琼民源进行审计的海南中华会计师事务所,吊销其主要负责人的注册会计师资格证书。对中华会计师事务所总所处以警告,暂停其从事证券业务资格6个月;对该事务所在琼民源财务报告上签字的注册会计师,暂停其从事证券业务资格三年。对海南大正会计师事务所罚款30万元,暂停其从事证券相关资产评估业务的资格6个月;对负有直接责任的注册会计师,暂停其从事证券业务资格3年。

第一节　筹资与投资循环概述

投资活动是指企业为享有被投资单位分配的利润,或为谋求其他利益,将资产让渡给其他单位而获得另一项资产的活动。筹资活动是指企业为满足生存和发展的需要,通过改变企业资本及债务规模和构成而筹集资金的活动。投资和筹资活动为企业完成其经营目标和战略措施奠定了基础。管理层为了取得收入并促进企业的成长,将获取和使用各种资本来源,并通过权益或借款来筹集这些资本。在很多企业中,投资于长期资产的金额通常具有重要性。如果企业不能从使用的资产中获得预期回报,或不能负担长期筹资的成本,或不能在长期借款到期时偿还,将产生持续经营风险。

一、投资与筹资循环的性质

筹资与投资循环由筹资活动和投资活动的交易事项构成。筹资活动主要由借款交易和股东权益交易组成。投资活动主要由权益性投资交易和债权性投资交易组成。筹资与投资循环具有如下特征。

(1)对一般工商企业而言,与销售与收款循环、采购与付款循环相比,每年筹资与投资循环涉及的交易数量较少,而每笔交易的金额通常较大。这就决定了对该循环涉及的财务报表项目,更可能采用实质性方案。

(2)筹资活动必须遵守国家法律、法规和相关契约的规定。例如,债务契约可能限定借款人向股东分配利润,或规定借款单位的流动比率和速动比率不能低于某一水平。注册会计师了解被审计单位的筹资活动,可能对评估财务报表舞弊的风险、从性质角度考虑审计重要性、评估持续经营假设的适用性等有重要影响。

(3)漏记或不恰当地对一笔业务进行会计处理,将会导致重大错误,从而对企业财务报表的公允反映产生较大的影响。对于从事投机性衍生金融工具交易的企业而言,尤其如此。公允价值的确定和交易记录的完整性等可能存在重大错报风险。

二、筹资与投资循环的主要业务活动

(一)筹资所涉及的主要业务活动

筹资活动包括负债筹资活动和股东权益筹资活动。筹资活动的主要环节如图 10-1 所示。

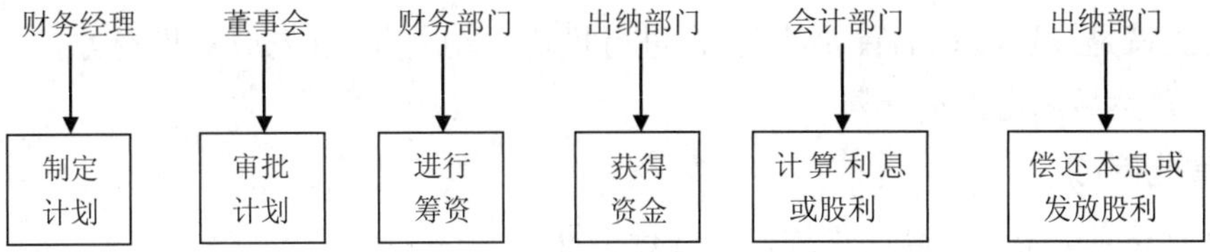

图 10-1　筹资活动的主要环节

筹资所涉及的主要业务活动如下。

1. 制定融资计划

在进行融资之前,企业应制定合理的融资计划,以保证融资活动有序地按计划地进行。

2. 审批授权

企业通过借款筹集资金需要经过管理当局的审批,其中债券的发行由股东大会批准;企业发行股票必须依据国家有关法规和企业章程的规定,报经企业最高权力机构(如股东大会)及国家有关管理部门批准。

3. 签订合同或协议

向银行或其他金融机构融资必须签订借款合同;发行债券必须签订债券契约和债券承销或包销合同。

4. 取得资金

企业实际取得银行或其他金融机构划入的款项或债券、股票的融入资金。

5. 计算利息或股利

企业应按有关合同或协议的规定及时计算利息或股利。

6. 偿还本息和发放股利

银行借款和发行债券应按有关合同或协议的规定偿还本息,融入股本应根据股东大会的决定发放股利。

(二)投资所涉及的主要业务活动

投资活动主要包括权益性投资活动和债券性投资活动。投资活动的主要环节如图 10-2 所示。

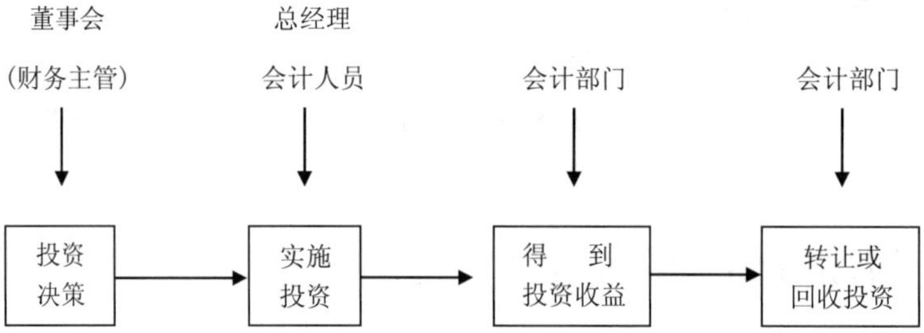

图 10-2 投资活动的主要环节

投资所涉及的主要业务活动如下。

1. 投资决策

投资决策是投资活动的首要活动，在进行投资活动之前，首先应对投资方式、投资时间等进行决策，然后制定投资计划。

2. 审批授权

投资业务应由企业的高层管理机构进行审批。

3. 取得证券或其他投资

企业可以通过购买股票和债券进行投资，也可以通过与其他单位联合进行投资。

4. 取得投资收益

企业可以取得股权投资的股利收入、债券投资的利息收入和其他投资收益。

5. 转让证券或收回其他投资

对于股票投资可以通过转让实现投资收回；对于债券投资既可以通过转让债券实现投资的收回，也可以到期收回投资；而其他投资一经投出，除联营合同期满或由于其他特殊原因导致联营企业解散外，一般不得抽回投资。

三、筹资与投资循环的凭证和会计记录

（一）投资活动的凭证和会计记录

1. 债券投资凭证

载明债券持有人与发行企业双方所拥有的权利与义务的法律性文件，其内容一般包括：债券发行的标准、债券的明确表述、利息或利息率、受托管理人证书、登记和背书。

2. 股票投资凭证

买入凭证记载股票投资购买业务，包括购买股票数量、被投资公司、股票买价、交易成本、购买日期、结算日应付金额合计。卖出凭证记载股票投资卖出业务，包括卖出股票数量、被投资公司、股票买价、交易成本、卖出日期、结算日期、结算日金额合计。

3. 股票证书

载明股东所有权的证据，记录所有者持有被投资公司所有股票数量。如果被投资公司发行了多种类型的股票，也反映股票的类型，如普通股、优先股。

4. 股利收取凭证

向所有股东分发股利的文件，标明股东、股利数额、每股股利、被审计单位在交易最终日期持有的总股利金额。

5. 长期股权投资协议

该协议主要用于载明投资双方的权利和义务。

6. 有关的记账凭证和会计账簿

有关的记账凭证和会计账簿包括交易性金融资产、可供出售金融资产、持有至到期投资、长期股权投资、应收利息、交易性金融负债等科目相关的记账凭证、明细账和总账。

（二）筹资活动的凭证和会计记录

1. 公司债券

公司依据法定程序发行、约定一定期限还本付息的有价证券。

2. 股本凭证

公司签发的证明股东所持有股份的凭证。

3. 债券契约

载明债券持有人与发行企业双方所拥有的权利与义务的法律性文件，其内容一般包括债券发行的标准；债券的明确表述；利息或利息率；受托管理人证书；登记和背书；如系抵押债券，其所担保的财产；债券发生拖欠情况如何处理，以及对偿债基金、利息支付、本金返还等的处理。

4. 股东名册

发行记名股票的公司应记载的内容一般包括股东的姓名或者名称及住所、各股东所持股份数、各股东所持股票的编号、各股东取得其股份的日期。发行无记名股票的公司应当记载其股票数量、编号及发行日期。

5. 公司债券存根簿

发行记名公司债券应记载的内容一般包括债券持有人的姓名或者名称及住所，债券持有人取得债券的日期及债券的编号，债券总额、债券的票面金额、债券的利率、债券还本付息的期限和方式，债券的发行日期。发行无记名债券的公司应当在债券存根簿上记载债券总额、利率、偿还期限和方式、发行日期和债券编号。

6. 承销或包销协议

公司向社会公开发行股票或债券时，应当由依法设立的证券经营机构承销或包销，公司应与其签订承销或包销协议。

7. 借款合同或协议

公司向银行或其他金融机构借入款项时与其签订的合同或协议。

8. 有关的记账凭证

有关的记账凭证指取得资金的收款凭证、投入资本的转账凭证等。

9. 有关会计科目的会计账簿

有关会计科目的会计账簿包括明细账和总账。筹资活动涉及的会计科目主要有：银行存款、短期借款、长期借款、应付债券、长期应付款、股本等等。

第二节 筹资与投资循环的控制测试

一、筹资活动的控制测试

（一）筹资活动的内控制度

筹资活动主要由借款交易和股东权益交易组成。股东权益增减变动的业务较少而金额较大，注册会计师在审计中一般直接进行实质性程序。企业的借款交易涉及短期借款、长期借款和应付债券。这些内部控制基本类似，主要涉及筹资的授权审批控制、职责分离控制、会计控制、实物保管的控制以及筹资业务在资产负债表上能够得到恰当披露。因此，这里我们以应付债券为例说明筹资活动的内部控制和控制测试。

一般来讲，应付债券内部控制的主要内容包括以下几个方面。

（1）应付债券的发行要有正式的授权程序，每次均要由董事会授权。

（2）申请发行债券时，应履行审批手续，向有关机关递交相关文件。

（3）应付债券的发行，要有受托管理人来行使保护发行人和持有人合法权益的权利。

（4）每种债券发行都必须签订债券契约。

（5）债券的承销或包销必须签订有关协议。

（6）记录应付债券业务的会计人员不得参与债券发行。

（7）如果企业保存债券持有人明细分类账，应同总分类账核对相符，若这些记录由外部机构保存，则须定期同外部机构核对。

（8）未发行的债券必须有专人负责。

（9）债券的回购要有正式的授权程序。

（二）筹资活动控制测试

注册会计师对股东权益、长期借款、应付债券的重大错报风险通常评估为低水平，除非筹资活动形成一种重要的交易类型，注册会计师拟依赖内部控制，则应实施控制测试。如果企业应付债券业务不多，注册会计师可以根据成本效益原则直接进行实质性程序。

控制测试方法通常包括如下内容。

（1）取得债券发行的法律性文件，检查债券发行是否经董事会授权，是否履行了适当的审批手续，是否符合法律的规定。

（2）检查企业发行债券的收入是否立即存入银行。

（3）取得债券契约，检查企业是否根据契约的规定支付利息。

（4）检查债券入账的会计处理是否正确。

(5)检查债券溢(折)价的会计处理是否正确。

(6)取得债券偿还和回购时的董事会决议,检查债券的偿还和回购是否按董事会的授权进行。

(7)评价内部控制。注册会计师在评价内部控制时,应重点考虑内部控制是否存在、是否完善、能否达到控制目的、是否得到一贯遵守,存在哪些缺陷及这些缺陷带来的影响,以便进行下一步的实质性程序。

二、投资活动控制测试

(一)投资活动的内部控制

一般来讲,投资内部控制的主要内容包括下列几个方面。

1. 合理的职责分工

这是指合法的投资业务,应在业务的授权、业务的执行、业务的会计记录以及投资资产的保管等方面都有明确的分工,不得由一个人同时负责上述任何两项工作。比如,投资业务在企业高层管理机构核准后,可由高层负责人员授权签批,由财务经理办理具体的股票或债券的买卖业务,由会计部门负责进行会计记录和财务处理,并由专人保管股票或债券。这种合理的分工所形成的相互牵制机制有利于避免或减少投资业务中发生错误或舞弊的可能性。

2. 健全的资产保管制度

企业对投资资产(指股票和债券资产)一般有两种保管方式。一种是由独立的专门机构保管,如在企业拥有较大的投资资产的情况下,委托银行、证券公司、信托投资公司等机构进行保管。这些机构拥有专门的保存和防护措施,可以防止各种证券及单据的失窃或毁损,并且由于它与投资业务的会计记录工作完全分离,可以大大降低舞弊的可能性。另一种方式是由企业自行保管,在这种方式下,必须建立严格的联合控制制度,即至少要由两名以上人员共同控制,一个人不得单独接触证券。对于任何证券的存入或取出,都要将债券名称、数量、价值及存取的日期、数量等详细记录于证券登记簿内,并由所有在场的经手人员签名。

3. 详尽的会计核算制度

企业的投资资产无论是自行保管还是由他人保管,都要进行完整的会计记录,并对其增减变动及投资收益进行相关会计核算。具体而言,应对每一种股票或债券分别设立明细分类账,并详细记录其名称、面值、证书编号、数量、取得日期、经纪人(证券商)名称、购入成本、收取的股息或利息等;对于联营投资类的其他投资,也应设置明细分类账,核算其他投资的投出及其投资收益和投资收回等业务,并对投资的形式(如流动资产、固定资产、无形资产等)、投向(即接受投资单位)、投资的计价以及投资收益等做好详细的记录。

4. 严格的记名登记制度

除无记名证券外,企业在购入股票或证券时应在购入的当日尽快登记于企业名下,切忌登记于经办人员名下,防止冒名转移并借其他名义牟取私利的舞弊行为发生。

5. 完善的定期盘点制度

对于企业所拥有的投资资产，应由内部审计人员或不参与投资业务的其他人员进行定期盘点，检查是否确实存在，并将盘点记录与账簿记录相互核对以确认账实的一致性。

（二）投资活动的控制测试

投资活动的控制测试一般包括如下内容。

（1）了解投资内部控制制度。

（2）检查控制执行留下的轨迹。注册会计师应抽查投资业务的会计记录和原始凭证，确定各项控制程序运行情况。

（3）审阅内部盘核报告。注册会计师应审阅内部审计人员或其他授权人员对投资资产进行定期盘核的报告。应审阅其盘点方法是否恰当、盘点结果与会计记录相核对情况以及出现差异的处理是否合规。如果各期盘核报告的结果未发现账实之间存在差异（或差异不大），说明投资资产的内部控制得到了有效执行。

（4）分析企业投资业务管理报告。对于企业的长期投资，注册会计师应对照有关方面的文件和凭证，分析企业投资业务管理报告。

（5）评价投资内部控制制度。审计人员完成上述测试后，取得了被审计单位投资业务内部控制是否健全、有效的证据，找出投资业务内部控制的强弱点，对内部控制进行评价，确认对投资业务内部控制的依赖程度，进而确定进行实质性程序的重点。

【例 10-1】甲公司关于长期借款和长期股权投资的部分内部控制设计与运行摘录如下。

（1）每月末，信贷管理员与信贷记账员核对借款备查账与借款明细账，编制核对表报会计主管复核。如有任何差异，应立即调查。若出现需要进行调整的情况，会计主管将编写调整建议，连同有关支持文件一并提交财务经理复核，审批后进行账务处理。

（2）出纳员根据经复核无误的付款凭证登记银行存款日记账和银行存款总账。

（3）根据经批准的可行性研究报告，投资管理经理编写投资计划书并草拟投资合同，与被投资单位进行讨论。投资合同的重要条款应经律师、财务经理和总经理审核，由董事会授权总经理签署。

（4）投资管理员根据经批准的年度投资预算，就拟投资项目进行可行性研究，组织专家论证，编写可行性研究报告。经投资管理经理、财务经理复核后，交董事会批准后执行。其中：金额在人民币 20 万元以下的投资项目由总经理审批；金额超过人民币 20 万元的投资项目由董事长审批。

（5）年度终了后，投资管理员取得联营公司经审计的财务报表等资料。投资记账员复核被投资公司的财务信息，按成本法计算投资收益，经会计主管复核后进行账务处理。

问题：假定被审计单位的其他内部控制不存在缺陷，请指出甲公司上述内部控制在设计与运行方面是否存在缺陷；如果存在，请简要说明理由。

【解答】（1）不存在缺陷。

（2）存在缺陷，出纳员不能同时登记银行存款日记账和银行存款总账。

(3)不存在缺陷。

(4)存在缺陷,超过20万元的由董事长个人审批是不够的,应当由董事会集体决策。

(5)存在缺陷,对于联营企业的长期股权投资应采用权益法核算投资收益。

第三节　筹资与投资循环的实质性测试

一、借款的审计

(一)短期借款的审计

1. 短期借款的审计目标

短期借款的审计目标一般包括以下几个方面。

(1)确定资产负债表中记录的短期借款是否存在。

(2)确定所有应当记录的短期借款是否均已记录。

(3)确定记录的短期借款是否为被审计单位应当履行的现时义务。

(4)确定短期借款是否以恰当的金额包括在财务报表中,与之相关的计价调整是否已恰当记录。

(5)确定短期借款是否已按照企业会计准则的规定在财务报表中做出恰当的列报。

2. 短期借款的实质性测试

短期借款的实质性程序通常包括以下几个方面。

1)获取或编制短期借款明细表

注册会计师应首先获取或编制短期借款明细表,复核其加计数是否正确,并与明细账和总账核对相符。

2)函证短期借款的实有数

注册会计师应在期末短期借款余额较大或认为必要时向银行或其他债权人函证短期借款。

3)检查短期借款的增加

对年度内增加的短期借款,注册会计师应检查借款合同和授权批准,了解借款数额、借款条件、借款日期、还款期限、借款利率,并与相关会计记录核对。

4)检查短期借款的减少

对年度内减少的短期借款,注册会计师应检查相关记录和原始凭证,核实还款数额。

5)检查有没有到期未偿还的短期借款

注册会计师应检查相关记录和原始凭证,检查被审计单位有无到期未偿还的短期借款,如果有,则应查明是否已向银行提出申请并经同意后办理延期手续。

6)复核短期借款利息

注册会计师应根据短期借款的利率和期限,复核被审计单位短期借款的利息计算是否正确,有没有多算或少算利息的情况,如果有未计利息和多计利息,应做好记录,必要时进行调整。

7)检查外币借款的折算

如果被审计单位有外币短期借款,注册会计师应检查外币短期借款的增减变动是否按业务发生时的市场汇率或期初市场汇率折合为记账本位币金额;期末是否按市场汇率将外币短期借款余额折合为记账本位币金额;折算差额是否按规定进行会计处理;折算方法是否前后期一致。

8)检查短期借款在资产负债表上的列报是否恰当

企业的短期借款在资产负债表上通常设"短期借款"项目单独列示,对于因抵押而取得的短期借款,应在资产负债表附注中揭示。注册会计师应注意被审计单位对短期借款项目的披露是否充分。

(二)长期借款的审计

1. 长期借款的审计目标

长期借款的审计目标一般包括以下几个方面。

(1)确定资产负债表中记录的长期借款是否存在。

(2)确定所有应当记录的长期借款是否均已记录。

(3)确定记录的长期借款是否为被审计单位应当履行的现时义务。

(4)确定长期借款是否以恰当的金额包括在财务报表中,与之相关的计价调整是否已恰当记录。

(5)确定长期借款是否已按照企业会计准则的规定在财务报表中做出恰当列报。

2. 长期借款的实质性测试

长期借款同短期借款一样都是企业向银行或其他金融机构借入的款项,因此,长期借款的实质性程序同短期借款的实质性程序较为相似。长期借款的实质性程序通常包括以下几个方面。

1)获取或编制长期借款明细表

注册会计师应首先获取或编制长期借款明细表,复核其加计数是否正确,并与明细账和总账核对是否相符。

2)评估被审计单位的信誉和融资能力

了解金融机构对被审计单位的授信情况以及被审计单位的信用等级评估情况,了解被审计单位获得短期借款和长期借款的抵押和担保情况,评估被审计单位的信誉和融资能力。

3)长期借款的核对

对年度内增加的长期借款,应检查借款合同和授权批准,了解借款数额、借款条件、借款日期、还款期限、借款利率,并与相关会计记录核对。

4)检查长期借款的使用

检查长期借款的使用是否符合借款合同的规定,重点检查长期借款使用的合理性。

5)函证长期借款

向银行或其他债权人函证重大的长期借款。

6)检查长期借款的偿还

对年度内减少的长期借款,注册会计师应检查相关记录和原始凭证。核实还款数额;检查年末有没有到期未偿还的借款,逾期借款是否办理了延期手续:分析计算逾期借款的金额、比率和期限,判断被审计单位的资信程度和偿债能力。

7)检查长期借款的账务处理

计算短期借款、长期借款在各个月份的平均余额,选取适用的利率匡算利息支出总额,并与财务费用的相关记录核对,判断被审计单位是否高估或低估利息支出,必要时进行适当调整;借款费用,指企业因借款而发生的利息及其他相关成本,包括折价或溢价的摊销、辅助费用以及因外币借款而发生的汇兑差额。按照《企业会计准则第17号——借款费用》的规定,企业发生的借款费用,可直接归属于符合资本化条件的资产的购建或生产的,应当予以资本化,计入相关资产成本;其他借款费用,应当在发生时根据其发生额确认费用,计入当期损益;检查非记账本位币折合记账本位币时采用的折算汇率,折算差额是否按规定进行会计处理;

8)检查企业抵押长期借款的抵押资产的权属

检查企业抵押长期借款的抵押资产的所有权是否属于企业,其价值和实际状况是否与抵押契约中的规定相一致。

9)检查长期借款是否已在资产负债表上充分披露

长期借款在资产负债表上列示于长期负债类下,该项目应根据“长期借款”科目的期末余额扣减将于一年内到期的长期借款后的数额填列,该项扣除数应当填列在流动负债类下的“一年内到期的长期负债”项目单独反映。注册会计师应根据审计结果,确定被审计单位长期借款在资产负债表上的列示是否充分,并注意长期借款的抵押和担保是否已在财务报表附注中作了充分的说明。

(三)应付债券审计

1. 应付债券的审计目标

长期借款的审计目标一般包括以下几个方面。

(1)确定资产负债表中记录的应付债券是否存在。

(2)确定所有应当记录的应付债券是否均已记录。

(3)确定记录的应付债券是否为被审计单位应当履行的现时义务。

(4)确定应付债券是否以恰当的金额包括在财务报表中,与之相关的计价调整是否已恰当记录。

(5)确定应付债券是否已按照企业会计准则的规定在财务报表中做出恰当列报。

2. 应付债券的实质性程序

应付债券是指企业为了扩大生产经营规模的需要,举借长期债务而发行的一种书面债务凭证。发行公司债券是一种筹措长期资金的重要手段,应付债券的实质性测试程序一般包括以下内容。

1)取得或编制应付债券明细表

审计人员应首先取得或编制应付债券明细表,并同有关明细账和总账的余额核对相符。

2)审查债券交易的有关原始凭证

(1)审查被审计单位发行债券的授权批准文件和债券契约的副本,确定其发行程序是否合法,是否履行债券契约的限定条件,各项内容是否同相关的会计记录相一致。

(2)审查发行债券所收入现金的收据、汇款通知单、送款登记簿及相关的银行对账单。

(3)如果被审计单位发行债券时已作抵押或担保,还应审查相关契约的履行情况。

3)审查应计利息、债券折(溢)价摊销及其会计处理是否正确

债券的利息费用必须认真验算,并与有关账户记录相核对。此项工作一般可通过审查应计利息、债券溢价、债券折价等明细账户分析表来进行。该表可让企业代为编制,审计人员加以审查,也可由审计人员自己编制。审计人员应审查摊销方法是否适当,摊销金额是否正确。

4)函证应付债券

为了确定应付债券期末余额的真实性,审计人员如果认为必要,可以直接向债权人或独立的代理机构,如债券的承销人或包销人进行函证。函证内容应包括应付债券的名称、发行日、到期日、利率、已付利息期间、年内偿还的债券、资产负债表日尚未偿还的债券及审计人员认为应包括的其他重要事项。

5)审查到期债券的偿还

对到期债券的偿还,审计人员应审查用以偿还债券的支票存根,确定已偿还债券数额同应付债券借方发生额是否相符。对可转换公司债券持有人行使转换权利,将其持有的债券转换为股票,则应检查其转股的会计处理是否正确。

6)检查应付债券是否已在资产负债表上充分披露

应付债券在资产负债表中列示于长期负债类下,该项目应根据应付债券账户的期末余额扣除将于一年内到期的应付债券后的数额填列,该扣除数应当填列在流动负债类下的"一年内到期的长期负债"项目单独反映。审计人员应根据审计结果,确定被审计单位应付债券在资产负债表上的反映是否充分,应注意有关应付债券的类别是否已在资产负债表附注中做了充分的说明。

二、所有者权益审计

(一)审计目标

所有者权益的审计目标主要包括以下几个方面。

(1)确定被审计单位有关所有者权益内部控制是否健全、有效且一贯遵守,包括对投资的有关协议、合同和企业章程条款、利润分配的决议和方案、会计处理程序等方面的审查,并针对内部控制的薄弱环节提出改进建议。

(2)确定投入资本和资本公积的形成、增减变动的真实性、合法性及其会计记录的完整性。

（3）确定盈余公积和未分配利润的形成、增减变动的真实性、合法性及其会计记录的正确性。

（4）确定所有者权益在会计报表上的披露是否恰当。

（二）投入资本的实质性测试

股本是股份有限公司按照公司章程、合同和投资协议的规定向股东募集的资本，代表股东对公司净资产的所有权。股份有限公司的股本，是在核定的资本总额及核定的股份总额的范围内，通过向股东发行股票的方式筹集的。股本一般不发生变化，除非股份有限公司增资扩股或减资。

股份有限公司的投入资本在“股本”科目中核算，其他组织形式的企业，其投入资本集中在“实收资本”科目中核算，实收资本的实质性测试与股本的实质性测试程序基本相同。

对于股本的实质性测试，审计人员应通过“股本”账户进行，其程序一般包括以下内容。

1. 审阅公司章程、实施细则和股东大会、董事会会议记录

审计人员应向被审计单位索取公司章程、实施细则和股东大会、董事会会议记录，检查股票发行、股票赎回、股票分割、股利宣告与发放等是否按有关法规的规定及股东大会和董事会的决议办理。

2. 检查出资方式和出资比例

审计人员审计时，应检查股东是否按照公司章程、合同、协议规定的出资方式出资，各种出资方式的比例是否符合规定。

3. 索取或编制股本明细表

获取或编制股本明细表，复核加计是否正确，并与报表数、总账和明细账的余额核对是否相符。

4. 审查股票发行、收回

审查与股票发行、收回有关的原始凭证和会计记录，是验证股票发行、收回是否确实存在的重要步骤。一般应审查已发行股票的登记簿、向外界收回的股票、募股清单、银行对账单、银行存款日记账与总账、股本明细账与总账等。

5. 函证发行在外的股票

审计人员在审计时，可采用向证券交易所或金融机构函证和查询的方法来验证发行股份的数量，并与股本账面数进行核对，确定是否相符。

6. 审查股票发行费用的会计处理

审计人员应审查相关会计记录和原始凭证，确定被审查单位对股票发行费用的会计处理是否正确。

7. 确定股本的披露是否恰当

审计人员应核对被审计单位资产负债表中股本项目的数字是否与审定数相符，并检查是否在会计报表附注中披露与股本有关的重要事项，如股本的种类、各类股本金额及股票发行的数额、每股股票的面值、本会计期间发行的股票等。

（三）资本公积的实质性测试

资本公积是指企业由于投入资本业务等非经营因素形成的应由全体所有者共同所有的资本的增值。主要包括资本（或股本）溢价、直接计入所有者权益的利得与损失、权益结算的股份支付等。资本公积实质性测试程序主要包括以下内容。

1. 编制或取得资本公积明细表

获取或编制资本公积明细表，复核加计是否正确，并与报表数、总账和明细账的余额核对相符。

2. 审查资本公积增加的合规性

根据资本公积明细账，对股本溢价、其他资本公积各明细账的发生额逐项审查，检查资本公积形成的合理性。主要检查资本公积形成的内容及依据，并查阅相关的会计记录和原始凭证。

3. 审查资本公积使用的合规性

审计人员应当审查资本公积明细账的借方发生额及有关凭证、账户的对应关系，查明资本公积转增资本（或股本）是否经董事会并报经工商管理机关批准，并依法办理增资手续，获得批准后资本公积的账务处理是否及时准确。

4. 确定资本公积披露的恰当性

审计人员应当核对被审计单位资产负债表中资本公积项目的数额是否与审定数额相符，并检查是否在会计报表附注中予以充分说明。

（四）盈余公积的实质性测试

盈余公积是企业按照国家有关规定，从税后利润中提取的积累资金。盈余公积属于指定用途的资金，主要用于弥补亏损和转增资本，也可以按规定用于分配股利。盈余公积实质性测试程序主要包括以下内容。

1. 取得或自行编制盈余公积明细表

获取或编制盈余公积明细表，复核加计是否正确，并与报表数、总账和明细账的余额核对相符。

2. 审查盈余公积的提取

主要审查盈余公积的提取是否符合有关规定并经过批准，提取的手续是否完备，提取的依据（即税后利润）是否真实，提取的比例是否合规，提取的金额是否正确，盈余公积提取的账务处理是否及时、正确。此外，还应审查企业盈余公积的提取顺序是否符合国家的有关规定。

3. 审查盈余公积的使用

主要审查盈余公积金的使用应符合国家及企业章程、股东会议决议的规定，是否存在挪作他用的情况。

4. 确定盈余公积披露的充分性、恰当性

盈余公积应在“盈余公积”账户反映，并根据其期末余额在资产负债表中列示，同时还应在会计报表附注中说明各项盈余公积的期末余额以及期初至期末间的重要变化。审计人员通过对此进行审查，确认盈余公积在会计报表中是否予以充分揭示。

（五）未分配利润的实质性测试

未分配利润是未分配给投资者、也未指定用途的利润。它是企业历年积存的利润分配后的余额。企业的未分配利润通过“利润分配—未分配利润”明细科目进行核算。未分配利润实质性测试程序主要包括以下内容。

1. 审查未分配利润的真实性

审查未分配利润的核算是否正确，是否符合会计制度的规定，有无任意调账而使未分配利润不实的现象。

2. 审查未分配利润的合法性

未分配利润的合法性主要决定于利润分配的合法性。审计人员主要应查实未分配利润的来源，包括当年结存和历年结转的未分配利润，要逐一核实。此外，由于未分配利润涉及以前年度，因此还应对上年度利润调整和上年度所得税的调整情况进行审查。

3. 确定未分配利润披露的充分性、恰当性

审查“未分配利润”项目在资产负债表、利润表及有关附表中披露的恰当性，以及口径是否一致。

【例 10-2】某股份公司 2011 年实现利润 30 万元（无纳税调整项目），所得税税率 25%，向股东分配利润前该企业所有者权益结构为：普通股 10 万股，每股面值 5 元，计 50 万元，若当时的股价为每股 5 元；资本公积—股本溢价 10 万元；盈余公积 14 万元；未分配利润 20 万元。经董事会决定，以每 5 股普通股增发一股普通股股票为股利，已按规定办理转增手续。分配后的股权结构为：普通股 12 万股，每股面值 5 元，计 60 万元；资本公积—股本溢价 10 万元；盈余公积 17.375 万元；未分配利润 29.125 万元（假设不考虑股市的波动因素，盈余公积提取比例为 15%）。

问题：分析该企业股利分配中可能存在的问题。

【解答】股票股利是一种特殊的股利形式，股票股利支付后，对公司经营成果的影响是：每股收益会按股利支付的比例相应下降，股票价格也会按股利支付的比例相应下降，但股东持有股票的市场价值总额却不变。股票股利的支付是将留存收益的未分配利润和盈余公积转化为资本金，会引起资金在所有者权益个项目之间的再分配（在不考虑股市波动因素的情况下）。

盈余公积提取：30（1−25%）× 15%=3.375（万元）

股票股利应送股数：10 ÷ 5=2（万股）

股本增加额：2 × 5=10（万元）

送股后股票价格：5 ÷（1+20%）=4.166 7（元）

资本公积增加额：10（4.166 7−5）=−8.333（万元）

股利支付额：10−8.333=1.667（万元）

股利支付后的股权结构如下。

股本:50+10=60(万元)

盈余公积:14+3.375=17.375(万元)

资本公积:10-8.333=1.667(万元)

未分配利润:20+30(1-25%)-3.375-1.667=37.458(万元)

由此可见,因企业未考虑股票价格的变化,导致股权结构计算的错误。

三、投资业务主要账户的审计

与投资相关的项目包括:交易性金融资产、可供出售金融资产、持有至到期投资、长期股权投资、投资性房地产、应收利息、投资收益、应收股利等。

(一)投资业务的审计目标

投资业务的审计目标如下。

(1)确定资产负债表中记录的投资性资产是否存在。

(2)确定所有应当记录的投资性资产是否均已记录。

(3)确定记录的投资性资产是否由被审计单位拥有或控制。

(4)确定投资性资产是否以恰当的金额包括在财务报表中,与之相关的计价调整是否已恰当记录。

(5)确定投资性资产是否已按照企业会计准则的规定在财务报表中做出恰当列报。

(二)交易性金融资产的实质性测试

1. 核实交易性金融资产实有数

对期末结存的相关交易性金融资产,向被审计单位核实其持有目的,检查本科目核算范围是否恰当。

2. 获取交易性金融资产明细表

获取股票、债券及基金等交易流水单及被审计单位证券投资部门的交易记录,与明细账核对,检查会计记录是否完整、会计处理是否正确。

3. 监盘库存交易性金融资产

监盘库存交易性金融资产,并与相关账户余额进行核对,如果有差异应查明原因,并做好记录或进行适当调整。

4. 函证交易性金融资产

向相关金融机构发函询证交易性金融资产期末数量以及是否存在变现限制(与存出投资款一并函证),并记录函证过程。取得回函时应检查相关签章是否符合要求。

5. 复核交易性金融资产

复核与交易性金融资产相关的损益计算是否准确,并与公允价值变动损益及投资收益等有关数据核对;复核股票、债券及基金等交易性金融资产的期末公允价值是否合理,相关会计处理是否正确。

（二）可供出售金融资产的实质性测试

1. 获取可供出售金融资产明细表

获取可供出售金融资产明细表，复核加计是否正确，并与总账数和明细账合计数核对是否相符；获取可供出售金融资产对账单，与明细账核对并检查其会计处理是否正确。

2. 核实可供出售融资产实有数

检查库存可供出售金融资产，并与相关账户余额进行核对，如果有差异应查明原因，并做好记录或进行适当调整；对期末结存的可供出售金融资产，向被审计单位核实其持有目的，检查本科目核算范围是否恰当。

3. 函证可供出售金融资产

向相关金融机构发函询证可供出售金融资产期末数量，并记录函证过程。取得回函时应检查相关签章是否符合要求。

4. 复核可供出售金融资产

复核可供出售金融资产的期末公允价值是否合理，检查会计处理是否正确；复核可供出售金融资产划转为持有至到期投资的依据是否充分，会计处理是否正确。

如果可供出售金融资产的公允价值发生较大幅度下降，并且预期这种下降趋势属于非暂时性的，应当检查被审计单位是否计提资产减值准备，计提金额和相关会计处理是否正确。

（三）持有至到期投资的实质性测试

持有至到期投资的实质性程序通常包括以下几个方面。

1. 获取持有至到期投资明细表

获取持有至到期投资明细表，复核加计是否正确，并与总账数和明细账合计数核对是否相符；获取持有至到期投资对账单，与明细账核对并检查其会计处理是否正确。

2. 核实库存持有至到期投资

检查库存持有至到期投资，并与账面余额进行核对，如果有差异应查明原因，并做好记录或进行适当调整。

3. 函证持有至到期投资

向相关金融机构发函询证持有至到期投资期末数量，并记录函证过程。取得回函时应检查相关签章是否符合要求。

4. 复核持有至到期投资

对期末结存的持有至到期投资资产，核实被审计单位持有的目的和能力，检查本科目核算范围是否恰当。

根据相关资料，确定债券投资的计息类型，结合投资收益科目，复核计算利息采用的利率是否恰当，相关会计处理是否正确，检查持有至到期投资持有期间收到利息的会计处理是否正确。检查债券投资票面利率和实际利率有较大差异时，被审计单位采用的利率及其计算方法是否正确。

检查当持有目的改变时,持有至到期投资划转为可供出售金融资产的会计处理是否正确。

(四)长期股权投资的实质性测试

长期股权投资的实质性程序通常包括以下几个方面。

1. 获取或编制长期股权投资明细表

获取或编制长期股权投资明细表,复核加计是否正确,并与总账数和明细账合计数核对是否相符;结合长期股权投资减值准备科目与报表数核对相符。

2. 核实长期股权投资

根据有关合同和文件,确认股权投资的股权比例和持有时间,检查股权投资核算方法是否正确。

3. 函证复核

对于重大投资,向被投资单位函证被审计单位的投资额、持股比例及被投资单位发放的股利等情况。

4. 复核长期股权投资

(1)对于应采用权益法核算的长期股权投资,获取被投资单位已经注册会计师审计的年度财务报表,如果未经注册会计师审计,则应考虑对被投资单位的财务报表实施适当的审计或审阅程序。

(2)对于采用成本法核算的长期股权投资,检查股利分配的原始凭证及分配决议等。

(3)对于成本法和权益法相互转换的,检查其投资成本的确定是否正确。

(4)确定长期股权投资的增减变动的记录是否完整。

(5)期末对长期股权投资进行逐项检查,以确定长期股权投资是否已经发生减值。

5. 确定长期股权投资披露的恰当性

确定长期股权投资在资产负债表上已恰当列报。

【例 10-3】ABC 公司 2021 年度财务报表净利润为 1800 万元,注册会计师审计 ABC 公司 2011 年度财务报表时发现如下情况。

事项一:由于验资后 ABC 公司长期占用被投资单位 N 公司的资金,公司根据占用资金数额冲减了长期股权投资——N 公司的账面价值。

事项二:E 公司系 ABC 公司于 2021 年 1 月 1 日在国外投资设立的联营公司,其 2021 年度财务报表反映的净利润为 3 600 万元。ABC 公司持有 E 公司 45% 的股权比例,对其财务和经营政策具有重大影响,故在 2011 年度财务报表中采用权益法确认了该项投资收益 1 620 万元。E 公司 2011 年度财务报表未经任何注册会计师审计。

事项三:ABC 公司拥有 K 公司一项长期股权投资,账面价值 500 万元,持股比例 30%。2021 年 12 月 31 日,ABC 公司与 Y 公司签署投资转让协议,拟以 450 万元的价格转让该项长期股权投资,已收到价款 300 万元,但尚未办理产权过户手续。ABC 公司以该项长期股权投资正在转让之中为由,不再计提减值准备。

事项四：ABC 公司对 I 公司长期股权投资（无市价）为 5 000 万元，I 公司在 2021 年 8 月已经进入清算程序。在编制 2021 年度财务报表时，Y 公司对该项长期股权投资计提了 1 000 万元的减值准备。

问题：(1)针对事项一,注册会计师应当提出什么建议?

(2)针对事项二,注册会计师应当考虑发表什么意见类型？为什么?

(3)针对事项三,注册会计师下一步应当采取什么措施?

(4)针对事项四,请回答对 ABC 公司所计提的该项长期投资减值准备应实施哪些审计程序。

(5)假定注册会计师在确认 ABC 公司所计提的长期投资减值准备,并出具无保留意见的审计报告后,发现审计报告日前 I 公司已经清算完毕,其债务偿还率为 60%。说明注册会计师应采取哪些措施。

【答案】(1)建议冲回并在财务报表附注中披露占用关联方资金的事项。

(2)注册会计师应发表无法表示意见。因为重要的海外子公司注册会计师无法审计,其影响非常重大和广泛,无法确定对财务报表的影响,故应发表无法表示意见。

(3)追加审计程序,以查证 ABC 公司转让股权是否真正实现,如果实质上股权转让实现了(对 K 公司的控制和收益权已经丧失),应当建议 ABC 公司及时对该项长期股权投资进行会计处理;如果实质上股权转让尚未实现(仍享有对 K 公司的控制和收益权),应当建议 ABC 公司根据 K 公司的情况,计提减值准备。

(4)应向 ABC 公司索取 I 公司经注册会计师审计后的清算财务报表及注册会计师出具的审计报告,以清算财务报表的估价作为长期股权投资减值准备计提的依据;对 ABC 公司计提的减值准备进行测算和复核。

(5)注册会计师应当提请 ABC 公司修改已审计财务报表并出具新的审计报告。

四、筹资与投资循环其他相关账户的审计

(一)投资收益审计

1. 投资收益的审计目标

投资收益的审计目标一般包括以下几方面。

(1)确定利润表中列示的投资收益是否已真实列示,且与被审计单位有关。

(2)确定所有应当列示的投资收益是否均已列示。

(3)确定与投资收益有关的金额及其他数据是否已恰当记录。

(4)确定投资收益是否已反映于正确的会计期间。

(5)确定投资收益是否已记录于恰当的账户。

(6)确定投资收益是否已按照企业会计准则的规定在财务报表中做出恰当的列报。

2. 投资收益的实质性程序

投资收益的实质性程序通常包括以下内容。

(1)获取或编制投资收益分类明细表。复核加计正确,并与总账数和明细账合计数核

对是否相符,与报表数核对相符。

(2)与以前年度投资收益比较,结合投资本期的变动情况,分析本期投资收益是否存在异常想象。如果有应查明原因,并进行适当地调整。

(3)与长期股权投资、交易性金融资产、交易性金融负债、可供出售金融资产,持有至到期金融资产等相关项目的审计结合,验证确定投资收益的记录是否正确,确定投资收益被计入正确的会计期间。

(4)确定投资收益已恰当列报。检查投资协议等,确定国外的投资收益汇回是否存在重大限制,应说明原因,并进行恰当披露。

(二)其他应收款的审计

1. 其他应收款的审计目标

其他应收款的审计目标包括以下几个方面。

(1)确定资产负债表中记录的其他应收款是否存在。

(2)确定所有应当记录的其他应收款是否均已记录。

(3)确定记录的其他应收款是否由被审计单位拥有或控制。

(4)确定其他应收款是否以恰当的金额包括在财务报表中,与之相关的计价调整是否已恰当记录。

2. 其他应收款的实质性程序

(1)获取或编制其他应收款明细表,复核加计是否正确,并与报表数、总账数和明细账合计数核对是否相符。

(2)判断选择一定金额以上、账龄较长或异常的账户余额发函询证。

(3)对发出询证函未能收到回函的样本,采用替代审计程序。

(4)检查资产负债表日后的收款事项,确定有无未及时入账的债权。

(5)分析明细账户,对于长期未能收到的项目,应查明原因,确定是否可能发生坏账损失。

(6)对非记账本位币结算的其他应收款,检查其采用的折算汇率是否正确。

(7)检查转做坏账损失的项目,是否符合规定并办妥审批手续。

(8)检查其他应收款的列报是否恰当。

(三)其他应付款的审计

1. 其他应付款的审计目标

其他应付款的审计目标包括以下几个方面。

(1)确定资产负债表中记录的其他应付款是否存在。

(2)确定所有应当记录的其他应付款是否均已记录。

(3)确定记录的其他应付款是否为被审计单位应当履行的现时义务。

(4)确定其他应付款是否以恰当的金额包括在财务报表中,与之相关的计价调整是否已恰当记录。

（5）确定其他应付款是否已按照企业会计准则的规定在财务报表中做出恰当列报。

2. 其他应付款的实质性程序

（1）获取或编制其他应付款明细表，复核加计是否正确，并与报表数、总账数和明细账合计数核对是否相符。

（2）请被审计单位协助，在其他应付款明细账上标出截止审计日已支付的其他应付款项，抽查付款凭证、银行对账单等，并注意这些凭证发生日期的合理性。

（3）判断选择一定金额以上和异常的明细余额，检查其原始凭证，并考虑向债权人发函询证。

（4）对非记账本位币结算的其他应付款，检查其采用的折算汇率是否正确。

（5）审核资产负债表日后的付款事项，确定有没有未及时入账的其他应付款。

（6）检查长期未结的其他应付款，并进行妥善处理。

（7）检查其他应付款中关联方的余额是否正常，如果数额较大或有其他异常情况，应查明原因，追查至原始凭证并进行适当披露。

（8）检查其他应付款的列报是否恰当。

（四）所得税费用的审计

1. 所得税费用的审计目标

所得税费用的审计目标包括以下几个方面。

（1）确定利润表中记录的所得税费用是否已发生，且与被审计单位有关。

（2）确定所有应当记录的所得税费用是否均已记录。

（3）确定与所得税费用有关的金额及其他数据是否已恰当记录。

（4）确定所得税费用是否已记录于正确的会计期间。

（5）确定被审计单位记录的所得税费用是否已记录于恰当的账户。

（6）确定所得税费用是否已按照企业会计准则的规定在财务报表中做出恰当列报。

2. 所得税费用的实质性程序

（1）获取或编制所得税费用明细表，递延所得税资产明细表，核对与明细账合计数、总账及报表数是否相符。

（2）根据审计结果和税法规定，核实当期的纳税调整事项，确定应纳税所得额，计算当期所得税费用。

（3）根据期末资产及负债的账面价值与其计税基础之间的差异，以及未进行资产和负债确认的项目的账面价值与按照税法的规定确定的计税基础的差异，计算所得税资产、递延所得税负债期末应有余额，并根据递延所得税资产、递延所得税负债期初余额，倒轧出递延所得税费用（收益）。

（4）将当期所得税费用与递延所得税费用之和与利润表上的“所得税”项目金额相核对。

（5）确定所得税费用是否已在财务报表中恰当列报。

【案例分析】

案例一:有价证券盘点

某注册会计师及其助理人员对某公司2020年财务报表进行审计。该公司用剩余现金购置了数量较大的有价证券(作为长期投资),存放于当地某银行的保险箱,并规定只有公司总经理或财务部经理可以开启保险箱。由于12月31日公司的总经理和财务经理不能陪同注册会计师去银行盘点有价证券,经约定,2021年1月11日由助理审计人员和财务经理一同去银行盘点。

问题:假定该助理人员以前未进行过有价证券盘点,该注册会计师应要求其在盘点时至少执行哪些审计步骤?

【解答】助理审计人员应至少执行以下审计步骤。

(1)取得保险箱中证券存放明细表副本,以查实证券的存在性,并将副本留作工作底稿。

(2)审核保险箱开启记录,确定有没有非授权人士曾经开箱,并查实12月31日至1月11日期间有无开箱记录。

(3)实际盘点证券时,应让公司财务经理自始至终在场,盘点完毕,填制盘点清单,双方共同签字盖章。

(4)清点时要仔细核对证券的名称、登记户名、证券种类、编号、利率、付息日、债券本金和所附息票及到期日、债券面值和股票股数等重点内容。

(5)将盘点清单与银行保险箱存放证券的明细表副本、公司长期投资明细账和总账相核对,如遇账实不符或证券本身有明显伪造迹象,应予详细记录,并在盘点后函证证券发行机构。

案例二　控制测试

注册会计师在审查B公司2020年度财务报表前,正在研究评价B公司的相关内部控制,据以确定其实质性程序的性质、时间安排和范围。

(1)B公司应规定哪些措施,才能控制其投资与筹资有关业务的分类和可理解性处于良好的控制之下?

(2)注册会计师应实施何种控制测试,证实乙公司的关键内部控制能保证其所记录的购货业务计价正确?

(3)B公司为了确保其登记入账的销货业务确实发货给真正的顾客,应当实施哪些具体的关键内部控制?

(4)为了证实B公司是否将所有的耗费和物化劳动均反映在生产成本中,注册会计师应实施哪些有针对性的控制测试?

【解答】(1)B公司应采取如下措施,方可使其投资与筹资业务的分类和可理解性处于良好的控制之中:筹资业务、投资业务明细账与总账的登记职务分开;按企业会计准则和相关会计制度要求进行披露。

(2)注册会计师应实施的控制测试包括检查B公司有关计算与金额的内部核查标记;审核B公司有关“采购价格和折扣的批准”标记。

(3)B公司应当实施以下关键内部控制:销货业务要以经过审核的发运凭证以及经批准的顾客订货单为依据登记入账,发货以前,赊销须经批准;销售发票均经事先编号,并已恰当地登记入账;每月向顾客寄送对账单,针对顾客提出的意见进行专案调查。

(4)注册会计师乙应检查生产通知单、领发料凭证、产量和工时记录、人工费用分配表、材料费用分配表、制造费用分配表的顺序编号是否完整。

案例三　投资审计

2021年2月8日ABC会计师事务所接受委托对甲公司2020年度财务报表进行审计,注册会计师在对甲公司2020年度财务报表进行审计过程中,发现以下事项,应当如何处理?

(1)实收资本与验资报告及营业执照不一致。

(2)长期股权投资账面价值为200万元,被投资企业已破产。

(3)被投资企业为海外公司,长期股权投资占其股权份额为40%,累计确认投资收益600万元,其中本年度确认200万元,但无法获取被投资企业的财务报表.

(4)2020年1月1日对华清公司进行股权投资,所占份额为60%,但甲公司按照权益法对华清公司进行核算.

【解答】(1)追查原因,如果是合理的变更资本,建议甲公司变更合同、章程,重新验资和变更注册登记.如果是评估调账等不合理变更资本,建议调整。

(2)获取或检查被投资单位破产公告和已审计的清算报表,建议确认资产损失,借记投资收益,贷记长期股权投资。

(3)视同审计范围受到限制,考虑发表保留意见或无法表示意见的审计报告。

(4)重大会计差错,建议甲公司按照重大会计差错采用追溯重述法进行调整。

【本章小结】

本章主要阐述了筹资和投资循环主要的凭证和记录、主要业务活动、内部控制及测试方法、筹资和投资循环涉及的主要报表项目的审计目标和实质性测试的程序。

筹资与投资循环由筹资活动和投资活动的交易事项构成。筹资活动主要由借款交易和股东权益交易组成。投资活动主要由权益性投资交易和债权性投资交易组成

筹资活动的主要环节包括制定融资计划、审批授权、签订合同或协议、取得资金、计算利息或股利、偿还本息和发放股利。

投资活动的主要环节包括投资决策、审批授权、取得证券或其他投资、取得投资收益、

转让证券或收回其他投资。

短期借款的实质性程序通常包括获取或编制短期借款明细表、函证短期借款的实有数、检查短期借款的增加、检查短期借款的减少、检查有无到期未偿还的短期借款、复核短期借款利息、检查外币借款的折算、检查短期借款在资产负债表上的列报是否恰当。

长期借款的实质性程序同短期借款的实质性程序较为相似。

股本的实质性测试程序一般包括 审阅公司章程、实施细则和股东大会、董事会会议记录、检查出资方式和出资比例、索取或编制股本明细表、审查股票发行、收回、函证发行在外的股票、审查股票发行费用的会计处理、确定股本的披露是否恰当。

长期股权投资的实质性从程序通常包括获取或编制细表、检查股权投资核算方法、函证被审计单位、检查权益法、检查成本法、检查成本法和权益法相互转换、检查变动的记录是否完整、期末检查减值、检查质押、担保情况、披露是否恰当。

【关键术语】

筹资与投资循环,筹资循环控制风险评估,投资循环控制风险评估,筹资循环实质性测试,投资循环实质性测试。

【同步练习】

一、单项选择题

1. 检查被审计单位的长期借款业务时,如发现有逾期未偿还的长期借款,注册会计师首先应当实施的审计程序是(　　)。

A. 核实是否办理了延期还款手续　　B. 判断被审计单位的偿债能力

C. 判断被审计单位的资信程度　　D. 计算逾期贷款的金额和比率

2. 注册会计师李明在执行天星公司年度审计业务时,为确认被审计单位借款和所有者权益的增减变动及其利息和股利已登记入账这一认定目标,应执行的实质性程序是(　　)。

A. 检查股东是否已按合同、协议、章程约定时间缴付出资额,其出资额是否经注册会计师审验

B. 向银行或其他金融机构、债券包销人函证,并与账面余额核对

C. 检查年度内借款和所有者权益增减的原始凭证,核实变动的真实性、合规性、检查授权批准手续是否完备,入账是否及时准确

D. 确定借款和所有者的披露是否恰当,注意一年内到期的借款是否列入流动负债

3. 注册会计师拟对某公司与借款活动相关的内部控制进行测试,下列程序中不属于控制测试程序的是(　　)。

A. 索取借款的授权批准文件,检查批准的权限是否恰当、手续是否齐全

B. 观察借款业务的职责分工,并将职责分工的有关情况记录于审计工作底稿中

C. 计算短期借款、长期借款在各个月份的平均余额,选取适用的利率匡算利息支出总额,并与财务费用等项目的相关记录核对

D. 抽取借款明细账的部分会计记录,按原始凭证到明细账再到总账的顺序核对有关会计处理过程,以判断其是否合规

4. 在确认应分担被投资单位发生的净亏损时,应首先冲减长期股权投资的账面价值,其次冲减其他实质上构成对被投资单位净投资的长期权益账面价值(如长期应收款等);如果按照投资合同和协议约定被审计单位仍需承担额外损失义务的,注册会计师认为应按预计承担的义务确认(　　)。

A. 资本公积　　B. 应付账款

C. 其他应付款　　D. 预计负债

5.2021 年 1 月 1 日 M 公司取得 N 公司 25% 股权且具有重大影响,按权益法核算。取得长期股权投资时,被投资方某项长期资产的账面价值为 80 万元, M 公司确认的公允价值为 120 万元,其他资产、负债的账面价值与公允价值相符, 2021 年 12 月 31 日,该项长期资产的可收回金额为 60 万元, N 公司确认了 20 万元减值损失。2021 年 N 公司实现净利润 500 万元,则注册会计师认为被审计单位 M 公司在确认投资收益是(　　)万元。

A.150　　B.144　　C.138　　D.115

6. 被审计单位 M 企业于 2021 年 1 月 1 日用一批原材料对 N 企业进行长期股权投资,占 N 企业 60% 的股权。投出的原材料账面余额为 5 000 万元,公允价值为 5 500 万元;投资时 N 企业可辨认净资产公允价值为 11 000 万元。假设 M、N 公司不存在关联关系,属于非同一控制下的企业合并。双方增值税税率均为 17%。则被审计单位投资时长期股权投资的初始入账价值为(　　)万元。

A.6 435　　B.5 500　　C.5 000　　D.6 600

7. 企业发生的下列事项中,影响"投资收益"的是(　　)。

A. 交易性金融资产持有期间收到不属于包含在买价中的现金股利

B. 期末交易性金融资产的公允价值大于账面余额

C. 期末交易性金融资产的公允价值小于账面余额

D. 交易性金融资产持有期间收到包含在买价中的现金股利

8. 被审计单位以下内部控制中不妥当的是(　　)。

A. 由企业自行保管的,由两名以上人员共同控制,不得一人单独接触证券

B. 投资业务在企业高层管理机构核准后,由高层负责人员授权签批,由财务经理办理具体的股票或债券的买卖业务,由会计部门负责进行会计记录和财务处理

C. 除无记名证券外,企业在购入股票或债券时应在购入的当日尽快登记于经办人员名下

D. 对于企业所拥有的投资资产,由内部审计人员或不参与投资业务的其他人员进行定期盘点

9. 投资与筹资循环的特征是，影响本循环账户余额的业务数量较少，但每笔业务的金额通常都很大。基于这个特点，在审计时，可以采用的审计方法是（　　）。

A. 抽样　　　　B. 实质性分析程序

C. 大量的控制测试　　　　D. 细节测试

10. 在投资活动内部控制良好的前提下，对投资业务具有审批授权的是（　　）。

A. 财务经理　　　　B. 高层管理机构

C. 股东大会　　　　D. 证券投资部经理

二、多项选择题

1. 管理层使用的关键指标中，属于资本绩效的有（　　）。

A. 财务杠杆　　　　B. 平均利率

C. 股东权益回报率　　　　D. 每股收益

2. 注册会计师为了确定应付债券账户期末余额的真实性，应向（　　）对象函证应付债券相关内容。

A. 债权人　　　　B. 债券的承销人

C. 证券经纪人　　　　D. 债券包销人

3. 注册会计师在对应付债券执行以下程序时，其中属于实质性程序的有（　　）。

A. 检查企业发行债券所收入现金的收据、汇款通知单、送款登记簿及相关的银行对账单

B. 检查用以偿还债券的支票存根，并检查利息费用的计算

C. 如果企业发行债券时已抵押或担保，注册会计师还应检查相关契约的履行情况

D. 取得债券偿还和回购时的董事会决议，检查债券的偿还和回购是否按董事会的授权进行

4. 注册会计师计划测试 C 公司 2021 年末银行长期借款余额的完整性。以下审计程序中，可能实现该审计目标的有（　　）。

A. 了解银行对 C 公司的授信情况

B. 检查长期银行借款明细账中本年新增借款的银行进账单

C. 向提供长期银行借款的银行寄发银行询证函

D. 重新计算并分析 2021 年度长期借款利息

5. 注册会计师在对 H 公司发生的借款费用进行审计时，注意到以下事项，其中会计处理错误的有（　　）。

A.H 公司对为购建固定资产而溢价发行的公司债券采用实际利率法分期摊销债券溢价，并以实际利率作为资本化率

B.H 公司的某项在建工程根据建造工艺的要求需暂停施工 4 个月，在此期间，H 公司停止了借款费用资本化

C.H 公司将为购建固定资产而产生的金额较小的专门借款手续费，在固定资产达到预

定可使用状态前计入期间费用

D.H 公司将为购建固定资产而发生的外币专门借款的汇兑差额，在固定资产达到预定可使用状态前计入固定资产购建成本

6. 下列有关应付债券的内部控制说法不正确的有(　　)。

A. 应付债券的发行要有正式的授权程序，每次均要由总经理授权

B. 参与债券发行的会计人员记录应付债券业务

C. 债券的回购要有正式的授权程序

D. 未发行的债券必须有专人负责

7. 注册会计师在确定长期股权投资是否已在资产负债表上恰当披露时，应当(　　)。

A. 检查资产负债表上长期股权投资项目的数额与审定数是否相符

B. 对被投资单位所在国家和地区受到其他方面影响，使被审计单位转移资金的能力受到限制的情况是否披露

C. 结合银行借款等的检查，了解长期股权投资是否存在质押、担保情况

D. 检查当期及累计未确认的投资损失金额是否在附注中披露

8. 在非企业合并情况下，被审计单位的下列各项中，不应作为长期股权投资取得时初始成本入账的有(　　)。

A. 为取得长期股权投资而发生的间接相关费用

B. 投资时支付的不含应收股利的价款

C. 投资时支付款项中所含的已宣告而尚未领取的现金股利

D. 投资时支付的税金、手续费

9. 下列有关长期股权投资实质性程序的说法中不恰当的有(　　)。

A. 根据有关合同或文件，确认股权投资的股权比例和持有时间，检查股权投资核算方法是否正确

B. 对于应采用成本法核算的长期股权投资，应获取被投资单位已经注册会计师审计的年度财务报表

C. 索取董事会对投资的可行性研究报告和投资管理报告，判断长期投资业务的管理情况

D. 在期末对长期股权投资进行逐项检查，确定长期股权投资是否已经发生减值

10. 注册会计师计划测试 C 公司 2021 年末长期投资余额的存在性，以下审计程序中，可能实现该审计目标的有(　　)。

A. 向受托代管 C 公司长期证券的托管机构寄发询证函

B. 查阅 C 公司董事会与长期投资业务有关的会议记录

C. 检查长期股权投资中股票投资的 2019 年末市价变动情况

D. 向被投资单位寄发询证函

三、判断题

1. 注册会计师审查公开发行股票公司已发行的股票数量是否真实、是否已收到股款时，应向主要股东函证。(　　)

2. 如果发行记名债券，企业不仅应在债券存根簿中记载发行债券的日期，还应记载取得债券的日期，但在发行无记名债券时，仅在债券登记簿中登记发行债券的日期，而无须登记取得债券的日期。(　　)

3. 如果被审计单位低估或漏列负债，很难与债权人的记录相印证。因此，注册会计师对借款类项目实施函证程序对于确定借款的完整性来说是必要的。(　　)

4. 资本公积和盈余公积经过一定的授权批准手续均可用于弥补亏损、转增资本。(　　)

5. 未分配利润实质性测试的程序一般包括检查利润分配比例是否符合合同、协议、章程以及董事会纪要的规定，利润分配数额及年末未分配数额是否正确；根据审计结果调整本年损益数，直接增加或减少未分配利润，确定调整后的未分配利润数；确定未分配利润是否已在资产负债表上恰当披露。(　　)

6. 根据“资产－负债＝所有者权益”这一平衡原理，如果注册会计师能够对企业的资产和负债进行充分的审查，证明二者的期初余额、期末余额和本期变动都是正确的，则就不必对所有者权益进行单独的审计。(　　)

7. 企业投资者的任何一方出资，必须聘请中国注册会计师进行验资，并且出具验资报告，并据以发给投资者出资证明书。(　　)

8. 股票发行价格与其面值的差额应全部作为股票溢价计入资本公积。(　　)

9. 注册会计师在对应付债券内部控制制度进行控制测试时，如果企业应付债券业务不多，注册会计师可根据成本效益原则决定直接进行实质性测试。(　　)

10. 投资收益的分析性复合的目的是测试投资收益是否存在异常现象。(　　)

四、案例分析题

1. 注册会计师审计 A 公司“长期借款”项目。当审查 A 公司向某工商银行举借长期借款 130 万元的合同时，发现合同规定：长期借款以公司的商品为担保；该公司债务与所有者权益之比应经常保持低于 5∶3；分发股利须经银行同意；自 2021 年 10 月 15 日起分期归还借款。审计中注册会计师应实施哪些审计程序？

2. 审计人员审查发现 A 公司在安东公司注册后不久即有一笔与投资相等的资金减少额，怀疑实收资本的存在有问题，你认为应如何审查实收资本的真实存在？

3. 审计人员在审查利民公司 2021 年对外投资业务时，发现该公司存在以下问题。

(1)该公司于 2021 年 4 月购入红运公司的股票 50 000 股，预计持有时间为 4 个月。每股面值为 1 元，每股购入价 1.2 元，实际支付金额为 62 000 元，其中包含已宣告发放，但未支付的股利 2000 元。该公司做以下分录：

借:交易性金融资产—红运股票　60 000
　投资收益—股票投资收益　2 000
　贷: 银行存款　62 000

(2)该公司于2021年12月31日资产负债表和该年度利润表上所显示的“长期股权投资”项目数额为30 000 000元,“投资收益”项目数额为200 000元,该公司只有长期股票投资业务。经进一步审查“长期股权投资”账簿及有关资料得知: 2021年1月,该公司用银行存款购入立升股份有限公司股票3 000 000股,每股面额为10元,共付30 000 000元,占立升公司股票总额的40%。2021年12月,立升公司营业一年新税后利润500 000元,并发放给该公司股利200 000元,该公司所得股利已存入银行。

问题:指出该业务存在的问题并进行相应的账务调整。

4. 某企业2021年度财务决算中利润总额为90 000元,审计人员在审查过程中审阅了本年利润明细账及有关收入、费用账户,发现存在以下问题。

(1)期初产成品余额多计10 000元。

(2)当年转让无形资产取得收入8 000元,扣除各项支出后净收入为5 000元,计入盈余公积。

(3)固定资产出租收入2 000元,扣除折旧及维修后净收入为1600元,列入"其他应付款"账户。

问题:根据上述资料提出审计处理意见,并核实企业的利润总额。

五、思考题

1. 筹资循环包括哪些主要业务活动? 在办理具体业务时,主要使用哪些账户和凭证?

2. 投资循环包括哪些主要业务活动? 在办理具体业务时,主要使用哪些账户和凭证?

第十一章　货币资金审计

引言

货币资金与各业务循环中的业务活动存在着密切联系，货币资金审计与业务循环审计也密不可分。通过货币资金审计，不仅可以检查货币资金中的违纪业务，而且可以证实资产负债表、现金流量表的真实性和准确性。

本章主要介绍了货币资金相关的内部控制制度及其符合性测试、相关报表项目的实质性测试。

通过本章的学习要求了解货币资金与其他各交易循环的关系；理解货币资金内部控制及其测试方法；掌握货币资金的审计目标、现金和银行存款的实质性测试程序。

本章重点：库存现金审计、银行存款审计。

本章难点：库存现金审计、银行存款审计。

案例导入

美国资本银行公司因 CEO 挪用公司资金而破产

1975 年，卡洛斯·科多瓦和其他几位投资人在纽约成立了国民资本银行。1986 年，科多瓦和国民资本银行的其他股东成立了资本银行公司，并在美国证交所上市，科多瓦担任公司总裁、CEO 和董事会主席。

1987 年 12 月，几名安达信会计师事务所的审计人员来到国民银行的 177 街分行进行现金盘点，目的是测试国民银行是否遵守某些控制程序。

每家国民银行分行的会计人员都保存着一份用于调节手头持有的现金数和该分行现金总分类账户的余额的库存总分类账盘点表。这次对 177 街分行进行的现金监盘，安达信的审计人员在该分行的盘点表中发现了 270 万美元的调节项目。这笔钱相当于该分行现金总分类账余额的 61% 及该分行在盘点当天应有总现金资产的 45%。当安达信的审计人员要求清点这一调节项目所代表的 270 万美元现金时，银行雇员说科多瓦将这笔钱单独放入银行主金库的一个柜子里，需要三把钥匙才能打开。科多瓦保管其中的一把，但是他此时正在国外。于是，安达信的审计人员决定等科多瓦回来再进行现金清点，由于 177 街分行采取了三把钥匙控制的内部控制，所以安达信没有在柜子上贴封条。

1988 年当科多瓦回来时，安达信的审计人员进行了现金清点，柜中确有 270 万美元。当被问及为什么把这么多现金放在柜子中时，科多瓦的解释是：一位兑现了一份大额存单的客户要求能随时能提取这笔现金，客户打算在市场有利时可以一天之内拿到这笔现金。事后，安达信的审计人员又从国民银行人员手中取得了关于这笔负债的记录，然而这一信息却没有得到客户的确认。不过安达信并没有采取任何其他的独立审计程序进行证实。最后，安达信在没有得到这份大额存单的文件和相关证据的情况下，就出具了无保留的审计意见。

1990年，货币监理署宣布，资本银行公司破产并由联邦储蓄保险公司接管。科多瓦被判犯有挪用公司资金、三项银行欺诈罪及密谋实施银行欺诈。经调查，科多瓦曾于1988年1月偷偷潜回公司将从其他分行获得的现金放入177街分行的柜子中，以此来应对安达信的审计，同时也由于安达信在现金审计方面存在重大的错误和疏漏，才使得科多瓦的行为得以得逞。

第一节　货币资金概述

货币资金是企业资产的重要组成部分，是企业资产中流动性最强的一种资产。任何企业进行生产经营活动都必须拥有一定数额的货币资金，持有货币资金是企业生产经营活动的基本条件，可能关乎企业的命脉。货币资金主要来源于资本的投入和营业收入，多用于资产的取得和费用的结付。总体来说，只有保持健康的、正常的现金流，企业才能够继续生存；如果出现现金流逆转迹象，产生不健康的、负的现金流，长此以往，企业将会陷入财务困境，并导致对企业的持续经营能力产生疑虑。

根据货币资金存放地点及用途的不同，货币资金分为库存现金、银行存款及其他货币资金。

一、货币资金与交易循环

货币资金与各交易循环均直接相关，如图11-1所示。需要说明的是，图11-1仅选取各业务循环中具有代表性的会计科目或财务报表项目予以列示，并未包含各业务循环中与货币资金有关的全部会计科目或财务报表项目。

二、货币资金的主要凭证和会计记录

货币资金审计涉及的凭证和会计记录主要如下。

(1)现金盘点表。

(2)银行对账单。

(3)银行存款余额调节表。

(4)有关科目的记账凭证。

(5)有关会计账簿。

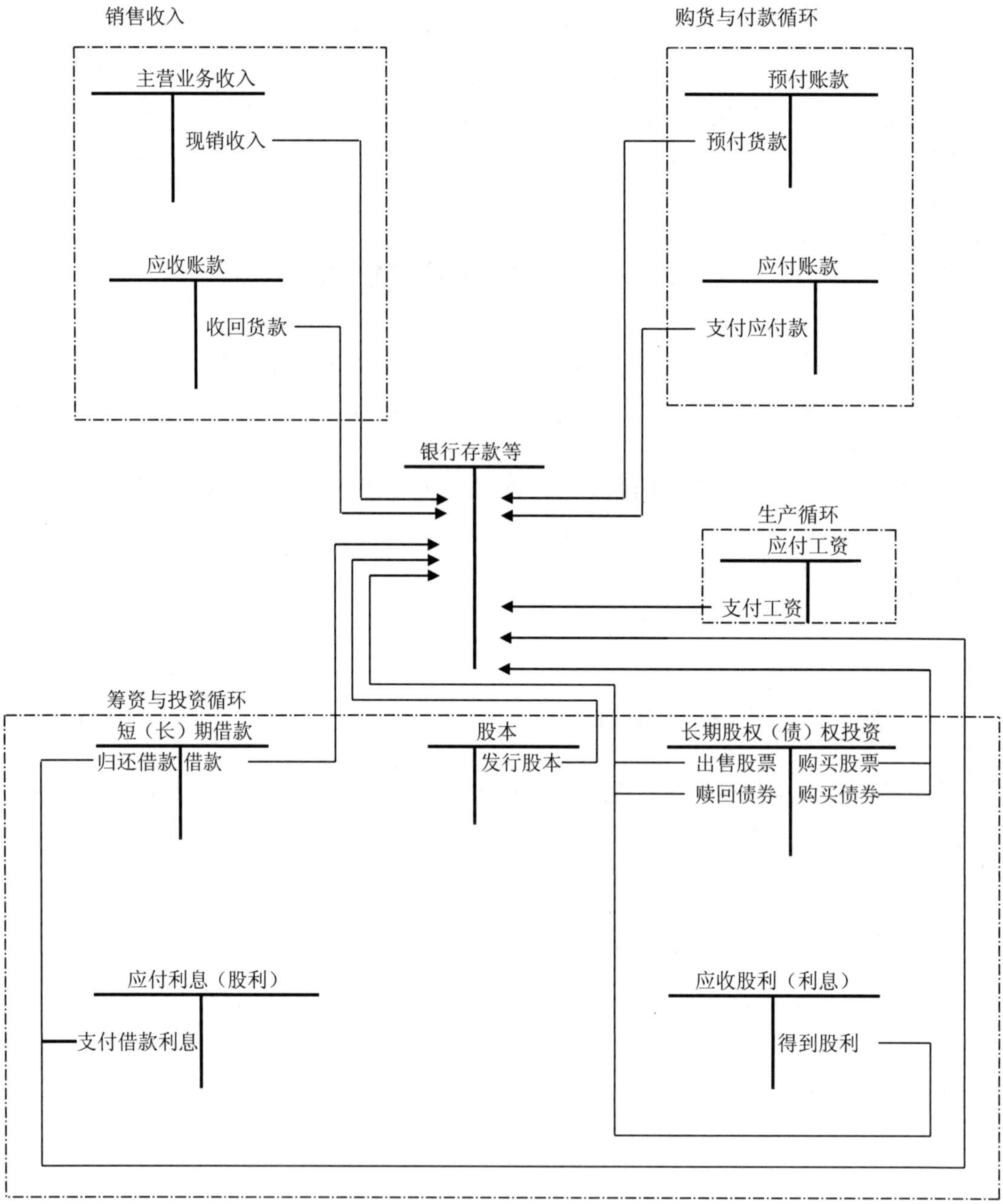

图 11-1 货币资金与各交易循环的关系

第二节　货币资金的控制测试

一、货币资金的内部控制

由于货币资金是企业流动性最强的资产，企业必须加强对货币资金的管理，建立良好的货币资金内部控制，以确保全部应收取的货币资金均能收取，并及时正确地予以记录；全部货币资金支出是按照经批准的用途进行的，并及时正确地予以记录；库存现金、银行存款报告正确，并得以恰当保管；正确预测企业正常经营所需的货币资金收支额，确保企业有充足又不过剩的货币资金余额。

尽管由于每个企业的性质、所处行业、规模以及内部控制健全程度等不同，而使得其与货币资金相关的内部控制内容有所不同，但以下要求通常是应当共同遵循的。

（一）岗位分工及授权批准

1. 钱、账、物的分工负责制度

单位应当建立货币资金业务的岗位责任制，明确相关部门和岗位的职责权限，确保办理货币资金业务的不相容岗位相互分离、制约和监督。出纳人员不得兼任稽核、会计档案保管和收入、支出、费用、债权债务账目的登记工作。单位不得由一人办理货币资金业务的全过程。

2. 货币资金的审批

单位应当对货币资金业务建立严格的授权批准制度，明确审批人对货币资金业务的授权批准方式、权限、程序、责任和相关控制措施，规定经办人办理货币资金业务的职责范围和工作要求。审批人应当根据货币资金授权批准制度的规定，在授权范围内进行审批，不得超越审批权限。经办人应当在职责范围内，按照审批人的批准意见办理货币资金业务。对于审批人超越授权范围审批的货币资金业务，经办人员有权拒绝办理，并及时向审批人的上级授权部门报告。

3. 货币资金的收付程序

单位应当按照规定的程序办理货币资金支付业务。

1）支付申请

单位有关部门或个人用款时，应当提前向审批人提交货币资金支付申请，注明款项的用途、金额、预算、支付方式等内容，并附有效经济合同或相关证明。

2）支付审批

审批人根据其职责、权限和相应程序对支付申请进行审批。对不符合规定的货币资金支付申请，审批人应当拒绝批准。

3）支付复核

复核人应当对批准后的货币资金支付申请进行复核，复核货币资金支付申请的批准范围、权限、程序是否正确，手续及相关单证是否齐备，金额计算是否准确。支付方式、支付单

位是否妥当等。复核无误后，交由出纳人员办理支付手续。

4）办理支付

出纳人员应当根据复核无误的支付申请，按规定办理货币资金支付手续，及时登记现金和银行存款日记账。

4. 内部监督制度

单位对于重要货币资金支付业务，应当实行集体决策和审批，并建立责任追究制度，防范贪污、侵占、挪用货币资金等行为。严禁未经授权的机构或人员办理货币资金业务或直接接触货币资金。

（二）现金和银行存款的管理

1.《现金管理暂行条例》的规定

《现金管理暂行条例》对库存现金管理做了相应的规定。

（1）加强现金库存限额的管理，超过库存限额的现金应及时存入银行。

（2）不属于现金开支范围的业务应当通过银行办理转账结算。

（3）不得坐支现金。

（4）不得私设“小金库”。

（5）定期和不定期地进行现金盘点，确保现金账面余额与实际库存相符等。

2.《支付结算办法》的规定

《支付结算办法》对银行存款管理做了相应的规定。

（1）严格遵守银行结算纪律，不准签发没有资金保证的票据或远期支票，套取银行信用。

（2）不准签发、取得和转让没有真实交易和债权债务的票据，套取银行和他人资金。

（3）不准无理拒绝付款，任意占用他人资金。

（4）不准违反规定开立和使用银行账户。

（5）指定专人定期核对银行账户，每月至少核对一次，编制银行存款余额调节表，使银行存款账面余额与银行对账单调节相符等。

（三）票据及有关印章的管理

1. 加强与货币资金相关的票据的管理

单位应当加强与货币资金相关的票据的管理，明确各种票据的购买、保管、领用、背书转让、注销等环节的职责权限和程序，并专设登记簿进行记录，防止空白票据的遗失和被盗用。

2. 加强银行预留印鉴的管理

单位应当加强银行预留印鉴的管理。财务专用章应由专人保管，个人名章必须由本人或其授权人员保管。严禁一人保管支付款项所需的全部印章。

（四）监督检查

1. 建立监督检查制度

单位应当建立对货币资金业务的监督检查制度，明确监督检查机构或人员的职责权限，定期和不定期地进行检查。

2. 货币资金监督检查的主要内容

1)货币资金业务相关岗位及人员的设置情况

重点检查是否存在货币资金业务不相容职务混岗的现象。

2)货币资金授权批准制度的执行情况

重点检查货币资金支出的授权批准手续是否健全,是否存在越权审批行为。

3)支付款项印章的保管情况

重点检查是否存在办理付款业务所需的全部印章交由一人保管的现象。

4)票据的保管情况

重点检查票据的购买、领用、保管手续是否健全,票据保管是否存在漏洞。

二、货币资金的内部控制测试

(一)了解货币资金业务的内部控制

审计人员可以根据实际情况采用不同的方法对货币资金内部控制进行了解,通常采用编制内部控制流程图的方法。审计人员在编制流程图之前应通过询问、观察等方式收集必要的资料,然后根据所了解的情况编制流程图。对中小企业,也可采用编写货币资金内部控制说明的方法。审计人员在了解货币资金内部控制时,应当注意检查货币资金内部控制是否建立并严格执行、有无违反国家规定的情况。

(二)抽取并审查收款凭证和付款凭证

为测试货币资金收付款的内部控制,审计人员应抽取一定数量的货币资金收款凭证和付款凭证进行如下检查。

(1)核对收款凭证与存入银行账户的日期和金额是否相符。

(2)检查付款的授权批准手续是否符合规定。

(3)核对现金、银行存款日记账的收入和支出金额是否正确。

(4)核对收款凭证、付款凭证与银行对账单是否相符。

(5)核对收款凭证与应收账款明细账的有关记录是否相符。

(6)核对付款凭证与应付账款明细账的有关记录是否相符。

(7)核对实收金额与销售发票等相关凭据是否一致。

(8)核对实付金额与购货发票等相关凭据是否一致。

(三)抽取一定期间的现金、银行存款日记账与总账核对

审计人员应抽取一定期间的现金、银行存款日记账,检查有无计算错误,加总是否正确无误。然后,根据日记账提供的线索,核对总账中的现金、银行存款、应收账款、应付账款等有关账户的记录。

(四)抽取银行存款余额调节表

为证实银行存款记录的正确性,审计人员必须抽取一定期间的银行存款余额调节表,将

其同银行对账单、银行存款日记账及总账进行核对，查验被审计单位是否按月正确编制并复核银行存款余额调节表。

（五）评价货币资金的内部控制制度

审计人员在完成了上述测试程序后，即可对货币资金的内部控制进行评价，并根据评价结果确定在货币资金的实质性测试中，哪些环节可以适当减少审计程序，哪些环节应增加审计程序，进行重点审查，以减少审计风险。

第三节　货币资金的实质性测试

一、库存现金审计

（一）审计目标

库存现金包括企业的人民币和外币。现金是企业资产中流动性最强的一种资产。尽管其在企业资产总额中比重不大，但企业发生舞弊事件大都与现金有关，因此注册会计师应该重视库存现金的审计。

库存现金的审计目标一般应包括以下几个方面。

（1）确定被审计单位资产负债表的货币资金项目中的库存现金在资产负债表日是否确实存在。

（2）确定被审计单位在特定期间内发生的现金收支业务是否均记录完毕，有无遗漏。

（3）确定记录的库存现金是否为被审计单位所拥有或控制。

（4）确定库存现金包括在财务报表的货币资金项目中，与之相关的计价调整已恰当记录。

（5）确定库存现金是否已按照企业会计准则的规定在财务报表中做出恰当列报。

（二）库存现金的实质性测试

库存现金的实质性程序一般包括以下几个方面。

1. 核对库存现金日记账与总账的余额是否相符

注册会计师测试现金余额的起点，是核对库存现金日记账与总账的余额是否相符。如果不相符，应查明原因，并做出适当调整。

2. 监盘库存现金

监盘库存现金是证实资产负债表中所列现金是否存在的一项重要程序。企业盘点库存现金，通常包括对已收到但未存入银行的现金、零用金、找换金等的盘点。盘点库存现金的时间和人员应视被审计单位的具体情况而定，但必须有现金出纳员和被审计单位会计主管人员参加，并由注册会计师进行监盘。库存租金监盘表如表 11-1 所示。盘点和监盘库存现金的步骤和方法主要如下。

表 11-1 库存现金监盘表

被审计单位： 项目： 编制： 日期：	索引号： 财务报表截止日 / 期间： 复核： 日期：

<table>
<tr><td colspan="6">检查盘点记录</td><td colspan="7">实有库存现金盘点记录</td></tr>
<tr><td colspan="2">项目</td><td>项次</td><td>人民币</td><td>美元</td><td>某外币</td><td>面额</td><td colspan="2">人民币</td><td colspan="2">美元</td><td colspan="2">某外币</td></tr>
<tr><td colspan="2">上一日账面库存余额</td><td>①</td><td></td><td></td><td></td><td>1 000 元</td><td>张</td><td>金额</td><td>张</td><td>金额</td><td>张</td><td>金额</td></tr>
<tr><td colspan="2">盘点日未记账传票收入金额</td><td>②</td><td></td><td></td><td></td><td>500 元</td><td></td><td></td><td></td><td></td><td></td><td></td></tr>
<tr><td colspan="2">盘点日未记账传票支出金额</td><td>③</td><td></td><td></td><td></td><td></td><td></td><td></td><td></td><td></td><td></td><td></td></tr>
<tr><td colspan="2">盘点日账面应有金额</td><td>④ = ① + ② - ③</td><td></td><td></td><td></td><td>100 元</td><td></td><td></td><td></td><td></td><td></td><td></td></tr>
<tr><td colspan="2">盘点实有库存现金数额</td><td>⑤</td><td></td><td></td><td></td><td>50 元</td><td></td><td></td><td></td><td></td><td></td><td></td></tr>
<tr><td colspan="2">盘点日应有与实有差异</td><td>⑥ = ④ - ⑤</td><td></td><td></td><td></td><td>10 元</td><td></td><td></td><td></td><td></td><td></td><td></td></tr>
<tr><td rowspan="7">差异原因分析</td><td>白条抵库（张）</td><td></td><td></td><td></td><td></td><td>5 元</td><td></td><td></td><td></td><td></td><td></td><td></td></tr>
<tr><td></td><td></td><td></td><td></td><td></td><td>2 元</td><td></td><td></td><td></td><td></td><td></td><td></td></tr>
<tr><td></td><td></td><td></td><td></td><td></td><td>1 元</td><td></td><td></td><td></td><td></td><td></td><td></td></tr>
<tr><td></td><td></td><td></td><td></td><td></td><td>0.5 元</td><td></td><td></td><td></td><td></td><td></td><td></td></tr>
<tr><td></td><td></td><td></td><td></td><td></td><td>0.2 元</td><td></td><td></td><td></td><td></td><td></td><td></td></tr>
<tr><td></td><td></td><td></td><td></td><td></td><td>0.1 元</td><td></td><td></td><td></td><td></td><td></td><td></td></tr>
<tr><td></td><td></td><td></td><td></td><td></td><td>合计</td><td></td><td></td><td></td><td></td><td></td><td></td></tr>
<tr><td rowspan="5">追溯调整</td><td colspan="2">报表日至审计日库存现金付出总额</td><td></td><td></td><td></td><td colspan="7"></td></tr>
<tr><td colspan="2">报表日至审计日库存现金收入总额</td><td></td><td></td><td></td><td colspan="7"></td></tr>
<tr><td colspan="2">报表日库存现金应有余额</td><td></td><td></td><td></td><td colspan="7"></td></tr>
<tr><td colspan="2">报表日账面汇率</td><td></td><td></td><td></td><td colspan="7"></td></tr>
<tr><td colspan="2">报表日余额折合本位币金额</td><td></td><td></td><td></td><td colspan="7"></td></tr>
<tr><td colspan="3"></td><td></td><td></td><td></td><td colspan="7"></td></tr>
<tr><td colspan="3"></td><td></td><td></td><td></td><td colspan="7"></td></tr>
<tr><td colspan="3">本位币合计</td><td></td><td></td><td></td><td colspan="7"></td></tr>
</table>

出纳员：　　会计主管人员：　　监盘人：　　检查日期：

审计说明：

（1）制定监盘计划，确定监盘时间。对库存现金的监盘最好实施突击性的检查，时间最好选择在上午上班前或下午下班时进行，盘点的范围一般包括被审计单位各部门经管的现金。在进行现金盘点前，应由出纳员将现金集中起来存入保险柜。必要时可加以封存，然后由出纳员把已办妥现金收付手续的收付款凭证登入库存现金日记账。如被审计单位库存现金存放部门有两处或两处以上的，应同时进行盘点。

（2）审阅库存现金日记账并同时与现金收付凭证相核对。一方面检查库存现金日记账的记录与凭证的内容和金额是否相符；另一方面了解凭证日期与库存现金日记账日期是否相符或接近。

（3）由出纳员根据库存现金日记账加计累计数额，结出现金结余。

（4）盘点保险柜的现金实存数，同时由注册会计师编制“库存现金盘点表”（格式参见表 11-1），分币种、面值列示盘点金额。

（5）资产负债表日后进行盘点时，应调整至资产负债表日的金额。

（6）将盘点金额与库存现金日记账余额进行核对，如果有差异应查明原因，并做好记录或进行适当调整。

（7）若有冲抵库存现金的借条、未提现支票、未作报销的原始凭证、应在“库存现金盘点表”中注明或进行必要的调整。

3. 抽查大额库存现金收支

分析被审计单位日常库存现金余额是否合理，关注是否存在大额未缴存的现金；检查大额现金收支的原始凭证是否齐全、原始凭证内容是否完整、有无授权批准、记账凭证与原始凭证是否相符、账务处理是否正确、是否记录于恰当的会计期间等项内容。

4. 检查现金收支的正确截止

抽查资产负债表日后若干天的、一定金额以上的现金收支凭证实施截止测试。被审计单位资产负债表的货币资金项目中的库存现金数额，应以结账日实有数额为准。因此，注册会计师必须验证现金收支的截止日期，以确定是否存在跨期事项、是否应考虑提出调整建议。

6. 检查库存现金是否在资产负债表上恰当列报

根据有关规定，库存现金在资产负债表的“货币资金”项目中反映，注册会计师应在实施上述审计程序后，确定“库存现金”账户的期末余额是否恰当，进而确定库存现金是否在资产负债表上恰当披露。

【例 11-1】在对 G 公司 2019 年度会计报表进行审计时，M 注册会计师负责审计货币资金项目。G 公司在总部和营业部均设有出纳部门。为顺利监盘库存现金，M 注册会计师在监盘前一天通知 G 公司会计主管人员做好监盘准备。考虑到出纳日常工作安排，对总部和营业部库存现金的监盘时间分别定在上午 10 点和下午 3 点。监盘时出纳把现金放入保险柜，并将已办妥现金收付手续的交易登入现金日记账，结出现金日记账余额；然后，M 注册会计师当场盘点现金，在与现金日记账核对后填写“库存现金监盘表”，并在签字后形成审计工作底稿。

问题:请指出上述库存现金监盘工作中有哪些不当之处,并提出改进建议。

【解答】(1)提前通知G公司会计主管人员做好监盘准备的做法不当。M注册会计师应当实施突击性检查。

(2)没有同时监盘总部和营业部库存现金的做法不当。M注册会计师应组织同时监盘总部和营业部的库存现金,若不能同时监盘,则应对后监盘的库存现金实施封存。

(3)G公司会计主管人员没有参与盘点的做法不当。盘点人员应包括出纳、会计主管人员和注册会计师

(4)现金盘点操作程序不当。库存现金应由出纳盘点,由注册会计师监盘。

(5)"库存现金监盘表"签字人员不当。"库存现金监盘表"应由公司相关人员和注册会计师共同签字。

二、银行存款审计

(一)审计目标

银行存款是指企业存放在银行或其他金融机构的各种款项。按照国家有关规定,凡是独立核算的企业都必须在当地银行开设账户。企业在银行开设账户以后,除按核定的限额保留库存现金外,超过限额的现金必须存入银行;除了在规定的范围内可以用现金直接支付的款项外,在经营过程中所发生的一切货币收支业务,都必须通过银行存款账户进行结算。银行存款的审计目标一般应包括以下几个方面。

(1)确定被审计单位资产负债表的货币资金项目中的银行存款在资产负债表日是否确实存在。

(2)确定被审计单位在特定期间内发生的银行存款收支业务是否均记录完毕,有无遗漏。

(3)确定记录的银行存款是否为被审计单位所拥有或控制。

(4)确定银行存款已恰当的包括在财务报表的货币资金项目中,与之相关的计价调整已恰当记录。

(5)确定银行存款是否已按照企业会计准则的规定在财务报表中做出恰当列报。

(二)银行存款的实质性程序

银行存款的实质性程序一般包括以下内容。

1. 核对银行存款日记账与总账的余额是否相符

注册会计师测试银行存款余额的起点,是核对银行存款日记账与总账的余额是否相符。如果不相符,应查明原因,并考虑是否应建议做适当调整。

2. 实施实质性分析程序

计算银行存款累计余额应收利息收入,分析比较被审计单位银行存款应收利息收入与实际利息收入的差异是否恰当,评估利息收入的合理性,检查是否存在高息资金拆借,确认银行存款余额是否存在,利息收入是否已经完整记录。

3. 检查银行存单

编制银行存单检查表，检查是否与账面记录金额一致，是否被质押或限制使用，存单是否为被审计单位所拥有。

（1）对已质押的定期存款，应检查定期存单，并与相应的质约合同核对，同时关注定期存单对应的质押借款有无入账。

（2）对已质押的定期存款，应检查开户证实书原件。

（3）对审计外勤工作结束日前提取的定期存款，应核对相应的对付凭证、银行对账单行和定期存款复印件。

4. 取得并检查银行存款余额对账单和银行余额调节表

取得并检查银行存款余额对账单和银行存款余额调节表是证实资产负债表中所列银行存款是否存在的重要程序。银行存款余额调节表通常应由被审计单位根据不同的银行账户及货币种类分别编制，其格式如表 11-2 所示。具体测试程序通常包括以下内容。

（1）将被审计单位资产负债表日的银行存款余额对账单，与银行询证函回函核对，确认是否一致，抽样核对账面记录的已付票据金额及存款金额是否与对账单记录一致。

（2）获取资产负债表日的银行存款余额调节表，检查调节表中加计数是否正确，调节后银行存款日记账余额与银行对账单余额是否一致。

（3）检查调节事项的性质和范围是否合理。

①检查是否存在跨期收支和跨行转账的调节事项。编制跨行转账业务明细表，检查跨行转账业务是否同时对应转入和转出，未在同一期间完成的转账业务是否反映在银行存款余额调节表的调整事项中。

②检查大额在途存款的日期。查明发生在途存款的具体原因，追查期后银行对账单存款记录日期，确定被审计单位与银行记账时间差异是否合理，确定在资产负债表日是否需审计调整；检查被审计单位的未付票据明细清单，查明被审计单位未及时入账的原因，确定账簿记录时间晚于银行对账单的日期是否合理；检查被审计单位未付票据明细清单中有记录，但截止资产负债表日银行对账单无记录且金额较大的未付票据，获取票据领取人的书面说明。确认资产负债表日是否需要进行调整；检查资产负债表日后银行对账单是否完整地记录了调节事项中银行未付票据金额。

（4）检查是否存在未入账的利息收入和利息支出。

（5）检查是否存在其他跨期收支事项。

（6）如果被审计单位未经授权或授权不清支付货币资金的现象比较突出，检查银行存款余额调节表中支付给异常的领款（包括没有载明收款人）、签字不全、收款地址不清、金额较大票据的调整事项，确认是否存在舞弊。

5. 函证银行存款余额

函证银行存款余额，编制银行函证结果汇总表，检查银行回函，应注意以下几方面内容。

（1）向被审计单位在本期存过款的银行发函，包括零账户和账户已结清的银行。

表 11-2　银行存款余额调节表

银行存款余额调节表	
年　月　日	
编制人：　日期：　索引号：	
复核人：　日期：　页次：	
户别：	币别：
项目	
银行对账单余额(　年　月　日)	
加:企业已收,银行尚未入账金额	
其中:1.________元	
2.________元	
减:企业已付,银行尚未入账金额	
其中:1.________元	
2.________元	
调整后银行对账单金额	
企业银行存款日记账金额(　年　月　日)	
加:银行已收,企业尚未入账金额	
其中:1.________元	
2.________元	
减:银行已付,企业尚未入账金额	
其中:1.________元	
2.________元	
调整后企业银行存款日记账金额	
经办会计人员:(签字)	会计主管:(签字)

(2)确定被审计单位账面余额与银行函证结果的差异,对不符事项进行适当处理。

银行存款函证是指注册会计师在执行审计业务过程中,需要以被审计单位名义向有关单位发函询证,以验证被审计单位的银行存款是否真实、合法、完整。按照国际惯例,财政部和中国人民银行于 1999 年 1 月 6 日联合印发了《关于做好企业的银行存款、借款及往来款项函证工作的通知》(简称《通知》),《通知》对函证工作提出了明确的要求,并规定:各商业银行、政策性银行、非银行金融机构要在收到询证函之日起十个工作日内,根据函证的具体要求,及时回函并可按照国家的有关规定收取询证费用;各有关企业或单位根据函证的具体要求回函。

函证银行存款余额是证实资产负债表所列银行存款是否存在的重要程序。通过向往来银行函证，注册会计师不仅可以了解企业资产的存在，还可以了解企业账面反映所欠银行债务的情况，并有助于发现企业未入账的银行借款和未披露的或有负债。

注册会计师应向被审计单位在本年存过款（含外埠存款、银行汇票存款、银行本票存款、信用卡存款、信用证保证金存款）的所有银行发函，其中包括企业存款账户已结清的银行，因为有可能存款账户已结清，但仍有银行借款或其他负债存在。并且，虽然注册会计师已直接从某一银行取得了银行对账单和所有已付支票，但仍应向这一银行进行函证。表11-3列示了银行询证函参考格式，供参考。

表 11-3 银行询证函

编号：

××（银行）：

本公司聘请的××会计师事务所正在对本公司××年度财务报表进行审计，按照《中国注册会计师审计准则》的要求，应当询证本公司与贵行相关的信息。下列信息出自本公司记录，如与贵行记录相符，请在本函下端“信息证明无误”处签章证明；如有不符. 请在“信息不符”处列明不符项目及具体内容；如存在与本公司有关的未列入本函的其他重要信息，也请在“信息不符”处列出其详细资料。回函请直接寄至××会计师事务所。

回函地址：

邮编：　　电话：　　传真：　　联系人：

截至××年×月×日止，本公司与贵行相关的信息列示如下。

1. 银行存款

账户名称	银行账号	币种	利率	余额	起止日期	是否被质押或用于担保或存在其他限制	备注

除上述列示的银行存款外，本公司并无在贵行的其他存款。

注：“起止日期”一栏今适用于定期存款，如为活期或保证金存款，可只填写“活期”或“保证金”在字样。

2. 银行借款

账户名称	币种	余额	借款日期	还款日期	利率	其他借款条件	抵（质）押品/担保人	备注

除上述列示的银行借款外，本公司并无自贵行的银行借款。

注：此项仅函证截至资产负债表日本公司尚未归还的借款。

3. 截至函证日之前12个月内注销的账户

账户名称	银行账号	币　种	注销账户日

除上述列示的账户外，本公司并无截至函证日之前12个月内在贵行注销的其他账户。

4. 委托存款

账户名称	银行账号	借款方	币种	利率	余额	存款起止日期	备注

续表

除上述列示的委托存款外，本公司并无通过贵行办理的其他委托存款。

5. 委托贷款

账户名称	银行账号	贷款方	币种	利率	余额	贷款起止日期	备注

除上述列示的委托贷款外，本公司并无通过贵行办理的其他委托贷款。

6. 担保

(1)本公司为其他单位提供的，以贵行为担保受益人的担保。

被担保人	担保方式	担保金额	担保期限	担保事由	担保合同编号	被担保人与贵行就担保事项往来的内容(贷款)等	备注

除上述列示的担保外，本公司并无其以贵行为担保受益人的担保。

注：如采用抵押或质押方式提供担保的，应在备注中说明抵押或质押物情况。

(2)贵行向本公司提供的担保。

被担保人	担保方式	担保金额	担保期限	担保事由	担保合同编号	备注

除上述列示的担保外，本公司并无贵行提供的其他担保。

7. 本公司为出票人且由贵行承兑尚未支付的银行承兑汇票。

银行承兑汇票号码	票面金额	出票日	到期日

除上述列示的银行承兑汇票外，本公司并无由贵行承兑而尚未支付的其他银行承兑汇票。

8. 本公司向贵行已贴现而尚未到期的商业汇票

商业汇票号码	付款人名称	承兑人名称	票面金额	票面利率	出票日	到期日	贴现日	贴现率	贴现净额

除上述列示的商业汇票外，本公司并无向贵行已贴现而尚未到期的其他商业汇票。

9. 本公司为持票人且由贵行托收的商业汇票

商业汇票号码	承兑人名称	票面金额	出票日	到期日

除上述列示的商业汇票外，本公司并无由贵行托收的其他商业汇票。

续表

10. 本公司为申请人，由贵行开具的、未履行完毕的不可撤销信用证

信用证号码	受益人	信用证金额	到期日	未使用金额

除上述列示的不可撤销信用证外，本公司并无由贵行开具的、未履行完毕的其他不可撤销信用证。

11. 本公司与贵行之间未履行完毕的外汇买卖合约

类别	合约号码	买卖币种	未履行的合约买卖金额	汇率	交收日期
贵行卖予本公司					
本公司卖予贵行					

除上述列示的外汇买卖合约外，本公司并无与贵行之间未履行完毕的其他外汇买卖合约。

12. 本公司存放于贵行的有价证券或其他产权文件

有价证券或其他产权文件名称	产权文件编号	数量	金额

除上述列示的有价证券或其他产权文件外，本公司并无存放于贵行的其他有价证券或其他产权文件。

注：此项不包括本公司存放在贵行保管箱中的有价证券或其他产权文件。

13. 其他重大事项

注：此项应填列注册会计师认为重大且应予以函证的其他事项，如信托存款等，如无则应填写"不适用"。

（公司盖章）

年　　月　　日

以下仅供被函证银行使用

结论：1. 信息证明无误。

（银行盖章）

年　月　日

经办人：

2. 信息不符，请列明不符项目及具体内容（其他未在本函列出的项目，请列出金额及其详细资料）。

（银行盖章）

年　月　日

经办人：

6. 检查银行存款账户存款人是否为被审计单位

检查银行存款账户存款人是否为被审计单位若存款人非被审计单位，应获取该账户户主和被审计单位的书面声明，确认资产负债表日是否需要调整。

7. 关注质押、冻结的存款

关注是否存在质押、冻结等对变现有限制或存在境外的款项。是否已做必要的调整和披露。

8. 抽查大额银行存款收支

抽查大额银行存款收支的原始凭证，检查原始凭证是否齐全、记账凭证与原始凭证是否相符、账务处理是否正确、是否记录于恰当的会计期间等项内容。检查是否存在非营业目的的大额货币资金转移，并核对相关账户的进账情况；如有与被审计单位生产经营无关的收支事项，应查明原因并做好相应的记录。

9. 检查银行存款收支的正确截止

选取资产负债表日前后若干天的银行存款收支凭证实施截止测试，关注业务内容及对应项目，如有跨期收支事项，应考虑是否应提小调整建议。

10. 检查银行存款的列报是否恰当

根据有关规定，企业的银行存款在资产负债表的“货币资金”项目内反映，所以，注册会计师应在实施上述审计程序后，确定银行存款账户的期末余额是否恰当，进而确定银行存款是否在资产负债表上恰当披露。

【例 11-2】注册会计师在对某企业银行存款进行审计时，发现以下情况：12 月 31 日银行存款日记账余额 67 875 元，开户银行送来的对账单中银行存款余额 64 500 元，经查实发现以下未达账项：

（1）12 月 31 日委托银行收款 7 250 元，银行已入账，企业尚未入账。

（2）12 月 29 日企业开出转账支票一张，记 1 200 元，企业已入账，银行未入账。

（3）12 月 30 日银行代付企业电费 1 125 元，银行已入账，企业未入账。

（4）12 月 30 日企业收到外单位的转账支票一张 9 000 元，企业已入账，银行未入账。

问题：（1）编制银行存款余额调节表表。

（2）假定银行对账单所列企业银行存款无误，试问在编制银行存款余额调节表时发现的错误金额是多少？属于什么性质的错误？12 月 31 日银行存款日记账账面的正确金额是多少？

【解答】（1）银行存款余额调节表如表 11-4 所示。

表 11-4　银行存款余额调节表

项目	金额	项目	金额
企业银行存款账面余额	67 875	开户银行对账单金额	64 500
加：银行已收，企业未收	7250	加：企业已收，银行未收	9 000

续表

项目	金额	项目	金额
减:银行已付,企业未付	1125	减:企业已付,银行未付	1 200
减:记账差错	1700	—	—
调节后存款余额	72 300	调节后存款余额	72 300

(2)假设银行对账单所列企业银行存款项目正确,则记账差错 1 700 元,属企业多记收入或少计支出,12 月 31 日企业银行存款日记账账面余额为 67 875-1 700=66 175 元。

三、其他货币资金审计

其他货币资金包括企业到外地进行临时或零星采购而汇往采购地银行开立采购专户的款项所形成的外埠存款、企业为取得银行汇票按照规定存入银行的款项所形成的银行汇票存款、企业取得银行本票按照规定存入银行的款项而形成的银行本票存款、信用卡存款和信用证保证金存款等。

(一)其他货币资金的审计目标

(1)确定被审计单位资产负债表中的其他货币资金在会计报表日是否确实存在,是否为被审计单位所拥有。

(2)确定被审计单位在特定期间内发生的其他货币资金收支业务是否均已记录完毕,有无遗漏。

(3)确定其他货币资金的余额是否正确。

(4)确定其他货币资金在会计报表上的披露是否恰当。

(二)其他货币资金的实质性程序

(1)核对明细账期末合计数与总账数是否相符。

(2)函证外埠存款户、银行汇票存款户、银行本票存款户期末余额。

(3)对于外币其他货币资金,检查其折算汇率是否正确。

(4)抽查一定数量的原始凭证作为样本进行测试,检查其经济内容是否完整,有无适当的审批授权,并核对相关账户的进账情况。

(5)抽取资产负债表日后的大额收支凭证进行截止测试,如有跨期收支事项,应作适当调整。

(6)确定其他货币资金的披露是否恰当。

【案例分析】

案例一　现金审计

大中华剧院的出纳员在剧院专设的售票室负责售票、收款工作，每日各场次所出售的戏票、电影票均事先连续编号。顾客一手交钱，出纳员一手交票。顾客买票后须将入场券交给检票员才能进入剧院，守门员将入场券撕成两半，正券交还顾客，副券则投入加锁的票箱中。

问题：（1）本案例中在现金收入方面采取了哪些内部控制措施？

（2）假设售票员与守门员串通窃取现金收入，他们将采取哪些行动？

（3）对串通舞弊行为，可以采取什么措施揭发？

（4）剧院经理可以采取哪些手段使现金内部控制达到最佳效果？

【解答】（1）采取的内部控制措施为：入场券连续编号；售票与收票分两人负责；入场时检票员将票一撕两半，各执一半；票箱加锁。

（2）收票员收票时不撕票而将全票交于售票员重新出售；收票员直接收钱，让交钱者进场。

（3）观察售票员手中有没有散票、旧票；突击抽查观众是否无票或持旧票入场。

（4）严格控制未用入场券，记录每日每班第一张和最后一张的券号；抽点库存现金；入场券加盖剧目章和日期章；不定期检查是否利用售票机售票以及收票时有没有持废票、旧票或无票入场的事情发生。

案例二　银行存款审计

注册会计师负责对 A 公司 2021 年度财务报表进行审计。在对货币资金项目审计过程中，注册会计师遇到以下事项，请代为做出正确的专业判断。

（1）针对 A 公司以下与货币资金相关的内部控制，注册会计师应提出改进建议的有（　　）。

A. 现金收入必须及时存入银行，不得直接用于公司的支出

B. 在办理费用报销的付款手续后，出纳人员应及时登记现金、银行存款日记账和相关费用明细账

C. 指定负责成本核算的会计人员每月核对一次银行存款账户

D. 期末应当核对银行存款日记账余额和银行对账单余额，对余额核对相符的银行存款账户，无须编制银行存款余额调节表

【解答】选择 BD。选项 C 符合不相容职务分离的要求。

（2）A 公司编制的 2021 年 12 月末银行存款余额调节表显示存在 120 000 元的未达账项，其中包括 A 公司已付而银行未付的材料采购款 100 000 元。以下审计程序中可能为该材料采购款未达账项的真实性提供审计证据的有（　　）。

A. 检查 2022 年 1 月份的银行对账单

B. 检查相关的采购合同、供应商销售发票和付款审批手续

C. 就 2021 年 12 月末银行存款余额向银行寄发银行询证函

D. 向相关的原材料供应商寄发询证函

【解答】选择 ABD。由于 12 月末供应商尚未办理转账,所以向银行函证 12 月末的银行存款余额是无效的。

(3)注册会计师拟对银行存款余额实施函证程序。以下做法中正确的有(　　)。

A. 以 A 公司的名义寄发银行询证函

B. 除余额为零的银行存款账户以外,必须对 A 公司所有银行存款账户实施函证程序

C. 由 A 公司代为填写银行询证函后,交由注册会计师检查后直接发出并回收

D. 如果银行询证函回函结果表明没有差异,则可以认定银行存款余额是正确的

【解答】选择 AC。银行询证函回函结果表明没有差异,不能认定银行存款余额就是正确的。

【本章小结】

本章主要阐述了货币资金循环的主要凭证和记录、主要业务活动、内部控制及测试方法、库存现金、银行存款及的审计目标和实质性测试的程序。

货币资金与各交易循环直接相关,一个良好的货币资金内部控制制度应该包括货币资金收支与记账的岗位分离;货币资金收支要有合理、合法的凭据;全部收支及时准确入账,并且支出要有核准手续;控制现金坐支,当日收入现金应及时送存银行;按月盘点现金,编制银行存款余额调节表,以做到账实相符;加强对货币资金收支业务的内部审计。

现金审计的目标:确定被审计单位资产负债表中的现金在会计报表日是否确实存在,是否为被审计单位所拥有;确定被审计单位在特定期间内发生的现金收支业务是否均已记录完毕、有无遗漏;确定现金余额是否正确;确定现金在会计报表上的披露是否恰当。

现金重要的实质性测试程序:核对现金日记账与总账的余额是否相符;盘点库存现金;抽查大额现金收支;审查现金收支的正确截止;确定现金是否在资产负债表上恰当披露。

银行存款审计目标:确定被审计单位资产负债表中的银行存款在会计报表日是否确实存在,是否为被审计单位所拥有;确定被审计单位在特定期间内发生的银行存款收支业务是否均已记录完毕、有无遗漏;确定银行存款的余额是否正确;确定银行存款在会计报表上的披露是否恰当。

银行存款重要的实质性测试程序:银行存款日记账与总账的余额是否相符;分析性复核程序;取得并审查银行存款余款调节表;函证银行存款余额;抽查大额银行存款的收支;审查银行存款收支的正确截止;确定银行存款是否在资产负债表上恰当披露。

【关键术语】

货币资金,货币资金内控制度,库存现金审计,突击盘点,库存现金盘点表,银行存款审

计，银行询证函，银行存款余额调节表。

【同步练习】

一、单项选择题

1. 如果注册会计师已从被审计单位的某开户银行获取了银行对账单和所有已付支票清单，该注册会计师（　　）。

A. 复核银行对账单

B. 不需要再向该银行函证

C. 仍需要向该银行函证

D. 可根据实际需要，确定是否向银行函证

2. 注册会计师在审计天星公司某银行账户的银行存款时发现，银行存款对账单余额与银行存款日记账余额不符，注册会计师应当执行的最有效的审计程序是（　　）。

A. 审查该账户的银行存款余额调节表

B. 审查银行存款日记账中记录的该账户资产负债表日前后的收付情况

C. 审查银行对账单中记录的该账户资产负债表日前后的收付情况

D. 抽查天星公司该年度的银行存款收支业务

3. 在对银行存款实施审计时，实施的函证程序可以证实若干项目标，其中最基本的目标是（　　）。

A. 是否有漏记的银行借款

B. 银行存款的真实性

C. 是否有充作抵押担保的存货

D. 是否有企业已经记录但是银行方没有记录的交易事项

4. 注册会计师执行的以下实质性程序中属于审查企业收到的现金是否已经全部登记入账的是（　　）。

A. 对库存现金执行监盘程序

B. 检查现金收入的日记账、总账和应收账款明细账的大额项目与异常项目

C. 从被审计单位当期收据存根中抽取大额现金收入追查到相关的凭证和账簿记录

D. 对被审计单位结账日前一段时间内现金收支凭证进行审计，以确定是否存在应记入下期的事项

5. 监盘库存现金是注册会计师证实被审计单位资产负债表所列现金是否存在的一项重要程序，被审计单位必须参加盘点的人员是（　　）。

A. 出纳员和会计主管人员　　B. 出纳员和财务总监

C. 现金出纳员和财务经理　　D. 会计主管人员和内部审计人员

6. 如果注册会计师在资产负债表日后对库存现金进行监盘，应当根据盘点数、资产负债

表日至(　　)的现金收支数,倒推计算资产负债表上所包含的库存现金数是否正确。

A. 盘点日　　B. 审计报告报出日

C. 审计报告　　D. 审计工作完成日

7. 注册会计师 A 于 2021 年 3 月 5 日下午下班时对甲公司全部现金进行监盘后,确认实有现金数额为 1 000 元。甲公司 3 月 4 日账面库存现金余额为 2 000 元，3 月 5 日发生的现金收支全部未登记入账,其中收入金额为 3 000 元、支出金额为 4 000 元，2021 年 1 月 1 日至 3 月 4 日现金收入总额为 165 200 元、现金支出总额为 165 500 元,则推断 2020 年 12 月 31 日库存现金余额应为(　　)元。

A.2 500　　B.1 000　　C.2 300　　D.1 300

8.N 公司某银行账户的银行对账单余额为 585 000 元,在审查 N 公司编制的该账户银行存款余额调节表时,注册会计师注意到以下事项：N 公司已收、银行尚未入账的某公司销货款 100 000 元;N 公司已付、银行尚未入账的预付某公司材料款 50 000 元;银行已收、N 公司尚未入账的某公司退回的押金 35 000 元;银行已代扣、N 公司尚未入账的水电费 25 000 元。假定不考虑审计重要性水平,该注册会计师审计后确认该账户的银行存款日记账余额应是(　　)元。

A.625 000　　B.635 000　　C.575 000　　D.595 000

9. 下列有关被审计单位库存现金和银行存款的管理表述中,注册会计师认为错误的是(　　)。

A. 单位应当定期和不定期地进行现金盘点,确保现金账面余额与实际库存相符

B. 单位应当指定专人定期核对银行账户,每月至少核对一次,编制银行存款余额调节表

C. 单位应当严格遵守银行结算纪律,不准签发没有资金保证的票据或远期支票,套取银行信用

D. 单位现金收入应当及时存入银行,不得用于直接支付单位自身的支出,因特殊情况需坐支的,应事先经公司管理层或治理层批准

10. 下列说法中正确的是(　　)。

A. 出纳人员可以同时从事银行对账单的获取、银行存款余额调节表的编制等工作

B. 在对银行存款实施函证程序时,要对所有存款的银行都寄发询证函

C. 被审计单位资产负债表上的银行存款余额,应以编制或取得银行存款余额调节表日银行存款账户数额为准

D. 如果现金盘点不是在资产负债表日进行的,注册会计师应将资产负债表日至盘点日的收付金额调整至盘点日金额

二、多项选择题

1. 注册会计师寄发的银行询证函(　　)。

A. 属于积极式函证

B. 要求银行直接回函至会计师事务所

C. 是以被审计单位的名义发往开户银行

D. 函证对象包括银行存款和借款余额等

2. 注册会计师李明对 A 公司执行银行存款余额函证的助理人员的工作进行检查时，发现助理人员执行银行存款余额函证程序时提出以下观点，正确的有(　　)。

A. 以 A 公司的名义寄发银行询证函

B. 由 A 公司代为填写银行询证函后，交由注册会计师发出并回收

C. 如果银行询证函回函结果表明没有差异，则可以认定银行存款余额是正确的

D. 除余额为零的银行存款账户以外，必须对 A 公司所有银行存款账户实施函证程序

3. 下列说法中不恰当的有(　　)。

A. 注册会计师在对银行存款审查时，如果取得的银行存款余额调节表中左右两边金额相等，则可以直接确定银行存款的余额的正确性

B. 出纳不能够同时负责登记银行存款日记账和编制银行存款余额调节表

C. 函证银行存款余额是证实资产负债表所列银行存款是否存在的重要程序。通过向往来银行函证，注册会计师不仅可了解企业资产的存在，还可了解企业账面反映所欠银行债务的情况，并有助于发现企业未入账的银行借款和未披露的或有负债

D. 监盘库存现金是证实资产负债表中所列现金是否存在的一项重要程序，盘点范围包括未存入银行的已收现金、零用金、找换金及各部门人员领用的备用金的盘点

4. 注册会计师实施的下列各项审计程序中，能够证明银行存款是否存在的有(　　)。

A. 计算定期存款占银行存款的比例

B. 检查银行存款余额调节表

C. 函证银行存款余额

D. 检查银行存款收支的正确截止

5. 监盘库存现金是证实资产负债表中所列库存现金是否存在的一项重要程序，还可以实现的审计目标有(　　)。

A. 计价和分摊　　B. 完整性

C. 在财务报表中恰当披露　　D. 权利和义务

6. 注册会计师在审阅助理会计师的库存现金盘点计划表时，发现以下几种处理方法，其中不恰当的有(　　)。

A. 注册会计师应亲自盘点

B. 库存现金监盘表只能由出纳人员签字，以明确责任

C. 盘点前就盘点时间与被审计单位会计主管沟通，要求其配合好相关的盘点工作

D. 盘点时应有被审计单位出纳和会计主管在场

7. 注册会计师在执行库存现金审计时通常需对现金相关的内部控制进行了解，一般而言，一个良好的现金内部控制体现为(　　)。

A. 加强对现金收支业务的内部审计

B. 全部现金收入及时准确入账，并且支出要有核准手续

C. 现金收支与记账的岗位相分离，按月盘点现金

D. 现金收支要有合理、合法的凭据，控制现金坐支

8. 下列说法中不正确的有(　　)。

A. 注册会计师对银行存款的函证，可以采用积极式和消极式

B. 注册会计师审计银行存款时不需要对账户余额为零的进行函证

C. 注册会计师应向被审计单位在本年存过款的所有银行发函，其中包括企业存款账户已结清的银行，因为有可能存款账户已结清，但仍有银行借款或其他负债存在

D. 向银行函证企业的银行存款，能够证实企业银行存款的真实性，不能证实企业银行借款的完整性

9. 下列描述的情形中，属于银行存款函证内容的有(　　)。

A. 银行贷款余额　　B. 各银行存款账户余额

C. 银行贷款担保或抵押情况　　D. 各银行存款户性质

10. 银行存款的实质性程序一般包括(　　)。

A. 核对银行存款日记账与总账的余额　　B. 实施分析性程序

C. 取得并检查银行存款余额调节表　　D. 函证银行存款余额

三、判断题

1. 定期编制银行存款余额调节表，与银行对账是货币资金循环内部控制的有效措施。(　　)

2. 支票和印章仅由一人保管或名义上由两人保管而实际上已预先在支票上盖章，则该业务环节内部控制仍然有效。(　　)

3. 备用金数额通常不大，因此审计人员不必予以关注。(　　)

4. 询证开户行是查明银行存款存在性的有效措施。(　　)

5. 当日收到现金应及时送存银行，以控制现金坐支。(　　)

6. 在途货币资金不属于企业货币资金构成项目。(　　)

7. 筹建期间发生的与取得长期资产无关的汇兑损益应计入开办费。(　　)

8. 外币资金折算可以按业务发生时的市场汇率或业务发生当期期初的市场汇率折合为记账本位币。(　　)

9. 被审计单位一年以上定期存款或限定用途的银行存款不属于流动资产。(　　)

10. 根据重要性原则，审计人员对大额现金和银行存款收支审查是符合审计准则的。(　　)

四、案例分析题

1. 2021 年 5 月 11 日下午 5 点 30 分，注册会计师参加对华光工厂库存现金的清查盘点工作。清查结果如下：

（1）实点库存现金（人民币）结存数：100元币120张，50元币80张，10元币220张，5元币84张，1元币570张，5角币50张，2角币20张，1角币51张，5分币32枚，2分币14枚，1分币8枚。

（2）查明现金日记账截至2021年5月10日的账面余额为21 679.24元。

（3）查出已经办理收款手续尚未入账的收款凭证（191号至202号）金额合计为4 372.31元。

（4）查出已经办理付款手续尚未入账的付款凭证（203号至211号）金额合计为4 126.14元。

（5）发现现金日记账中夹有下列借据，共计560元：许林华借药费1 250元，万广华借药费1 310元。以上借据均经领导批准。

（6）发现保险柜中有5月1日收到销售产品的转账支票一张，金额75 013元。

（7）银行核定库存现金限额10 000元。

问题：（1）根据清查结果，编制库存现金监盘表。

（2）指出该企业现金管理中存在的主要问题，并提出审计意见。

（3）根据清查结果，编制库存现金监盘表。

2. 审计人员对A公司2021年12月31日的银行存款进行审查，查得银行存款日记账余额为174 800元，银行对账单余额为97 500元，并发现以下情况。

（1）12月31日银行从A公司银行存款中扣除借款利息1 200元，公司未入账。

（2）A公司12月28日开出转账支票一张25 500元，银行未入账。

（3）银行12月29日收到B公司汇来的货款35 000元，A公司未入账。

（4）A公司12月29日存入转账支票一张64 000元，银行未入账。

（5）银行对账单上发现12月20日和23日收入和付出支票各一张，金额均为50 000元，A公司银行存款日记账上无此记录。

（6）存入现金5 000元，出纳未提供进账单。

问题：（1）编制银行存款余额调节表。

（2）分析公司在银行存款方面可能存在的问题。

（3）针对上述问题，为证实资产负债表所列银行存款是否存在，注册会计师应实施何种审计程序？

五、思考题

1. 简述货币资金与各业务循环的关系。

2. 简述货币资金的内控制度。

3. 简述库存现金的审计目标。

4. 简述库存现金盘点的程序。

5. 简述银行存款的审计目标。

6. 简述银行存款的实质性程序。

第十二章　完成审计工作与审计报告

引言

注册会计师在按照业务循环完成各个会计报表项目的审计测试和一些特殊项目的审计工作之后,应汇总审计测试的结果。审计报告是审计人员根据审计准则的要求,在完成预定的审计程序后出具的对被审计单位被审计事项表示意见的书面文件。

本章主要介绍了期初余额审计;复核期后事项与或有损失;评价审计结果;审计报告的意义、作用、种类,审计报告的内容和基本意见类型,审计报告的编写步骤和要求;管理建议书。

通过对本章的学习要求了解完成审计外勤工作;了解国家审计报告、内部审计报告的意义;掌握民间审计报告的含义及基本类型。

本章重点:审计报告的意义,审计报告的基本类型。

本章难点:审计报告的基本类型。

案例导入

晨鸣纸业 2016 年审计报告关键事项段

2016 年,晨鸣纸业聘任瑞华会计师事务所为公司进行审计,瑞华会计师事务所根据 2016 年颁布的新审计报告准则要求出具了审计报告,其中关键事项的部分内容摘要如下。

关键事项审计是根据我们的职业判断,审计本期财务报表中最为重要的事项。这些事项的应对以对财务报表整体进行审计并形成审计意见为背景,我们不对这些事项单位发表意见。

1. 以公允价值计价的消耗性生物资产

1)事项描述

截至 2016 年 12 月 31 日,晨鸣纸业公司合并财务报表附注所示以公允价值计价的消耗性生物资产余额 12 600.27 万元,属于晨鸣纸业公司的特殊资产且金额较大,为此我们确定消耗性生物资产的计量为关键事项。根据晨鸣纸业公司的会计政策,消耗性生物资产在形成蓄积量以前按照成本进行初始计量,形成蓄积量以后按公允价值计量,公允价值变动计入当期损益。由于晨鸣纸业公司的消耗性生物资产没有活跃的市场可参考价格,所以晨鸣纸业公司采用估值技术确定已形成蓄积量的消耗性生物资产(简称“该类生物资产”)的公允价值。

2)审计应对

针对该类生物资产的公允价值计量问题,我们实施的审计程序主要包括:对晨鸣纸业公司与确定该类生物资产相关的控制进行了评估；对该类生物资产的估值方法进行了了解和评价，并与估值专家讨论了估值方法的具体运用；对在估值过程中运用的估值参数和折现率进行了考虑和评价。

2. 与可抵扣亏损相关的递延所得税资产

1）事项描述

截至2016年12月31日，晨鸣纸业公司合并资产负债表中列示了49 745.78万元的递延所得税资产。其中26 026.37万元递延所得税资产与可抵扣亏损相关。在确认与可抵扣亏损相关的递延所得税资产时，晨鸣纸业公司管理层在很有可能有足够的应纳税利润来抵扣亏损的限度内，就所有未利用的税务亏损确认递延所得税资产。这需要晨鸣纸业公司管理层运用大量的判断来估计未来应纳税利润发生的时间和金额，结合纳税筹划策略，以决定应确认的递延所得税资产的金额。评估递延所得税资产能否在未来期间得以实现需要管理层做出重大判断，并且管理层的估计和假设具有不确定性。

2）审计应对

在审计相关税务事项时，我们的审计团队邀请了税务专家。在税务专家的支持下，我们实施的审计程序主要包括：对晨鸣纸业公司与税务事项相关的内部控制的设计与执行进行了评估；获取了与可抵扣亏损相关的所得税汇算清缴资料，并在税务专家协助下复核了可抵扣亏损金额；获取了经管理层批准的相关子公司未来期间的财务预测，对其编制是否符合行业总体趋势及各子公司自身情况，是否考虑了特殊情况的影响，以及其可实现性进行了评估：复核了递延所得税资产的确认是否以未来期间很可能取得用来抵扣可抵扣亏损的应纳税所得额为限。

3. 固定资产减值准备计提

1）事项描述

截至2016年12月31日，晨鸣纸业合并附注列示固定资产减值准备19 482.32万元，在计提固定资产减值准备时，晨鸣纸业考虑固定资产处置时的市场价值及快速变现因素，并聘请专家对固定资产运用估值技术核定固定资产的减值。

2）审计应对

在审计固定资产减值准备的过程中，我们实地勘察了相关固定资产，取得了相关资产资料，评估了晨鸣纸业公司的估值方法，并与估值专家讨论了估值方法运用的适当性。

基于获取的审计证据，我们得出审计结论，管理层对固定资产减值准备的计提是合理的，相关信息在财务报表附注“固定资产”及附注“资产减值准备明细”中所做出的披露是适当的。

案例思考

如何理解审计报告中的关键事项？

按业务循环对各会计报表项目进行审计测试，构成了审计外勤工作的基本内容。但是，在结束外勤工作之前，审计人员还应对一些特殊项目，如期初余额、或有损失和期后事项等进行必要的审计，在此基础上评价审计结果，并与被审计单位进行沟通，最后确定应出具审计报告的意见类型和措辞，编制及报出审计报告，完成审计工作。

第一节　完成审计外勤工作

完成审计外勤工作主要包括完成特殊项目的审计工作、编制审计差异调整表和试算平衡表、取得被审计单位管理当局声明书和律师声明书、执行分析性程序、撰写审计总结以及完成审计工作底稿的二级复核等。其中，特殊项目的审计工作包括期初余额审计、期后事项审计、或有事项审计及持续经营假设审计等。

一、期初余额审计

审计人员首次接受委托对被审计单位的会计报表进行审计，必然会涉及会计报表期初余额及其审计问题。

（一）期初余额的含义

期初余额是指首次接受委托时，所审计会计期间期初已存在的余额。它以上期期末余额为基础，反映了前期交易、事项及其会计处理的结果。可从以下三个方面理解这个概念。

（1）期初已存在的余额是指从上期结转至本期的金额，或是上期期末余额经调整后的金额。一般而言，期初余额与上期期末余额在数量上是相等的。但是，有时由于受上期期后事项、会计政策等因素的影响，上期期末余额结转至本期时，需要经过调整或重新表述。

（2）期初余额应以客观存在的经济业务为根据，是被审计单位在以前会计期间而非本期所发生的交易、事项及其会计处理的结果。

（3）期初余额是与首次接受委托相联系的。首次接受委托是指审计组织在被审计单位上期会计报表未经独立审计，或由其他审计组织审计的情况下接受的审计委托。

由于期初余额是本期会计报表形成的基础，往往对本期会计报表产生重要的影响。因此，审计人员应当保持应有的职业谨慎，充分考虑期初余额对所审计会计报表的影响程度。审计人员应从以下三方面判断期初余额对本期会计报表的影响程度：一是上期结转至本期的金额；二是上期所采用的会计政策；三是上期期末已存在的或有事项及承诺。

审计人员对会计报表进行审计，是为了对被审计单位的会计报表发表审计意见，一般无须专门对期初余额发表审计意见。但由于期初余额是本期会计报表形成的基础，因而审计人员应对期初余额进行适当的审计。

审计人员应当根据期初余额对所审计会计报表的影响程度，合理运用专业判断，确定期初余额的审计范围，实施适当的审计程序，并充分考虑相关审计结论对所审计会计报表发表审计意见的影响。如果上期会计报表已经其他审计组织审计，审计人员可与前任审计人员联系，以获取必要的审计证据，但应征得被审计单位的同意。后任审计人员可通过查阅前任审计人员的工作底稿中对本期审计有重大影响的事项来了解被审计单位的期初余额情况。前任审计人员应与后任审计人员联系，并提供必要的帮助。

（二）期初余额审计程序

审计人员在确定期初余额审计程序时，应当考虑以下四个方面的因素。

（1）上期选用的会计政策。

（2）上期会计报表是否经过其他审计组织审计。

（3）会计报表项目的性质及在本期会计报表中被错报、漏报的风险。

（4）期初余额对本期会计报表的影响程度。

1. 一般程序

考虑上述因素，期初余额的审计程序一般如下。

（1）分析被审计单位所选用的会计政策是否恰当，是否与本期一致。这里的会计政策是指企业进行会计核算和编制会计报表时所采用的具体原则、方法和程序。如果被审计单位上期选用的会计政策不恰当或与本期不一致，审计人员在执行期初余额审计时应提请被审计单位进行调整或予以披露。

（2）了解上期会计报表是否经过其他审计组织审计。若上期会计报表已经其他审计组织审计，后任审计人员可通过查阅前任审计人员的审计工作底稿，获取有关期初余额的审计证据，但应当考虑前任审计人员的专业胜任能力和独立性。

（3）关注前任审计人员出具的审计报告。如果前任审计人员出具了带说明段的审计报告，则后任审计人员应特别注意其中与本期会计报表有关的部分。

2. 其他程序

如果实施上述审计程序仍不能获取充分、适当的审计证据，或上期会计报表未经审计，则审计人员应当对期初余额实施以下审计程序。

（1）询问被审计单位管理当局。询问的内容包括对本期经营有重要影响的事项、政府新颁布的影响行业发展的法规以及其他重要事项。

（2）审阅上期会计资料及相关资料。审阅时应特别关注其合法性、公允性和一贯性。

（3）通过对本期会计报表实施的审计程序进行证实。

（4）补充实施其他适当的实质性测试程序。有些期初余额项目尚需补充实施其他适当的实质性测试程序。对于存货项目，审计本期交易很难获取期初余额是否适当的证据。因此，必须采用其他审计程序。

（三）期初余额对审计意见的影响

审计人员应当根据已获取的审计证据，形成对期初余额的审计结论，在此基础上确定其对本期会计报表审计意见的影响。如果期初余额对本期会计报表可能存在重大影响，但无法对其获取充分、适当的审计证据，审计人员应当对本期会计报表发表保留意见或拒绝表示意见。如果期初余额存在严重影响本期会计报表的错报或漏报，审计人员应当提请被审计单位进行调整或披露。如果被审计单位不接受建议，审计人员应当对本期会计报表发表保留意见或否定意见。如果前任审计人员出具了带说明段的审计报告，审计人员应当考虑相关事项对本期会计报表的影响。如果其影响尚未消除，审计人员则仍应在审计报告中进行适当反映。

二、期后事项审计

期后事项是指资产负债表日至审计报告日发生的，以及审计报告日至会计报表公布日发生的对会计报表产生影响的事项。其中，审计报告日是指审计人员完成审计工作的日期；会计报表公布日是指被审计单位对外披露已审计会计报表的日期。由于期后事项很可能会影响被审计单位会计报表的金额，也可能会改变审计人员对被审计单位会计报表公允性的意见，所以审计人员必须对期后事项予以充分关注。

（一）期后事项的种类

为了确定期后事项对被审计单位会计报表公允性的影响程度，有两类期后事项需要被审计单位管理当局考虑和审计人员充分关注：一是能为资产负债表日已存在情况提供补充证据的事项，这类事项需要提请被审计单位进行调整；二是虽不影响会计报表金额，但可能影响对会计报表正确理解的事项，这类事项需要提请被审计单位予以披露。

1. 资产负债表日后调整事项

这类事项既能为被审计单位管理当局确定资产负债表日账户余额提供信息，也能为审计人员核实这些余额提供补充证据。如果这类期后事项的金额重大，应提请被审计单位对年度会计报表及相关账户的余额进行调整。常见的这类事项如下。

（1）资产负债表日被审计单位认为可以收回的大额应收款项，因资产负债表日后债务人突然破产而无法收回。显然，债务人的财务状况早已恶化，所以审计人员应考虑提请被审计单位增加备抵坏账数额，调整会计报表有关项目的数额。

（2）被审计单位由于某种原因被起诉，法院于资产负债表日后判决被审计单位应赔偿对方损失。由于这一负债实际上在资产负债表日之前就已存在，所以，如果赔偿数额很大，审计人员应考虑提请被审计单位增加资产负债表有关负债项目的数额，并加以说明。

（3）被审计单位资产负债表日后不久有大批产成品经验收不合格。这种情况表示被审计单位资产负债表日在产品存货中有相当数量的不合格产品，故应予以扣除等。

2. 资产负债表日后非调整事项

这类事项因不影响会计报表金额，所以不需要调整被审计单位的本期会计报表。但由于可能影响会计报表使用人对被审计单位会计报表的正确理解，因此需要在会计报表中以附注的形式对此类事项予以披露。这类在资产负债表日后发生的，需要在会计报表上披露而非调整的事项主要有：被审计单位发生合并、清算等重大事件；发行债券或权益性证券；应付债券提前兑付；所持有的作为短期投资的有价证券的市价严重下跌；由于法律限制或政府禁止导致某种产品无法销售而造成的存货市价下跌；因自然灾害而遭受的大笔损失等。

（二）期后事项审计程序

审计人员对被审计单位期后事项的审计，可以归结为两类基本程序：一是结合对会计报表项目实施的实质性测试程序所进行的审计；二是专为发现所审计会计期间必须弄清楚的事项另行实施的审计程序。审计人员另行实施的审计程序，应当尽量在接近审计报告日时进行。

1. 结合对会计报表项目实施的实质性测试程序所进行的审计

结合对会计报表实施的实质性测试程序对期后事项进行审计,是会计报表项目审计的一部分,也是进行期后事项审计的一种有效程序。例如,通过审核期后的销售和采购业务,可以确定所审计会计期间主营业务收入发生额及期末存货等账户的余额是否正确。同样,通过对期后货币资金收入的审核,可确定期末应收账款的可收回性等。

2. 专为发现所审会计期间必须弄清的事项另行实施的审计程序

这类审计是专门为获取那些必须并入所审会计期间账户余额、发生额或用会计报表附注说明的事项的有关资料而进行的审计。这类程序主要包括询问被审计单位管理当局及有关人员和审阅有关资料。其具体内容如下。

(1)向被审计单位管理当局及有关人员询问。由于被审计单位业务性质、经营规模等情况不同,审计人员询问的内容也就不同。此外,还要根据所需资料的要求,考虑询问对象的恰当性。

(2)审阅被审计单位资产负债表日后编制的内部报表及其他相关管理报告。审计人员应把审阅的重点放在所审计期间生产经营业务中与同期结果有关的变化,特别是被审计单位生产经营环境的主要变化上,以确定其编制基础与所审计期间会计报表是否一致,并调查生产经营结果的重大变化。

(3)审阅被审计单位资产负债表日后编制的会计记录。应重点检查资产负债表日后的日记账和明细账,从而确定所有与所审会计期间相关业务的存在及内容。

(4)审阅被审计单位资产负债表日后的有关会议记录。对资产负债表日后的股东大会、董事会和管理当局的会议记录,应重点检查其中影响所审计期间会计报表的重大期后事项。

(5)取得被审计单位管理当局和其律师的声明书。由被审计单位向审计人员送交的管理当局和其律师的声明书,是他们对审计中各种不同事项的说明,其中包括对审计外勤工作结束日前的有关期后事项的声明或陈述。

(6)了解被审计单位管理当局确认期后事项的程序。

(三)期后事项对审计报告的影响

审计人员对于已发现的对会计报表产生重大影响的期后事项,应当根据其类型分别做以下处理。

(1)对能为资产负债表日已存在情况提供补充证据的事项,提请被审计单位调整会计报表。

(2)对虽不影响会计报表金额,但可能影响对会计报表正确理解的事项,提请被审计单位在会计报表有关附注中做适当披露。如果被审计单位不接受调整或披露建议,审计人员应当发表保留意见或否定意见。

审计人员如在审计报告日至会计报表公布日之间获知可能影响会计报表的期后事项。应当及时与被审计单位管理当局讨论。必要时还应追加实施适当的审计程序,以确定期后事项的类型及其对会计报表和审计报告的影响程度。

在对审计报告日至会计报表公布日获知的期后事项实施了追加审计程序,并已做适当处理的情况下,审计报告日期不应早于被审计单位管理当局签署会计报表的日期。

三、或有事项审计

或有事项是指过去的交易或者事项形成的,其结果须由某些未来事项的发生或不发生才能决定的不确定事项。这种可能发生的损失在被审计单位资产负债表日仍不能确定。按照会计准则的要求,企业应根据其对或有事项可能性的判断,进行相应的会计处理。如果一项潜在损失是可能的,且其数额可以合理地估计出来,则在会计报表中列作应计项目;如果潜在损失的数额无法合理估计,或者潜在损失仅仅有些可能则在会计报表附注中反映;如果潜在损失几乎没有可能,则既不需要在会计报表中列作应计项目,也不需要在会计报表附注中反映。

由此可见,或有事项并不等同于或有负债,因为或有事项并不一定全部形成或有负债,但或有负债却是或有损失中最主要的组成部分。显然,如何合理判断和适当处理或有事项,需要审计人员具备相当程度的专业判断能力。

(一)或有事项的种类

或有事项根据其性质和内容,可以分为直接或有事项和间接或有事项两大类。

1. 直接或有事项

直接或有事项是指被审计单位对外直接可能发生的潜在支付。直接或有事项主要包括被审计单位的未决诉讼、未决索赔、税务纠纷等。

2. 间接或有事项

间接或有事项是指被审计单位因第三者的原因可能发生的潜在支付。这种可能发生的潜在支付并非因被审计单位本身的直接原因而产生。间接或有事项主要包括应收票据贴现、应收账款抵借、通融票据背书和其他债务担保等。

(二)或有事项审计程序

在审计实务中,许多或有事项的审计,往往是作为其他审计事项的一个组成部分,而不是在临近审计工作结束时作为一个单独的审计事项。即使单独核实或有事项,也是在审计工作结束的前一段时期进行,以确保核实的正确性。在临近审计工作结束时对或有事项进行审计,多数也是复核,而非首次审计。

由于或有事项审计的首要目标是确定或有事项是否存在,因而,与其他审计项目的审计有所不同。其他审计项目的审计主要在于核实已记录的资料的正确性,而或有事项的审计主要是发现未记录的或有损失业务或事项。一旦审计人员弄清了或有事项的存在,对它们的重要性的评价及所需要的披露就较容易解决。

由于或有事项的种类不同,审计人员所采用的审计程序也各不相同,但或有事项的一般审计程序可归纳如下。

（1）向被审计单位管理当局询问。审计人员应具体询问被审计单位应反映的或有事项的种类。当然，这种询问发现不了故意不反映或有事项的行为。向被审计单位管理当局索取下列资料：被审计单位管理当局的书面声明；被审计单位现存的有关或有损失的全部文件和凭证；被审计单位与银行之间的往来函件；被审计单位的债务说明书等。

（2）向被审计单位的法律顾问或律师发函询证，以获取其对被审计单位资产负债表日业已存在的，以及资产负债表日至复函日期间存在的或有事项的确认证据，特别是有关未决诉讼或未决税款估价等方面的证据。审计人员若从被审计单位的法律顾问或律师处无法获取有关未决诉讼案件的充分证据，则表明审计的范围受到了限制，就不能出具无保留意见的审计报告。

（3）审查被审计单位上期和被审计会计期间的纳税申报单等是否已经税务部门审核批准。如尚未经审核批准，说明可能存在有待解决的税务纠纷。如果税款拖延时间较长，则发生税务纠纷的可能性就较大。

（4）向与被审计单位有业务往来的银行发函询证，以了解应收票据贴现情况和为其他单位的贷款进行担保情况。

（5）审阅截至审计外勤工作完成日止被审计单位历次董事会会议纪要和股东大会会议记录，确定是否存在未决诉讼、未决索赔、税务纠纷、债务担保等方面的记录。

（6）复核现存的审计工作底稿，寻找任何可以说明潜在或有事项的资料。

（7）寻查被审计单位对未来事项和协议的财务承诺，并向被审计单位管理当局询问。因为财务承诺与或有损失密切相关。审计人员应当获取并审阅截至审计外勤工作完成日止历次股东大会、董事会和管理当局会议记录，以及其他重要的合同和往来通信档案等，以确定是否存在不可撤销的财务承诺事项。

（8）确定或有事项在会计报表上的披露是否恰当。

（三）或有事项对审计报告的影响

审计人员对截至审计报告日被审计单位仍未调整或披露的或有事项，视损失数额是否可以合理地加以估计提请被审计单位予以调整或披露。如果被审计单位拒绝调整或披露建议，审计人员应当判断其重要程度，以确定是否在审计报告中反映。

四、持续经营假设审计

持续经营假设是指被审计单位在编制会计报表时，假定其经营活动在可预见的将来会继续下去，不计划也不必终止经营或破产清算，可以在正常的经营过程中变现资产、清算债务。可预见的将来，一般指资产负债日后 12 个月。

持续经营假设是企业正常的会计核算的基本前提。在持续经营假设下，企业所持有的资产将在正常的经营过程中被耗用、转换或出售，而其所承担的债务，也将在正常的经营过程中被清偿。

（一）持续经营下的会计核算与非持续经营下的会计核算的区别

在持续经营下的会计核算与非持续经营下的会计核算存在本质上的区别。

1. 财务会计的目标不同

在持续经营情况下，财务会计的目标是公允地反映企业的财务状况、经营成果及现金流量；而当企业处在大幅度缩减经营规模或清算过程时，即非持续经营情况时，因为此时主要业务活动是清理、变卖财产、清偿债务和分配剩余财产，其会计目标就是如实反映财产变现和债务清偿情况。

2. 会计原则不同

持续经营情况下，其会计原则主要有历史成本原则、权责发生制原则、配比原则、划分资本性支出与收益性支出原则；而非持续经营情况下，其会计原则主要是收付实现制原则、变现价值原则等基本原则。

3. 会计信息的使用者不用

由于非持续经营情况会计信息的使用者及其对会计信息的需求与持续经营情况下存在着较大的差异。所以，与持续经营情况下的会计报表相比，非持续经营情况下会计报表的种类、格式与内容发生了很大的变化。

（二）持续经营假设的审计过程

被审计单位存在可能导致对其持续经营能力产生重大疑虑的事项或情况时，审计人员应当提请管理当局对持续经营能力做出书面评价。

（1）审计人员要充分关注管理当局做出评价的过程、依据的假设和拟采用的改善措施，以判断管理当局对持续经营能力的评价是否恰当。

（2）审计人员应当审计管理当局拟采取的改善措施，并考虑对持续经营能力的影响。

（3）审计人员实施以下审计程序，以判断管理当局拟采取的改善措施是否可行。

①与管理当局分析、讨论最近的中期会计报表、现金流量预测、赢利预测及其他预测。

②审阅影响持续经营能力的期后事项及或有事项，债券、借款协议等的履行情况，以及股东大会、董事会及其他重要会议有关财务困境的记录。

③向被审计单位的律师询问有关诉讼、索赔的情况，以及管理当局对有关诉讼、索赔结果及其财务影响的评价是否合理。

④确认有关财务支持协议的存在性、合法性和可行性，并对提供财务支持的关联方或第三方的财务能力做出评价。

（三）持续经营假设对审计报告的影响

审计人员根据已经发现的可能导致对被审计单位持续经营能力产生重大疑虑的事项或情况，分析其对被审计单位持续经营能力的影响，并以此确定对审计报告的影响。

（1）被审计单位编制会计报表所依据的持续经营假设是合理的，但存在可能导致对其持续经营能力产生重大疑虑的事项或情况。这种情况下，审计人员应当提请管理当局在会计报表中进行披露。如果被审计单位在会计报表中进行了适当披露，审计人员应当出具无保留意见的审计，并在意见段之后增加强调事项段；如果被审计单位未在会计报告中进行适当披露，审计人员应当出具保留意见或否定意见的审计报表，并在意见段之前的说明段中描述导致对持续经营能力产生重大疑虑的主要事项或情况以及持续经营能力存在重大不确定的事实，同时指出被审计单位未在会计报表中进行披露。

(2)被审计单位编制会计报表所依据的持续经营假设不再合理，而被审计单位仍然按持续经营假设编制会计报表。这种情况下，审计人员出具否定意见的审计报告。

(3)被审计单位存在可能导致对其持续经营能力产生重大疑虑的事项或情况，但审计人员无法确定被审计单位编制的报表所依据的持续经营假设是否合理。这种情况下，审计人员应当出具无法表示意见的审计报告，还需要在意见段之前的说明段中充分说明无法表示意见的理由。

五、获取管理层的声明书

被审计单位管理当局声明书是被审计单位管理当局在审计期间向审计人员提供的各种口头声明的书面陈述。它可以是在审计执行过程中，由审计人员将被审计单位管理人员提供的口头陈述记录下来，经被审计单位管理人员确认签字获得；也可以是在终结审计阶段，按照审计人员的要求，由被审计单位管理人员提交书面声明获得。

(一)被审计单位管理当局声明书的作用

被审计单位管理当局声明书的主要作用如下。

1. 为明确被审计单位管理当局的会计责任提供了依据

声明书应尽可能详细，以达到提醒被审计单位管理当局对其会计报表的编制和提供的有关资料的真实性、合法性和完整性负责的目的。

2. 有利于保护审计人员

若审计人员与被审计单位发生意见分歧或遭受法律诉讼，可将其作为重要的书面证据。

(二)被审计单位管理当局声明书的格式

被审计单位管理当局声明书的基本结构一般应包括下列几部分。

(1)标题：例如：××公司管理当局声明书。

(2)收件人：应为接受委托的审计单位及签署审计报告的审计人员。

(3)声明内容：根据审计人员的要求，被审计单位管理当局所列出的各项声明。

(4)签章：由被审计单位及其会计机构负责人签署，并加盖被审计单位公章。

(5)日期：被审计单位管理当局声明书注明的日期应为审计报告日，以防日期不一致而可能发生的误解。但在特定情况下，被审计单位管理当局可能会对某些交易或事项出具单独或专项的声明书，在此种情况下，声明书的日期可以是审计人员获取该声明书的日期。

(三)被审计单位管理当局声明书的内容

一般情况下，被审计单位管理当局声明书中需要管理当局声明的内容应包括以下内容。

(1)会计报表的编制符合会计准则的要求，会计报表的真实性、合法性、完整性由管理当局负责。

(2)所有财务会计资料、关联方交易的有关资料、股东大会及董事会(或其他高层领导会议)的会议记录已全部提供给审计人员审查。

(3)期后事项和或有事项已向审计人员提供,重大的期后事项和或有事项均在会计报表中进行相应的调整或披露。

(4)对审计人员在审计过程中提出的所有重大调整事项均已进行调整。

(5)无违法、违纪、舞弊现象及重大的不确定事项,无蓄意歪曲或粉饰会计报表各项目的金额或分类的情况。

(6)其他需要声明的事项。

被审计单位管理当局声明书提供了审计人员要求被审计单位管理当局回答的某些问题的证据,但其主要作用的心理方面的,是用来保护审计人员的,使审计人员避免卷入由于管理当局不明确自身的会计责任而导致的各种潜在纠纷。

六、审计差异调整表和试算平衡表的编制

按业务循环进行内部控制测试、会计报表项目的实质性测试和特殊项目的审计过程中,审计人员可能发现被审计单位某些业务处理不符合企业会计准则或有关会计制度,账户或报表上某些项目反映的金额与审计人员审定的金额存在不可忽略的差异。在审计报告阶段,审计项目经理应根据审计重要性原则,对这些审计差异内容予以初步确定并汇总,对被审计单位提出适当的审计调整建议,使经审计的会计报表所载信息能够真实反映被审计单位的财务状况和经营成果。这一对审计差异内容的"初步确定并汇总"直至形成"经审计的会计报表"的过程,主要是通过编制审计差异调整表和试算平衡表来实现的。

(一)审计差异调整表的编制

按是否需要调整账户记录,审计差异内容可分为核算误差和重分类误差。核算误差是因企业对经济业务进行了不正确的会计核算而引起的误差,每一项核算误差用审计重要性原则来衡量,又可分为建议调整的不符事项和不建议调整的不符事项(即未调整不符事项)。而重分误差是因为企业未按有关会计制度规定编制会计报告而引起的误差。例如,企业将预付账款反映在应收账款项目中,将预收账款反映在应收账款项目中等。

无论是建议调整的不符事项、未调整不符事项还是重分类误差,一般都是以会计分录的形式在审计工作底稿中反映的。往往审计中发现的误差不止一两项,所以需要将这些建议调整的不符事项、未调整不符事项和重分类误差分别汇总编制为调整分录汇总表、未调整不符事项汇总表和重分类分录汇总表,从而便于审计项目各级负责人进行综合判断及分析,也便于审计人员有效编制试算平衡表和代编经审计的会计报表。三张汇总表的参考格式分别如表 12-1、表 12-2 和表 12-3 所示。

表 12-1　调整分录汇总表

客户名称＿＿＿＿＿ 会计期间＿＿＿＿＿	签名　　日期 编制＿＿＿＿　＿＿＿＿ 复核＿＿＿＿　＿＿＿＿	索引号＿＿＿ 页　次＿＿＿

序号	调整内容及项目	索引号	调整金额		影响利润 +(-)
			借方	贷方	

表 12-2　未调整不符事项汇总表

客户名称＿＿＿＿＿ 会计期间＿＿＿＿＿	签名　　日期 编制＿＿＿＿　＿＿＿＿ 复核＿＿＿＿　＿＿＿＿	索引号＿＿＿ 页　次＿＿＿

序号	调整内容及项目	索引号	调整金额		影响利润 +(-)
			借方	贷方	

未予调整的影响：

项目	金额	百分比	计划百分比
1. 净利润	＿＿＿＿	＿＿＿＿	＿＿＿＿
2. 净资产	＿＿＿＿	＿＿＿＿	＿＿＿＿
3. 资产总额	＿＿＿＿	＿＿＿＿	＿＿＿＿
4. 主营业务收入	＿＿＿＿	＿＿＿＿	＿＿＿＿

结论：

表 12-3　重分类分录汇总表

客户名称＿＿＿＿＿ 会计期间＿＿＿＿＿	签名　　日期 编制＿＿＿＿　＿＿＿＿ 复核＿＿＿＿　＿＿＿＿	索引号＿＿＿ 页　次＿＿＿

序号	调整内容及项目	索引号	调整金额		影响利润 +(-)
			借方	贷方	

正确的编制审计差异调整表的关键是如何运用审计重要性原则将审计中发现的核算误差划分为建议调整的不符事项与未调整不符事项。审计人员在划分建议调整的不符事项与未调整不符事项时，要考虑核算误差的金额和性质两个因素。具体而言，包括如下三个

方面。

（1）对于单笔核算误差超过所涉及会计报表项目（或账项）层次重要性水平的，应视为建议调整的不符事项。

（2）对于单笔核算误差不超过所涉及会计报表项目（或账项）层次重要性水平，但性质重要的，应视为建议调整的不符事项。例如涉及舞弊与违法行为的核算误差等。

（3）对于单笔核算误差不超过所涉及会计报表项目（或账项）层次重要性水平，但性质并不重要，一般应视为未调整不符事项。但是如果若干笔同类型未调整不符事项汇总数超过会计报表项目（或账项）层次重要性水平的，应当从中选取几笔转为建议调整的不符事项，并过入调整分录汇总表，使得未调整不符事项汇总金额降至重要性水平之下。

审计人员确定了建议调整的不符事项和重分类误差后，要以书面方式及时征求被审计单位对需要调整会计报表事项的意见。被审计单位若予以采纳，被审计单位应提交同意调整的书面确认；被审计单位若不予采纳，审计人员应该分析原因，根据未调整不符事项的性质和重要程度，确定是否在审计报告中予以反映以及如何反映。

（二）试算平衡表的编制

试算平衡是审计人员在被审计单位提供的未审计会计报表的基础上，考虑调整分录、重分类分录等内容以确定已审数与报表披露数的一种表格。有关资产负债表和利润表的试算平衡表的参考格式分别如表 12-4 和表 12-5 所示。

审计人员在编制试算平衡表时应该注意几点。

（1）试算平衡表中的“审计前金额”栏，应该根据被设计单位提供的未审计会计报表填列。

（2）有些会计报表项目往往会在为调整这些审计差异所作的会计分录中多次出现，所以，在手工编制失算平衡表前，可先通过按会计报表项目设置的“丁”字形账户，区分调整分录与重分类 分别进行汇总，而后将按会计报表项目汇总后的借、贷方发生额分别过入试算平衡表中 “调整金额” 和“重分类调整”栏内。

表 12-4　资产负债表试算平衡表工作底稿

客户名称 ________ 会计期间 ________			签名　日期 编制 ____ ____ 复核 ____ ____				索引号 ____ 页　次 ____
报表项目	审计前金额	调整金额		审定金额	重分类调整		报表反映数
		借方	贷方		借方	贷方	
资产项目合计							
权益项目合计							

表 12-5　利润表试算平衡表工作底稿

客户名称 ______ 会计期间 ______	签名　日期 编制 ____ ____ 复核 ____ ____	索引号 ____ 页　次 ____

序号	报表项目	审定前金额	调整金额		审定金额
			借方	贷方	

（3）在编制完成试算平衡表后，应注意核对相应的勾稽关系。例如，资产负债表试算平衡表中“审计前金额”“审定金额”“报表反映数”各栏资产项目的合计数应分别等于权益项目的合计数；资产负债表试算平衡表“调整金额”栏中资产项目借方合计数与贷方合计数之差，应等于权益项目借方合计数与贷方合计数之差；资产负债表试算平衡表“重分类调整”栏中资产项目借方合计数与贷方合计数之差，应等于权益项目借方合计数与贷方合计数之差，等等。

第二节　审计报告的含义和种类

一、国家审计报告

（一）国家审计报告的含义和主要内容

1. 国家审计报告的含义

我国国家审计报告是审计机关实施审计后，对被审计单位的财政收支，财务收支的真实、合法、效益发表审计意见的书面文件。

根据《审计法》的规定，我国国家审计报告分为两种：审计组的审计报告和审计机关的审计报告。审计组的审计报告是审计组对审计事项实施审计后，就审计实施情况和审计结果向派出的审计机关提出的书面报告。审计机关的审计报告是审计结果的最终载体和全面反映，是审计机关对被审计单位的财政收支或财务收支的真实、合法、效益发表审计意见的审计结论性法律文书。二者的差异体现在报告主体、报告对象、报告格式、法律效力等方面。

1）报告主体不同

前者是由审计组提出的审计报告，并以审计机关名义征求被审计对象的意见；后者是由审计机关按照规定程序对前者进行审议后提出的审计报告。

2）报告对象不同

前者是审计组向审计机关提出的审计报告；后者是审计机关对外出具的审计报告。

3）报告格式不同

前者反映的是审计机关的初步意见，落款为审计组，由审计组组长签名，征求被审计对象意见时，报告要注明“征求意见稿”，不编号；后者反映的是审计机关的最终意见，落款为派出审计组的审计机关，并由审计机关按照公文发文字号编制规则编号。

4）法律效力不同

前者是审计组向审计机关提出的内部审计文书，并应当征求被审计对象的意见；后者是审计机关对外出具的具有法律效力的审计文书，应当送达被审计单位。

2. 国家审计报告的主要内容

审计组的审计报告和审计机关的审计报告虽有上述差异，但其主要内部基本一致。

（1）审计依据，即实施审计所依据的法律、法规、规章的具体规定。

（2）被审计单位的基本情况，包括被审计单位的经济性质、管理体制、财政财务隶属关系或国有资产监督管理关系，以及财政收支、财务收支状况等。

（3）被审计单位的会计责任，一般表述为被审计单位应对其提供的与审计相关的会计资料、其他证明材料的真实性和完整性负责。

（4）实施审计的基本情况，一般包括审计范围、审计方式和审计实施的起止时间。审计范围应说明审计所涉及的被审计单位财政收支、财务收支所属的会计期间和有关审计事项。

（5）审计评价意见，即根据不同的审计目标，以审计结果为基础，对被审计单位财政收支、财务收支真实、合法和效益情况发表评价意见。

审计机关只对所审计的事项发表审计评价意见。对审计过程中未涉及、审计证据不充分、评价依据或标准不明确以及超越审计职责范围的事项，不发表审计评价意见。

（6）审计查出的被审计单位违反国家规定的财政收支、财务收支行为的事实和定性、处理处罚决定以及法律、法规、规章依据，有关移送处理的决定。

（7）有需要可以对被审计单位提出改进财政收支、财务收支管理的意见和建议。

（二）国家审计报告的编审程序

根据《审计法》、国家审计准则和其他相关规定，国家审计报告的编制、复核和审计程序如下。

（1）审计组实施审计后，撰写审计组的审计报告。

（2）审计组的审计报告经审计组组长审核后，送达被审计对象征求意见。被审计对象在接到审计组的审计报告之日起 10 日内，将其书面意见送交审计组，被审计对象自收到审计报告之日起 10 日内没有提出书面意见的，视同无异议，并由审计人员予以注明。

（3）审计组认真核实被审计对象的书面意见并做出书面说明，必要时修改审计报告，并将审计组的审计报告、被审计对象的书面意见、审计组的书面说明、审计实施方案、审计工作底稿、审计证据以及其他有关材料，报送审计组所在部门。

（4）审计组所在部门接收并复核审计组的审计报告，复核的事项包括审计实施方案确定的审计目标是否实现；事实是否清楚；评价、定性、处理、处罚和移送处理是否恰当；其他需要复核的事项等。

（5）审计机关复核机构或专职复核人员复核审计组所在部门代拟的审计报告、审计决定书和审计移送处理书。复核的主要事项包括主要事实的表述是否清楚;评价、定性、处理、处罚和移送处理是否恰当;适用法律、法规、规章是否正确;审计程序是否符合规定;其他需要复核的事项。

(6)审计报告等经过复核后,由审计机关审定。一般审计事项的审计报告,可以由审计机关主管领导审定;重大事项的审计报告,应由审计机关审计业务会议审定。审计机关对审计报告进行审定的事项包括被审计事项有关的事实是否清楚,证据是否确凿;审计评价意见是否恰当;被审计单位对审计报告的意见和复核机构或者复核人员提出的复核意见是否正确;评价、定性、处理、处罚和移送处理是否恰当。

(7)对被审计和有关责任人员违反国家规定的财政收支、财务收支行为做出较大数额罚款单的审计决定前,告知其有要求举行听证的权利,并按照规定组织听证。

(8)审计机关主要负责人签发审计机关的审计报告、审计决定书、审计移送处理书等审计法律文书。

(9)审计机关将审计机关的审计报告、审计决定书送达被审计单位和有关主管机关、单位,将审计移送处理书送达有关主管机关。

(10)审计机关依照有关规定向社会公告审计机关的审计报告。

(三)审计决定书

1. 审计决定书的含义

审计决定书是审计机关对被审计单位违反国家规定的财政财务收支行为依法做出的对被审计单位进行处理处罚的书面文件。它既是审计机关向被审计单位传达处理、处罚决定的法律文书,又是要求被审计单位强制执行的依据。

2. 审计决定书的主要内容

审计决定书应的主要内容包括审计的范围、内容、方式和时间;定性、处理、处罚决定及其依据;被审计单位违反国家规定的财政财务收支行为;处理、处罚决定执行的期限和要求;依法申请复议的期限和复议机关。

3. 审计决定书的运用

根据《审计法》的规定,审计机关、人民政府或有关主管部门对本级各部门和下级政府违反预算的行为或其他违反国家规定的财政收支行为,在法定职权范围内,依照法律和行政法规的规定,可分别采取下列处理措施。

(1)责令限期缴纳应当上缴的款项。

(2)责令期限退还违法所得。

(3)责令期限退还被侵占的国有资产。

(4)责令按照国家统一的会计制度的有关规定进行处理。

(5)其他处理措施。

被审计单位对审计机关做出的有关财务收支的审计决定不服的,可以依法申请行政复议或提起行政诉讼;被审计单位对审计机关做出的有关财政收支的审计决定不服的,可以提请审计机关的本级人民政府裁决，本级人民政府的裁决为最终决定。

二、内部审计报告

（一）内部审计报告的含义和基本要素

1. 内部审计报告的含义

内部审计报告是指内部审计人员根据审计计划对被审计单位实施必要的审计程序后，就被审计单位经营活动和内部控制的适当性、合法性和有效性出具的书面文件。

内部审计人员应在审计实施结束后，以经过核实的审计证据为依据，形成审计结论与建议，出具审计报告。

2. 内部审计报告的基本要素

根据我国内部审计准则的有关规定，内部审计报告应当包括以下基本要素。

（1）标题，应能反映审计的性质，力求言简意赅并有利于归档和索引。

（2）收件人，应当是与审计项目有管理和监督责任的机构或个人。

（3）正文，包括以下主要内容。

①审计概况：说明审计立项依据、审计目的和范围、审计重点和审计标准等内容。

②审计依据：应声明内部审计是按照内部审计准则的规定实施，若存在未遵循该准则的情形，应对其做出解释和说明。

③审计发现：是内部审计人员在对被审计单位的经营与内部控制的检查和测试过程中所得到的积极或消极的事实。

④审计结论：根据已查明的事实，对被审计单位经营活动和内部控制所作的评价。

⑤审计建议：针对审计发现的主要问题提出的改善经营活动和内部控制的建议。

⑥其他方面。

（4）附件，是对审计报告正文进行补充说明的文字和数字材料。一般应包括相关问题的计算及分析性复核审计过程、审计发现问题的详细说明、被审计单位及被审计责任人的反馈意见等内容。

（5）签名和盖章。

（6）报告日期。

（7）其他。

（二）内部审计报告的编制、复核和分发程序

审计项目负责人应在实施必要的审计程序后，编制审计报告，并向被审计单位征求反馈意见。

审计报告应当客观、完整、清晰、及时、具有建设性，并体现重要性原则。

被审计单位对审计报告持有异议的，审计项目负责人及相关人员应进行研究、核实，必要时应修改审计报告。

审计报告经过必要的修改后，应连同被审计单位的反馈意见及时送内部审计机构负责

人复核。内部审计机构应该建立健全审计报告分级复核制度,明确规定各级复核的要求和责任。

内部审计机构应将审计报告提交被审计单位和组织适当管理层,并要求被审计单位在规定的期限内落实纠正措施。另外,需要将审计报告归入审计档案,妥善保存。

三、民间审计报告

(一)民间审计报告的含义和主要内容

1. 民间审计报告的含义

民间审计,或称"独立审计",是指注册会计师根据独立审计准则的要求,在实施了必要的审计程序后出具的,用于对被审计单位年度会计报表发表审计意见的书面文件。

审计报告作为审计工作的成果,不仅是审计人员对审计经过和审计结果的全面总结,也是审计机关对审计事项做出评价,以及对违反国家规定的行为,在法定职权范围内做出审计决定或者向其他有关部门移送的依据。

2. 民间审计报告的主要内容

在世界范围内,尽管不同国家、地区以及不同种类审计的审计报告的内容和格式存在着一定的差异,但其基本内容和格式是相同的。审计报告的结构和内容,一般由各个国家或地区的民间审计职业团体通过制定审计报告准则而做出具体规定和要求。

根据《中国注册会计师审计准则第 1501 号——对财务报表形成审计意见和出具审计报告》的规定,审计报告应当包括下列基本内容。

1)标题

审计报告的标题应统一规范为"审计报告"。

2)收件人

审计报告的收件人是指注册会计师按照业务约定书的要求致送审计报告的对象,一般是指审计业务的委托人。审计报告应当载明收件人的全称。

3)范围段

审计报告的范围段应说明以下内容。

(1)审计的范围:已审计会计报表的名称、反映的日期或期间。

(2)双方的责任:被审计单位的会计责任与审计人员的审计责任。

(3)审计依据:中国注册会计师独立审计准则。

(4)已实施的主要审计程序:如果审计人员的审计工作没有受到任何限制,一般说明其实施了包括抽查会计记录等认为必要的审计程序。如果审计范围受到限制,则应指出其所受的限制。

4)意见段

审计报告的意见段应说明以下内容。

(1)会计报表的编制是否符合《企业会计准则》及国家其他有关财务会计法规的规定。

(2)会计报表在所有重大方面是否公允地反映了被审计单位资产负债表日的财务状况和所审计期间的经营成果、现金流量情况。

(3)会计处理方法的选用是否符合一贯性原则。

当审计人员出具保留意见、否定意见或拒绝表示意见的审计报告时,应在范围段与意见段之间增加说明段。在说明段中,应清楚地说明所持意见的理由,包括对形成意见产生影响的有关事项,以及这些事项对会计报表反映的影响程度。

当审计人员出具无保留意见审计报告时,可以省略说明段。如果审计人员认为确有必要,可以在意见段之后,增加对重要事项的说明。

5)签章和会计师事务所地址

审计报告应由负责此项业务的注册会计师签名、盖章,加盖会计师事务所公章,并标明会计师事务所的地址,以表示他们对签发的审计报告承担审计责任。

6)报告日期

审计报告日期是指审计人员完成外勤审计工作的日期。它标明审计人员对审计报告应负责任的日期以审计外勤工作结束日为限,尽管审计人员实际签发、出具审计报告要在完成外勤审计工作后一段时间。审计报告日期一般不应早于被审计单位管理当局确认和签署会计报表的时间。

(二)民间审计报告的类型

审计人员根据审计结果和被审计单位对有关问题的处理情况,形成不同的审计意见,出具不同类型的审计报告。按照审计报告的格式,审计报告分为标准审计报告和非标准审计报告。当审计人员出具的无保留意见的审计报告不附加说明段、强调事项段或任何修饰性用语时,该报告即称为"标准审计报告"。非标准审计报告是指标准审计报告以外的其他审计报告,包括带强调事项段的无保留意见的审计报告和非无保留意见的审计报告。非无保留意见的审计报告包括保留意见的审计报告、否定意见的审计报告和无法表示意见的审计报告,如图 12-1 所示。

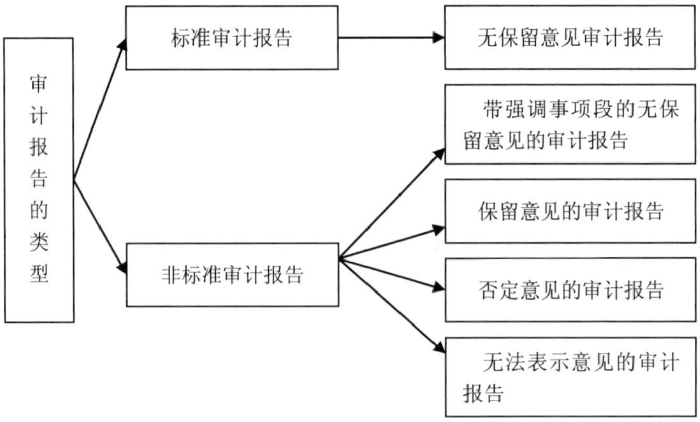

图 12-1　审计报告类型

1. 无保留意见的审计报告

无保留意见的审计报告是指审计人员对被审计单位的会计报表，依照独立审计准则的要求进行审查后，确认被审计单位采用的会计处理方法遵循了会计准则及有关规定，会计报表反映的内容符合被审计单位的实际情况，会计报表内容完整、表达清楚、无重要遗漏，报表项目的分类和编制方法符合规定要求，因而对被审计单位的会计报表无保留地表示满意时所出具的审计报告。

1）无保留意见审计报告出具的条件

经过审计后，如果认为会计报表同时符合下列情形时，审计人员应当出具无保留意见的审计报告。

（1）会计报表符合国家颁布的会计准则和相关会计制度的规定，在所有重大方面公允反映了被审计单位的财务状况、经营成果和现金流量。

（2）审计人员已经按照独立审计准则计划和实施了审计工作，在审计过程中未受到限制。

（3）不存在应当调整或披露而被审计单位未予调整或披露的重要事项。

2）无保留意见审计报告的关键术语

当出具无保留意见的审计报告时，审计人员应当以“我们认为”作为意见段的开头，并使用“在所有重大方面”“公允反映”等术语。

无保留意见审计报告意味着，审计人员通过实施审计工作，认为被审计单位财务报表的编制符合合法性和公允性的要求，合理保证财务报表不存在重大错报。

无保留意见的审计报告的标准格式如图 12-2 所示。

3）带强调事项段的无保留意见

审计报告的强调事项段是指审计人员在审计意见段之后增加的对重大事项予以强调的段落。强调事项应当同时符合下列条件。

（1）可能对财务报表产生重大影响，但被审计单位进行了恰当的会计处理，且在财务报表中做出充分披露。

审　计　报　告

ABC 股份有限公司全体股东：

我们审计了后附的 ABC 股份有限公司（以下简称 ABC 公司）财务报表，包括 20×1 年 12 月 31 日的资产负债表，20×1 年度的利润表、股东权益变动表和现金流量表以及财务报表附注。

一、管理层对财务报表的责任

按照企业会计准则和《×× 会计制度》的规定编制财务报表是 ABC 公司管理层的责任。这种责任包括：①设计、实施和维护与财务报表编制相关的内部控制，以使财务报表不存在由于舞弊或错误而导致的重大错报；②选择和运用恰当的会计政策；③做出合理的会计估计。

二、注册会计师的责任

我们的责任是在实施审计工作的基础上对财务报表发表审计意见。我们按照《中国注册会计师审计准则》的规定执行了审计工作。《中国注册会计师审计准则》要求我们遵守职业道德规范，计划和实施审计工作以对财务报表是否不存在重大错报获取合理保证保证。

审计工作涉及实施审计程序，以获取有关财务报表金额和披露的审计证据。选择的审计程序取决于注册会计师的判断，包括对由于舞弊或错误导致的财务报表重大错报风险的评估。在进行风险评估时，我们考虑与财务报表编制相关的内部控制，以设计恰当的审计程序，但目的并非对内部控制的有效性发表意见。审计工作还包括评价管理层选用会计政策的恰当性和做出会计估计的合理性，以及评价财务报表的总体列报。

我们相信，我们获取的审计证据是充分、适当的，为发表审计意见提供了基础。

三、审计意见

我们认为，ABC 公司财务报表已经按照企业会计准则和《×× 会计制度》的规定编制，在所有重大方面公允地反映了 ABC 公司 20×1 年 12 月 31 日的财务状况以及 20×1 年度的经营成果和现金流量。

×× 会计师事务所（盖章）　　　　中国注册会计师：×××（签名、盖章）

中国注册会计师：×××（签名、盖章）

中国　西安　　　　20×× 年 × 月 × 日

图 12-2　无保留意见的审计报告（标准审计报告）

（2）不影响审计人员发表的审计意见。

当存在可能导致对持续经营能力产生重大疑虑的事项或情况、但不影响已发表的审计意见时，审计人员应当在审计意见段之后增加强调事项段对此予以强调。

当存在可能对财务报表产生重大影响的不确定事项（持续经营问题除外）、但不影响已发表的审计意见时，审计人员应当考虑在审计意见段之后增加强调事项段对此予以强调。而不确定事项是指其结果依赖于未来行动或事项，不受被审计单位的直接控制，但可能影响财务报表的事项。

除上述两种情形以及其他审计准则规定的增加强调事项段得情形外，审计人员不应在审计报告的审计意见段之后增加强调事项段或任何解释性段落，以免财务报表使用者产生误解。审计人员应当在强调事项段中指明，该段内容只用于提醒财务报表使用者关注，并不影响已发表的审计意见。

带强调事项段的无保留意见的审计报告的标准格式如图 12-3 所示。

2. 保留意见的审计报告

保留意见是指审计人员对会计报表的审计意见有所保留时所出具的审计报告。一般是由于某些事项的存在，使无保留意见的条件不完全具备，影响了被审计单位财务报表的表达,因而审计人员对无保留意见加以修正,对影响事项提出保留意见,并表示对该意见负责。

审　计　报　告

ABC 股份有限公司全体股东:

我们审计了后附的 ABC 股份有限公司(以下简称 ABC 公司)财务报表,包括 20×1 年 12 月 31 日的资产负债表, 20×1 年度的利润表、股东权益变动表和现金流量表以及财务报表附注。

一、管理层对财务报表的责任

按照企业会计准则和《××会计制度》的规定编制财务报表是 ABC 公司管理层的责任。这种责任包括:①设计、实施和维护与财务报表编制相关的内部控制,以使财务报表不存在由于舞弊或错误而导致的重大错报;②选择和运用恰当的会计政策;③做出合理的会计估计。

二、注册会计师的责任

我们的责任是在实施审计工作的基础上对财务报表发表审计意见。我们按照《中国注册会计师审计准则》的规定执行了审计工作。《中国注册会计师审计准则》要求我们遵守职业道德规范,计划和实施审计工作以对财务报表是否不存在重大错报获取合理保证保证。

审计工作涉及实施审计程序,以获取有关财务报表金额和披露的审计证据。选择的审计程序取决于注册会计师的判断,包括对由于舞弊或错误导致的财务报表重大错报风险的评估。在进行风险评估时,我们考虑与财务报表编制相关的内部控制,以设计恰当的审计程序,但目的并非对内部控制的有效性发表意见。审计工作还包括评价管理层选用会计政策的恰当性和做出会计估计的合理性,以及评价财务报表的总体列报。

我们相信,我们获取的审计证据是充分、适当的,为发表审计意见提供了基础。

三、审计意见

我们认为, ABC 公司财务报表已经按照企业会计准则和《××会计制度》的规定编制,在所有重大方面公允地反映了 ABC 公司 20×1 年 12 月 31 日的财务状况以及 20×1 年度的经营成果和现金流量。

四、强调事项

我们提醒财务报表使用者关注,如财务报表附注 × 所述, ABC 公司在 20×1 年发生亏损 × 万元,在 20×1 年 12 月 31 日,流动负债高于资产总额 × 万元。ABC 公司已在财务报表附注 × 充分披露了拟采取的改善措施,但其持续经营能力仍然存在重大不确定性。本段内容不影响已发表的审计意见。

××会计师事务所(盖章)　　　　中国注册会计师:×××(签名、盖章)

中国注册会计师:×××(签名、盖章)

中国　西安　　　　20××年×月×日

图 12-3　带强调事项段的无保留意见的审计报告

1)保留意见的审计报告出具的条件

如果认为财务报表整体的公允的,但还存在下列情形之一,注册会计师应当出具保留意见的审计报告。

(1)会计政策的选用、会计估计的做出或会计报表的披露不符合国家颁布的企业会计准则和相关会计制度的制定,被审计单位拒绝进行调整,虽影响重大,但不至于出具否定意见的审计报告。

(2)因审计范围受到限制,无法获取充分、适当的审计证据,虽影响重大,但不至于出具无法表示意见的审计报告。

2)保留意见的审计报告的关键术语

当出具保留意见的审计报告时,审计人员应于意见段之前另设说明段,清楚说明发表保留意见的理由，并在意见段中使用“除……的影响外”或“除上述情况待定以外”等专业术语。除使用保留意见的特定术语之外，其余应该使用无保留意见的审计报告的术语，表示其他事项已做了公允的反映。

3）保留事项的类型

（1）未调整事项。被审计单位采用的会计处理方法与审计人员的看法不一致，又不愿意按照审计人员的意见进行调整，而且这种不一致所产生的差异能够准确计量。审计人员应将这些对审计意见有较大影响的内容在审计报告中明确提出，并说明理由，指出这些调整或被披露事项对被审计单位提供的会计报表可能产生的重大影响。

因被审计单位存在未调整事项而导致审计人员出具的保留意见审计报告如图 12-4 所示。

审 计 报 告

ABC 股份有限公司全体股东：

我们审计了后附的 ABC 股份有限公司（以下简称 ABC 公司）财务报表，包括 20×1 年 12 月 31 日的资产负债表，20×1 年度的利润表、股东权益变动表和现金流量表以及财务报表附注。

一、管理层对财务报表的责任

按照企业会计准则和《××会计制度》的规定编制财务报表是 ABC 公司管理层的责任。这种责任包括：①设计、实施和维护与财务报表编制相关的内部控制，以使财务报表不存在由于舞弊或错误而导致的重大错报；②选择和运用恰当的会计政策；③做出合理的会计估计。

二、注册会计师的责任

我们的责任是在实施审计工作的基础上对财务报表发表审计意见。除本报告“三、导致保留意见的事项”所述事项外，我们按照《中国注册会计师审计准则》的规定执行了审计工作。《中国注册会计师审计准则》要求我们遵守职业道德规范，计划和实施审计工作以对财务报表是否不存在重大错报获取合理保证。

审计工作涉及实施审计程序，以获取有关财务报表金额和披露的审计证据。选择的审计程序取决于注册会计师的判断，包括对由于舞弊或错误导致的财务报表重大错报风险的评估。在进行风险评估时，我们考虑与财务报表编制相关的内部控制，以设计恰当的审计程序，但目的并非对内部控制的有效性发表意见。审计工作还包括评价管理层选用会计政策的恰当性和做出会计估计的合理性，以及评价财务报表的总体列报。

我们相信，我们获取的审计证据是充分、适当的，为发表审计意见提供了基础。

三、导致保留意见的事项

ABC 公司 20×1 年 12 月份预付的下年度财务保险费××万元，全部作为当月费用处理。我们认为，按照《企业会计准则》的规定，预付下年度保险费应作为待摊费用处理，但 ABC 公司未接受我们的意见。该事项使 ABC 公司 12 月 31 日资产负债表的流动资产减少了××万元，该年度损益表的利润总额减少××万元。

四、审计意见

我们认为，除前段所述预付财产保险费的会计处理不符合规定外，ABC 公司财务报表已经按照企业会计准则和《××会计制度》的规定编制，在所有重大方面公允反映了 ABC 公司 20×1 年 12 月 31 日的财务状况以及 20×1 年度的经营成果和现金流量。

××会计师事务所（盖章） 中国注册会计师：×××（签名、盖章）

中国注册会计师：×××（签名、盖章）

中国 西安 20××年×月×日

表 12-4 因被审计单位存在未调整事项而导致审计人员出具的保留意见审计报告

（2）审计范围受到局部限制。审计人员在审计过程中应实施的审计程序，由于审计范围受到局部限制而无法实施，也难以实施必要的替代审计程序，而且无法实施的审计程序对被审计单位的会计报表可能产生重大影响。

因审计范围受到局部限制而出具的保留意见审计报告如图 12-5 所示。

审　计　报　告

ABC 股份有限公司全体股东：

我们审计了后附的 ABC 股份有限公司（以下简称 ABC 公司）财务报表，包括 20×1 年 12 月 31 日的资产负债表，20×1 年度的利润表、股东权益变动表和现金流量表以及财务报表附注。

一、管理层对财务报表的责任

按照企业会计准则和《××会计制度》的规定编制财务报表是 ABC 公司管理层的责任。这种责任包括：①设计、实施和维护与财务报表编制相关的内部控制，以使财务报表不存在由于舞弊或错误而导致的重大错报；②选择和运用恰当的会计政策；③做出合理的会计估计。

二、注册会计师的责任

我们的责任是在实施审计工作的基础上对财务报表发表审计意见。除本报告“三、导致保留意见的事项”所述事项外，我们按照《中国注册会计师审计准则》的规定执行了审计工作。《中国注册会计师审计准则》要求我们遵守职业道德规范，计划和实施审计工作以对财务报表是否不存在重大错报获取合理保证。

审计工作涉及实施审计程序，以获取有关财务报表金额和披露的审计证据。选择的审计程序取决于注册会计师的判断，包括对由于舞弊或错误导致的财务报表重大错报风险的评估。在进行风险评估时，我们考虑与财务报表编制相关的内部控制，以设计恰当的审计程序，但目的并非对内部控制的有效性发表意见。审计工作还包括评价管理层选用会计政策的恰当性和做出会计估计的合理性，以及评价财务报表的总体列报。

我们相信，我们获取的审计证据是充分、适当的，为发表审计意见提供了基础。

三、导致保留意见的事项

ABC 公司 20×1 年 12 月 31 日的应收账款余额 × 万元，占资产总额的 ×%。由于 ABC 公司未能提供债务人地址，我们无法实施函证以及其他审计程序，以获取充分、适当的审计证据。

四、审计意见

我们认为，除了前段所述未能实施函证可能产生的影响外，ABC 公司财务报表已经按照企业会计准则和《××会计制度》的规定编制，在所有重大方面公允反映了 ABC 公司 20×1 年 12 月 31 日的财务状况以及 20×1 年度的经营成果和现金流量。

××会计师事务所（盖章）　　　　中国注册会计师：×××（签名、盖章）

中国注册会计师：×××（签名、盖章）

中国　西安　　　　20××年×月×日

图 12-5　因审计范围受到局部限制而出具的保留意见审计报告

3. 否定意见的审计报告

否定意见的审计报告是指审计人员对被审计单位会计报表提出否定意见时所出具的审计报表。所谓否定意见是指与无保留意见相反，否定会计表白公允地反映被审计单位财务状况、经营成果及现金流量情况的审计意见。在审计人员出具的审计报告中，无保留意见或保留意见的审计报告较为常见，而否定意见的审计报告并不常见。无论是审计人员、还是被审计单位，都不希望出具或遇到否定意见的审计报告。

1）否定意见的审计报告出具的条件

审计人员经过审计后，认为被审计单位会计报表存在下述情况之一，应出具否定意见的审计报告：会计处理方法的选用严重违反《企业会计准则》及国家其他有关财务会计法规的规定，被审计单位拒绝进行调整；会计报表严重歪曲了被审计单位的财务状况、经营成果及资金变动情况，被审计单位拒绝进行调整。

若财务报表的编制没有按照适用的会计准则和相关会计制度，若被审计单位的财务状况、经营成果和现金流量未能在所有重大方面公允反映，审计人员应当出具否定意见的审计报告。

2）否定意见的审计报告的关键术语

当出具否定意见的审计报告时，审计人员应当在审计意见段中适用“由于上述问题造成的重大影响”、“由于受到前段所述事项的重大影响”等术语。

否定意见审计报告的标准格式如图 12-6 所示。

审 计 报 告

ABC 股份有限公司全体股东：

我们审计了后附的 ABC 股份有限公司（以下简称 ABC 公司）财务报表，包括 20×1 年 12 月 31 日的资产负债表，20×1 年度的利润表、股东权益变动表和现金流量表以及财务报表附注。

一、管理层对财务报表的责任

按照企业会计准则和《××会计制度》的规定编制财务报表是 ABC 公司管理层的责任。这种责任包括：①设计、实施和维护与财务报表编制相关的内部控制，以使财务报表不存在由于舞弊或错误而导致的重大错报；②选择和运用恰当的会计政策；③做出合理的会计估计。

二、注册会计师的责任

我们的责任是在实施审计工作的基础上对财务报表发表审计意见。我们按照《中国注册会计师审计准则》的规定执行了审计工作。《中国注册会计师审计准则》要求我们遵守职业道德规范，计划和实施审计工作以对财务报表是否不存在重大错报获取合理保证。

审计工作涉及实施审计程序，以获取有关财务报表金额和披露的审计证据。选择的审计程序取决于注册会计师的判断，包括对由于舞弊或错误导致的财务报表重大错报风险的评估。在进行风险评估时，我们考虑与财务报表编制相关的内部控制，以设计恰当的审计程序，但目的并非对内部控制的有效性发表意见。审计工作还包括评价管理层选用会计政策的恰当性和做出会计估计的合理性，以及评价财务报表的总体列报。

我们相信，我们获取的审计证据是充分、适当的，为发表审计意见提供了基础。

三、导致否定意见的事项

如财务报表附注×所示，ABC 公司的长期股权投资未按企业会计准则的规定采用权益法核算。如果按权益法核算，ABC 公司的长期股权投资账面价值将减少××万元，净利润将减少××万元，从而导致 ABC 公司由盈利××万元变为亏损××万元。

四、审计意见

我们认为，由于前段所述事项的重大影响，ABC 公司财务报表没有按照企业会计准则和《××会计制度》的规定编制，未能在所有重大方面公允反映 ABC 公司 20×1 年 12 月 31 日的财务状况以及 20×1 年度的经营成果及现金流量。

××会计师事务所（盖章） 中国注册会计师：×××（签名、盖章）

中国注册会计师：×××（签名、盖章）

中国 西安 20××年×月×日

图 12-6 否定意见的审计报告

4. 无法表示意见的审计报告

拒绝表示意见的审计报告是指审计人员对会计报表拒绝表示意见时所出具的审计报告。拒绝表示意见是指审计人员说明其对被审计单位的会计报表不能发表意见。

1)无法表示意见的审计报告出具的条件

如果审计范围受到限制可能产生的影响非常重大和广泛，不能获取充分、适当的审计证据，以至于无法对财务报表发表审计意见，审计人员应当出具无法表示意见的审计报告。

2)无法表示意见的审计报告的关键术语

审计人员在出具拒绝表示意见的审计报告时，应于意见段之前另设说明段，以说明所持拒绝表示意见的理由，并在意见段中使用“由于审计范围受到限制可能产生的影响非常重大和广泛”、“我们无法对上述财务报表发表意见”等术语。

另外，对无法表示意见的审计报告要明确以下两点。

(1)拒绝表示意见不等于拒绝接受委托。拒绝表示意见是审计人员在接受委托并实施审计程序后提出的一种审计意见。

(2)拒绝表示意见不是不愿表示意见。如果审计人员明知应当出具保留意见或否定意见的审计报告，不得以拒绝表示意见的审计报告代替；拒绝表示意见是由于某些限制而未对某些重要事项取得证据，没有完成取证工作，使得审计人员无法判断问题的归属。

拒绝表示意见的审计报告的标准格式如图 12-7 所示。

审　计　报　告

ABC 股份有限公司全体股东：

我们审计了后附的 ABC 股份有限公司(以下简称 ABC 公司)财务报表，包括 20×1 年 12 月 31 日的资产负债表，20×1 年度的利润表、股东权益变动表和现金流量表以及财务报表附注。

一、管理层对财务报表的责任

按照企业会计准则和《××会计制度》的规定编制财务报表是 ABC 公司管理层的责任。这种责任包括：①设计、实施和维护与财务报表编制相关的内部控制，以使财务报表不存在由于舞弊或错误而导致的重大错报；②选择和运用恰当的会计政策；③做出合理的会计估计。

二、导致无法表示意见的事项

ABC 公司未对 20×1 年 12 月 31 日的存货进行盘点，金额为 × 万元，占期末资产总额的 40%。我们无法实施存货监盘，也无法实施替代审计程序，以对期末存货的数量和状况获取充分、适当的审计证据。

三、审计意见

由于上述审计范围受到限制可能产生的影响非常重大和广泛，我们无法对 ABC 公司财务报表发表意见。

××会计师事务所(盖章)　　　　中国注册会计师：×××(签名、盖章)

中国注册会计师：×××(签名、盖章)

中国　西安　　　　20××年×月×日

图 12-7　拒绝表示意见的审计报告

【本章小结】

在结束外勤工作之前,审计人员还应对一些特殊项目,如期初余额、或有损失和期后事项等进行必要的审计。

审计报告是审计工作的最终成果,是审计人员向委托人提供的表明审计意见,且具有法定证明效力的书面文件。按照不同的审计主体,可以分为国家审计报告、内部审计报告和民间审计报告。

根据中国注册会计师《独立审计具体准则第 7 号——审计报告》的规定,审计报告的基本内容包括标题、收件人、范围段、意见段、签章和会计师事务所地址和报告日期。

审计人员根据审计结果和被审计单位对有关问题的处理情况,形成不同的审计意见,出具不同类型的审计报告。按照审计报告的格式,审计报告分为标准审计报告和非标准审计报告。当审计人员出具的无保留意见的审计报告不附加说明段、强调事项段或任何修饰性用语时,该报告即被称为标准审计报告。非标准审计报告是指标准审计报告以外的其他审计报告,包括带强调事项段的无保留意见的审计报告和非无保留意见的审计报告。非无保留意见的审计报告包括保留意见的审计报告、否定意见的审计报告和无法表示意见的审计报告。

【关键术语】

期初余额,期后事项,或有事项,持续经营,审计差异调整表,试算平衡表 民间审计报告,范围段,意见段,无保留意见的审计报告,保留意见的审计报告,否定意见的审计报告,无法表示意见的审计报告。

【同步练习】

一、单项选择题

1. 注册会计师于 2011 年 3 月 15 日完成了对 A 公司的外勤审计工作,按约定书应于 3 月 20 日前提交审计报告,而注册会计师于 3 月 18 日正式提交了审计报告,则审计报告的日期为(　　)。

A.2011 年 3 月 15 日　　B.2011 年 3 月 20 日

C.2011 年 3 月 18 日　　D.2011 年 12 月 31 日

2. 注册会计师对 ABC 股份有限公司的年度财务报表进行了审计后出具的审计报告的收件人应为(　　)。

A. ABC 股份有限公司董事会　　B. ABC 股份有限公司

C.ABC 股份有限公司管理层　　D. ABC 股份有限公司全体股东

3. 注册会计师如果不能对被审计单位的会计报表发表意见,则应(　　)。

A. 拒绝接受委托　　B. 拒绝表示意见

C. 拒绝提供审计报告　　D. 发表否定意见

4. 当注册会计师的审计范围受到被审计单位非常严重的限制，不能获取充分适当的审计证据时，应(　　)。

A. 发表无法表示意见　　B. 发表否定意见

C. 不发表意见　　D. 解除业务约定

5. 注册会计师在出具保留意见、否定意见或拒绝表示意见的审计报告时，应在意见段前增加说明段，明确说明理由，并在可能情况下，指出其(　　)。

A. 对被审计单位财务状况的影响程度　　B. 对会计报表反映的影响程度

C. 对会计报表审计的影响　　D. 对审计意见的影响

6. 审计意见形成的基础是(　　)。

A. 审计准则　　B. 审计证据　　C. 审计程序　　D. 审计人员

7. 注册会计师进行会计报表审计时，一般无须对(　　)发表审计意见。

A. 期初余额　　B. 会计方法的采用

C. 有关账户本期发生额　　D. 有关账户本期期末余额

8. 强调事项段是在(　　)之后增加的对重大事项予以强调的段落。

A. 管理层对财务报表的责任段　　B. 引言段

C. 注册会计师的责任段　　D. 审计意见段

9. 或有事项审计的主要目标在于(　　)。

A. 确定或有事项是否客观　　B. 确定或有事项是否合理

C. 确定或有事项是否存在　　D. 确定或有事项是否合法

10. 下列(　　)是可用于保留意见的专业术语。

A. 由于无法实施必要的审计程序　　B. 我们认为，上述财务报表……

C. 由于上述问题造成重大影响　　D. 除上述问题造成影响外

二、多项选择题

1. 签发审计报告前复核的主要内容有(　　)。

A. 审计工作是否符合会计师事务所的质量要求

B. 所编制审计工作底稿的可靠性

C. 审计过程是否存在重大遗漏

D. 所采用审计程序的恰当性

2. 如果被审计单位拒绝准备声明书并拒绝签名，注册会计师应考虑签发(　　)的审计报告。

A. 否定意见　　B. 拒绝表示意见　　C. 无保留意见　　D. 保留意见

3. 注册会计师审计期后事项，通常应向被审计单位管理当局询问的内容包括(　　)。

A. 是否计划签订合并或清算协议

B. 是否已发生影响会计政策适当性的事项

C. 资产是否已出售或计划出售

D. 是否已进行或将进行异常的会计处理

4. 注册会计师专为发现审计年度必须弄清的事项而另行实施的审计程序有(　　)。

A. 向被审计单位管理当局询问

B. 获取律师声明书

C. 获取被审计单位管理当局声明书

D. 分析性复核

5. 对会计报表有直接影响,应予以调整的期后事项有(　　)。

A. 被审计单位在资产负债表日后发行新的债券

B. 资产负债表日后被法院判决应赔偿对方损失

C. 资产负债表日后不久有大批产成品经验收不合格

D. 债务人突然破产而无法收回的大额应收账款

6. 下列说法中不正确的有(　　)。

A. 注册会计师应当提请被审计单位做出适当安排,以便在审计报告日前获取其他信息。如果在审计报告日前无法获取所有其他信息,注册会计师可以不再关注其他信息

B. 注册会计师发现其他信息中存在重大不一致的情况,而且需要修改其他信息而被审计单位拒绝修改,注册会计师必须在审计报告中增加强调事项段说明该重大不一致

C. 无论是否有法定或约定的义务对被审计单位某些其他信息实施特别的程序,当这些其他信息存在遗漏或缺陷时,注册会计师应当考虑是否在审计报告中提及该事项

D. 如果注册会计师在财务报表报出日之后获知被审计单位的其他信息中包含着重大的不一致,并导致对财务报表的修改,则应提请被审计单位管理层修改已审报表。如果管理层修改了财务报表,则注册会计师无须对已提交的审计报告进行修改

7. 下列说法中不正确的有(　　)。

A. 因为审计报告已经是注册会计师对被审计单位财务报表审计后提出的结论,所以无须将已审计的财务报表附于审计报告之后

B. 如果管理层拒绝就关联方和关联方交易签署必要的声明,注册会计师应根据该事项对财务报表的影响程度,出具保留意见或否定意见的审计报告

C. 如果注册会计师在阅读其他信息时发现重大不一致,则通常而言不是需要修改已审计财务报表,就是需要修改其他信息,或者两者都需要修改;如果注意到明显的对事实的重大错报,则必定是其他信息而非已审计财务报表需作修改

D. 注册会计师在审计中,如果发现存在未解决事项仅对比较数据产生重大影响,而对本期数据无重大影响,则注册会计师可以对本期财务报表整体发表无保留意见,不需要考虑对比较数据的影响

8. 下列情况中,注册会计师应当发表保留意见或无法表示意见的有(　　)。

A. 因审计范围受到被审计单位限制,注册会计师无法就可能存在的对财务报表产生重

大影响的错误与舞弊，获取充分、适当的审计证据

B. 因审计范围受到被审计单位限制，注册会计师无法就对财务报表可能产生重大影响的违反或可能违反法规行为，获取充分适当的审计证据

C. 注册会计师无法确定已发现的错误与舞弊对财务报表的影响程度

D. 被审计单位管理层拒绝就对财务报表具有重大影响的事项，提供必要的书面声明，或拒绝就重要的口头声明予以书面确认

9. 在审计报告中，下列属于管理层对财务报表的责任段的内容有(　　)。

A. 在实施审计工作的基础上对财务报表发表审计意见

B. 已获取的审计证据是充分、适当的，为其发表审计意见提供了基础

C. 设计、实施和维护与财务报表编制相关的内部控制，以使财务报表不存在由于舞弊或错误而导致的重大错报

D. 做出合理的会计估计

10. 审计报告分为标准审计报告和非标准审计报告。非无保留意见审计报告包括(　　)。

A. 否定意见的审计报告

B. 带强调事项段的无保留意见审计报告

C. 无法表示意见的审计报告

D. 带强调事项段的保留意见审计报告

三、判断题

1. 注册会计师出具无法表示意见的审计报告是因为注册会计师不愿对被审计单位财务报表的公允性和合法性表示意见。(　　)

2. 委托人或其他第三者因使用审计报告不当所造成的后果，与注册会计师及其所在的会计师事务所无关。(　　)

3. 对一家制造企业进行审计，存货在整个资产中占比重较大，而被审计单位拒绝监盘，无法证实这部分存货是否真实存在，对企业财务状况和经营成果的影响巨大，应发表无法表示意见的审计报告。(　　)

4. 注册会计师在出具审计报告时，应将已审会计报表作为其重要的“附件”。(　　)

5. 当发生重大不确定事项时，如果被审计单位已在财务报表附注中作了充分的披露，注册会计师应当出具保留意见的审计报告。(　　)

6. 审计报告可以明确审计人员的审计责任及存在重大过失的法律责任。(　　)

7. 当审计的范围和程序受到限制时，注册会计师应出具无法表示意见的审计报告。(　　)

8. 注册会计师可以根据审查结果发表不同形式的审计报告来表达意见，但无权修改或编制会计报表。(　　)

9. 委托人将会计报表与审计报表一同提交给使用人，可以减少编报单位对会计报表的

真实性、合法性所负的责任。(　　)

10. 注册会计师没有专门责任确定其他信息是否得到适当陈述。(　　)

四、思考题

1. 分别在什么情况下出具带强调事项的无保留意见、保留意见、否定意见、无法表示意见的审计报告?

2.A 注册会计师作为 ABC 会计师事务所审计项目负责人,在审计以下单位 2021 年度会计报表时发表遇到以下情况,要求:假定下述情况对被审计单位 2021 年度会计报表的每一项都是重大的,且各被审计单位均拒绝接受注册会计师的审计处理意见(如有)。在不考虑其他因素影响的前提下,请分别针对下述四种情况,判断 A 注册会计师应对 2021 年度会计报表出具何种意见的审计报告,并简要说明理由。

(1)甲公司拥有一项长期股权投资,账面价值 500 万元,少计提减值准备 50 万元。

(2)乙公司于 2020 年 5 月为 L 公司 1 年期银行借款 1 000 万元提供担保,因 L 公司不能及时偿还,银行于 2021 年 11 月向法院提起诉讼,要求乙公司承担连带清偿责任。2021 年 12 月 31 日,乙公司在咨询律师后,根据 L 公司的财务状况,计提了 500 万元的预计负债。对上述负债,乙公司已在会计报表附注中进行了适当披露。截至审计工作完成日,法院未对该项诉讼做出判决。

(3)丙公司资产负债表日拥有的存货金额为 300 万元,注册会计师未能对其实施监盘,也未能实施其他审计程序,存货占总资产 80%。

(4)× 公司的客户 A 因长期财务状况恶化于 2014 年 1 月 30 日宣告破产,欠款为 500 万元全部不能收回,× 公司已于 2021 年 12 月 31 日按 50% 计提坏账准备。

3. 北京东方会计师事务所注册会计师王豪、李民已于 2021 年 3 月 10 日完成对 ×× 股份有限公司 2020 年度会计报表的外勤审计工作,现在草拟审计报告。按审计业务约定书的要求,审计报告应于 2021 年 3 月 21 日提交。在复核审计工作底稿时,王豪、李民发现存在以下几种主要情况。

(1)审计工作底稿显示,2021 年度损益表重要性水平为 85 万元,2020 年 12 月 31 日得资产负债表重要性水平为 95 万元。

(2)2021 年 3 月 5 日,北京市高级人民法院最终裁定,2021 年 1 月,×× 股份有限公司被控告侵权,应赔偿 XYZ 股份有限公司 125 万元。

(3)×× 股份有限公司 2020 年度计提坏账准备的比例由 2019 年度按应收账款年末余额的 0.3% 提高至 0.5%。

(4)在 2021 年 3 月 21 日对 ×× 股份有限公司 A 产品进行监盘时,发现数量短缺 1 000 件,A 产品单位成本 870 元,但 ×× 股份有限公司未作调整。

(5)×× 股份有限公司 2020 年 6 月购置一台价值 50 万元的设备,已入账,当月由管理部门启用,但当年并未计提折旧。公司会计政策规定,该设备折旧年限为 5 年,残值率为 10%,按直线法计提折旧。

问题:(1)针对上述第一种情况,王豪、李民应选择的重要性水平为多少?为什么?

(2)简述王豪、李民在 2021 年 3 月 25 日前对期后事项审查负有哪些责任?针对上述第二种情况,应对 ×× 股份有限公司提出何种建议?

(3)针对上述第三、四、五种情况,王豪、李民应提出何种处理建议?若需要提出调整建议,应列示调整分录。

(4)如果只考虑第二、四、五种情况,并假定 ×× 股份有限公司均为接受调整建议,请代王豪、李民续编如下审计报告。

审　计　报　告
×× 股份有限公司全体股东: 　　我们接受委托,审计了贵公司 2020 年 12 月 31 日得资产负债表、2020 年度利润及利润分配表和现金流量表。这些会计报表由贵公司负责,我们的责任是对这些会计报表发表审计意见。我们的审计是依据中国注册会计师独立审计准则进行的。在审计过程中,我们结合贵公司实际情况,实施了包括抽查会计记录等我们认为必要的审计程序。

第十三章　经济效益审计

引言

经济效益审计是以提高经济效益为目标的经济监督活动，是审计发展到一定阶段的必然产物，也是现代审计的重要标志。

本章主要介绍了经济效益审计的产生与发展；经济效益审计的含义和特点；经济效益审计评价标准；经济效益审计的内容、程序和方法。

通过本章的学习要求了解经济效益审计的产生和发展；理解经济效益审计的含义和特点；理解经济效益审计的内容；掌握经济效益审计的评价标准；掌握经济效益审计的方法。

本章重点：经济效益审计含义和特点；经济效益审计的评价标准；掌握经济效益审计的方法。

本章难点：经济效益审计的评价标准。

案例导入

雍正年间开展的大规模全国财政审计清查

清代康熙后期，官吏贪污国库空虚的情况非常严重。康熙帝未能对赃官明正法典，对亏空款项的追赔也很不得力，造成财经法纪松懈。雍正帝继承皇位后，若想让国家强盛，就不能不把整顿财政、清查赋税放在特别重要的地位，因此在他登上皇帝宝座近一个月时，就下达了全面清查钱粮的命令，这是一项大规模的、历时数年之久的全国财政审计活动。

雍正帝首先在中央朝廷设立了会考府，掌管全国的审计清查工作，他要求主持会考府事务的怡亲王允祥严格推行清查钱粮政策。雍正帝对允祥说："你如果不能清查，我就另派大臣；若大臣再不能清查我就亲自清查。"这表明了他惩办贪官、清理亏空的决心。先前各部门动用财政资金，都是自行向皇帝直接报账，会考府成立后，各部门动用财政资金，必须先经过会考府审计无误，才能够向皇帝报账。

对于地方上的钱粮亏空，雍正帝要求各省督抚严格审计清查。他认为：各地亏空钱粮，不是受上司勒索，就是自身侵渔，都是非法的。雍正帝规定了地方上清理钱粮的的方针政策：凡是审计清查出的亏空款项，如果是被上司勒索或者因挪用造成的，区别情况给予处分；如果亏空的款项属于贪污肥己，一经查实，立即正法。各省总督、巡抚在审计清查过程中倘若徇私枉法，一并从重治罪。在这次审计清查中，曹雪芹的父辈江宁织造曹頫，因为亏空库银被查处，导致曹家从此破落。

第一节　经济效益审计概述

一、经济效益审计的产生与发展

（一）西方经济效益审计的产生与发展

1875 年德国克虏伯公司编制《审计手册》，进行经营管理审计的某些尝试。《审计手册》规定："审计人员应确立是否正确的遵循了法律、合同、政策和程序；企业所有业务是否符合所确定的政策，并取得成功。就此而论，审计人员应提出建议，以改进现存设备和程序，并以改进管理的建议方式，对合同加以批评。"

1919 年，美国一条主要铁路部门利用内部审计师完成了一项餐车服务的经营管理审计，在审计报告中揭露了工作差错和舞弊，而且详细列举了浪费现象。

20 世纪 30 年代出现了作业审计。作业审计以各项作业为对象，目的是审查各项作业产生的效果。具体包括三个方面：一是审查和判别作业目标定的是否恰当；二是审查和判别所规定的效果或利益是否实现；三是审查是否斟酌了增收节支的其他备选作业方案。即判别选定的作业方案是否为最优方案。

1948 年 3 月《内部审计》杂志发表了阿瑟尔·H. 肯特的"经营审计"；1957 年内部审计师学会发表了《内部审计师职责说明书》，其第一、二、五条，规定了经营审计的业务范围。

1970 年瑞典在欧洲第一个正式采用"经济效益审计"一词。

1972 年，美国颁布了《政府的机制、计划项目、活动和职责的审计标准》，明确规定应实施"三 E"审计，即经济、效率、效果的审计，得到国际审计界的普遍认可。

加拿大是第一个采用经济效益审计的国家，创立了综合审计的典型实验。即把效益审计和常规审计相结合。1977 年审计长法令要求审计长以"资金使用不符合经济性、效率性或虽有条件而未能建立起能衡量和报告项目效果的合适程序"向议会提出报告。

最高审计机关第十二届国际会议的总声明指出，除了合规性审计，还有另一种类型的审计，它涉及对公共部门管理的经济性、效率性和效果性，这就是绩效审计。

20 世纪 90 年代西方发达国家完成了以财务审计为中心向以效益审计为中心的转变。美国国家审计署的审计中，效益审计占 85% 以上；加拿大审计长公署和英国审计署每年审计项目计划中，效益审计大致占总审计额的 40%，而且还实行了效益审计机构、资金、计划单列。企业内部审计更是以效益审计为中心。

（二）我国经济效益审计发展的现状

我国经济效益审计发展的从时间上分为三个阶段。

第一阶段：20 世纪 80 年代初，随着中华人民共和国审计署的诞生，经济效益审计开始走向中国。国家审计机关积极开展了探索性的绩效审计、理论研究和试点工作，提出了从财务审计入手，加以分析，落脚到经济效益。1984 年，全国有 20 个省、自治区、直辖市的 270 个县以上审计局，对 1 263 个部门和被审计单位进行了经济效益审计工作。如《天津铁厂经济效益审计报告》《湖北省两户纺织企业经济效益审计报告》《鞍钢和山东审计局关于企业内部控制制度评估报告》都是当时比较典型的经济效益审计实例。全国审计工作会议要求:“各级审计机关都要确定一批大中型企业进行经常审计,既要审计财务收支的真实性、合法性,又要逐步向检查有关内部控制制度和经济效益方面延伸,并做出适当的审计评价,推动经济效益的提高。”自提出两延伸后,全国地方一些审计机关实施了经济效益审计试点。

第二阶段:中国加入世贸组织以来,我国审计工作者思考一个共同的问题,即中国如何开展经济效益审计,如何与国际接轨并付诸实施。近几年来的全国审计工作会议对经济效益审计工作都明确提出了任务和要求,在专项资金投资项目审计方面,开始注入了经济效益审计的内容,如经济效益调查审计。在外资审计领域,明确提出其审计目标是提高外资使用效益,不少地方审计机关积极制定计划,在投资项目和专项资金等财政投入较多的部门,实施经济效益审计,取得一定成效,向审计现代化迈出可喜一步。

第三阶段:近年来,我国各级审计机关结合实际,积极探索,在财政审计、国家投资建设项目审计、政府采购审计以及与之紧密相关的企业审计和经济责任审计等各个领域中广泛开展了效益审计的实践,并取得了一定的成效和实践经验,值得进一步推广和借鉴。在财政审计领域,主要是对财政专项资金转移支付资金审计进行了尝试。财政投资项目是我国审计机关开展经济效益审计的主要领域,通过审计重点揭示了项目建设管理中存在的问题,评价项目的投资绩效,保证建设资金合理、合法、有效地使用,提高建设项目的管理水平,发挥投资效益。在政府采购审计上,以政府采购中心为核心,以政府采购资金运动为主线,以政府采购预算为基础,以政府采购管理和执行为重点,通过对政府采购管理和执行单位以及政府采购项目的审查,搞清政府采购管理机构、政府采购中心的设置、隶属关系及政府采购业务运行关系,揭露政府采购管理和执行机构设置不合理、职责履行不到位、业务运行不畅、监督制约机制不健全等影响政府采购发展的主要问题。在对企业开展经济效益审计中,以促进国有企业深化改革,国有资产保值、增值为重点,剖析国有企业亏损的根本原因,纠正其经营决策失当,财产管理不善等违规违纪行为。对国有资产流失,财务信息失真等问题进行了重点查处和揭露,有力推动了单纯的财务收支审计向效益审计的转化。党的十七大明确提出健全经济责任审计制度,十七届四中全会提出完善党政主要领导干部和国有企业领导人员经济责任审计。国家审计机关实施的党政领导干部任期经济责任审计,始终把“效益情况审计”作为重要内容之一,从一定意义上说,县市经济责任审计就是对县市政府的经济效益审计,对其经济责任的评价,就是对县市长经营管理水平和业绩的评价,通过经济责任审计,促进提高被审县、市政府使用财政性资金的经济效益,进一步发挥财政资金在经济建设中的作用。

据不完全统计,在我国审计机关在近十年来的经济效益审计中,提出改善经营管理的建议,使企业经济效益增加约两百亿元,随着目前经济效益审计理论和实践探索的不断深入,必将愈来愈显得其在经济监督领域的作用。

（三）经济效益审计的发展——绩效审计

绩效审计在美国政府审计实践过程中出现并逐步形成规范，其产生和发展的理论基础是受托经济责任关系。20 世纪 30 年代资本主义主张国家全面干预经济活动的凯恩斯主义兴起，由此带来政府职能迅速扩张，公共开支急剧增加，占用了巨额的财政资金，同时随着民主政治体制的进步，公众要求评估政府绩效、减少和优化政府职能、强化经济责任的呼声越来越高。具有独立地位和专业资格的审计组织对受托管理公共资源的政府官员所负的经济责任进行审查，提供客观公正的反馈信息，使授予政府使用和管理公共资源权利的公众及其代表能够直接了解政府管理公共资源的状况和履行经济责任的情况，帮助立法机构乃至整个社会监督政府，从而把财务审计推进到绩效审计。此外，随着科学管理技术在公共管理中的运用，也为绩效管理、绩效评估提供了重要的技术支持。国际审计组织在 1977 年第九届国际大会上指出"除了重要性和意义都不容置疑的财务审计之外，还有另一种类型的审计，即对政府工作的绩效、效果、经济性和效率进行的审计"。财务审计检查资产管理的真实性、合法性，绩效审计则进一步检查资产管理运行的有效性。此后，在《绩效审计指南（草案）》中绩效审计被归纳为，是对政府管理活动的经济性、资源使用的效率性、达到目标的效果性进行的审计。

二、经济效益审计的含义和特点

（一）经济效益审计的含义

经济效益审计是指独立的审计机构或审计人员，利用专门的审计方法，依据一定的审计标准，就被审计单位的业务经营活动和管理活动进行审查，收集和整理有关审计证据，以判断经营管理活动的经济性、效率性和效果性，评价经济效益的开发和利用途径及其实现程度所实施的审计。

理解经济效益审计的涵义，应当掌握以下几点。

（1）审计的主体是独立的审计机构或审计人员。

（2）审计的对象是被审计单位或项目的财务收支或经济活动。

（3）审计的性质是具有独立性的经济监督和评价活动，而不是结合业务工作进行的管理活动。

（4）经济效益审计的职能除监督以外，更重要的是评价、监证被审计单位或项目经济效益的优劣。

（5）经济效益审计范围较广，需要进行综合的、系统的审查与分析。除了应用传统的财务审计方法外，还广泛应用现代管理科学的方法，而主要是为了取得审计证据。

（6）经济效益审计的目的是促使被审计单位落实责任制度、改善经营管理、提高经济效益。

（二）经济效益审计的特点

经济效益审计是一种新的相对独立的审计形式，它具有独特的外延和内涵，与真实性、合法性审计有着必然的联系，但也不等同于传统的财务审计和财经法纪审计。归纳起来，经济效益审计主要特征有以下几个方面。

(1)经济效益审计的主体具有独立性,必须具有法定资格的专业审计机构和人员,这些机构和人员在审计中必须保持独立的地位和身份,保持客观公正的工作态度。

(2)经济效益审计的客体具有广泛性,包括被审计单位各种资金及使用资金的部门,甚至使用资金的计划、管理等各个环节。

(3)经济效益审计的依据具有规范性,包括国家有关政策、法规和制度、计算、预算、方案,业务规范、各种标准、技术经济指标及本单位和国内外同类行业历史水平。

(4)经济效益审计的程序具有独特性,主要表现为审计工作结束后只出具经济效益评价审计报告及审计建议书,一般不需要做出审计决定。

(5)经济效益审计的方法具有多样性,除常规审计方法外,还包括一些现代经济管理技术。比如经济活动分析、管理会计、统计分析、管理咨询、经济预测等领域内所使用的方法和技术。

(6)经济效益审计的作用具有建设性,主要是核实公共资金的效益,评价经济运行过程及其结果,明确其经济责任,提出审计建议。

(7)经济效益审计目的具有宏观性,主要是通过对被审计单位资金使用的经济、效率、效益性的评价,以促进企业资金支出的经济效益和社会效益的提高。

三、经济效益审计评价标准

(一)经济效益审计评价标准的含义

经济效益审计评价标准是指审计人员在经济效益审计过程中,根据什么对被审计单位经济活动的客观事实进行调查取证,根据什么对所掌握的审计证据进行鉴别、分析和判断并推导出审计结论,这在客观上要求有一个指导审计活动、衡量被审事实、界定经济效益质和量的标准。

(二)经济效益审计评价标准的特点

(1)经济效益审计标准的多维性(或称"全面性"),指需要一系列的标准和相互联系的指标体系,包括宏观标准、微观标准,有财务指标、经营指标以及技术指标。

(2)经济效益审计标准的可控性,指对可以控制的因素进行评价,如评价原材料利用效益,应以材料单耗、利用率等指标,而不将材料成本列为评价标准。

(3)经济效益审计标准的动态性,指审计标准的适用性、有效性随时间、环境条件以及被审计单位经营管理水平的变化而变化,例如成本。

(4)经济效益审计标准的指导性(非强制性),指分析时必须综合各种因素,灵活掌握标准分寸和水准,并根据具体审计目标和审计环境,在实际审计操作中予以补充和完善。

(三)经济效益审计评价标准的确定原则

(1)确定审计标准的全面性和完整性原则。最大限度地覆盖被审计单位生产经营系统的各个方面和环节,做出全面衡量和评价。

(2)确定审计标准的责任性和可控性原则。所衡量、评价的经济活动及其结果应是审计对象的职责范围，是其应当全部或部分负责，是可控制和调节的，是其通过努力可改变的结果和过程。

（3）确定审计标准的计划性和可比性原则。应以国家有关计划作为经济效益审计评价标准之一，并力求使审计标准与有关计划标准相互适应；尽量使用货币表示的价值指标来综合反映全部使用的价值指标，既可纵向比较（不同时间），也可横向比较（不同企业）。

（4）确定审计标准的科学性和严密性原则。内容科学、形式简明、易操作，评价时能正确反映真实情况不致导出错误结论。

（5）确定标准水平的先进合理性原则。先进是指标准水平不宜定得太低，使之丧失考核的意义，合理是指标准水平不宜定得太高，脱离实际，标准水平变成可望而不可及，将使被审对象丧失完成标准的信心和积极性。

另外，确定经济效益审计标准时还要正确处理好宏观效益与微观效益关系，处理好直接效益与间接效益的关系，处理好目前效益与长远效益的关系。

（四）经济效益审计评价标准的具体内容

1. 按层次划分，经济效益审计评价标准分为总体标准和具体标准

1）经济效益审计总体评价标准

总体评价标准是带有根本性和指导性的原则标准，是对被审计单位经济行为效益性的基本制约，也是对被审计单位处理有关经济效益方方面面关系的原则标准和一般要求。经济效益审计总体标准，重点衡量评价被审计单位经济效益的质的方面，审查其经营思想、服务质量、职工培训、环境保护等。

2）经济效益审计具体标准（技术经济指标）

具体评价标准是全面、具体、详尽的执行标准，是从不同层次、不同角度、不同方面衡量被审计单位经济活动的效益有无、效益高低的尺度，是由以财务指标和技术经济指标为主体的指标体系构成的。经济效益的具体评价标准是对被审计单位经济效益量的方面的要求和限定，是被审计单位在正常情形下必须达到的效益水平，是被审计单位经济效益高低的衡量尺度。

2. 按内容、性质划分，经济效益审计评价标准分为四类

（1）国家政策、法律法规和国民经济计划。它具有强制性特点，微观效益必须服从宏观效益。

（2）部门和单位自行制定的计划、预算、定额、合同。它不是指令性和强制性的，而是企业努力的目标。预算有成本费用预算、利润预算、销售预算。定额有材料消耗定额、人工工时定额。

（3）历史水平、行业水平、计划水平和国际水平。

（4）理论依据及科学计算数据。除采用财务审计中函证、盘点、计算、分析性复核，还可以借用工具学科知识。

第二节 经济效益审计的内容

一、企业经济效益审计的内容

（一）总体经济效益评价

总体经济效益评价主要是考察被审计单位是否取得了预期的经营成果、完成了计划任务等。总体评价主要审查如下内容。

（1）确定已实现的经营成果水平。主要是确定已实现的营业收入、营业利润、利润总额、社会贡献总额、上缴利税总额、资金利润率等各项经济指标水平。

（2）审查计划目标的实现情况，主要是将被审计单位实际数与计划数、目标数相比较，确定完成程度。

（3）与相关指标进行比较，进而总结其成绩并揭示存在的差距。通过与被审计单位不同历史时期经济指标的比较，或与其他单位、同行业先进水平等比较，可以发现存在的差距与不足和取得的成绩，为进一步提高经济效益明确方向。

（二）主要业务活动的审计

1. 物资采购的审计

企业的经营过程一般都是从采购开始的，工业企业原材料成本占产品成本的比重较大，目前物资供应市场普遍反映为买方市场，这就为降低采购成本提供了操作空间。物资采购审计要充分抓住这个关键，关注与企业的效益直接相关的内容。从物资采购的内部控制环节入手，检查采购过程中购进原材料的价格是否低廉，数量、质量是否符合要求，占用的资金及采购费用是否节约，存放是否安全等。物资供应专项审计，有效地促进了物资采购成本的降低和物资管理水平的提高。

2. 生产物料、能源投入产出审计

根据物料、能源平衡原理和成本分析原理，对企业资源利用状况进行定量分析，对企业物料、能源利用效率及消耗水平，物料、能源经济效益与环境效益进行审计和评价，从而对企业的物料、能源利用情况实行有效的监督、服务，以达到节能降耗、提高效益的目的。

3. 生产技术审计

生产技术的广泛运用和开发是企业提高经济效益的根本途径。有条件的企业应将内部经济效益审计深入到生产技术领域。针对企业生产技术组织、工艺流程、新技术、新工艺和新设备的应用以及科学技术成果转化利用中存在的薄弱环节与内部潜力，与技术、生产、科研、计划及财会等部门联合开展检查和评价，提出建设性的审计建议，促使企业采取措施，大力推动技术改造、科技成果应用与开发，并尽力开发能耗小而附加值高的高新技术产业，以大幅度地实现增产增收、节能降耗，提高经济效益。

4. 资金利用审计

资金是企业最宝贵的资源，利用得当可使企业获得生机与活力，利用不当会使企业陷入困境，甚至破产。效益审计中应重点评审资金筹集是否合理、有效，注意评审其负债经营的可行性、风险性；同时应评审企业资金分配、管理与占用是否合理、有效，从中找出资金闲置浪费问题和薄弱环节，提出改进建议与措施，促使企业挖掘浮财，提高资金运用效率。

5. 成本费用审计

企业能否不断降低成本，是企业能否提高效益的关键所在。目前有些企业生产工艺、技术及设备落后，产品无规模效益，单耗高，非生产开支过大，致使产品成本居高不下，这是造成企业亏损严重的一个重要原因。效益审计中应着重审查原材料、能源、人工、管理费、修理费等各项成本要素的实耗水平，对照国内外同行业的先进水平以及本企业历史最好水平进行分析，从中找出差距，查明各项成本超支的原因，提出改进建议，以督促企业开源节流，降本增效，扭亏增盈，大力提高经济效益。

6. 产品销售的审计

企业产品销售以后，经济效益才能体现出来。产品销售过程中价格确定是否适当、销售费用是否节约、产品发运是否及时、包装是否安全、销售收入是否及时收回、售后服务是否周到等都会影响企业经济效益。

7. 固定资产效益审计

针对目前企业中存在的项目可研论证不充分，投资效益低下，损失浪费严重等问题，效益审计中应大力开展固定资产投资项目事前、事中、事后效益审计。通过对科研资料、概算执行情况、施工管理过程、竣工决算、工程物资采购等全过程审计，评价工程建设与管理过程中有无效益流失问题。通过跟踪项目投产后产品产量及收入情况，评价获利能力是否达到预期效果，投资项目是否达到经济性和效益性。

（三）管理职能的审计

管理的职能审计包括计划、决策、组织、控制等职能的审计。

1. 计划职能方面

评价计划职能发挥效果，检查计划的目标界定是否清楚；完成每一项目标的措施是否得当、具体；每一目标和措施步骤的责任与授权是否明确；时间安排是否合理、是否受控；完成目标的资源是否落实；需要了解目标和措施的人是否确实理解到位。

2. 决策职能的审计

经营决策审计的目的在于评价效益优劣，为领导层提供决策依据。制定决策前、决策过程中、决策方案执行以后，审计人员都应当参与评价。如投资效果的决策、产品开发的决策、市场开拓的决策、资源利用的决策、产品赢利结构的决策等都可以作为经营决策审计的内容。

3. 组织职能的审计

企业的组织形式与结构是否满足有效经营的要求；对人、财、物等资源的调配是否适当；

是否存在资源的闲置现象;专业化原则是否得到贯彻;管理权限的集中与分散程度是否符合企业的具体情况等。与组织职能有关的问题都属于组织职能审计的范围。

4. 内部控制制度审计

通过对内部控制措施的设置是否健全;既定的控制措施是否在经营过程中被切实执行;所采取的控制措施是否达到预期效果等问题进行分析评价,找出内部控制中存在的问题,促进企业严格按内部控制制度经营管理。

二、非企业经济效益审计的内容

(一)检查部门正常经费的使用效益

审计的内容是检查财政支出供给范围是否合规,支出结构是否符合公共财政管理的要求,各项资金是否真正落实到该用的项目上,确实发挥了资金的效用。

(二)检查预算部门政府采购的执行和效益

对政府采购进行审计时,除对采购计划的执行,采购资金的管理等进行监督外,重点要突出物品价格的审计,检查采购资金的节约情况。审计方法可引进企业内部实施的“比价采购”法,即将采购物品的价格与同期同规格的商品市价进行比较,也可将政府采购中心与厂家协议的采购价与代理价进行比较;同时,还要突出采购方式的监督,审查其是否严格执行了政府采购制度,采取了公开招标的采购方式,这是一个重要的环节。

(三)对公共项目建设资金使用效益的审计

对公共项目建设资金使用效益的审计,即对政府建设项目开展投资效益审计。对建设项目实施全程跟踪审计,对建设项目从正式立项到竣工决算的全部建设过程进行审计,跟踪监督财政投资的使用情况,确保财政资金使用效益得到最大限度发挥。跟踪审计除了具有竣工决算审计所具有的降低造价的作用外,还有规范管理、防止舞弊、保证质量等作用,能堵住在事后决算审计根本发现不了的漏洞,能有效地防止在设计、施工、监督、物资采购等各个环节的资源流失。

第三节 经济效益审计的程序

一、审计准备阶段

审计准备阶段是审计程序的第一个阶段。在这个阶段应该做好如下各项具体工作。

(一)编制审计项目计划,确定审计事项

各级审计机关应当根据国家政策以及上级审计机关和本级政府的要求或企业内部工作计划,编制审计项目计划,也就是要确定本年度辖区内对哪些部门,哪些单位进行审计,并确定审查哪些审计事项。

（二）组织审计小组，指定审计人员

确定审计事项后，就要据以组织审计力量，安排一定数量审计人员组成审计小组，并由专人负责，通过组内成员的合理分工和协调配合，承担具体工作。

（三）拟订审计工作方案

建立审计小组后，应该以审计小组为单位，拟订审计工作方案。审计工作方案是实施审计的具体工作安排。合理拟订审计工作方案可以使审计工作全过程受到有效的控制，保证达到一定的深度和广度，从而取得预期的效果。

二、审计实施阶段

审计实施阶段是审计程序的第二阶段。各种审计准备工作完成以后，也就进入实施阶段。这个阶段的主要工作内容如下。

（一）下达审计通知书

对审计小组制定的审计工作方案，审计机关批准之后，向被审计单位发出审计通知书。审计通知书是审计机关通知被审计单位接受审计的一种书面文件，是审计小组进驻被审计单位执行审计任务的依据。

（二）进驻被审计单位

审计通知书发出后，审计小组就可以进驻被审计单位。进驻后的首要工作，就是与被审计单位的党政领导和广大群众取得联系，向他们讲清执行审计的目的、内容、起讫时间，以及需要他们协助事项等，以取得他们的支持与配合。

（三）进行初步调查

进驻被审计单位后，审计人员应当进行初步调查，以了解和掌握被审计单位的基本情况、业务和内部控制制度等情况。在这个过程中，可以采用的方法主要有调阅资料和查询走访等，帮助审计人员加强对所审事项的理解，搞清楚有关事项的来龙去脉。通过查询走访的方式详细调查企业的背景情况，生产经营的组织、方式及现状，企业的生产工艺特点、管理制度和内部控制制度的设计及运行状况等。

（四）评审内部控制制度

在进行初步调查基础上，对被审计单位的内部控制制度进行必要的测试，以评审内部控制制度的健全程度和贯彻执行情况，找出内部控制的薄弱环节，作为审计的重点。

（五）审核检查有关资料和经济活动

这是审计实施阶段工作内容的主体部分，主要根据审计工作方案进行。对审计检查过程中发现的问题，审计人员必须进行详细准确的记录，写明有关问题的内容、资料来源，提出纠正处理或进一步查证核实的意见。被审计单位的原始资料、有关文件和实物等，如具有证据价值时，审计人员可以进行复印、复制主现场拍照、录制并要求有关单位签证。审计人员在审核检查过程中应取得必要的审计证据，并要编制审计工作底稿。审计工作底稿是审计人员在审计工作中记录、整理、综合分析与审计问题有关的书面材料。

(六)实施企业测试,收集审计证据,分析原因

1. 开展成本费用效益审计,促使企业降低成本增加利润

从成本费用的计划及开支范围的制定、控制措施的实施,到考核及评价的全过程,审查原材料和能源的利用效益、劳动力利用效益等。考核成本费用的节约额和降低率,促使企业不断降低成本,提高经济效益。

2. 审查销售活动效益性,促使企业增加收入增加利润

从销售计划的制定、销售的组织,到销售完成的全过程,审查是否达到现有条件下的收入最大化,销售费用是否节约,销售的内部控制制度是否健全有效等。

3. 审查资金使用情况,促使企业合理运用资金

根据资金运动规律,从资金的筹集、分配、使用到收回的全过程,审查资金的占用情况、周转情况以及获利情况,提出合理筹措和分配资金的建议,提高资金使用效益。

4. 审查企业投资情况,促使企业降低投入增加产出

对固定资产投资要从立项、设计、施工到竣工决算进行全过程监督,审查项目的可行性研究报告,施工计划、进度,工程质量及工程费用的发生情况。竣工投产后,对工程效益和投产后的使用效益进行全面的分析评价。

三、审计终结阶段

审计终结阶段是审计程序的最后一个阶段,这个阶段应做好以下工作。

(一)撰写和提出审计报告,做出审计结论和决定

审计报告由审计人员在审计实施阶段结束以后撰写的,撰写以前,首先要整理审计工作底稿,在审计小组内进行讨论、分析,由审计小组组长撰写,或由小组成员分头写出后,交组长汇总成稿。审计报告应当征求被审计单位的意见,被审计单位应在收到审计报告之日起10日内提出书面意见。审计报告一般应具备背景资料、审计结论、论证结论的证据、改进的建议或措施等内容。

(二)将审计资料整理归档

审计工作终结时,审计小组应将各种有关审计文件进行整理,建立审计文件档案,妥善保管。审计报告和审计结论和决定的底稿。后续审计资料,与复审有关的资料都要及时归档,以便日后查考。

(三)监督审计结论和决定的执行

国家审计机关做出的审计结论和决定,有时还包括对被审计单位的经济处理。在这种情况下,审计机关可在一定期间派出原审计小组中的人员,检查和监督被审计单位对审计结论和决定的执行过程及其结果。值得关注的是,企业经济效益审计报告不同于财务审计报告,它的目的不是为了证实财务状况的真实性,而是为了揭示被审计单位经济效益的高低及其原因,并做出评价,提出建议和措施。在多数情况下,由于被审计业务的专业性强,往往不能提出直接证据来论证审计报告的结论,为了使审计报告具有充分的说服力,需要广泛地运

用间接证据和推理证据，这都需要在审计报告中加以详细的说明。

被审计单位对审计结论和决定若有异议，可在收到审计结论和决定之日起 15 日内，向上一级审计机关申请复审。

第四节　经济效益审计的方法

经济效益审计的内容比财政财务审计、财经法纪审计的内容广泛得多，它涉及企业、单位经济活动和经营管理的方方面面。因此，它采用的方法也比财政财务审计、财经法纪审计多得多，除了采用财政财务审计、财经法纪审计所采用的审阅法、盘点法、观察法、核对法、询问法之外，还采用一些经济数学方法和现代管理方法。

一、价值工程分析法

价值工程分析法是以功能为核心来揭示技术方案的价值、功能、成本三者之间内在关系的方法。它的简明数学表达式是价值(V)＝必要的功能(F)/成本(C)。价值分析以 $V = F/C$ 为标准，根据对象从必要的功能和成本两方面进行分析，剔除多余功能或降低必要功能的成本，以达到功能与成本的最佳配合。这种方法可以评价企业决策是否科学，帮助企业提高经济效益。

二、对比分析法

对比分析法通过对被审计单位的经济活动和财务状况数值的增减变化来进行检查、分析原因、做出评价，可以采用纵向对比分析和横向对比分析两种方式进行。对比分析法虽然看起来很简单，但它能揭示很深刻的问题，通过与计划指标比、同上年同期比、同历史最好水平比、同地区与国内国际水平比，可以很好地分析经济效益的高低，发现存在的差距，找出解决的办法，达到提高效益的目标。

比如，某企业在进行煤炭采购专项审计时，分别按运输方式、采购渠道对量价构成情况进行深入解剖。①按运输方式分为铁运和汽运两种方式，其中铁运 140.92 万吨，占采购总量的 77.29%，平均每吨采购成本 343.18 元；汽运 41.41 万吨，占采购总量的 22.71%，平均每吨采购成本 409.51 元。汽运煤比铁运煤平均每吨成本高 66.33 元，按采购总量计算总成本高 2 746.86 万元。②按供货渠道分为总部集中采购、矿方直供、煤运公司采购、经营公司采购四种方式，对比分析采购量及采购价后发现，从经营公司采购的煤炭价格高于煤运公司和矿方直供采购价格，且从经营公司采购量占采购总量的 58.12%，而同类企业不超过 20%。因此，汽运煤的比重高和经营公司采购量大、矿方直供量小是影响采购成本的主要因素。根据审计建议，供应部门加大了大矿直供量，并加大了与铁路部门的协调力度，增加铁运煤比例，大大降低了煤炭采购成本。

三、因素分析法

因素分析法是指通过查找分析影响某一事项的因素,从中找出关键因素进行分析来解决问题的方法。这种方法广泛应用于效益审计的检查分析过程。影响效益的因素很多,不可能对所有的影响因素进行检查,只能抓住重点,才能达到事半功倍的效果。

比如,在进行煤炭采购专项审计时,为了客观分析评价煤炭质量,查找影响入炉煤热值损失的原因,审计人员对煤炭取样过程进行了穿行测试,详细了解煤炭采购、入库、入锅炉的过程并对每月煤炭热值进行了统计和加权平均计算,找到了影响入炉煤热值的主要因素:一是雨季导致热值损失较大;二是煤炭入厂后到送入锅炉时间差的影响,如果入厂煤直接送往锅炉的比例大,则入炉煤与入厂煤的热值差值较小,反之则差值较大;三是煤炭质量不均衡造成的影响。锅炉设计热值为 4 500 大卡,由于煤炭采购质量不均衡,入炉优质原煤热值远大于设计值,造成浪费。针对以上问题可以提出建议,即一方面优化煤炭采购和库存方案,在保证煤炭合理库存的前提下,加大入厂煤直接送往锅炉的比例,减少中间仓储环节;另一方面对优质煤和热值较低的劣质煤合理混合燃烧,在保证锅炉设计燃烧值的情况下,提高煤炭综合利用率。通过整改措施的实施,提高了煤炭燃烧值,节约了消耗,降低了成本,取得了较好的经济效益。

四、经济效益批量法

审计人员在存货审计过程中,若材料采购费用大,检查其原因,是由于原材料采购批次太多,采购量较小所致。于是用“经济批量法”计算,以确定其经济采购批量。确定经济采购批量的公式:

$$经济采购批量=\sqrt{\frac{2\times 平均每次采购费用\times 年需要量}{每件年保管费用}}$$

另外,还有 ABC 分析法,净现值法等方法。经济效益审计应用的方法很多,每一种方法并不是独立使用的,可以几种方法交叉运用,并且要针对不同的效益审计项目不断探索创新审计方法,只有这样才能发现存在的问题并分析原因,建议才能更有针对性,评价才能更恰当。

【本章小结】

经济效益审计是以提高经济效益为目标的经济监督活动,是审计发展到一定阶段的必然产物,也是审计发展到现代审计高级阶段的重要标志。

经济效益审计含义是指独立的审计机构或审计人员,利用专门的审计方法,依据一定的审计标准,就被审计单位的业务经营活动和管理活动进行审查,收集和整理有关审计证据,以判断经营管理活动的经济性、效率性和效果性,评价经济效益的开发和利用途径及其实现程度所实施的审计。

经济效益审计的特点是主体具有独立性、客体具有广泛性、依据具有规范性、程序具有独特性、方法具有多样性、作用具有建设性、目的具有宏观性。

经济效益审计评价标准的涵义、特点、原则、内容。

企业经济效益审计的内容有经营目标和计划执行情况审计、管理职能的效益审计、物资采购的审计、生产过程资源利用效益的审计、产品销售的审计、固定资产投资效益审计 。

非企业经济效益审计的内容有检查部门正常经费的使用效益、检查预算部门政府采购的执行和效益、对公共项目建设资金使用效益的审计。

经济效益审计的程序有审计准备阶段、审计实施阶段、审计终结阶段。

经济效益审计的方法有信息收集方法（审阅法、盘点法、观察法、询问法）和信息评价方法（价值分析法、对比分析法、因素分析法）。

【关键术语】

经济效益审计，经济性，效率性，效果性，审阅，盘点，观察，询问，价值分析，对比分析，因素分析。

【同步练习】

一、单项选择题

1.“经济效益审计”一词最先采用的国家是（　　）。

A. 美国　　B. 瑞典　　C. 英国　　D. 中国

2. 企业经济效益审计的内容不包括（　　）。

A. 管理职能审计　　B. 产品销售审计

C. 主要业务过程审计　　D. 会计报表合规性审计

3. 关于非物质生产部门经济效益的特点有（　　）。

A. 投入与产出之间存在线性关系

B. 投入与产出之间不存在线性关系

C. 产出成果可以有货币计量

D. 经济效益的提高表现为资源消耗或占用的节约

4. 关于经济效益与利润的关系，下列说法错误的是（　　）。

A. 利润与经济效益均是投入与产出之比较

B. 经济效益包括社会效益

C. 利润和经济效益均能体现经济活动的长期效益

D. 利润是反映企业经济效益的重要指标之一

5. 下列经济效益审计的内容应由政府审计机关负责的是（　　）。

A. 管理咨询　　B. 内部控制检查

C. 经济效益鉴证　　D. 固定资产营运效益审计

6. 经济效益审计的主要职能是(　　)。

A. 经济评价　　B. 经济监督　　C. 经济鉴证　　D. 经济服务

7. 宏观经济效益审计的主体是(　　)。

A. 国家审计　　B. 内部审计　　C. 社会审计　　D. 以上均是

8. 下列各项审计证据中属于环境证据的是(　　)。

A. 业绩报告　　B. 内部控制状况

C. 会计报表　　D. 新产品开发方案

9. 经济效益审计的程序不包括(　　)。

A. 准备阶段　　B. 实施阶段

C. 报告阶段　　D. 后续审计阶段

10. 以下与产品质量成本相关的说法中,错误的是(　　)。

A. 当预防成本和鉴定成本上升时,内外部失败成本会下降

B. 因产品质量原因发生退货或折让属于外部失败成本

C. 废料、整修、等待时间等属于内部失败成本

D. 当预防成本、鉴定成本和内外部失败成本均最低时,质量成本也就最低

二、多项选择题

1. 下列各项中属于经济效益审计方法的是(　　)。

A. 因素分析法　　B. 对比分析法

C. 净值分析法　　D. 价值工程分析法

2. 下列各项反映经济效益的各项指标中属于相对数指标的有(　　)。

A. 成本费用 / 收入　　B. 利税

C. 总资产报酬率　　D. 销售利税率

3. 西方“三 E”审计是指经济活动投入与产出的(　　)。

A. 经济　　B. 效率　　C. 合理　　D. 效果

4. 物质生产部门经济效益的特点有(　　)。

A. 投入与产出之间存在线性关系

B. 投入与产出之间不存在线性关系

C. 产出成果可以有货币计量

D. 经济效益的提高表现为社会再生产总量的增加

5. 下列经济效益审计的内容应由政府审计机关负责的是(　　)。

A. 管理咨询　　B. 政府绩效审计

C. 国家建设项目经济效益审计　　D. 固定资产营运效益审计

6. 我国目前开展经济效益审计受到的限制包括(　　)。

A. 受法律授权的限制　　B. 受审计手段的限制

C. 受审计主体环境的限制　　D. 受审计人员水平的限制

7. 按审计对象层次划分,经济效益审计可分为(　　)。

A. 全面经济效益审计　　B. 局部和项目经济效益审计

C. 宏观经济效益审计　　D. 微观经济效益审计

8. 按审计范围划分,经济效益审计可分为(　　)。

A. 全面经济效益审计　　B. 局部经济效益审计

C. 宏观与微观经济效益审计　　D. 项目经济效益审计

9. 全面经济效益审计一般适用于(　　)。

A. 长期亏损、面临破产的企业

B. 日常性生产经营活动

C. 以扭亏为盈为目的

D. 盈利和经营状况良好的企业

10. 下列各项中最能反映经济效益审计特征的包括(　　)。

A. 独立性　　B. 建设性

C. 内容广泛性　　D. 风险性

三、判断题

1. 投入与产出的相减比较属于相对数指标,不能直接反映经济效益的规模,但能反映经济效益的水平和程度。(　　)

2. 绩效审计不属于经济效益审计。(　　)

3. 对于有利于宏观经济效益的提高,而微观经济效益暂不明显的经济活动,一般应作肯定的评价。(　　)

4. 被审计单位的报表、账簿和业绩报告等属于经济效益审计的对象,而计划、预算、方案因尚未执行或实施,因而不是经济效益审计的对象。(　　)

5. 以结果为导向的财务报表延伸的经济效益审计可以代替经济效益审计,但不能够缩小详细审计的范围和工作量。(　　)

四、思考题

1. 简述经济效益审计含义。

2. 简述经济效益审计的特点。

3. 企业经济效益审计和非企业经济效益审计内容有哪些?

4. 如何理解经济效益审计评价标准?

第十四章　计算机审计

引言

电算化会计和审计是会计学科体系中的重要组成部分,是会计与审计现代化的主要技术标志,是提高会计工作质量的主要技术手段。

本章主要介绍了计算机审计的含义、方法、步骤;计算机会计系统对审计的影响;会计信息系统审计;会计信息系统数据审计。

通过本章学习要求掌握计算机的含义及特点;掌握应用程序审计概念;了解数据审计概念;了解会计电算化对审计的影响;掌握应用程序审计方法和数据审计技术方法。

本章重点:计算机的含义、特点和步骤;应用程序审计方法;数据审计技术方法。

本章难点:数据审计技术方法。

案例导入

康美药业舞弊案

2018 年有网络媒体发文质疑康美药业货币资金过高、存贷双高,大股东股票质押比例过高、中药材毛利率较同行业过高,其关联公司深圳博益投资发展有限公司涉嫌内幕交易炒作康美股票等问题。12 月底,康美药业涉嫌披露信息违法违规,受到中国证监会调查,证监会对康美药业进行核查并要求其进行自查。

2019 年 4 月,康美药业在公布 2018 年年报及 2019 年一季报的前一天,发布更正公告称,2017 年的财务数据出现会计处理上的错误。同时发布《关于前期会计差错更正的公告》,对 2017 年财务报告做出重大调整。

2019 年 4 月 30 日晚,上交所向康美药业发布问询函。

2019 年 5 月 17 日,证监会通报康美药业 2016—2018 年度的财务报告存在重大虚假的情况。2019 年 8 月 17 日,证监会对康美药业财务舞弊案件做出处罚决定,对公司和个人共罚款 595 万元。

一、证监会立案调查的基本依据

1. 存贷双高现象分析

(1)为何康美药业账上流动资金十分充足,但是仍然大规模举债?

康美药业 2017 年未修正的年报中显示,其货币资金的期末余额有 341 亿元,其中银行存款占 99.74%,银行存款中可以随时支取的比例为 99.95%。公司近几年一直在进行大量的短期或长期的债务融资活动,但是除了短期债务支出,康美药业仍有充足的货币资金,若有资金需求则可以支取企业银行存款,没有必要再对外进行债务融资。因此,康美药业有虚增存款的嫌疑。

(2)经营现金流量净额远低于净利润?

康美药业在2015—2017年净现比只有0.39,这说明康美药业的利润存在虚增嫌疑,利润质量并不高,大部分都是纸面财富。

2. 应收账款分析

对于康美药业的应收账款, 2017年未修正的财务报告中仅披露了应收账款按单项金额重大单独列示的上海世纪联华超市发展有限公司,且公司所产生的应收账款全部计提了坏账准备。在2018年年报披露的其他应收款中,对普宁康都药业有限公司的56.29亿元其他应收款计提了60.63%的坏账准备;对普宁市康淳药业有限公司的32.5亿元其他应收款计提了35.01%的坏账准备。同时还发现在2018年调整后的年报当中其他应收款被关联公司占用,用于购买公司股票,这违反了股票上市规则。

3. 存货分析

康美药业对存货进行了195亿元的调增。通过观察康美药业2017年未调整的财务报表,可以发现存货计提了约2%的跌价准备,这说明2017年存货的价格不存在增加的可能性,因此存货调增的原因大部分来自存货数量的增加。2016年以来,康美药业的存货周转率逐年下降,分别为1.35次、0.45次、0.39次。这说明流动性变差,存货变现速度降低,企业的存货管理压力递增。

二、康美药业舞弊动机分析:舞弊三角理论

1. 压力

(1)偿债压力:康美药业存在着非常严重的存贷双高现象,其中筹资活动现金流比经营活动现金流更为活跃。由于康美药业前10大股东的股权存在质押现象,上市以来多次进行债券融资和股权融资。通过分析康美药业2015—2018年的短期偿债能力指标和长期偿债能力指标,更正后的偿债能力逐渐下降,这也导致了财务舞弊的压力急剧加大。

(2)融资压力:由于康美药业前十大股东的股权存在质押现象,上市以来多次进行债券融资和股权融资,因此可以判断康美药业账面上300亿元的货币资金质量不高,表明其账上的货币资金充足仅仅是表面繁荣而已。在资金需求巨大的压力下,康美药业的舞弊动机十分强烈。

(3)保市压力:对营业收入,营业利润的虚增可以帮助康美药业避免强制退市的可能性。

2. 借口

对于证监会以及各方媒体的质疑,康美药业却将自身财务舞弊的实质归因为会计业务差错,为舞弊提供合理化借口,为财务舞弊行为开脱。

3. 机会

康美药业的内部控制存在着诸多缺陷,实际控制人凌驾于内部控制之上,而且外部审计机构的独立性也较差,这为康美药业的舞弊提供了很好的机会。2018年正中珠江会计师事务所才对康美药业的内控出具否定意见审计报告,披露康美药业内控流程不完善、制度执行不到位、会计核算不规范等缺陷。

公司的治理结构也不甚完善。康美药业的股权结构过于集中，实际控制人马兴田及其配偶共直接和间接持有公司 37.64% 的股权。马兴田及其配偶还曾分别担任公司董事长、副董事长、总经理和常务副经理等职位，这种多职兼任的情况，也会导致舞弊机会的产生。

三、康美药业舞弊手段分析：会计差错还是故意舞弊

1. 虚增收入

以虚假记载、伪造业务凭证，仿造、变造增值税发票等方式虚增营业收入：在 2016—2018 年，虚增营业收入总计 291.17 亿元，多计利息收入总计 6.75 亿元，虚增营业利润总计 39.36 亿元。

2. 虚增资产

（1）虚增货币资金：以伪造、变造大额定期存单等方式虚增货币资金，配合营业收入造假伪造销售回款，虚增货币资金 886 亿元。

（2）虚增固定资产：将不满足会计确认和计量条件的工程项目纳入报表，虚增固定资产。2018 年，康美药业将 6 处不满足会计确认和计量条件的工程项目纳入表内，虚增在建工程 4.01 亿元、固定资产 11.89 亿元和投资性房地产 20.15 亿元。

（3）虚增现金流：多计销售商品、提供劳务收到的现金 103 亿元，购买商品、接受劳务支付的现金 73 亿元等；少计构建固定资产、无形资产和其他长期资产支付的现金项目 3.52 亿元等；多计现金收入、少计现金支出。

在公告当中，这些差异都被归为会计处理错误，但是当多处会计差错同时发生且涉及金额巨大的时候，就必须要对财务数据的真实可靠性产生怀疑。

3. 未披露控股股东及关联方非经营性占用资金情况

2016 年 1 月 1 日至 2018 年 12 月 31 日，康美药业在未经过决策审批或授权程序的情况下，累计向控股股东及其关联方提供非经营性资金 1 162 亿元用于购买股票、替控股股东及其关联方偿还融资本息、垫付解质押款或支付收购溢价款等用途。

四、审计失败原因分析

1. 审计独立性缺失

自康美药业上市以来，就一直由正中珠江会计师事务所为其提供审计业务，尽管财经媒体等外部各方都对康美药业财务报告的真实性提出了质疑，但是承接业务后的 19 年内，正中珠江会计师事务所均未对财务报告提出质疑，对于 2017 年财务报告中的重大会计差错也未能识别。

2. 存货盘点

通过审计报告得知，正中珠江会计师事务所对康美药业的存货的盘点，仅采用聘请专家协助监盘的方式，注册会计师并未对监盘的结果的准确性和合理性进行职业判断，对于存货金额占比较大的康美药业来说，这种处理方法是非常不合理的。

对于虚增的存货，由于大部分金额的增加是来源于存货数量的增加，因此注册会计师在审计过程当中理应更容易发现存货的准确性存在重大问题，这也使我们对正中珠江会计师

事务所审计人员的能力专业性以及独立性产生怀疑。

3. 银行存款

康美药业的银行存款占资产总额的净资产比例如此之大，银行存款必定会成为正中珠江会计师事务所审计过程当中所要重点关注的对象，除了实施函证程序之外，会计师事务所还应该实施其他的审计程序。

4. 应收账款核查

全额计提坏账准备说明了康美药业在应收账款信用政策方面存在重大问题，内部控制制度存在重大缺陷，但是在对应报告期内的审计报告中并没有发现审计人员执行了必要的审计程序。

5. 分析程序的实施

审计人员对于存货和销售收入之间的关系，存货跌价准备的计提、周转率、毛利率与同行业其他公司的比较，都没有进行充分的考虑。通过查看公司近几年年报，注意到康美药业2012—2016 年中药材贸易收入平均每年在 60 亿元左右，但 2017、2018 年该项收入有 79 亿元、6 亿元，波动如此之大。对此审计人员应在了解被审计单位及其环境的行业状况时做出解释，但审计人员并没有解释清楚。

思考：财务指标与非财务指标分析在财务报表审计中的作用。

企业财务报表是全面反映企业财务状况、经营成果和现金流量情况的会计信息资料。财务报表审计的目的是注册会计师通过执行审计工作，对财务报表的合法性与公允性发表审计意见。

第一节　计算机审计概论

一、计算机审计概念

我国相关部门曾经对计算机审计有过如下描述，“简单地讲，计算机审计包括对计算机管理的数据进行检查和对管理数据的计算机进行检查”。

日本会计检察院计算机中心的认为，计算机审计有两个含义：一是对计算机系统本身的审计，包括系统安装、使用成本，系统和数据、硬件和系统环境的审计；二是计算机辅助审计，包括用计算机手段进行传统审计，用计算机建立一个审计数据库，帮助专业部门进行审计。

一般认为，计算机审计是一种以计算机为先进的审计工具来执行经济监督、鉴证和评价职能的审计方式。

二、计算机审计的方法与步骤

从审计对象的涵义来看，计算机审计包含审计项目管理系统的计算机辅助审计、手工会计系统的计算机辅助审计和会计电算化系统审计三个方面的内容。

与传统手工审计一样，计算机审计过程可分成审计准备阶段、审计实施和审计终结阶段。其中重点是计算机审计实施阶段,它包括计算机信息系统的内部控制评价和对计算机系统所产生的会计数据(信息)进行测试评价。计算机审计过程具体可细分为以下几个主要步骤。

(一)审计准备阶段

1. 了解企业基本情况

与企业的有关人员初步面谈并查阅其会计电算化系统的基本资料,归纳出被审计系统的特点和重点。

2. 组织审计人员和准备所需要的审计软件

根据被审计单位会计电算化系统的构成特点和复杂程度,可选择安排是有计算机审计经验的注册会计师担任项目负责人,组成审计小组,准备审计软件。如果对某审计项目需要特殊的审计软件,还必须组成一个专门小组预先开发好所需要的软件,以保障审计工作顺利开展。

3. 内部控制的初步审查

初步审查的目标是使审计人员了解计算机信息系统在会计工作中的应用程度,初步熟悉电算化会计系统的业务流程和内部控制的基本结构,包括从原始凭证的编制到各种会计报表输出的整个过程。一般采用如下检查和会谈。

(1)审阅上期的审计报告和管理建议书,初步了解上期系统的弱点。

(2)检查会计电算化系统的文档和系统使用手册,了解系统模块结构、名称、数据库以及相应的功能。

(3)检查输入数据的基本依据(电子数据和有关的原始凭证),初步了解企业会计原始数据产生的内部控制制度的基本情况。

(4)针对一些基本情况和上述检查发现的问题,与会计人员、系统开发和维护人员、程序员面谈,以便得到与此题相关的背景资料。

(5)初步审查数据处理流程图,了解原始数据的起点、文件名称和系统内的代码、数据经过的单位或部门、数据的终点和保管的措施,以及对产生和使用数据的单位的内部控制,并制作必要的简明数据流程图。

另外,审计人员还要对下列资料进行了解:①系统安装日期、计算机硬件系统的型号、机房的基本管理设施、系统管理制度、系统的负荷量(数据处理量);②系统的组织结构、各级管理的职责,以及计算机系统的负责人和系统管理人员;③系统内应用子系统的控制类型和主要经济业务。

4. 初步审查结果的评价

初步审查后,审计人员必须从整个会计信息系统内部控制的角度出发,评价初步审查的结果,确定内部控制的可行性程度,并得出结论。其结论可以按以下三种方式之一得出。

(1)退出审计。由于缺乏实施审计的技术或内部控制不可依赖等许多问题,审计人员可针对这些问题提出一些管理建议并退出审计。

(2)对一般控制和应用控制进行进一步详细的审查。这一方式是在初步审查表明内部控制有可依赖性的情况下采取的,实质性测试可作一些简化。

(3)决定不依赖于内部控制。做出这一决定可能有两个原因:一是直接进行实质性测试更容易达到预定的审计目标;二是因为计算机内部控制系统可能不完善,各应用系统的用户自己增加了一些必要的补充控制,对补偿控制进行测试更易于达到审计的目的。

初步审查是通过应用面谈、实地检查观察、阅读内控制度和有关系统分析设计的文档、填制内控制度调查表等方法取得初步审查结果,并对这些结果给出评价,为下一步应当怎样审计提供必要的信息。

(二)审计实施阶段

审计数据大多以关系型数据库的形式存储,而根据关系数据库模型范式分解的需要,数据往往是存在于不同的数据表中,这对于审计人员进行审计分析非常不方便。为了使数据更符合分析的需要,审计人员可以通过对数据表进行连接、投影等操作,生成满足分析的"审计中间表",为了下一步的审计分析打下基础。

处理所得到的审计中间表可以分为基础性中间表和分析性中间表。基础性中间表是为了审计人员查看方便将数据集中在若干张表上形成中间表;分析性中间表则是带有审计倾向结合审计模型所产生的中间表。对于基础性中间表应进行多角度、多层次的分析,从总体上把握情况,找出薄弱环节,选择审计重点。在此基础上,审计人员应根据财务业务逻辑、数据勾稽关系、法律法规以及审计人员经验等建立分析的过程中,有可能直接发现和查实问题,也有可能发现问题的线索。针对不同的情况,在延伸的时候可以采取直接取证或进一步核查的方式取证,验证和查实问题。

(三)审计终结阶段

如果数据分析的结果能够直接查实问题,审计人员应该对电子数据进行直接取证,并对相关原始数据、处理产生的基础数据、中间表等保存妥当,作为审计证据归档。在数据采集、转换和分析过程中可能出现"失真"的情况下,最好还应该将数据分析的结果具体化为纸质资料交由被审计单位征求意见,签章确认后作为审计证据归档。对于不能直接查实的问题,应根据线索进行延伸审计,获取相关证明材料。

对于获取的证明材料,应该进行充分论证。其中可以确认的问题,应该进行定性和提出处理意见,并提供相关的定性和处理的法律依据。对所有的证明材料和底稿,审计人员在编制审计报告时,应进行归纳总结,提出自己的审计意见,结合审计方案和重点形成审计报告。

三、计算机会计信息系统对审计的影响

(一)审计内容和范围的改变

电算化会计信息系统是对计算机软硬件为基础进行会计业务处理,它由计算机硬件、软件、数据库、规程、人员等构成。电算化会计进行会计业务的处理,以计算机硬件系统为基础,利用会计软件进行具体处理,数据以电磁信号保存在内存、外存中,传统会计中大部分人工工作改由计算机自动完成、集中处理,账务处理程序发生了很大的变化,这些特点要求审

计人员除了对原有的审计范围和内容进行审计外,还应审计更多的内容,主要包括以下几个方面。

1. 审查和检测电算化会计信息系统的应用程序

由于会计事项是由计算机程序自动进行处理。程序的正确与否直接影响信息处理结果的准确性和有效性。所以,必须对系统应用程序进行审查和检测。

2. 审查系统本身是否合规合法

要保证系统符合会计制度的有关规定,除了要对投入使用的系统应用程序进行事后审查外,还要审查系统调查、分析、设计、实施及运行与维护等阶段的资料。例如:评审系统分析说明书、系统设计说明书、程序设计说明书、源程序清单、系统使用手册、系统运行日志、系统版本更新记录等,即对系统的开发进行审计。

3. 审查电算化会计系统中新设计的内部控制

与传统会计的内部控制相比,电算化会计信息系统的内部控制的方法和技术发生了很大的变化。在审计中,要审查诸如硬件管理制度,例如是否建立健全机房管理制度;计算机的硬件和软件是否有充分的、可靠的保护措施;此外还要审查会计软件中实现的内部控制等。

4. 审查内存或外存中的数据文件

会计软件中的凭证、账簿、报表上的数据和信息,都以数据文件的形式放在内外存中,都直接或间接地反映程序执行的正确性。因此,审查内存或外存中的数据文件是电算化会计信息系统审计内容的重要方面。

审计内容和范围的扩大,使得传统审计方法不能很好地完成审计任务,因而必须在传统审计中利用计算机技术,即发展计算机审计。

(二)内部控制的改变

对内部控制的审计是审计中的重要任务,系统内部控制的变化直接影响审计技术与方法的变化。会计业务从手工处理到电算化,在处理工具、处理流程等方面发生了较大的变化,内部控制功能、方法、技术也随之发生了重要变化。主要表现在以下几个方面。

1. 内部控制方式的变化

控制方式由手工控制变为手工控制和计算机控制相结合;部分内部控制可以由电算化会计软件自动执行,例如在会计软件中设计借贷平衡控制、科目合法性控制等。

2. 内部控制对象的变化

内部控制的对象更多而且更复杂。在传统会计信息系统下的会计核算内部控制,是通过合理分工、明确责任、规定业务处理程序、加强业务人员之间的互相联系和互相制约,以及通过凭证、账簿、报表之间的钩稽关系而形成的内部控制体系,它可以充分保证手工操作下会计数据处理的真实、可靠和安全。而电算化会计信息系统把原手工系统许多不同职员执行的职责集中以后,一个人可以执行互不相容的职责。这样,在电算化信息系统中就应设计不同于手工会计的内部控制措施。因此,审计人员对电算化会计信息系统中新设计的内部控制,应进行审查和评价。除此之外,还需对计算硬件、软件以及其他有关设备进行控制,而对它们进行控制,则要求更高,技术性更强。

3. 内部控制重点的变化

内部控制的重点由会计人员和会计业务部门转移到电子数据处理部门,数据处理集中由计算机自动完成,财会人员对交易活动的直接监督减少了。计算机数据处理的集中性、连贯性,使大部分职权分割的控制作用近于消失,数据存储载体的改变及其共享程度的提高,又使手工会计系统下的账簿控制体系失去作用。在这种情况下,内部控制一方面要加强,另一方面要采用新的方式。可见,对系统的内部控制进行评审的范围比较广泛,需要新的审计方法。

(三)审计线索的改变

在传统会计中,存在着大量的肉眼可见的审计线索。审计人员可以从原始凭证开始,通过记账凭证、账簿追溯到会计报表,也可以从会计报表开始,追根寻源,一直追溯到原始凭证,通过这些可见的审计线索检查证、账、表数据所反映的经济业务的合法性,通过每个会计人员书写笔迹的不同,确定每一责任人完成业务的正确性。总之,在传统会计中,会计人员对经济业务的详细记录都跃然纸上,审计人员所需的审计线索,都可以通过这些书面记录加以审计。但是,在电算化会计中,除了一些原始文件、打印的会计账册、会计报表等肉眼可视的审计线索,其他大部分数据都以数据文件的形式保存在内外存中,这些会计信息只能通过机器再现,不再是肉眼所能识别的了,审计人员难以像在手工会计中那样对经济业务进行追踪审查。同时,由于磁性介质修改不留痕迹的特点,使得只审查最终数据变得不很可靠,必须审查数据处理过程及系统本身。其次,传统会计中的大部分人工数据处理在电算化会计中转换为由会计软件集中进行处理,因此传统会计中的大部分人工数据处理在电算化会计中转换为由会计软件集中进行处理。所以,传统会计中的审计线索在这里中断,甚至消失了。审计人员必须对电算化会计信息系统的运行进行审查,而这些都需要计算机审计技术,即审计人员在系统的设计和开发时就提出审计要求,保证将系统的各种数据文件都保留下审计线索。除应保证会计数据文件的打印输出外,还应将会计数据文件以可审查的形式进行存储保留。审计人员可利用计算机获取被审计单位电算化会计信息系统的数据文件,通过必要的数据转换,使其成为审计人员可识别的数据文件形式,再进行各种数据的重新组合和处理,从而达到审计的目的。审计线索发生的重大变化促使审计人员在审计中使用计算机技术进行审计。

第二节　会计信息系统审计

一、信息系统审计概述

(一)信息系统审计的概念

信息系统是由人、计算机软硬件和数据以及相关的配套措施组成的,其目标是正确地收集、加工、存储、传递提供决策所需要的信息。信息系统具体有生命周期,任何信息系统都需要经历开发设计以及运行维护的生命全过程。在信息系统的运行过程中,需要一系列的内部控制制度的支持才能够正常运转。因此信息系统审计指的是对用于经营决策、业务管理和财务核算的信息系统及其内部控制措施以及信息系统生命周期进行的审计。信息系统审计是伴随着信息技术的发展而发展的,在数据处理信息化的初期,由于人们对信息系统在数据处理当中的应用缺乏足够认识,认为信息系统处理数据准确可靠,不会发生舞弊,因而很少对信息系统进行审计,并且只是对信息系统产生电子数据或打印出来的数据进行审计。随着信息系统在数据处理中的应用不断扩大,信息系统在方便了人们进行数据处理的同时,信息系统中存在的一些问题也逐渐暴露,如信息系统安全性、可靠性问题以及信息系统无序开发和建设失败带来的巨大浪费等,这些问题的出现要求我们拓宽审计视野,把目光转向信息系统审计。

(二)信息系统审计目标

信息系统审计目标是通过评价信息系统本身的安全性、可靠性,从而合理保证信息系统所产生数据的准确性、完整性,从而保证企业资产安全性、完整性以及效率效果等目标。信息系统审计的总目标与传统审计没有区别,只是实现的途径不同。具体来看,又可以分为对信息系统内部控制的审计目标以及对信息系统生命周期的审计目标。对信息系统内部控制审计目标是对信息系统的内部控制进行审计,了解和评价信息系统的安全性、完整性和效率、效果等的内部控制目标能否达到了各自预期目标,从而实现信息系统整体目标。对信息系统生命周期的审计则关注的是信息系统开发设计以及运行维护过程中信息系统的总目标是否达到。

二、信息系统审计的内容

信息系统审计的内容由信息系统审计对象决定,信息系统的审计对象是信息系统的各个组成部分及其相关内部控制措施,并覆盖信息系统生命周期的各个阶段。因此,信息系统审计的内容主要由信息系统内部控制审计、信息系统组成部分审计以及信息系统生命周期审计所组成。在三个部分中,信息系统的内部控制是信息系统审计的基础内容,也是一般审计人员从事信息系统审计的切入点,是目前开展较多的信息系统审计类型,但其他两个方面的内容也非常重要。

(一)信息系统内部控制审计

信息系统内部控制分为一般控制和应用控制。一般控制是适用于信息系统的所有信息处理而设定的政策和措施,其目的在于保证所有的信息处理的准确性和可靠性。应用控制是适应特定的应用系统如工资核算系统等的控制要求,为保证应用系统的输入、输出、处理的正确性和可靠性而制定的控制要求,为保证应用系统的输入、输出、处理的正确性和可靠性而制定的政策和措施。

1. 一般控制审计的内容

1）组织控制审计

组织控制审计的内容包括了解被审计单位的组织结构、人员分工、业务授权和职责分离等情况；审查组织控制措施是否健全，是否制定了完善的工作制度、岗位职责，是否落实了岗位责任制和风险防范责任，是否建立了内部监督机制和考核机制等。

2）信息系统的开发维护控制审计

审计人员应对系统的开发维护过程进行审查，应审查是否提交开发立项申请报告，报告是否经过领导和专家审查、论证；审查在系统开发过程中是否有系统使用部门和内部审计部门的参与，保证系统设计符合使用需要，并保留系统控制功能和审计线索；审查是否编制系统说明书对开发过程进行控制。

3）安全控制审计

安全控制审计应审查信息系统的环境安全控制以及技术安全控制，环境安全控制包括是否为信息系统的硬件设备提供适合的工作环境，保证设备正常运转；技术安全控制包括是否通过加密技术限制未经授权的人员接触机密数据和文件，是否有系统硬软件和数据文件的灾难补救计划，是否定期或在重要操作前对数据进行备份，减少意外导致损失的可能性。

4）软硬件控制审计

对硬件的审查一般结合信息系统的其他处理和控制功能进行审查，较少独立审查。

2. 应用控制审计的内容

1）输入控制审计

对输入控制的审计应审查数据在输入系统前是否经过认真审核；是否有适当的控制以保证数据输入的准确性；采取的审核措施是否有效，能否保证数据正确无误；数据输入错误是否能够得到正确计算更正。审计人员应检查数据输入制度并向操作人员了解错误的处理方法，判断处理方法是否有效。

2）处理控制审计

对处理控制进行审计的目的是合理保证数据处理逻辑正确无误，能够对经济业务进行正确处理。对处理控制的审计多采用计算机辅助的方法，如测试数据法、平行模拟法等，对计算机处理逻辑进行审查。

3）输出控制审计

审计人员应审查数据是如何输出的；输出资料如何处置；是否有健全的处理、分发和保管制度。审计人员可以检查资料的登记和签收制度，证实资料是否送到经过授权接收的人手中。

（二）信息系统组成部分的审计

信息系统由人、计算机硬件、系统软件、应用软件组成。由于硬件、系统软件的可靠程度较高，因此这部分审计以应用软件审计为主要内容。应用程序是信息系统的核心，其对经济业务的处理是否正确，直接关系到信息系统的可靠性。应用程序的审计主要包括以下几个方面。

1. 应用程序的控制措施是否健全有效

审查应用软件的输入、输出、和处理控制是否健全有效。

2. 应用程序的合法性

应用程序中的编码是否符合规章制度的规定，不包含非法的编码。审计人员应对程序编码的每个条件、分支都进行检查，考虑到各种执行结果的合法性。

3. 应用程序的正确性

应用程序中的编码是否正确地进行了逻辑处理，不包含无意中造成错误的编码。应对程序开发的过程进行审查，特别是要对测试阶段的文档资料及程序执行过程中的错误文档进行审查，弄清程序发生错误的原因以及是否得到更正。

4. 应用程序的效率性

应用程序是否以最小的系统开销和时间成本完成了程序执行任务。应审查程序是否遵循了高效设计的原则。

三、信息系统审计的主要技术方法

信息系统审计过程分为准备阶段、实施阶段和终结阶段，其中准备阶段和终结阶段的技术方法与一般审计无很大区别。审计实施阶段的信息系统审计技术方法分为了解、描述和测试的方法。

（一）信息系统了解的方法

信息系统的调查了解方法在信息系统审计的各项内容中都能用到具体如下。

1. 询问法

询问法是指与被审计单位人员面对面交谈，询问有关情况以收集审计证据的方法。询问前应收集相关的背景资料，确定合适的询问对象，询问过程中应做好记录并要求被询问对象签字。询问后应对谈话的内容进行评价和总结。

2. 检查法

检查法主要是检查与信息系统有关的文档，以了解信息系统的总体情况、控制情况以及开发设计情况等，为得出审计结论收集审计证据。检查中应做好相应记录并将检查过程和结果记入工作底稿中。

3. 观察法

观察法是审计人员对信息系统的物理环境、硬件设施和办公场所，对信息系统的开发设计、构成和操作情况进行了解，对控制措施的实施进行实地查看的方法。观察前应确定观察对象的位置和陪同人员，观察过程中做好记录并对观察结果进行评价和总结。

（二）信息系统描述的方法

信息系统描述的方法包括文字描述法、表格描述法和图形描述法，在使用过程中各种描述方法可以搭配使用。

1. 文字描述法

文字描述法是指对被审计单位的信息系统功能、结构、控制政策措施以及生命周期过程等在了解的基础上，通过文字来进行描述的方法，适用于大多数信息系统的情况，优点是运用简便、易于理解，缺点是不够简明、直观。

2. 表格描述法

表格描述法是审计人员运用标准的或自行设计的表格，对信息系统的有关情况进行描述的方法，适用于对信息系统开发过程、内部控制的多项指标、系统组成要素的多个组成部分的情况描述，优点是结构清晰、逻辑性强。

3. 图形描述法

图形描述法是指审计人员对信息系统的组织结构、功能、生命周期以及业务处理流程等用图形的方式来加以描述的方法，包括组织结构图、功能结构图以及业务流程图等形式。采用图形描述法应注意统一各种符号标准及其涵义，以便于审计人员相互理解和交流。

（三）信息系统测试的方法

信息系统测试的方法是信息系统审计中独有的技术方法，主要是一些计算机辅助方法，具体如下。

1. 测试数据法

测试数据法是指审计人员设计一套虚拟的业务数据，将其输入到计算机中，观察比较输出是否与预期相符。如果相符，说明内部控制存在并符合既定要求或应用程序正确。测试数据可以是真实的业务数据，也可以是为了检验程序而设定的“边界数据”。测试数据只可以测试计算机某个时点的数据，因此应采取突击检查的方式进行。测试结束后，应将测试数据从被审计单位信息系统中清除。

2. 平行模拟法

平行模拟法是指审计人员开发一个与被审计单位信息系统或程序模块功能完全相同的模拟系统，将被审计单位的真实数据放入模拟系统中运行，观察其输出是否与被审计单位信息系统相一致。平行模拟的优点是测试不会干扰被审计单位信息系统的运行，缺点是对审计人员的程序设计能力要求太高，实施该方法具有很大的限制性。

3. 嵌入审计模块法

嵌入审计模块法是在被审计单位的信息系统中加入为审计而编写的程序代码。嵌入的模块成为信息系统的组成部分，并可以在特定的时间间隔或是条件触发时为审计人员提供有关数据和报告。嵌入的模块深入系统内部，可以获得未经加工的数据，为审计人员提供实时的审计，弥补了事后审计的不足。

4. 虚拟实体法

虚拟实体法是对测试数据法的改良，一般是在信息系统中建立虚拟的实体（如供应商、客户、员工等），然后将虚拟实体的有关数据与真实的数据一起输入信息系统进行处理，最后将虚拟实体的输出结果与预期进行比较，确定信息系统的控制功能是否发生作用。

5. 受控处理法

受控处理法是指审计人员在对被审计单位的真实业务数据在处理之前先进行核实，核实之后在被审计单位的信息系统监督处理或亲自处理，并将处理结果与预期结果进行比较分析，以判断被审计单位的系统是否符合规定的要求。

6. 受控再处理法

受控再处理法是将已经由被审计单位处理过的真实数据，在审计人员的监督下，或由审计人员亲自在相同的信息系统或以前保存的程序副本上再处理一次，将二次处理的结果与以前处理的结果相比较，判断当前的信息系统程序是否符合既定要求。

7. 程序代码检查法

程序代码检查法是通过检查源程序代码的内部运行逻辑来发现存在的问题，并对程序是否符合规章制度的规定、能否完成预定功能及其质量进行评判的方法。该方法可以绕过输入输出直接检查程序内部代码，容易发现作弊程序，但对审计人员的计算机程序水平要求非常高。

第三节　会计信息系统数据审计

一、数据采集

（一）数据采集的概念

数据采集是指根据审前调查所提出的数据需求，按照审计目标，采取一定的方法和工具对被审计单位数据库中的数据进行采集的工作。数据采集是电子数据审计基础工作，做好数据采集工作对下一步审计工作非常重要。在数据采集过程中，应对数据进行验证，保证所采集的数据是真实的，未经蓄意增加、删除、修改等操作，反映了被审计单位财政财务收支的真实情况，保证所采集到的数据是完整的，未发生数据丢失的情况，并且与审计需求相关，能够保证完成各项审计程序，达到审计目标。除此之外，在数据采集之前，应确保得到权力机关的批准，并得到被审计单位的协作和配合。在数据采集过程中，应注意不要破坏被审计单位的信息系统和数据，保证被审计单位的数据和技术文档不被无关人员获知。

（二）数据采集的特征

数据采集具有明确的选择性和目的性。选择性是指审计人员在进行数据采集工作之前，应明确审计范围、内容和重点，有选择地采集所需要的数据。目的性是指审计人员应根据审计的目的，在掌握第一手资料、把握总体的情况下，为审计准备基础数据。审计人员应先把所有需要的数据采集起来，把"全面审计"落到实处，为下一步"突出重点"的数据分析和延伸取证做好准备。

（三）数据采集的内容

审计人员应该根据审计的范围、内容和重点，确定数据采集范围、内容和重点。数据采集的内容应与数据需求一致，并且考虑到可能的审计需求，采集相关数据。在采集的过程中，也应当避免盲目性，有所取舍。

（四）数据采集的方式

1. 直接复制和直接读取

如果被审计单位的数据库格式与审计人员所使用审计软件数据库格式相同或是审计软件所支持的格式，则可以把被审计单位的数据库之间拷贝或直接读取到审计人员的计算机上。

2. 利用嵌入审计模块采集数据

嵌入审计模块是写入到被审计单位信息系统中的代码，能够对系统处理的每一笔业务数据进行实时采集。嵌入式审计模块是信息系统的一部分，具有良好的隐蔽性、安全性和稳定性。但是嵌入审计模块要求技术比较高，所以实施难度比较大。

3. 利用财务软件标准接口采集数据

为了促进不同财务软件之间的数据转换，国家标准委员会发布了《信息技术会计核算软件数据接口》国家标准（GB/T19581—2004），2005 年 1 月 1 日起正式实施。对于符合接口标准的数据，审计软件可以直接进行采集。

4. 网上采集

网上采集主要是利用固定的数据接口，通过数据采集工作站或审计数据服务器从被审计单位的信息系统中采集数据。

5. 文件传输

对于一些不符合财务软件标准接口的电子数据，应在审计人员的监督下，由被审计单位人员将数据转化为审计人员指定格式的数据，由审计人员将指定格式的文件转换到目的数据库，完成数据采集。在实际应用中，由于大部分的数据库管理系统都能够导入导出文本文件，因此利用文本文件传输数据应用的比较广泛。

6. 开放数据互连（ODBC）

ODBC 是 Microsoft 公司开发的开放数据库系统应用于接口规范，ODBC 的作用在于，无论什么厂商开发的数据库管理系统，只要遵循 ODBC 规范，就可以实现互连。审计人员可以通过 ODBC 数据库访问接口访问被审计单位的数据库，并把数据转化成审计所需要的格式。

（五）数据采集的过程

1. 发出数据需求说明书

在采集数据之前，审计人员应向被审计单位发出书面的数据需求说明书。说明书应包括以下主要内容：被采集系统的名称；数据的内容；指定数据的采集方式或指定被审计单位提供数据的格式；完成数据采集的时限要求；双方在数据采集过程中各自应负的责任等。

2. 采集数据

在数据采集完成后，审计人员和被审计单位人员还应办理对所采集数据的交接手续，并且应由双方派专人进行。在交接时,审计人员获取被审计单位对数据真实性和完整性的承诺,以便划分会计责任和审计责任。

3. 数据验证

审计人员应对被采集数据的真实性和完整性进行验证。验证可以从技术和业务两个方面同时进行,技术验证一般是从数据方面进行验证,业务验证一般从数据的经济含义出发进行验证,如经济总量、分量核对以及会计借贷平衡等勾稽关系验证等。

二、数据清理

(一)数据清理的概念和作用

数据清理是对所采集到的被审计单位的源数据进行一系列的操作,使之规范化的过程。 被审计单位的源数据是被审计单位的信息系统环境下创建和运行的,因此可能存在各种不符合审计要求的不规范之处,在进行审计分析之前需要对其进行清理操作,否则可能会产生无效果、无效率,甚至是错误结果。

(二)数据不规范的情形

1. 值缺失

操作人员在对多条连续记录中存在的相同数据值进行录入的时候,往往只录入第一条数据值,而省略后面的相同数据,导致数据值缺失。这种情形限制了审计人员对数据进行计算机操作,如查询、筛选、汇总等,影响数据分析的效果。

2. 数据值为空

数据库中经常存在为空(Null)的键值,这种键值不等同于“0”,不能参与运算、大小比较等数据分析,影响数据分析的效果。

3. 冗余数据

当被审计单位的数据库不是严格按照数据库建立的“范式”来各地建立的时候,容易出现冗余数据。这些冗余数据大部分是在数据处理过程中产生的辅助数据,对于审计来说没有意义的。冗余数据的存在会大大降低数据分析的效率,因此需要对其进行清理。

4. 数据值明显错误

有些数据库在运行的时候,没有对值域进行严格的限制。在这种情况下,一些操作失误极易导致数据值发生错误,从而导致数据分析发生错误。

5. 其他不规范地方

比如,录入字符型数据时前面有空格、用词不统一及错别字等。

(三)数据清理的方法

1. 利用通用软件提供的功能进行清理

如果在“值缺失”情况下,可利用通用软件的某些特殊功能将省略的部分补上;利用查询替代功能替换错误或不规范的表达等。

2. 通过 SQL 语句进行清理

SQL 是一种数据库通用查询语言，可以完成数据库数据的增、删、改等操作。

3. 利用审计及办公软件提供的功能进行清理

如利用审计软件中提供的“数据维护”功能进行清理。

（四）数据清理的过程

在数据清理之前，应观察所采集的数据情况，判断存在的不规范之处，确定数据清理的方法。在清理前还应对数据进行备份，以防数据清理失误导致数据库数据发生错误。数据清理应遵循谨慎性原则。对于需要进行清理部分，应将其经济含义弄清楚，必要时应与被审计单位人员沟通。在清理过程中对于数据库中发现的异常情况，应考虑是否存在病毒或是人为改动等，及时进行处理。数据清理后，应对数据清理前后的业务金额数、记录数或者借贷是否平衡进行核对，验证清理后数据的正确性、完整性。

三、数据转换

（一）数据转换的概念

数据转换是指对数据清理后得到的数据进行语法和语义上的转换，得到适合审计分析数据的过程。从语法层面上来看，数据转换解决的是不同数据格式的识别问题，即将具有相同或相近含义的不同形式的数据转换成形式相对统一的数据。从语义层面来看，数据转换解决的是对数据含义进行识别的问题，即准确标出每张表、每个字段的经济含义及其相互关系。

（二）数据转换的情形

1. 数据类型不一致

开展计算机审计必然面临各种各样的信息系统，每一个系统对数据的类型都有自己的一套的表现形式，容易出现数据类型不一致的问题。比如说同一个含义字段在不同的应用中具有不同的数据类型，如“借贷方标志”在 X 应用中为字符型，取值为“Credit/Debit”，在 Y 应用中为数值型，取值为“0/1”。因此，在进行数据分析之前，有必要对这些数据类型进行转换，以便进行审计分析。

2. 数据格式不一致

同一类型的数据甚至相同数据，如果其格式不一致的话，也不能进行数据分析。就拿常见的日期格式来说，同一日期在一些表中可能是“日 / 月 / 年”，在另一张表中就可能变成“月 / 日 / 年”，这样不同数据格式的数据之间就不能进行审计分析。

3. 字段名和字段不能一一对应

被审计单位的信息系统多种多样，导致字段名的设置也是多种多样。举例来说，有的是相同的字段有不同的字段名，比如 A 表中的“Balance”字段在 B 表中为“Bal”，在 C 表中为“Currbal”等。还有的是字段名相同而字段含义却不同，比如字名为“折旧”字段，在 A 表中表示当月折旧，在 B 表中则表示累计折旧。

4. 事先设定的代码

在被审计单位的信息系统中,常用一些事先设定的代码来表示约定俗成的名词,比如用“101”来表示现金等。对这些事先设定的代码,应根据代码表将其转换成字段的真正名称,以便审计人员分析时理解其真正含义。

5. 数据库加密措施

被审计单位不让未经授权的人了解数据的真正含义,一般对数据表名称和字段名称等进行加密,比如将数据表命名为T1、T2、T3,将字段命名为F1、F2、F3,然后再在伪名和真名之间建立数据映射。对于不知道名称映射关系和名称经济含义的审计人员来说,由于不知道数据具体含义,对数据的分析也就无法进行,因此需要对这些名称进行转换。

(三)数据转换的方法

1. 使用数据转换工具

数据转换工具包是数据库管理系统自带的数据转换工具,如 Microsoft SQL Server 自带的 DTS 工具,或者审计软件附带的转换工具,甚至是 EXCEL 等都可以作为转换工具使用。

2. 使用 SQL 语句

大部分数据库都支持 SQL 语句,通过 SQL 语句可以很方便地对数据库进行查询替代等转换操作。

3. 使用程序语句

对于一些固定的数据转换情形,需要重复使用的,可以采用程序编码的方式来转换数据。

(四)数据转换的过程

数据转换前应考虑数据转换的格式和内容,格式与语法转换有关,内容与语义转换有关。在确定了数据转换的格式和内容后,确定转换工具盒方法,实施转换。在转换的数据量大、数据结构复杂的情况下,应对数据转换的不同任务进行组织、分工、协调,使转换工作有序进行。转换后可以利用核对总金额、钩稽关系法或确认数据结构法对数据进行验证。

四、数据验证

(一)数据验证的概念

数据验证是指在数据的采集、清理、转换等过程中,对数据进行检查,验证其真实性、准确性和完整性等目标的过程。

(二)数据验证的方法

1. 通过核对总记录数和总金额数来验证

这种验证方法的原理是数据在采集、清理和转换过程中总记录数和金额数应保持不变。审计人员可以通过检查数据采集、清理和转换前后数据的总记录数和金额数是否发生变化,来验证数据的完整性。

2. 通过观察顺序码的断号和重号来进行验证

顺序码是对会计凭证的控制措施,能够保证凭证的真实性和完整性。检查顺序码是否发生断号、重号能够保证电子数据在采集、清理和转换过程中凭证数目正确、完整。

3. 通过会计的钩稽关系来进行验证

会计账目和报告存在很多钩稽关系,有基本的借贷平衡关系,也有不同会计科目之间存在的钩稽关系,如资产负债表中固定资产原值减去累计折旧等于固定资产净值。检查这些钩稽关系,能够对数据的真实性、准确性和完整性进行验证。

五、创建中间表

(一)创建中间表的意义

中间表是将被审计单位的电子数据,在进行清理、转换和验证后,进一步进行投影、连接等操作,创建的适合审计人员进行数据分析的表。

(二)中间表的特点

一是"面向主题",中间表需要根据不同审计项目的主题来创建。项目不同,构建审计中间表的思路就不同。二是"面向历史",任何对中间表的创建都不应该增加和修改其历史数据,而只能是对历史数据的选择和整理。

(三)中间表的种类

中间表可分为基础性和分析性中间表。电子数据经过清理、转换和验证后,经过一些处理如删除与审计无关的字段、建立表与表之间的连接,模拟出审计人员可以直接查阅的数据表,就可以得到基础性中间表。对基础性中间表进一步进行处理,如按照审计分析模型进行字段选择、连接处理,就可以得到分析性中间表。分析性中间表的主要目的是实现分析模型,得到审计结果。

(四)中间表的创建步骤

1. 准备工作

在创建中间表前,应做好数据备份,以免创建中间表失误对基础数据造成影响。另外要对数据字段含义及数据表间的关系进行分析,这是创建中间表的基础工作。

2. 创建中间表

一般而言,满足审计要求的数据会分散在不同的数据库的数据表中,因此需要通过投影、连接等操作把与审计相关的数据整合起来。常见的整合有把数据代码与具体业务整合起来、把不同流程的业务数据整合起来、将不同时间段的业务数据整合起来以及将财务数据和业务数据整合起来等。通过表间数据连接和运算操作,将这些数据整合在一起,就形成了中间表。

3. 验证

最后应对创建中间表前后的数据进行验证,观察有无误删除了应保留的字段或保留了应删除的字段,观察连接条件有没有逻辑错误,连接操作有没有问题。数据验证无误后,写出数据使用说明书，对创建中间表的结果以及数据分析的初步思路和建议做出说明。

六、数据分析

（一）数据分析的概念

数据分析是指通过审计分析模型对数据进行核对、检查、复算、判断等操作，将被审计单位数据的现实状态与理想状态进行比较，从而发现审计线索，搜索审计证据的过程。

（二）数据分析的类型

1. 总体分析

在对数据进行具体分析前，应先进行总体分析。总体分析包括进行账表核对、表表核对以及指标分析等，以掌握被审计单位总体情况，确定审计重点。总体分析的思路与分析性复核的内容有些类似，从技术方法上来看，可以通过财务分析的技术方法，如趋势分析、结构分析、因素分析等方法进行；也可以通过数理统计的方法来进行，包括回归分析、时间序列方法、非线性估计等。

2. 具体分析

把握重点以后，再根据逻辑模型进行具体分析。在具体分析中，审计人员应根据业务数据的勾稽关系、业务处理逻辑、法律法规的规定以及自身的经验等，建立审计分析模型，进而建立审计分析性中间表，对审计分析性中间表进行核对、复核、判断和检查等操作，以发现审计线索，收集审计证据。

（三）建立审计分析模型的依据

1. 根据业务数据的钩稽关系进行建模

业务数据的钩稽关系是建模的依据，如资产等于负债与所有者权益之和；又如财务利息费用等于借款金额与利率、时间的乘积。

2. 根据业务逻辑进行建模

被审计单位的经济技术条件在一定时期是不变的。因此，反映这些经济技术条件的指标如投入产出比例、毛利率、产品成本单耗等，在一定条件下也是保持不变的。

3. 根据法律法规的规定进行建模

审计人员在审计中，经常依据法律法规的规定进行定性。在我国的法律条文中，具体规定了违反法律法规的质和量的界限。审计人员应充分领会法律法规的规定，在审计分析时，将具体的法律条文转化为筛选、分组、统计的条件，建立审计分析模型来进行分析。

4. 根据审计人员自身经验来进行建模

经验丰富的审计人员在审计的时候，往往具有自己独到的分析经验。利用这些审计经验，建立审计分析模型，往往能达到事半功倍的效果。

（四）审计取证

数据分析完成后，应针对分析得到的问题和线索，进行审计取证。审计取证可以采取直接和间接两种方式。如果数据分析的结果能够直接发现和核实问题，审计人员可以利用电子数据进行直接取证,将有关原始数据、基础数据、中间表等存档。数据在采集、转换和分析过程中可能出现“失真”的情况下,最好还应该将数据分析结果具体化为纸质资料交由被审计单位征求意见,签章确认后作为审计证据归档。对于不能直接查实的问题,应根据线索进行延伸审计,查证和核实有关问题。

【本章小结】

计算机审计是在信息技术迅猛发展的背景下发展起来,尤其是电算化会计的发展给审计带来了极大的挑战。审计人员传统的手工审计已经不能满足现有需求,需要发展对电子数据的审计技术。

计算机审计的一般过程分为审计准备阶段、审计实施阶段和审计终结阶段。

电子数据采集是指根据审前调查所提出的数据需求,按照审计目标,采取一定的方法和工具对被审计单位数据库中的数据进行采集的工作。

电子数据审计的技术方法有数据采集、数据清理、数据转换、数据验证、创建中间表、数据分析。

在信息系统内部审计中包括了一般控制审计和应用控制审计,采用的信息系统描述方法分为文字描述法、表格描述法和图形描述法。

【关键术语】

数据采集, 创建中间表,数据转换,数据分析,组织控制审计,信息系统的开发维护控制审计, 安全控制审计,软硬件控制审计, 询问法, 检查法,观察法,文字描述法,表格描述法,图形描述法。

【同步练习】

一、单项选择题

1. 电子数据的审计对象是(　　)。

A. 信息系统　　B. 应用程序

C. 电子数据　　D. 计算机硬件

2. 以下属于专门的计算机审计技术方法的是(　　)。

A. 测试数据法　　B. 监盘

C. 分析性复核　　D. 检查

3. 以下关于“中间表”的说法错误的是(　　)。

A. “中间表”是审计人员创建的适合进行数据分析的表。

B. “中间表”分为基础性中间表和分析性中间表。

C. 分析性中间表是在基础性中间表的基础上处理得到的

D. 在创建中间表时可以对历史数据进行修改

4. 以下情况需要进行数据转换的是(　　)。

A. 值缺失　　B. 数据格式不一致

C. 错别字　　D. 数据值为“NUALL”

5. 以下情况需要进行数据清理的是(　　)。

A. 数据类型不一致　　B. 数据格式不一致

C. 事先设定的代码　　D. 数据值为“NUALL”

6. 通过加密技术限制未经授权的人员接触机密数据和文件属于(　　)。

A. 组织控制　　B. 输入控制

C. 安全控制　　D. 信息系统开发维护控制

7. 关于信息系统测试的方法,以下说法错误的是(　　)。

A. 平行模拟法优点是不会干扰被审计单位信息系统的运行

B. 测试数据法和受控处理法所测试的数据都是虚拟的业务数据

C. 虚拟实体法是对测试数据法的改良

D. 虚拟实体法在测试结束后需要妥善清除虚拟实体产生的数据

8. 在过去的一周时间里,某公司的长途电话费是以往电话费的三倍。审计师可以使用以下哪种审计技术来进行实时例外检查(　　)。

A. 绕过计算机审计　　B. 内嵌审计模块

C. 平行模拟　　D. 桌面方法检查

9. 有关使用因特网进行审计,以下哪一项叙述不正确(　　)。

A. 它是收集与审计有关的信息的有用的搜索工具

B. 它提供传输机密信息的安全媒介

C. 因特网对内部审计师的最主要用途是电子通信

D. 生成用户网络浏览的电子记录

10. 图像处理技术可以将纸质文件转换为电子图像。以下哪一个概念将电算化的审计文件的保存与传统的纸质文件的保存区分开来(　　)。

A. 分析、结论和建议由电子媒介给出,受制于计算机系统的控制和安全性措施

B. 在讨论会结束的时候,所有发现的支持性证据都要复制和提供给本地管理层,并且每个人都要收到最后的报告文本

C. 电子数据文件可以在电子审计过程中使用

D. 审计程序可以标准化,以减少在每个地点的事先调查的需要

二、多项选择题

1. 从狭义来看,计算机审计包括(　　)。

A. 电子数据审计　　B. 后续审计

C. 会计报表审计　　D. 信息系统审计

2. 信息系统审计包括(　　)。

A. 电子数据审计　　B. 信息系统内部控制审计

C. 信息系统组成部分审计　　D. 信息系统生命周期审计

3. 电子数据具有的特点包括(　　)。

A. 无形性　　B. 有形性

C. 易修改　　D. 不留审计线索

4. 根据审计适用的专业领域的不同,审计软件可分为(　　)。

A. 通用审计软件　　B. 专业审计软件

C. 联网审计软件　　D. 非联网审计软件

5. 以下属于信息系统内部控制中的一般控制措施的有(　　)。

A. 不相容岗位相分离

B. 定期或在重要操作前对数据进行备份

C. 系统开发时编制系统说明书

D. 限制未经授权的人员接触机密数据和文件

6. 以下属于信息系统内部控制中的应用控制措施的有(　　)。

A. 数据输入的审核措施　　B. 数据处理控制措施

C. 健全的处理、分发和保管制度　　D. 数据输入错误的处理和重新输入

7. 中间表是经过一系列操作,创建的适合审计人员进行数据分析的表,则中间表可分为(　　)。

A. 综合性中间表　　B. 总结性中间表

C. 基础性中间表　　D. 分析性中间表

8. 计算机审计的基本方法依据对电算化系统的审计方式划分包括(　　)

A. 绕过计算机审计　　B. 通过计算机审计

C. 手工审计　　D. 计算机辅助审计

9. 下列情况中需要进行数据清理的有(　　)。

A. 值缺失　　B. 事先设定的代码

C. 数据格式不一致　　D. 冗余数据

10. 计算机审计的过程包括(　　)。

A. 审计准备阶段　　B. 审计实施阶段

C. 审计立项阶段　　D. 审计终结阶段

三、判断题

1. 在机构庞大的企业组织里,领导决策是不可能实现绝对最优的。(　　)

2. 会计信息与会计数据之间的原则区别在于,它能否为人们的判断结论提供可靠的依据。(　　)

3. 随着电子计算机应用技术的发展，以纸张形式保存会计信息文档的方式最终会被其他方式取代。（ ）

4. 随着会计数据处理过程自动化水平的提高，许多账务结转凭证输入工作就可以完全避免了。（ ）

5. 一般来说，会计数据不能成为人们判断、得出可靠结论的依据。（ ）

6. 会计核算管理系统就是会计管理决策系统。（ ）

7. 长时期人机并行使用，将会阻碍会计电算化的发展。（ ）

8. 在我国境内销售的商品化会计核算软件应当通过评审。（ ）

9. 商品化通用会计软件，一旦被某单位选用，即成为一个专用会计软件。（ ）

10. 通过评审的会计软件，在正式替代手工之前，均需要通过应用验收。（ ）

四、思考题

1. 计算机技术的发展对审计的影响体现在哪些方面？

2. 计算机审计的流程与手工审计流程有哪些不同？

3. 试述我国目前计算机审计发展的现状特点。

4. 计算机信息系统审计的技术方法有哪些？

5. 计算机信息系统内部控制审计包括哪些内容？

第十五章　特殊审计领域

引言

除财务审计外，注册会计师还从事其他一些任务，其中特殊目的审计和验资是注册会计师的重要工作内容之一。

本章主要介绍了特殊目的的审计业务和验资业务。

通过本章的学习要求了解特殊目的审计、验资的含义和作用；了解特殊目的审计报告的主要内容；掌握验资内容和验资过程；掌握一份标准的验资报告包括的基本要素。

本章重点：特殊目的审计业务的含义和特点；验资的内容和过程。

本章难点：验资报告。

案例导入

会计师事务所法人代表提供虚假评估证明文件获罪判刑

2006 年 6 月 9 日，四川首例中介组织人员因提供虚假证明文件而犯罪的案件由法院一审判决，原四川省东临会计师事务所法人代表陆旭因提供虚假证明文件罪被法院判处有期徒刑 3 年，缓刑 5 年，并处罚金 20 万元。

据检方有关负责人介绍，2005 年 6 月，泸州市人民检察院侦查监督处的检察官在审查一起诈骗案中，发现被骗的国有企业负责人涉嫌签订巨额合同严重失职，造成上千万元国有资金损失。检方发现，这起严重失职案件的主要原因之一，正是在相关企业资产评估环节上出了“黑洞”—— 四川省东临会计师事务所在对成都大龙石化设备有限公司、重庆大龙锶业有限公司的部分资产进行评估时提供的一份虚假证明文件。检方还发现，时任四川省东临会计师事务所法人代表陆旭，涉嫌故意提供虚假证明文件罪。据此，检察机关再次启动立案监督程序，公安机关立即对陆旭立案展开调查，发现他还涉嫌盗用印章制造虚假报告，检察机关查明，2000 年 9 月，陆旭受重庆大龙锶业有限公司法人代表蔡建斌的委托，对拟投入重庆大龙锶业有限公司作股本金的成都大龙石化设备有限公司、重庆大龙锶业有限公司的部分资产进行评估。陆旭出任法人代表的东临会计师事务所，只有验资资格，没有评估资格。陆旭就准备好虚假的评估资料提供给有评估资格的四川天道会计师事务所，要求该所法人代表罗挺和注册评估师童东为其出具资产评估报告。陆旭遭到童东拒绝后，又通过关系找到具有评估资格的四川万信会计师事务所的一个业务员帮忙。该业务员在本所注册评估师未对资产做评估的情况下，盗用本所的公章和注册评估师的专用章，以四川万信会计师事务所的名义为重庆大龙锶业有限公司出具了资产总评估值为 1 886.411 万元的虚假评估报告。其中，把实有价值只有 200 万元的配电站和输电设备评估为 1 200 多万元。

2006 年 6 月 1 日，泸州市纳溪区人民法院认为被告人陆旭实施的这一系列虚假评估、虚假验资行为，正是造成国有企业巨额资金损失的原因之一，因此应受到法律的制裁。

第一节 特殊目的审计业务

一、特殊目的审计业务的含义

在注册会计师从事的审计业务中，除了通用目的财务报表审计外，还包括特殊目的的审计。根据《中国注册会计师审计准则第 1601 号——对特殊目的审计业务出具审计报告》中的定义，特殊目的审计业务是指注册会计师接受委，对下列财务信息进行审计并出具审计报告的业务。

（一）按照企业会计准则和相关会计制度以外的其他基础（简称“特殊基础”）编制的财务报表

注册会计师可能应委托人的要求对被审计单位按照特殊基础编制的财务报表发表审计意见，特殊基础通常包括计税基础、收付实现制基础和监管机构的报告要求。

（二）财务报表的组成部分

注册会计师可能应委托人的要求对财务报表的一个或多个组成部分发表审计意见，财务报表的组成部分包括财务报表特定项目、特定账户或特定账户的特定内容。

（三）合同的遵守情况

注册会计师可能应委托人的要求对被审计单位合同中有关财务会计条款的遵循情况发表审计意见。例如，对贷款合同遵循情况发表审计意见；对专利技术、商标使用权等转让协议遵循情况发表审计意见。

（四）简要财务报表

注册会计师可能应委托人的要求对被审计单位依据已审计财务报表编制的简要财务报表发表审计意见。

二、特殊目的审计业务的特点

通用目的财务报表审计与特殊目的审计，虽然同属鉴证业务，两者在审计业务的程序、范围、时间、证据、审计工作底稿等方面有相似之处，但特殊目的审计有其特殊性，表现在以下几个方面。

（一）目标特殊

通用财务报表审计的目的是对通用财务报表的公允性和合法性发表意见，虽然特殊目的审计的目标一般也是要对财务信息的合法性和公允性发表意见，但其侧重点不同，注册会计师要结合特定的委托目的和特定的审计对象来确定特殊目的审计业务的目标。

（二）对象特殊

通用财务报表审计的对象是一整套通用财务报表，而特殊目的审计的对象依委托人的目的不同而不同，主要包括按特殊基础编制的财务报表、财务报表的组成部分（含财务报表特定项目、特定账户或特定账户的特定内容）、合同的遵守情况和简要财务报表。由此决定了审计的范围不同于通用财务报表审计。

（三）审计报告特殊

注册会计师对整套通用目的财务报表审计业务出具审计报告，应当遵守《中国注册会计师审计准则第 1501 号——审计报告》及其指南和《中国注册会计师审计准则第 1502 号——非标准审计报告》及其指南；而特定目的审计业务的审计报告要遵守《中国注册会计师审计准则第 1601 号——对特殊目的审计业务出具审计报告》。这就决定了通用财务报表审计的审计报告在内容、格式和措辞等方法不同于特殊目的审计业务审计报告。

（四）审计报告的使用范围特殊

整套通用目的财务报表审计业务出具审计报告的使用范围是公司的股东，而特殊目的审计业务审计报告的使用范围因具体委托业务的不同而不同，包括税务机关、金融机构等。由于特殊目的审计业务所审计财务信息是满足特定使用者的特定需求的，因此，注册会计师对特殊目的审计业务出具的审计报告也只能为特定使用者用于该特定用途。为了避免特殊目的审计业务的审计报告被用于非预定目的，注册会计师可以在审计报告中说明出具审计报告的目的，以及在分发和使用上的限制。

三、特殊目的审计报告

注册会计师执行特殊目的的审计业务，应当了解所审计信息的用途及可能的使用者，并在审计报告意见段后说明审计报告的目的和分发使用上的限制。当然，不同目的的审计报告的引言段、意见段、披露说明的内容要求不一。

（一）特殊目的审计的总体要求

特殊目的审计业务出具的审计报告应当包括下列要素。

（1）标题。

（2）收件人。

（3）引言段。

（4）范围段。

（5）审计意见段。

（6）注册会计师的签名和盖章。

（7）会计师事务所的名称、地址及盖章。

（8）报告日期。

(二)出具审计报告时的特殊考虑

1. 对按照特殊基础编制的财务报表出具的审计报告

1)对引言段的特殊考虑

对按照特殊基础编制的财务报表,注册会计师应当在审计报告的引言段中指明财务报表编制的基础,或提醒财务报表使用者注意财务信息附注中对编制基础做出的说明。

2)对审计意见段的特殊考虑

对按照特殊基础编制的财务报表,审计意见应当说明财务报表是否在所有重大方面按照指定的特殊基础编制。

3)对财务报表标题或附注的考虑

注册会计师应当考虑按照特殊基础编制的财务报表的标题或附注是否清楚表明,该财务报表并非按照企业会计准则和相关会计制度的规定编制。如果按照特殊基础编制的财务报表未能冠以适当的标题,或特殊基础未得到充分披露,注册会计师应当出具恰当的非无保留意见的审计报告。

2. 对财务报表组成部分出具的审计报告

1)审计报告不应后附整套财务报表

避免信息使用者误认为对财务报表组成部分出具的审计报告与整套财务报表相关,注册会计师应当提请委托人不应将整套财务报表附于审计报告后。

2)对引言段的特殊考虑

注册会计师应当在审计报告中指明财务报表组成部分的编制基础,或提及规定编制基础的协议。

3)对审计意见段的特殊考虑

审计意见应当说明财务报表组成部分是否按照指定的编制基础编制。

4)已对财务报表整体出具审计报告的特殊考虑

如果已对整套财务报表出具否定意见或无法表示意见的审计报告,只有在组成部分并不构成财务报表的主要部分时,注册会计师才可以对组成部分出具审计报告。否则,会对整套财务报表的审计报告产生影响。

3. 对合同的遵守情况出具的审计报告

1)对引言段的特殊考虑

注册会计师应当在审计报告的引言段中指明已经对合同所涉及的财务与会计事项的遵守情况进行了审计。

2)对审计意见段的特殊考虑

审计意见应当说明被审计单位是否遵守了合同的特定条款。

3)审计报告的使用规定

为防止审计报告被滥用,注册会计师应当在审计意见段之后增加对审计报告使用规定的强调事项段,指明审计报告仅供被审计单位与签订该合同的另一方使用,不得作为其他用途。

4. 对简要财务报表出具的审计报告

(1)指出简要财务报表所依据的已审计财务报表。

(2)提及对已审计财务报表出具的审计报告的日期和意见类型,如对简要财务报表所依据的财务报表发表了非无保留意见,还应指明发表该意见的理由及其影响。

(3)审计意见段应当说明,简要财务报表中的信息是否在所有重大方面与其依据的已审计财务报表一致。如果对已审计财务报表出具了非无保留意见的审计报告,即使对简要财务报表的编制表示满意,注册会计师仍应在对简要财务报表出具的审计报告中指出,简要财务报表依据的已审计财务报表已被注册会计师出具非无保留意见的审计报告。

(4)审计报告的强调事项段应当指出,为了更好地理解被审计单位的财务状况、经营成果以及注册会计师实施审计工作的范围,简要财务报表应当与已审计财务报表以及审计报告一并阅读;或提醒财务报表使用者注意简要财务报表附注中对上述事项的说明。

第二节　验资

企业要开展生产经营活动,一个重要的前提条件就是要拥有一定的"资本"。企业申请开业,必须具备符合国家规定并与其生产经营和服务规模相适应的资金数额。《中华人民共和国公司法》规定:股东全部缴纳出资后,必须经法定的验资机构验资并出具证明。因此,企业在申请开业或变更注册资本前,必须委托注册会计师对其注册资本的实收或变更情况进行审查验证,出具验资报告。

一、验资的作用和种类

(一)验资的含义及作用

根据《中国注册会计师审计准则第 1602 号——验资》中的定义,验资是指注册会计师依法接受委托,按照独立审计准则的要求,对被审计单位注册资本的实收或变更情况进行审验,并出具验资报告。这里的被审计单位是指在中华人民共和国境内拟设立或已设立的依法应当进行验资的企业。提供验资服务已成为目前我国注册会计师的重要业务之一。对注册资本进行审验,在社会经济生活中具有重要作用,具体如下。

1. 可以明确界定企业的产权关系

我国目前的投资主体包括国家、法人、个人和外商,这种多元化的投资主体使企业产权关系日趋复杂,并直接影响到投资者的合法权益能否得到保障。产权关系的构成,是企业经营决策权、收益分配权的基础。投资者在企业产权关系上取得了控制权地位,也就相应地在企业经营决策权、收益分配权上取得了控制地位。为使各投资者的出资额能及时、足额地投入企业,明确各投资者在企业资本中所拥有的比例,我国的有关法律规定,企业筹集的资本金额,必须经中国注册会计师验证并出具验资报告,由企业发给投资者出资证明书,以确认投资者的产权关系,维护投资各方的经济利益。因此,可以说验资工作不仅确认了企业资本存在的真实性,而且也明确了企业的产权关系。

2. 有利于维护债权人利益和社会经济秩序

企业是社会经济活动的基本单位,社会经济秩序的好坏,在很大程度上取决于企业行为是否规范。企业设立的第一件事就是筹集生产经营所需的法定资本金,它界定了投资者对企业承担的最大偿债责任。如果不进行严格的资本验证,注册资本不真实,企业就无法维持与之相适应的经营活动,一旦企业因经营不善等原因解散清算,其资产就无法清偿所欠债权人的债务,会给债权人造成很大的损失。同时,企业资本不实,也不利于建立正常的商业信用关系,防止经营中的欺诈行为,从而不利于保障正常的社会经济秩序。因此,验资是一项十分重要且严肃的工作。注册会计师应当恪守独立、客观、公正的原则,认真执行验资业务,谨慎出具验资报告。

(二)验资中出资方及验资方的责任

1. 被审验单位的责任

按照国家相关法规的规定和协议、合同、章程的要求出资,提供真实、合法、完整的验资资料,保证资产的安全、完整,是出资者及被审验单位的责任。

2. 注册会计师的责任

按照独立审计准则的要求,对被审验单位注册资本的实收或变更情况进行审验出具验资报告,是注册会计师的责任。注册会计师的责任不能替代、减轻或免除出资者及被审验单位的责任。

(三)验资的种类及范围

验资分为设立验资和变更验资两种,其目的和范围有所不同。

1. 设立验资

设立验资是指注册会计师对被审验单位申请设立登记的注册资本实收情况进行的审验。其主要目的是为了验证被审验单位的注册资本是否符合法律、法规的要求,各投资者是否按照合同、协议、章程的规定及时、足额地出资。因此,设立验资的审验范围一般应限于与被审验单位注册资本实收情况有关的事项,包括出资者、出资金额、出资方式、出资比例、出资期限和出资币种、被审验单位组建及审批情况等。

2. 变更验资

变更验资是指注册会计师对被审验单位申请变更登记的注册资本变更情况进行的审验。其主要目的则在于验证被审验单位注册资本的变更事宜是否符合法定程序,注册资本的组成是否真实,相关的会计处理是否正确。因此,变更验资的审验范围一般应限于与被审验单位注册资本和实收资本(股本)增减变动情况有关的事项。增加注册资本时,审验范围包括与增资相关的出资者、出资金额、出资方式、出资比例、出资期限、出资币种及相关会计处理等;减少注册资本时,审验范围包括与减资相关的减资者、减资金额、减资方式、减资期限、减资币种、债务清偿或担保情况、相关会计处理以及减资后的出资者、出资金额和出资比例等。

（四）验资的依据

验资的依据可分为以下几个层次。

1. 法律依据

国家的有关法律法规，如《中华人民共和国公司法》《中华人民共和国公司登记管理条例》《中华人民共和国中外合资经营企业法》等，它们是组建企业、设定注册资本的法律依据。

2. 业务工作规则

《独立审计准则》《中华人民共和国注册会计师法》《中国注册会计师审计准则第1602号——验资》，它们是注册会计师执行验资业务时应遵守的业务工作规则。

3. 其他依据

政府部门的有关批文、批复以及投资者和企业的有关合同、协议、章程、决议等，这些是企业设立或变更时应具备的文件资料；投入资本、所有者权益项目变动以及相关资产、负债的证明材料等，这些是验证实收资本或变更情况、出具验资报告的具体依据。

二、验资业务的过程

验资过程一般可分为验资计划阶段、验资实施阶段和验资报告阶段三个阶段。

（一）验资计划阶段

在验资计划阶段，注册会计师主要应做好了解被审验单位基本情况、确定是否接受委托、签订验资约定书、制定验资计划等工作，具体如下。

1. 了解被审验单位的基本情况

在委托人提出委托验资事项时，注册会计师应当在了解被审验单位基本情况，考虑自身能力和能否保持独立性，初步评估验资风险后，确定是否接受委托业务。

注册会计师需要了解的基本情况主要包括以下几个方面。

（1）被审验单位的名称、性质、所处行业、规模、组织结构和人员情况等。

（2）验资的目的、范围、时间要求、验资报告的用途等。

（3）是否按会计制度建立了验资所应有的会计账目。

（4）以前是否有委托会计师事务所承办的业务，对注册会计师的工作是否有基本的认识等。

（5）有无特殊要求或带有其他附加条件。若委托验资的目的不甚明确，或带有其他附加条件，则须谨慎从事，在进一步调查了解后，方可确定接受委托与否。

另外，注册会计师应当向被审验单位获取注册资本实收情况明细表或注册资本变更情况明细表。对于依法应当建立会计账簿但尚未建立的被审验单位，注册会计师应当提请其建立必要的会计账簿。

2. 签订验资业务约定书

会计师事务所确定接受委托的意向后，应与委托人商议验资事项的具体内容，如介绍事务所的验资工作程序,明确被审验单位应提供的资料,商议收费标准等。在商议完成后,会计师事务所应与委托人签订验资业务约定书。

验资业务约定书的主要内容包括:确认委托、受托关系,确定验资目的、类型、范围,明确双方的责任和义务,如被审验单位需提供哪些文件资料、事务所的工作程序、工作时间、收费金额和付费方式等。

3. 制定验资计划

签订业务约定书后,会计师事务所应以经办注册会计师为主,组织有胜任能力的验资工作小组,编制验资工作计划,内容包括验资的目的、范围、重点、方法和程序、人员分工和验资时间安排等。验资计划应包括验资总体计划和验资程序计划。设立验资程序计划的制定通常通过编制验资程序表完成。变更验资的审验在许多情况下与会计报表审计相似,注册会计师应根据业务的性质和特点,按照会计报表审计和设立验资程序计划的基本要求,编制程序计划。

(二)验资实施阶段

验资实施阶段,是注册会计师与被审验单位联系执行实质性的外勤工作阶段。在此阶段,注册会计师应当实施必要的验资程序,取得充分、适当的验资证据,并将验资业务的执行过程记录于验资工作底稿。

1. 进一步了解被审验单位情况,做好取证工作

验资证据是注册会计师在验资过程中采用各种程序获取的验证凭据,是支持注册会计师验资意见的基础,因此务必注重取证工作。做好取证工作的关键问题是保证证据的真实性和合法性。注册会计师尤其要注意被审验单位提供的各种投资凭证的真实性,有涂改的凭证,不能作为验资依据。

2. 对与验资相关的会计账目进行必要的审计

坚持在验资时进行必要的审计,有利于保证执业质量,减少验资风险。对设立验资,注册会计师应按照国家财务会计制度的规定,重点审计与投入资本相关的会计处理;对变更验资,则应按会计报表审计的基本要求和程序执行,允许适当简化。

3. 整理验资工作底稿,形成验资结论

注册会计师对整个验资过程中了解的被审验单位的基本情况、对各个项目的验证情况、搜集的证据和文件资料、问题处理的结论等,都应形成书面记录,记入验资工作底稿。注册会计师应确保验资工作底稿依据充分、条理清晰、内容全面、记录完整、数字正确、文字简练、逻辑严密、结论明确。

(三)验资报告阶段

注册会计师在完成必要的验资程序后,应以经过核实的验资证据为依据,形成验资结论,出具验资报告,这一阶段的主要工作如下。

(1)对验资过程中可能存在的不同意见进行讨论,必要时,实施追加的验证程序。

(2)草拟验资报告,将报告送审稿连同验资工作底稿送交事务所业务负责人审核。

(3)向验资业务委托人提交验资报告。

三、验资的内容

(一)货币资金投入的验证

1. 一般验证内容

投资者以货币资金出资的,应在检查被审验单位开户银行出具的收款凭证、对账单及银行函证回函的基础上,审验出资者的实际出资金额和货币出资比例是否符合规定。

2. 特殊审验内容

对股份有限公司、有限责任公司、外商投资企业的货币投入的审验内容有特殊的规定。如对股份有限公司向社会公开募集的股本,还应当检查证券公司承销协议、募股清单和股票发行费清单等。

(二)实物资产投入的验证

1. 一般验证内容

投资者以房屋、建筑物、机器设备、材料物资等实物出资的,应当观察、监盘实物,验证其产权归属,并按照有关规定在资产评估、价值鉴定或各出资者商定的基础上审验其计价。

2. 特殊审验内容

对股份有限公司、有限责任公司、外商投资企业的实物资产投入的审验内容有特殊的规定。如对外商投资企业,注册会计师应当按照国家有关外商投资企业的规定,审验实物出资的价值。

(三)无形资产投入的验证

1. 一般验证内容

投资者以知识产权、非专利技术、土地使用权等无形资产出资的,应当验证其产权归属,并按照国家有关规定在资产评估或各出资者确定的基础上,审验其价值。

2. 特殊审验内容

对股份有限公司、有限责任公司、外商投资企业的无形资产投入的审验内容有特殊的规定。

(四)净资产出资或以资本公积、盈余公积、未分配利润转增注册资本及实收资本的审验

以净资产出资或以资本公积、盈余公积、未分配利润转增注册资本及实收资本的,注册会计师应当在审计的基础上按照国家有关规定验证其价值。

(五)变更验资与设立验资的比较

变更验资与设立验资相比较,有其自身的特点,表现在以下几个方面。

1. 验资范围更大

设立验资通常只需审验与投入资本相关的资产,而变更验资不仅涉及资产,还涉及负

债，即要通过对资产和负债的审验来确认所有者权益的数额。

2. 验资的难度加大

经营后验资涉及的资产和负债，其余额的确认还会追溯到以前时期，因此企业所有者权益的确认较设立验资时要复杂得多，难度更大。

3. 验资的方法不同

对企业设立验资，由于经营业务少，注册会计师可实行全面审查。但变更验资，由于业务较多，不可能实行全面审查，只能按照会计报表审计的方法和要求实行抽查。因此，企业变更验资在许多情况下与会计报表审计相似，用审定后的资产数额扣除审定后的负债数额，才能得出所有者权益的正确数额。

四、验资报告

（一）验资报告的编制要求

验资报告是注册会计师对被审验单位的实收资本（所有者权益）及相关的资产、负债的真实性、合法性发表审验意见的书面文件，是注册会计师验资工作的最终成果，具有法律证明效力。注册会计师应当在实施了必要的审验程序，获取充分、适当的审验证据后，以经过核实的审验证据为依据，形成审验意见，出具验资报告。验资报告应当合理地保证已验证的被审验单位注册资本的实收或变更情况符合国家相关法规的规定和协议、合同、章程的要求，但不应被视为是对被审验单位验资报告日后资本保全、偿债能力和持续经营能力等做出的保证。

（二）验资报告的基本内容

完整的验资报告应当包括以下内容。

1. 标题

标题统一为“验资报告”。

2. 收件人

收件人为验资业务的委托人，验资报告应当载明收件人全称。

3. 范围段

范围段应当说明审验范围、出资者及被审验单位的责任、注册会计师的责任、审验依据和已实施的主要审验程序等。注册会计师的审验依据是《中国注册会计师审计准则第1602号———验资》；注册会计师实施的主要审验程序通常包括检查、观察、监盘、查询及函证等。

4. 意见段

意见段应当说明注册会计师的审验意见，注册会计师在发表审验意见时，应当说明已验证的被审验单位注册资本的实收或变更情况。

5. 说明段

注册会计师应在意见段之后增列说明段说明验资报告的用途、使用责任及注册会计师认为应当说明的其他重要事宜。

当出现下列情况之一时，注册会计师应当在说明段中予以反映并说明理由。

（1）注册会计师与被审验单位在注册资本的实收或变更情况的确认方面存在异议，且无法协商一致的。

（2）在设立验资时，出资者尚未办妥实物资产、知识产权、非专利技术、土地使用权等财产转移手续，但已承诺在国家规定的期限内办妥有关手续的。

（3）已设立企业尚未对收到的实收资本（股本）及其相关的资产、负债进行会计处理的。

（4）投资者、出资方式、出资比例、出资期限、出资币种等重要事项与被审验单位有关协议、合同、章程的规定不符的。

（5）出资者按合同规定分期缴纳注册资本的。

6. 签章和会计师事务所地址

验资报告应由注册会计师签名并盖章，加盖会计师事务所公章，标明会计师事务所地址。

7. 报告日期

验资报告日期是指注册会计师完成外勤审验工作的日期，验资报告日期不得早于被审验单位确认和签署注册资本实收情况明细表或注册资本变更情况明细表的日期。

验资报告范例如下。

验资报告

西安 ×× 橡塑股份有限公司全体股东：

我们接受委托，审验了贵公司自 2009 年 3 月 9 日至 2011 年 8 月 8 日的新增注册资本实收情况。按照国家相关法律、法规的规定和协议、合同、章程的要求出资是出资者的责任，提供真实、合法、完整的验资资料，保护资产的安全、完整是贵公司及其出资者的责任。我们的责任是对贵公司新增注册资本的实收情况发表审验意见。我们的审验是依据《独立审计实务公告第 1 号———验资》进行的。在审验过程中，我们结合贵公司的实际情况，实施了检查等必要的审验程序。

贵公司经西安市人民政府大政〔2008〕70 号《关于同意设立西安 ×× 橡塑股份有限公司的批复》批准，由西安 ×× 集团有限公司等五家发起人共同发起设立。2009 年 3 月 9 日取得西安市工商行政管理局核发的大工商企法字 21 020 011 037 036—3099 号企业法人营业执照，原注册资本金额为人民币柒仟万元整，业经西安 ×× 会计师事务所以验字〔2010〕第 7 号验资报告予以审验。

根据中国证券监督管理委员会证监发行字〔2001〕44 号文《关于核准西安 ×× 橡塑股份有限公司公开发行股票的通知》，贵公司利用上海证券交易所交易系统，于 2011 年 8 月 1 日采用上网定价发行方式向社会公开发行人民币普通股股票 3 500 万股。

按照国务院颁布的《减持国有股筹集社会保障资金管理暂行办法》的规定和财政部财企便函〔2001〕55 号文《关于西安 ×× 橡塑股份有限公司国有股存量发行有关问题的函》的批复，同意西安 ×× 集团有限公司按贵公司本次融资额的 10% 减持国有股 350 万股划拨给全国社会保障基金理事会持有,全国社会保障基金理事会委托贵公司将其划拨获得的350万股在本次公开募股时一并出售。贵公司国有法人股由发行前6 733万股减为6 383万股,减少350万股。西安××橡塑股份有限公司此次共计向社会公众发行人民币A种股票3 850万股。

经审验,我们认为,截至2011年8月8日,贵公司已收到新出资者缴纳的投入资本179 080 000元(已扣除发行费用),其中股本35 000 000元,资本公积144 080 000元,出资方式为货币资金,出资币种为人民币。该款项已存入中国工商银行西安××支行××分理处贵公司的账号201 208 204 000 372内。

我们注意到:贵公司本次增资前的注册资本和股本为70 000 000元,业经西安××会计师事务所以验字〔2010〕第7号验资报告予以审验。截至2011年8月8日,连同本次验证的注册资本和股本实收金额35 000 000元,变更后的累计注册资本和股本实收金额为105 000 000元。其中:国有法人股63 830 000元,占总股本的60.79%;法人股为2 670 000元,占总股本的2.54%;社会性公众股38 500 000元,占总股本的36.67%。

本验资报告仅供贵公司申请变更登记及据以向出资者签发出资证明时使用,不应将其视为是对贵公司日后资本保全、偿债能力和持续经营能力等的保证,因使用不当所造成的后果,与本所及执行验资业务的注册会计师无关。

西安××会计师事务所有限公司　　　　中国注册会计师　×××

地址:中国·西安

2012年8月8日

募集资金入账情况:

入账时间:2011年8月7日

入账金额:17 908万元

入账账号:201 208 204 000 372

开户银行:中国工商银行西安市××支行××分理处

(三)与验资报告有关的其他注意事项

注册会计师出具验资报告时,应当同时附送已审验并经被审验单位签章的注册资本实收情况明细表或注册资本变更情况明细表以及其他必要的文件。注册会计师出具的验资报告应当直接送委托人,无须其他单位审定。

注册会计师在审验过程中,遇到下列情形之一时,应当拒绝出具验资报告并解除业务约定。

(1)被审验单位或其出资者不提供真实、合法、完整的验资资料的。

(2)被审验单位或其出资者对注册会计师应当实施的审验程序不予合作,甚至阻挠审验的。

(3)被审验单位或其出资者坚持要求注册会计师作不实证明的。

五、验资风险

验资风险是指委托人出资存在不真实、不合法的情况，而注册会计师未能发现并因此出具验资报告的风险，即注册会计师出具不真实验资报告的可能性。如前所述，验资关系到各方的利益，关系到社会经济秩序的好坏，其风险往往大于会计报表审计的风险。

注册会计师出具不真实甚至虚假的验资报告，其后果是极其严重的。当委托人因无力偿还债权人的债务而被起诉时，会计师事务所往往要对委托人的债务负连带责任；当委托人的股东之间因产权关系不清而产生利益冲突时，有时也会牵涉到会计师事务所。

出具虚假的验资报告，有关注册会计师自身也会被吊销资格，导致会计师事务所被依法追究民事赔偿责任，甚至被撤销。近年来，我国这方面的诉讼案件层出不穷，严重困扰了注册会计师开展验资业务。因此，注册会计师在执行验资业务时应对验资风险予以特别关注。

（一）验资风险的表现

1. 投资者出资不真实

投资者出资不真实表现在以下几个方面。

（1）货币出资的有关原始凭证上未注明为投资款；将往来款的单据作为验资凭证；付款人名称不是投资者名称；收款人名称不是被投资企业的名称。

（2）货币出资的原始凭证是伪造的，委托人的资本根本没有投入。例如，被审验单位与银行职员串通，在根本未在该银行开户的情况下，由银行职员出具虚假的银行进账单。当审计人员进行函证时，被审验单位员工则执意要求询证函由其亲自递送给该银行职员确认，而银行职员在确认时，则故意避开审验人员视线仅加盖业务专用章或加盖私章时采用与本人姓名不同的私章等。

（3）实物出资的，缺少验收单、报关单、发票等，或者虽有有关原始凭证，但由于未实地盘点，不能确定所出资的实物资产是否存在并已实际投入被投资企业里。

2. 投资者出资不符合法律规定

投资者出资不符合法律规定具体表现在如下几个方面。

（1）出资方式不合法，如外方用人民币出资，而该人民币并非为其在国内投资所分得的利润。

（2）出资手续不全，如外方出资的实物资产没有经过商检部门鉴定，国内投资者投资的实物资产没有经过资产评估及有关部门确认等。

（3）出资时间已超过规定期限，但仍要求注册会计师按符合出资规定的时间出具验资报告。

（4）出资比例不符合有关规定，如无形资产出资比例超过法定的比例等。

3. 变更验资不真实

变更验资时，所提供的变更前会计报表未经审计确认，甚至提供虚假的变更前会计报表，致使注册会计师在未核实报表数字的情况下出具变更验资报告。

（二）降低验资风险的对策

会计师事务所要降低或消除验资风险，可采取以下对策。

1. 树立风险第一的观念

注册会计师在执行验资业务时，应谨慎地处理好各个验资项目，对于没有把握的验资项目应拒绝接受。

2. 严格遵守专业标准的要求

注册会计师应按照《独立审计准则》以及《中国注册会计师审计准则第1602号——验资》的要求，去执行验资业务，出具验资报告。在认真履行必要的审验程序时，保持应有的职业谨慎，不断加强识别舞弊的能力。例如，对新购的材料、机器设备等，不仅要查看原始发票并将其复印下来，还要到销售商处取证，看投资者是否真正付款，发票有无大头小尾，并请销售商出具投资者购买实物的书面证明。

2. 加强质量控制，保证验资工作的质量，将验资风险降低在可接受的水平之内

会计师事务所可在银行设立验资专户，要求投资人将所投货币资金先转入验资专户，待工商部门批准委托人注册成立后，再从验资专户中将投资人投入的货币资金转给委托人。这样，就可防范委托人与银行中个别不法分子联手作弊，用虚假进账单欺骗事务所的行为。

【本章小结】

验资是指注册会计师依法接受委托，按照独立审计准则的要求，对被审计单位注册资本的实收或变更情况进行审验，并出具验资报告。主要分为设立验资和变更验资两种。设立验资是指注册会计师对被审验单位申请设立登记的注册资本实收情况进行的审验。变更验资是指注册会计师对被审验单位申请变更登记的注册资本变更情况进行的审验。验资的过程分为验资计划、验资实施和验资报告三个阶段。在验资实施阶段，主要是对货币资金、实物资产和无形资产等进行验证。验资报告是注册会计师验资工作的最终成果，是注册会计师对被审验单位的实收资本（所有者权益）及相关的资产、负债的真实性、合法性发表审验意见的书面文件。

【关键术语】

验资，设立验资，变更验资，验资计划，验资实施，验资报告，验资风险。

【同步练习】

一、单项选择题

1. 如果投资者以货币资金出资,注册会计师应以(　　)作为验资依据。

A. 被审验单位开户银行出具的收款凭证和银行存款调节表

B. 被审验单位开户银行出具的收款凭证和银行对账单

C. 被审验单位银行存款收款凭证和银行对账单

D. 被审验单位银行存款收款凭证和银行转账凭证

2. 注册会计师出具验资报告时,应同时附送已审验并经被审验单位签章的(　　)。

A. 财务报表　　B. 注册资本(股本)实收情况明细表

C. 验资事项情况说明书　　D. 被审验单位投入资本声明书

3. 当注册会计师与被审验单位在注册资本的实收或变更情况的确认方面存在异议且无法协商一致时,注册会计师应当(　　)。

A. 拒绝出具验资报告　　B. 在验资报告的意见段中增加有关说明

C. 解除业务约定　　D. 在验资报告的说明段中说明该情况

4. 有限责任公司的全体股东首次出资额不得低于公司注册资本的(　　),且不得低于法定的注册资本最低限额。

A.15%　　B.20%　　C.25%　　D.50%

5. 如果投资者以货币资金出资,注册会计师不采用(　　)作为验资依据。

A. 被审验单位开户银行出具的收款凭证　　B. 银行对账单

C. 银行函证回函　　D. 被审验单位银行存款收款证明

6. 变更验资的审验范围主要包括(　　)。

A. 实收资本　　B. 资产、负债和所有者权益

C. 实收资本及相应的资产、负债等　　D. 被审验单位注册资本的增、减变动情况

7. 对出资者以实物、知识产权、土地使用权等非货币财产出资的,如果被审验单位拒绝办理产权转移手续,只是签署承诺函,注册会计师采取的措施是(　　)。

A. 拒绝出具验资报告并解除业务约定　　B. 出具保留意见的验资报告

C. 无须在验资报告中提及　　D. 在验资报告的说明段予以反映

8. 发现被审验单位以前收到的注册资本存在不实或有明显的抽逃迹象,注册会计师采取的措施是(　　)。

A. 拒绝接受验资委托

B. 终止验资业务约定

C. 注册会计师应在验资报告的说明段中予以说明

D. 发表否定意见

9. 发起设立的股份有限公司全体发起人的首次出资额不应低于注册资本的(　　)。

A.15%　　B.20%　　C.25%　　D.50%

10. 注册会计师在审验中,当发现被审验单位由于严重亏损而导致的净资产小于注册资本时,应当选择的是(　　)。

A. 拒绝出具验资报告　　B. 在验资报告的说明段中予以反映

C. 出具保留意见的验资报告　　D. 无须在验资报告中提及

二、多项选择题

1. 下列(　　)属于财务报表组成部分。

A. 资产负债表　　B. 现金流量表

C. 库存商品　　D. 租金收入

2. 需要注册会计师进行变更验资的情况主要有(　　)。

A. 被审验单位以资本公积、盈余公积、未分配利润转增注册资本及实收资本

B. 被审验单位出资者新投入资本,增加注册资本及实收资本

C. 分次出资的非首次出资,增加实收资本,但注册资本不变

D. 公司因出资者、出资比例等发生变化,注册资本及实收资本金额不变

3. 在对注册资本进行审验的过程中,注册会计师需要在验资报告的说明段中进行说明的是(　　)。

A. 被审验单位或出资者不提供真实、合法、完整的验资资料

B. 被审验单位由于严重亏损导致增资前的净资产小于注册资本

C. 出资者投入的知识产权其价值难以确定

D. 被审验单位尚未对注册资本的实收情况或变更情况做出相关处理

4.(　　)事项通常导致注册资本实收情况或注册资本及实收资本变更情况发生重大错报风险。

A. 验资业务委托渠道复杂或不正常

B. 被审验单位处在高风险行业

C. 出资人之间存在意见分歧

D. 验资付费远远超出规定标准或明显不合法

5. 总体验资计划包括的内容有(　　)。

A. 执行人能及完成工工作日期　　B. 重点审验领域

C. 对专家工作的利用　　D. 验资小组组成及人员分工

6. 验资报告具有法定证明力,其主要用途在于(　　)。

A. 被审验单位明示其持续经营能力

B. 被审验单位向企业登记机关申请设立或变更登记

C. 被审验单位出资者在规定期限内办理财产转移手续

D. 被审验单位向出资者签发出资证明

7. 投资者一般以(　　)形式作为投入资本。

A. 货币资金　　B. 商誉

C. 实物资产　　D. 无形资产

8. 验资报告的附件主要包括(　　)。

A. 被审验单位营业执照　　B. 财务报表的附表

C. 注册资本实收(变更)情况明细表　　D. 验资事项说明

9. 合伙会计师事务所出资的验资报告应当由(　　)签署验资报告。

A. 验资项目负最终复核责任的合伙人　　B. 主任会计师

C. 副主任会计师　　D. 负责该项目的注册会计师

10. 下列底稿中属于备查类工作底稿的有(　　)。

A. 被审验单位的设立申请书以及审批机关的批准文件

B. 被审验单位出资者签署的与出资有关的协议和公司章程

C. 载明公司董事、监事、经理的姓名、住所的文件以及有关委派、选举或者聘用的证明

D. 与验资业务有关的重大事项声明书

三、判断题

1. 被审验单位拒绝或因阻挠注册会计师实施重要审验程序,将增加注册会计师的审验风险。(　　)

2. 只有对简要财务报表所依据的财务报表发表了审计意见,注册会计师才可以对简要财务报表出具审计报告。(　　)

3 注册会计师在审验投资者投入的货币资金时,应以被审验单位开户银行出具的收款凭证和银行对账单等为验资依据。(　　)

4. 验资是注册会计师直接接受委托,对被审验单位注册资本的实收情况或注册资本及实收资本的变更情况进行审验,并出具验资报告。(　　)

5. 采取募集设立方式设立的股份有限公司,其注册资本为在公司登记机关依法登记的实收股本总额。(　　)

6. 以净资产折合实收资本的,应当按照国家有关规定,在审核的基础上验证其价值。(　　)

7. 变更验资的审验范围一般限于与被审验单位注册资本以及实收资本增减变动情况有关的事项。(　　)

8. 注册会计师在审验过程中利用专家协助工作时,应当考虑其专业胜任能力并对利用专家工作结果负责。(　　)

9. 如果出资者分期缴纳注册资本,注册会计师仅对本期注册资本的实收情况发表审验意见并在说明段中予以说明。(　　)

10. 保证验资后资产的安全、完整,出具真实、合法的验资报告是注册会计师的责任。(　　)

四、思考题

1. 验资中的“资”指的是企业的资产还是企业的所有者权益？
2. 试说明验资的重要性,可结合实例进行讨论。
3. 试比较设立验资与变更验资的区别,例如发生的时间、审验范围等。
4. 验资的实施阶段需要完成哪些工作？它对验资报告有什么影响?
5. 为什么要出具验资报告？其基本格式是什么？它包括哪些基本要素？

参考文献

[1] 刘丽华. 审计学 [M]. 2 版. 北京:经济科学出版社,2007.

[2] 冯均科,陈淑芳. 审计学 [M]. 西安:西安交通大学出版社,2008.

[3] 徐永涛. 审计应试指南 [M]. 北京:中国商业出版社,2007.

[4] 蔡春,刘学华. 绩效审计论 [M]. 北京:中国时代经济出版社,2006.

[5] 叶陈刚. 审计学.[M]. 北京:机械工业出版社,2011.

[6] 秦荣生,卢春泉. 审计学 [M]. 10 版. 北京:中国人民大学出版社,2019.

[7] 胡中艾. 审计 [M]. 大连:东北财经大学出版社,2008.

[8] 陈立生. 审计学 [M]. 上海:立信会计出版社,2006.

[9] 蔡维灿. 审计实务 [M]. 北京:北京理工大学出版社,2011.

[10] 赵保卿. 审计案例研究 [M]. 北京:中央广播电视大学出版社,2010.

[11] 王学龙,李菊香. 审计学基础 [M]. 上海:立信会计出版社,2010.

[12] 张京. 审计专业相关知识 [M]. 上海:立信会计出版社,2018.

[13] 张京. 审计理论与实务 [M]. 上海:立信会计出版社,2018.

[14] 审计署考试中心. 2022 审计专业技术资格考试复习指南 [M]. 北京:中国时代经济出版社,2022.

[15] 中国注册会计师协会. 审计 [M]. 北京:中国财政经济出版社,2022.

[16] 郝北平. 变量抽样方法中样本代表性的研究 [J]. 财会通讯,2008(8):115-118.

[17] 郝北平. 试论我国审计重要性准则的运用 [J]. 西安邮电学院学报,2009(2):84-86.

[18] 郝北平. 内部审计风险成因及其对策 [J]. 财会通讯,2009(13):102-103.

[19] 郝北平. 从绩效审计的沿革看我国绩效审计的发展 [J]. 陕西能源职业技术学院学报,2008(2):46.